원주 역사를 찾아서

장영민

景仁文化社

읽어보기

근대 이전 역사의 개관

Ⅰ. 선사시대

1. 구석기시대 및 신석기시대

1993년 부론면 일대에서 구석기 유물이 발견됨으로써 이전까지
만 하여도 청동기 시대에 머물던 원주지역 선사문화의 상한선을
끌어올릴 수 있는 단초가 마련되었다. 남한강변의 지표조사를 수
행한 강원대학교 사학과 팀은 흥호리, 법천리, 좀재마을에서 찍개
2점, 주먹도끼 1점, 긁개 1점 모두 4점을 발견하였고, 아울러 지정
면 안창리 섬강변에서도 차돌로 만든 자갈돌 찍개 1점을 찾아냈
다. 그러나 4곳에서 발견한 유물이 겨우 5점에 불과하기 때문에 구
석기 문화의 존재를 확신하기에는 조심스러웠으나, 1995년 지정면
월송리에서 다시 35점의 구석기 유물을 발견함으로써 원주지역의
구석기 문화 존재는 확실해졌다. 화승레스피아와 매호리 앞의 섬
강변 낮은 구릉 기슭에서 발견된 유물은 차돌로 만든 긁개, 째개,

밀개, 덜된연모, 격지, 찍개 등 여러 가지 종류의 것들이다. 이미
같은 남한강 수계에 있는 단양, 영월, 여주 등지에서도 구석기 유
물이 발견되었으므로 원주지역의 남한강과 섬강 유역을 본격적으
로 발굴 조사한다면, 좋은 결과를 얻을 가능성이 높다.

또한 강원대 조사팀은 구석기 유물 외에 빗살문토기(櫛文土器)
조각도 여러 편 발견하였다. 법천리 부론초등학교 뒤편 남한강변
에서 출토된 이 토기편은 서울 암사동과 양주 미사리 신석기 유적
에서 발견된 것과 무늬와 토질이 아주 흡사하다. 따라서 흥호리 등
남한강변에는 이미 6천 년경부터 신석기 문화가 꽃피었다고 할 수
있다.

2. 청동기시대

청동기 유물과 유적은 여러 지역에서 적지 않게 발견되었다. 문
막면 궁촌리와 부론면 손곡리에서 간돌검, 간돌화살촉, 간돌칼 등
청동기 유물이 출토되었다. 그리고 부론면 노림리 노림초등학교
앞 도로에 있는 고인돌(支石墓)은 대표적인 청동기 유적이다. 약
3.5톤으로 추산되는 이 고인돌은 30~40명의 장정이 동원되었을
것으로 추정되므로 이곳에서 취락을 이루며 집단적으로 거주하던
인구가 150~200명 정도이었을 것으로 생각된다. 그 사회는 일정
한 위계조직을 갖춘 계급사회였으며, 고인돌에 묻힌 무덤의 주인
은 주민들의 수장(首長)이었다. 또한 청동기 시대에 들어서는 농경
이 본격화되었다. 이곳이 흥호리와는 달리 강변이 아니라 내륙이
라는 점, 민무늬토기(無文土器)도 3편이 발견되었다는 점은 농경이
광범위하게 행해지고, 그에 따라 사회 발전과 분화가 상당한 수준
에 이른 농업사회였음을 말해 준다. 주민의 계통도 이전 시대의 빗

살문토기인이 아니며, 바이칼호수 서남쪽의 미누신스크 지역과 연결된 북방계 민족일 가능성이 높다. 다시 말해서 우리 한민족의 직접적인 조상이 기원전 700년경 이후 초기 철기시대 이전까지 이 지역에 거주하였던 것이다. 노림리 고인돌 덮개돌 위에 간장 종지 모양으로 판 20개의 성혈은 횡성 등 한반도 다른 지역은 물론이며 멀리 시베리아의 유적에서도 발견된다. 이는 종교적인 성격을 띤 것으로 사자(死者)신앙이나 조상숭배의 흔적이다. 노림리에는 고인돌이 두 개나 더 있었는데, 도로와 노림초등학교 공사로 학교 운동장에 매몰되어 버렸다고 한다.

3. 초기철기시대

우리 나라의 철기시대는 기원전 3·400년경부터 기원후 300년경으로 잡고 있다. 원주지역에서는 부론초등학교 교사 앞뜰의 고분과 법천리에 소재한 밭에서 관련 유물이 발굴되었다. 부론초등학교의 고분은 덮개돌이 남북 212cm, 동서 112cm, 두께 20~30cm에 불과한 작은 규모의 토광묘(土壙墓) 형태의 것으로 두드림무늬토기도 나왔다. 그리고 법천리에서는 2개의 석실이 발견되었고, 그 안에서 중국 육조시대 양식으로 보이는 양 모양으로 만든 청자 용기[靑磁洋形器], 청동 초두, 숫돌, 철제검 등 유물이 여러 점이 출토되었다. 안타깝게도 무덤은 없어져 버렸다. 무덤 1호는 수혈식 석실로 삼국시대인 5~6세기에 만들어진 것이고, 무덤 2호도 수혈식 고분으로 초기철기시대의 것으로 축조년대가 추정되었다. 특히 2호에서 중국에서 수입된 것으로 보이는 청자양이 발굴되었다는 사실은 이미 이 지역에 수입품을 사용할 정도로 발전된 사회와 강력한 권력조직체가 존재하였다는 것을 말한다. 그리고 그 집단은 한강 유역에 커다란 세력을 미치고 있던 백제와 일정한 관계를 맺고 있었을 것이다. 이 무덤 옆에 연대가 떨어지는 삼국시대의 무덤가 있었다는 점은 초기철기시대의 사회가 삼국시대까지 그대로 이어졌다는 것을 뜻한다.

Ⅱ. 삼국시대와 통일신라시대

삼국 가운데 원주지역과 처음으로 연관을 가진 국가는 백제이지만, 한성 시대 백제의 통치에 대해서는 구체적으로 알 수 없다. 백제 다음으로 이 지역의 주인인 된 고구려가 이곳에 발을 들여놓은 시기는, 일러도 광개토대왕이 백제를 쳤던 394년 이후지만, 영토로 편입된 때는 장수왕이 백제 개로왕을 죽이고 한성(漢城－지금 서울의 강동구와 하남시 일대로 추정)과 한강 유역을 빼앗았던 475년 이후가 아닌가 한다. 비록 백제는 광개토대왕에게 많은 영토를 상실하기는 하였을지라도, 여전히 한성을 수도로 삼고 있었으므로 그보다 아래에 있던 원주도 여전히 백제의 땅으로 남았을 것이다. 그러나 충주에 광개토대왕의 유적이 남아 있는 것을 보면, 혹시 원주에도 고구려인들이 지배자로서 일시적으로 거주하였을 가능성을 배제하기는 어려운 듯하다. 475년 백제가 다시 장수왕에게 대패한 뒤, 원주보다 남쪽에 위치하고 접근하기도 어려운 웅진(공주)으로 천도한 백제는 아마 한동안 원주지역을 영토로 보유할 수 없었을 것이다. 이 5세기 후반에 적극적으로 남진정책을 폈던 고구려의 영토에 속하게 된 원주는 평원군(平原郡)으로 편제되었다고 본다. 이 시기에는 원주 외에도 풍기, 봉화, 영주 등 경상북도

북부지방과 단양, 제천 등 충청북도의 동쪽지방도 고구려의 군현 (郡縣)이었다.[1]

그런데 495년 8월 고구려 문자왕이 "백제의 치양성(雉壤城)"을[2] 공격하였으나, 백제 동성왕이 신라 소지왕이 보낸 원병에 힘입어 고구려 군대를 격퇴하였다는 『삼국사기(三國史記)』의 기록이 있다. 이는 고구려가 원주지역을 이전에 백제에게 상실하였다는 것을 뜻 한다. 또한 백제의 동성왕 486년과 490년에 춘천과 광주에 성을 축 조하였다는 기사로 보아 원주지역이 고구려의 군에 속하였던 것은 아주 짧은 시간에 불과하였거나, 간헐적이며 부분적인 지배였다고 생각된다. 문자왕은 패전 뒤에도, 경기도 광주에서 사냥을 하거나, 경북 예천까지 공격하였던 것으로 보아 원주지역은 백제가 장악하 고 있었더라도 고구려의 침공을 여러 차례 받았던 것 같고, 이러한 과정에서 다시 고구려의 판도 안에 속하기도 하였을 것이다. 광무 6년(1902)에 기록된 『석경사중수기(石逕寺重修記)』에 의하면, 일찍 이 영평(永平)이라는 연호가 새겨진 옛 기와가 나왔다고 한다.[3] 영 평은 중국 북위 선무제(北魏 宣武帝)의 연호로 508년에서 511년에 해당한다. 고구려는 장수왕 13년(425)부터 북위에 사신을 거의 해

---

1) 縣보다는 郡이 격이 높았다.

2) 이병도는 치양성을 원주라고 비정하였다(『完譯 三國史記』, 조광출판사, 1974, 429면). 그러나 『三國史記』에 나타나는 치양을 모두 원주라고는 볼 수 없다. 이병도는 『동국여지승람』의 기록에 근거하여 369년 고구려와 백 제가 충돌한 치양은 황해도 白川(배천)이라고 하였고(『한국사』 고대편, 진 단학회, 1977, 369면), 최근에 나온 개설서도 역시 마찬가지다(공석구, 『한 국사』 5, 국사편찬위원회, 1996, 66면). 이때 고구려 군은 백제 근초고왕에 게 패배해 황해도 신계 북방으로 후퇴하였다. 이렇게 이 시기 고구려와 백 제의 주된 전선은 한반도 서부의 한강 이북에 형성되어 있었다. 그러나 495년경에는 고구려가 청주 금강 상류를 공격하는 등 양국의 전선은 중부 지방에 걸쳐 형성되었으므로 황해도 배천은 완전히 고구려의 손에 넘어갔 다고 볼 수밖에 없다. 그러므로 495년의 치양성은 원주로 비정하는 것이 타당한 듯하다.

3) 원주문화원, 『원주원성향토지』, 1976, 467면.

마다 파견하였고, 북위가 534년에 망하자 다시 서위와 외교 관계를 맺었다. 북조인 북위가 쇠퇴하자 남조의 양(梁)에도 사신을 이따금 보냈지만, 그 횟수나 관계는 북위와 비교할 바는 전혀 아니었다. 고구려와 적대적 관계에 있는 백제는 이와 같은 고구려의 대중국외교정책과는 상반될 수밖에 없었고, 영평의 시대에는 널리 알려졌듯이, 백제 무령왕이 양(梁)과 밀접한 관계를 맺고 있었다. 따라서 석경사에서 영평이 새겨진 기와가 출토되었다는 것은 그 시기에 원주는 고구려에 속하였다는 사실을 의미한다. 아마 5세기 후반과 6세기 전반에는 원주가 양국의 주요 군사적 점령 목표가 되었을 것이며, 그에 따라 주인도 자주 바뀌었던 것 같다.

6세기 중반에는 백제의 주된 적은 고구려에서 신라로 바뀌게 되었다. 신라 진흥왕은 백제와의 동맹을 깨고 553년 거칠부로 하여금 죽령 이북 10개 지방을 점령하도록 하고, 경기도 광주에 신주(新州)를 두었고, 557년에는 국원(國原 – 충주)을 소경(小京)으로 삼았다. 그러므로 원주는 이때부터 고구려와 백제의 격전지에서 벗어나 신라의 판도 안에 확실히 포함되었다. 그리고 춘천, 충주, 강릉이 각각 고구려, 백제, 말갈에게 공격을 받았던 것과는 달리 전장에서 벗어나 후방에 위치하게 되었다.

신라가 삼국통일을 이루고, 당나라 군대까지 몰아낸 뒤, 문무왕 18년(678) 북원(北原 – 원주)에 소경(小京)을 설치하고, 대아찬 오기(大阿湌 吳起)로 사신(仕臣)을 삼았다. 그리고 경덕왕 16년(757) 지방행정제도를 대대적으로 바꿀 때, 북원소경은 다른 주, 군현과 함께 삭주(朔州)의 영역 안에 포함되었다. 소경은 이미 통일 이전에도 안강, 충주, 강릉 등 각지에 설치되었다. 그런데 통일한 이후 국원경을 필두로 전국 주요 지역 5곳에 소경을 다시 설치한 이유는, 먼저 새로운 지방행정체제를 마련할 필요가 있었고, 왕경(王京)인 경주가 너무 동쪽에 치우쳤기 때문이라고 생각된다. 그리고 북원

(北原)이라는 이름은 동서남북중(東西南北中)의 방위 관념에서 나온 것으로, 김해 금관소경을 제외한 다른 3곳도 역시 방위를 붙였다. 학계에서는 이 소경에 신라에 정복당한 각 국가의 귀족을 옮겨 살게 하였을 가능성이 크다고 보고 있지만, 원주에는 누가 이주하였는지 알 수가 없다. 소경은 비록 관할 구역은 좁았지만,[4] 장관의 지위가 주(州)의 장관과 비슷하였다는 점에서 중요성이 상당히 높았다고 할 수 있다. 주(州)가 군정(軍政)의 거점 성격이 강한데 비하여[5] 소경은 정치적, 문화적 중심지로서의 성격이 강하였고, 한편으로는 주군(州郡)을 견제 감시하였던 듯한 기능도 갖고 있었던 것으로 보고 있다. 서원소경 아래 4개 촌에서 작성된『정창원문서』에서 보듯이, 소경의 하부 행정 단위는 촌(村)이었고, 이 촌은 한 개의 자연촌이 아니라 여러 개의 촌이 통합된 행정촌이었다. 이 촌에는 그 지역의 토착세력이 촌주(村主)로 임명되어 중앙에서 파견된 지방관의 통제를 받았다. 그리고 촌주는 상당한 학문적 소양과 행정적 능력을 갖추고 있었으며, 신분적으로는 중앙귀족의 5두품과 6두품에 해당되어 주와 군현의 이(吏)보다 독자성이 좀더 강하였다. 따라서 신라 하대에 이르러 많은 호족(豪族)들이 촌주층에서 배출되었다.『정창원문서』에 나타난 민중사회는 북원소경의 것과 커다란 차이는 없을 것으로 추측된다. 자유로운 신분인 양민들이 노비보다 훨씬 더 많았고, 그들은 생산을 담당하던 주된 노동력으로서 국역과 조세 등을 부담하였다. 신라 하대에 이르러 토지겸병과 조세 수탈이 심해졌으므로 그들의 생활이 매우 곤란해졌을 것이다.

---

4) 원주와 접경하고 있는 횡성, 영월, 여주, 충주 등이 경덕왕 때 독자적인 명칭을 가졌던 것으로 보아, 국원 소경은 현재 원주시의 규모와 크게 다르지 않았을 것으로 추측된다.

5) 춘천에는 首若州가 설치되었는데, 가까운 홍천에는 지방군사제도인 10停의 하나인 伐力川停이 주둔하였다.

통일신라의 붕괴기라고 할 수 있는 하대로 접어든 헌덕왕 14년 (822)에 웅진주 도독 김헌창이 반란을 일으켜 각 주군을 위협하니, 국원, 서원, 금관 등의 소경 사관과 여러 군현의 수령들이 이에 복속하였다는 기록이『삼국사기』에 나온다. 그러나 북원을 비롯하여 한산과 춘천 등은 김헌창이 역모하는 것을 알고 군사를 단속하여 수비하였다. 이렇게 반란에 참여한 주군과 소경이 각지에 산재하고, 처음 기세가 맹렬하였던 것으로 보아 오랫동안 은밀히 계획이 진행된 듯하다. 여기에서 북원의 사신이 제외되었다는 것은 그가 김헌창의 부친 김주원과 왕위다툼을 벌인 원성왕을 지지하는 일파였기 때문이 아닌가 추측된다.

통일신라시대의 원주에 대해서 말해 주는 문헌 자료는 그다지 많지 않다. 다만 아직도 원주 인근에 남아 있는 절터와 불상 등 유물을 통해서 불교 신앙이 성행하였다는 것을 알 수 있다. 그런데 그 시대의 문화는 불교가 중심이 되었으므로 원주지역에 세워진 사찰의 규모와 숫자로 미루어 원주의 문화적 수준은 상당히 높았다고 할 수 있다. 당시 기록에 기재되거나 조선시대까지 남아 있던 사찰 가운데 유적과 설화 등으로 볼 때, 고려초 이전에 설립된 것으로 추정되는 절은 법천사, 흥법사, 거돈사, 석남사, 구룡사, 황산사, 흥령사, 법흥사, 비마라사, 국형사, 보문사, 석경사, 천왕사 등이다. 그밖에 봉산동을 비롯한 원주 일대에서는 불교 유물들이 다수 존재하는 것으로 보아, 수많은 사찰이 건립되었다는 것을 쉽게 알 수 있다. 그 가운데 비마라사는 의상대사가 세운 화엄종 10대 사찰의 하나였다. 당시 화엄종은 왕족과 귀족에게 환영받던 가장 번성하였던 종파였으므로 소경에도 커다란 사찰을 세울 만 하였던 것이다. 시내에 소재하였기 때문에 비마라사는 신앙과 문화의 중심이었을 것이다.

그리고 원주의 외곽에 위치한 법천사, 흥법사, 거돈사는 아마 비마라사보다 훨씬 뒤늦은 시대에 건립되었을 것이다. 이런 사찰들은 선종 계통, 또는 교종 내의 새로운 종파의 절로 추측된다. 통일신라시대의 선종은 종교와 문화뿐만 아니라 정치적으로 상당히 중요하게 해석되고 있는데, 지방사회에서 독자적인 세력으로 부상한 호족들이 선종을 지원하였다고 한다. 또한 섬강과 남한강에서 그다지 멀지 않은 수운이 편한 곳에 있었으므로 사람이나 물자의 통행이 빈번하였을 것이다. 이와 같은 조건은 원주에도 그대로 해당되는 것이라고 할 수 있기 때문에, 통일신라시대 원주에서는 기존의 육로는 물론이며 더욱 편리한 수운으로 선진 문물을 접할 수 있었던 호족을 비롯한 지방토착세력이 부상하였을 것이다.

신라 하대의 정치 혼란과 자연재해에 따른 기근은 민중들의 봉기를 재촉하였다. 진성여왕 3년(889) 사자를 각 지방에 보내 세금을 독촉하였으나, 그 때문에 상주에서 일어난 원종과 애노 세력을 필두로 각지에서 반란이 일어나게 되었다. 그리고 891년 이전에 양길(梁吉, 또는 良吉)이 이끄는 반란 세력이 원주를 장악하고 있었다. 기록에는 '적수(賊帥)'라고 기재되어 마치 그가 도적 무리의 우두머리, 또는 몰락농민 반란세력의 우두머리로 인식될 소지가 있지만, 오히려 토착의 호족이었을 가능성이 높다. 왜냐 하면 원주가 소경으로 오랫동안 지방사회의 정치, 경제, 문화의 중심지 역할을 하였기 때문에 강력한 토착 기반을 가졌던 촌주(村主) 등 호족층이 형성되었을 것이다. 만약 양길이 토착적 독자적 기반을 갖지못하였다면, 궁예와 견훤 등 낮은 신분에서 발신한 세력처럼 이곳저곳으로 이동하였을 테지만, 그는 몰락할 때까지 원주를 떠나지않았다. 그가 충주 등지의 호족보다 우위에 섰던 것도 그가 낮은 신분 출신이 아니라 일정한 토착 기반을 가졌던 호족 출신이었기에 가능하였다고 생각한다. 설사 그의 출신이 한미하였다고 하여도, 그를 지지하는 지역 호족들이 대거 가담하였을 것이다. 다시 말해서 원주는 일찌감치 신라왕조에 독립선언을 하였던 것이다. 그렇기 때문에 그의 추종세력도 '도적'이 아니라 새로운 사회를 지향하는 반신라적 반고대적 정치 성격을 지닌 집단이었고, 비록 국가체제를 완비하지는 못하였다고 하여도, 10년 가까운 기간에 나름대로 독자적인 군사, 정치, 행정 체제 등 일정한 통치체제는 갖추었다고 본다. 소경체제라는 정치행정적 토대와 경험, 그리고 앞서가는 문화 능력을 오래 전부터 축적한 이들에게는 이것이 그렇게 어려운 일은 아니었을 것이다.

이런 기반과 역량 위에서 양길은 자신의 부하였다가 독립해서 강릉, 인제, 양구, 춘천, 금화, 철원, 개성, 평산 등 강원도 동북부와 경기도 중동부에 이르는 지역의 30여 성을 손아귀에 넣고 새로운 나라를 선포하기 직전에 있던 궁예를 칠 수 있었다. 891년 양길의 부하가 되어 1백여 명의 기병을 이끌고 치악산 석남사부터 동쪽 지방의 공략을 개시한 궁예는 강릉지방으로 진출한 뒤부터는 양길에게서 독립한 독자세력으로 성장하였다. 그래도 궁예가 개성과 철원 등지에서 남하하지 못하였던 까닭은 양길이 원주에 근거하고 있었기 때문이었다. 그러나 양길이 궁예에게 패배한 이듬해인 900년에 그와 공동 전선을 형성하였던 청주, 충주, 괴산의 호족들의 항복을 받은 궁예는 이후 남쪽으로 화살을 돌려 신라를 본격적으로 공격하였다.

Ⅲ. 고려시대

태조 23년(940) 주부군현(州府郡縣)의 이름을 고쳤는데, 원주(原州)란 지명이 이때 생겼다. 원주라는 이름의 유래를 다음과 같이 추정해 본다. 원주는 북원소경에서 직접적으로 비롯된 것 같다. 충주를 국원, 또 중원소경이라고 하였으므로 상대적으로 북쪽에 있는 원주에 북(北)을 붙여 북원이라고 하였는데, 설명한 바와 같이 소경의 이름은 방위와 밀접한 관계가 있었기 때문이다. 그리고 원(原)은 고구려의 평원군(平原郡)에서 나왔다. 고구려가 이 지역을 점령하였을 즈음에는 백제가 치양이라고 부르고 있었는데, 중국문화를 일찍 받아들인 고구려는 인근 지역보다 넓은 분지였던 새로운 복속지에 잘 어울리는 중국식 지명인 평원과6) 행정단위 명칭인 군을 붙였다. 따라서 원주는 멀리는 고구려의 평원군, 그리고 북원소경에서 유래되었다고 할 수 있다. 그리고 주(州)는 지방의 상급 행정구역 명칭으로 산(山)이나 천(川)보다 우위에 있었다.

성종 14년(995) 다시 주부군현의 이름을 고치고, 전국을 10도로 나누고 12주에 절도사를 설치하였을 때, 원주는 충주와 청주 등 주현과 함께 중원도(中原道)에 속하였고, 예종 원년(1106)에 중원도와 하남도가 통합된 양광충청주도에 속하였다. 다시 명종 원년(1171)에 2개 도로 나뉘었고, 충숙왕 원년(1314)에 양광도로 정해지고, 공민왕 5년(1352)에 충청도가 되었다. 이『고려사』지리지의 기록만 보면, 원주는 조선시대와는 달리 고려시대 내내 양광도, 곧 충청도에 속하였고, 영군(領郡)으로서 계수관(界首官)인 충주에 소속되었다고 할 수 있지만, '강원도'라는 명칭이『고려사』에 여러 차례 나오는 것으로 보아, 원주의 소속은 양광도, 충청도, 동계, 교주도, 강릉도로 여러 차례 바뀌었다고 생각된다. 그런데 고려시대의 도(道)는 조선시대와 달리 중앙조정과 군현 사이에 중간적 행정단위로 확실히 정립되지 못하였기 때문에 영군현(領郡縣)은 도에 행정적으로 구속되는 바가 그다지 크지 않았고, 중앙조정과 직접적인 연락 관계를 맺고 있었다.

---

6)『爾雅』에 "大野日平, 廣平日原"이라고 하였다.

원주라는 지명을 태조대에 얻었으나, 성종 2년(983)에 중앙집권화를 목적으로 설치한 12목에는 빠져 있었고, 목사와 같은 고위관리도 파견되지 않았다. 즉 원주를 실질적으로 지배하였던 세력은 여전히 호족 출신들이었다. 그러나 지방행정제도가 대대적으로 강화되고 개편되어 4도호(都護), 8목(牧), 56지주군사(知州郡事), 28진장(鎭將), 20현령(縣令)이 설치된 현종 9년(1018) 원주에도 지주사(知州事)라는 중앙관리가 파견되게 되었고, 그 벼슬은 대도호부사와 같은 품계인 3품 지원주사(知原州事)이었다. 이제는 토착세력은 수령의 지시에 따라서 행정을 집행하는 호장 이하의 지방행정관리, 곧 향리가 되어 읍사(邑司 - 행정기관)에서 근무하였다. 그런데 이 시기에 군현의 인구(人丁)에 따라서 향리의 숫자를 정하였는데, 원주는 1000丁 이상이었을 것으로 추측되는데, 그렇다면 향리는 호장 이하 84명의 향리를 둘 수 있었다. 아마 향리의 실제 숫자는 이보다 더 많았을 것이며, 그들 사이에도 서열이 상당히 분화되었을 것이다.

원주는 고종 46년(1259) 반역으로 일신현(一新縣)으로 강등되었다가, 원종 1년(1260) 다시 지주사를 회복하였다. 원종 10년에 실권자 임유무의 외향(外鄕)으로 정원도호부(靖原都護府)로 승격하였다. 충렬왕 17년(1291) 거란을 막는데 공을 세워 익흥도호부(益興都護府)로 개칭하였다. 그런데 충선왕은 충렬왕이 재위 34년(1309)만에 죽고 나서 정식으로 왕위에 오르기 전인 충렬왕 24년(1298) 정월 충렬왕 대신 세자인 자신이 왕으로 통치한 적이 있었다. 이때 합단적을 물리친 "원주"에서 3년 동안 세금을 걷지 말라는 내용이 포함된 즉위 교서를 발표하였다. 이것으로 보면, 비록 익흥도호부로 승격이 되었을지라도, 여전히 원주라고 불리고 있었음을 알 수 있다. 충렬왕 34년(1309) 원주목(原州牧)으로 승격하였으나, 곧 충선왕 2년(1310) 8월 모든 관청과 주현의 이름을 고쳤고, 10월에는 다시 한 번 "내외관사로 상국(원나라)의 관명과 같은 것은 모두 고쳐라"는 명령을 내렸다. 이에 따라 모든 목이 철폐되었고, 원주는 성안부(成安府)로 변하게 되었다. 공민왕 2년(1353) 치악산에 태를 묻게 되어 다시 원주목을 회복하였고, 이후 조선왕조에서도 목(牧)을 유지하였다. 별호는 성종대에 평량경(平涼京), 또는 평량(平涼)이라고 정하였다.

영군인 원주에 행정적으로 예속된 속군(屬郡)과 속현(屬縣)이 각각 2개와 5개가 있었다. 속군으로는 고려왕조에 들어와서 내속하게 된 영월군과 제천군 두 개가 있었는데, 영월군은 공민왕 21년에 지군사가 되었고, 제천군은 현종 9년에 내속하였다가 예종 원년에 감무(監務)가 파견되어 독립적인 행정단위가 되었다. 또한 속현으로 있던 평창현은 충렬왕 25년에 현령이 파견되었고, 단산현(단양)은 현종 9년에 내속하였다가 충주로 이속되었고, 영춘현은 조선왕조 태종에 단양으로 편입되었고, 주천현은 일제시대에 영월군으로 편입되었고, 황려현(여주)은 현종 9년에 내속하였다가 고종 44년 이전에 감무가 설치되었다. 횡성은 횡천현(橫川縣)이었는데, 처음에는 춘천의 속현이었으나, 어느 때인지 분명하지는 않지만, 후에 원주에 속하였다가 공양왕 원년에 감무(監務)가 설치되었다.

고려초기 향리층의 조상은 신라말기의 호족과 연결되었다. 원주처럼 소경이었던 충주나 청주 출신의 호족은 기록에도 많이 보이고, 그 가운데는 고려왕조에서 높은 지위를 차지하였던 자들도 적지 않다. 반면 원주 출신의 호족은 거의 보이지 않는데, 이 까닭은 원주에 근거하였던 양길과 그의 부하였던 궁예가 치열한 싸움에서 결국은 양길이 패배하였다는 사실에서 기인할 것이다. 아마도 많은 원주 출신의 호족들이 양길과 궁예 편이 되어 활동을 하였을 것이고, 그들은 왕건의 고려왕조에서는 결코 환영받지 못하였을 것이다. 그렇기 때문에 태조 23년 책봉된 삼한공신(三韓功臣) 2,300

여 명 가운데 원주 출신으로 확실하게 밝혀진 인물은 1명밖에 되지 않는다. 그러나 고려초기 원주에는 호족의 후예로 볼 수 있는 향리층은 존재하였다. 현종조의 고승인 지광국사 해린(智光國師海麟)의 속성(俗姓)은 원씨(元氏)이며, 어머니는 이씨(李氏)였다. 조부 긍(肯)은 복음양무(卜陰陽筮-점치기)에 능하였고, 부친 휴(休)는 향직(鄕職)을 맡았던 것으로 보이므로 향리가문인 듯하다. 그리고 외가인 이씨(李氏)도 토착 세력이라고 추정되는데, 그렇다면 원주 이씨의 조상일 것이다. 고려초기에는 기록에 나오지 않다가 후손이 고위관리가 됨으로써 나타난 호족도 있다. 충렬왕대에 중서시랑 평장사에 오른 원부(元傅)의 9세조가 되는 원극유(元克猷)가 그 인물이다. 그는 고려 태조를 도와 공을 세웠다 하여 삼한공신에 책봉되었다. 원극유의 아들 징연(徵衍)은 경종 4년(979)에 갑과 급제하여 고위직에 올랐고, 그의 후손들도 역시 중앙관직에 연이어 올랐다. 그렇다고 모든 원주 원씨들이 원극유의 자손은 아니었고, 해린의 가문처럼 원주에서 여전히 상급 향리직을 맡았다고 생각되는 다른 가문들도 있었다. 후자도 역시 기회가 닿으면 상경종사하였는데, 향공진사(鄕貢進士)로 합단적을 막아 고위직에 오른 원충갑(元冲甲)도 이족(吏族)이었다. 또한 원주 이씨에서도 상경종사한 인물이 보이는데, 인종조에 감찰어사를 지낸 이선(李珧)과 과거로 출사한 이언장 부자가 그들이다. 특히 이선은 삼한공신(三韓功臣) 대광 궁열(大匡 弓烈)의 5대 외손이라고 하는데, 궁열에 대해서 자세한 것을 알 수 없다. 이 외에 안씨와 김씨도 유력한 토착 세력이었고, 중앙조정의 관직에 진출한 자들이 나왔다. 서리에서 출발해서 호부상서까지 올랐던 김거공처럼, 지방 출신들은 과거 급제하지 못하면 하급관직을 통하여 관계로 진출하였다. 그리고 시간이 흐를수록 상급향리층에서는 상경종사하는 인물들이 더욱 많이 나오게 되었고, 이들 가운데는 조선시대 유력한 양반으로 자리를 잡은 가문의 조상도 다수 있었다.

고종 4년(1217) 5월 거란병이 쳐들어와 원주까지 침입하였다. 주민들이 오랫동안 적과 대치하여 아홉 번 싸웠으나 식량과 힘이 다하고 원군이 없어 마침내 성이 함락되었다. 김취려가 이끄는 고려 군대가 이들을 원주와 충주 사이로 몰아 박달령에서 대패시키니 적들이 횡성 쪽으로 도주하였다. 충렬왕 16년(1290) 겨울에 원의 반란 집단인 합단적 수만 명이 교주(交州)로 침구하여 원주까지 진격하였으나, 별초(別抄) 향공진사 원충갑을 비롯한 원주 주민들에 의하여 영원산성에서 격퇴되었다. 합단적은 고려에 파견된 1만3천 명의 원나라 군대에게 충남 연기에서 결정적으로 패배하자 고려에서 물러났다. 합단적을 잘 막아낸 원주는 정원도호부로 승격하였고, 충선왕은 즉위하면서 이 공로로 3년 동안 원주의 세금과 잡역을 면제시켜 주었다. 공민왕 10년(1361) 12월 홍건적 300여 기가 원주를 함락하였고, 이때 목사 안광언이 죽었다. 우왕 9년(1383) 6월 교주강릉도의 화척(禾尺)과 재인(才人)이 가짜 왜구(倭寇)가 되어서 원주, 평창, 횡성, 영주, 순흥 등지를 노략질하다가 토벌되었다. 또한 경상도 내륙에서 올라온 왜구가 단양, 제천, 주천, 횡성 등까지 침투하였으나, 원주가 직접 피해를 입었다는 기록은 없다.

Ⅳ. 조선시대

1. 행 정

태조 4년(1395) "강릉도와 교주도를 합하여 강원도라고 한다"는 조처가 나온 다음에는 특별한 사유가 없는 한 강원도는 정식 도명이 되었다. 고려시대에는 도제가 발달하지 않았기 때문에 강원도라는 도명과 구역이 빈번히 바뀌었던 것과는 달리 조선시대의 8도제는 1895년까지 거의 그대로 유지되었다. 그리고 이때 원주는 관찰사의 관서인 감영의 소재지로 확정되었고, 이후 1895년 도제가 혁파될 때까지 다른 도에 속하는 일이 없게 되었다. 그러나 원주가 강원도에 편입된 때, 다시 말해서 조선시대 이후 강원도의 영역이 확정된 "정도(定道)" 시기는 고려말, 또는 조선초였다. 우왕 14년 (1388) 영동과 영서를 합쳐서 교주강릉도라고 하였다는 기록처럼, 이때 원주가 양광도에서 떨어져 나와 교주강릉도에 속하게 되었는지는 불명확하다.[7] 편입을 명확히 알 수 있는 기록은 "강릉교주도의 계수관(界首官 - 지역행정중심지)으로 원주, 강릉, 춘천, 회양, 삼척을 정한다"고 한 태조 2년의 실록 기사이다. 즉 늦어도 태조 2년에는 원주가 강원도에 편입됨으로써 강원도의 실체가 확정되었던 것이다.

도에는 종2품 내지 정3품의 관찰사, 즉 감사가 파견되었는데, 강원도의 경우에는 정3품의 관찰사가 훨씬 더 많았다. 강원도가 작았기 때문에 그에 상응하여 낮은 품계의 관원이 파견되었던 것이다. 관찰사의 직무 가운데 가장 중요하였던 것은 수령의 근무감독과 평가였으므로 관찰사를 감사(監司)라고도 불렀다. 이밖에 병사와 수사도 겸직하며 군정(軍政)을 장악하였고, 주민 안집(安集), 권농(勸農), 징세(徵稅), 교육(敎育) 등 도정(道政)의 모든 것을 관장하였다. 그렇기 때문에 관찰사는 도백(道伯)으로 불렸고, 왕을 대신하여 백성을 다스리는 "왕화(王化)"의 막중한 임무를 수행하였다.

그리고 감사를 보좌하거나 감영의 행정을 수행하는 자들은 정

---

7) 『고려사』 지리지는, 충주목의 소관이었던 평창군이 내속하게 되었다고만 기록하고, 원주는 언급하지 않고 있다. 이미 양광도에서 분리되었기 때문에 이렇게 기록되었는지도 모른다.

식 관원과 막료(幕僚 – 무인)와 영속(營屬 – 감영의 이속)으로 나뉜
다. 정식 관원에는 종5품직인 도사(都事)가 있었다. 도사는 본래 감
사와 수령을 규찰하는 외대(外臺 – 지방 감찰기구)의 성격을 가졌
고, 감사 직무를 대행하기도 하였다. 그러나 치폐를 반복하다가 18
세기 후반부터는 한직이 되어 관리들 사이에 도사를 기피하는 풍
조가 생겼다. 영장제(營將制 – 영장이 지휘관이 되는 지방군사제도)
가 실시된 17세기에는 순영(巡營 – 감영)의 병력을 지휘하는 종5품
의 중군이 신설되었다. 이 외에 교수나 훈도와 같은 교육직이 향교
의 장으로 있었으나 대부분의 지역에서 조선전기에 이미 사라졌
다. 그 외에 예조에서 파견된 종9품의 심약(審藥 – 蔘 진상, 의료
담당)과 형조 소속의 검율(檢律 – 법률 보좌, 量刑 담당)이 있었다.
그리고 16세기말부터는 막료(幕僚)로 비장(裨將 – 비서격)이 있었는
데, 이들은 관찰사가 임금에게 계청(啓請)해서 임용하던 군관으로,
대개는 전직 관원이었다. 이들은 감사의 비서관 역할을 맡아 육방
(六房)으로 업무를 분장하였고, 감영 실질 업무를 수행한 영리와
군교 등과 밀접한 관계를 맺고 있었다. 그밖에 실무 하위관리인 영
속(營屬)으로 인리(人吏)와 영리(營吏)가 있었는데, 내무는 아전(衙
前)이, 각읍 행정 담당인 외무는 영리(營吏)가 담당하였다. 이방(吏
房)이 최상위로서 대방영리(大房營吏)라고도 하였다. 영리들은 원
주만이 아니라 강원도 여러 곳에서 교대로 상번하였다. 그리고 군
관과 포교가 군무와 치안을 담당하였고, 가장 아래에는 통인(보통
이서의 자제), 사령, 군뢰 등이 감영의 허드렛일을 하였다.
　단종 이후 임기가 1년으로 확정된 조선전기의 관찰사는 한 곳에
머물지 않고 도내를 순행하며 수령의 근무 실태와 주민의 생활을
살폈다. 그렇기 때문에 감영 소재지가 있기는 하였으나, 그곳에 줄
곧 머물지는 않았다. 강원감사는 여름에는 시원한 강릉에서, 겨울
에는 주로 원주에서 직무를 보았다. 또 감사가 서류 등을 보관하는

감영의 건물 규모도 그다지 클 필요가 없었다. 공민왕 초년(1314~
20)에 원주목이 되면서 관아 건물을 세웠다고 한다. 이것은 상당히
좁았는데, 성종 11년(1480)에 규모를 크게 개수하였다. 옛터에 "먼
저 대청(大廳)의 세 기둥을 세우고 앞뒤로 처마를 만들고, 동헌(東
軒)도 역시 그렇게 하였다."8) 아마 客舍와 작은 규모의 正廳을 세
운 듯하다. 그런데 중종 25년에 문서창고가 불에 타 버린 사건이
일어났고, 임진왜란으로 원주에 있던 관청건물과 민가가 모두 소
실되었다. "다만 몇 칸의 감영 건물만 있었는데 좁고 누추하여 거
처할 수 없었으나 지붕만 고쳐 구차하게 넘긴 것이 거의 40여 년
에 달하였다", "새로 지은 객사의 터는 탁 트이고 넓은 듯 하였을
지라도, 얕아서 드러나서(淺露) 특별한 영문제도(營門制度)가 아니
었고, 또한 선원록과 실록 행차가 비어 있는 집처럼 피하니 사람들
이 이를 병통으로 여기었다."9) 따라서 새로운 땅에 객사를 짓고,
이어 관찰사의 정청인 선화당(宣化堂)도 1664년(현종 5)에 짓기 시
작해서 이듬해 완공하였다. 이전에는 감영 건물이 없었다고 한
다.10)

감영의 소재지가 된 원주는 지방행정단위 등급으로 제3위인 목
이었다. 원주라는 명칭이 조선시대 내내 사용되었으나, 반역 등 강
상에 관련된 범죄가 발생하였을 때에는 목이 현으로 격하되어 원
성현(原城縣)으로 불렸다. 부인이 남편을 죽인 사건이 일어나 숙종
9년에 원성현이 되었다가 10년만인 18년에 원주목으로 회복되었
다. 이럴 경우에는 강원이란 도명도 강춘도(江春道)로 바뀌었다.
그러나 감영 소재지마저 다른 곳으로 이전되지는 않았다. 조선초
기에는 판원주목사(判原州牧事)라는 직명이 보이기는 하지만, 파

---

8) 『읍지』에 수록된 서거정의 重新記.
9) 『읍지』에 수록된 선화당중수기.
10) 『읍지』의 公廨客館條.

견된 수령은 정3품의 목사(牧使)였다. 조선전기에도 관찰사가 겸임하던 예가 종종 있었지만, 관찰사가 상주하였던 후기에 이르러서는 한동안 관찰사가 정식으로 목사를 겸임하였다. 그 후에도 원주목사는 관찰사가 겸임하거나 그에게 가려 수령으로서의 중요성이 덜 하였던 것 같다. 목사를 비롯한 수령의 직사는 수령(守令) 5사, 또는 7사로 요약되지만, 그 가운데서도 가장 중요하였던 것은 징세였고, 시대가 갈수록 그 임무는 더욱 중요해졌다. 그리고 도와 대읍인 목에 파견된 종5품의 관리인 판관(判官)이 있었는데, 그는 수령의 업무 중에서 주로 주민의 소송을 처리하거나 수령 유고시에는 대리로 집무하였는데, 조선후기에는 그런 직임보다는 징세나 수운 등 특정한 행정 업무를 담당하는 직책으로 격하되었다.

"본관(本官)" 즉 원주목에 근무하던 이서들은 향리층으로 다른 군현과 마찬가지로 호장(戶長) 밑에 이방을 필두로 한 6방 아전들이 실무를 관장하였으며, 그들 밑에는 감영처럼 하위 인리가 있었다. 조선후기에는 지방행정이 발달함으로써 감관과 색리 등 새로운 이서직이 나왔고, 그에 따라 이서층의 숫자도 크게 증대되었다. 영조대인 1760년경에는 판관을 비롯해서 모두 299명이 소속되어 서로 몇 달씩 교대로 상번 근무를 하였으므로, 이 많은 인원이 함께 근무하였던 것은 아니다. 그리고 조선전기에는 양반들의 향촌 지배기구였던 유향소(留鄕所)가 임진왜란 이후에는 향청(鄕廳)이라는 지방행정기구로 변하여 주로 군정과 수세을 비롯한 향촌의 주요한 일을 담당하였다. 거기에서는 향족(鄕族)들이 좌수(座首)와 별감(別監)의 직을 맡았다.

원주목 관내는 현재 원주시 영역보다는 훨씬 넓었다. 태종 원년 견아상입지(犬牙相入地 – 들쑥날쑥한 행정구역)였던 원주 속현인 영춘과 충주 소관의 영월의 소속 도를 서로 바꾸었다. 그렇지만 주천은 여전히 원주의 임내로 남았다가 영월군으로 이속되었고, 현재 여주군에 속해 있는 강천면과 북내면 상당 부분, 그리고 횡성군 서원면도 1914년에 행정구역이 조정된 것이다. 치악산 뒤편의 각림사 근방도 원주였던 것으로 추측된다. 그리고 영월군, 횡성현, 홍천현은 『세종실록』 지리지에는 행정적으로 원주의 관할을 받던 군현이었다. 조선초기에는 면리제(面里制)가 그다지 잘 실시되지는 않았고, 중종 23년(1528)에 간행된 『신증동국여지승람』에는 본부면(本部面)과 저전동(楮田洞) 및 사제촌(沙提村)의 리 단위 두 곳만 나오지만, 중종 35년(1540)에는 서면 강천리(江川里)가 나오는 것으로 미루어, 이미 원주도 동서남북중의 5방위로 면을 나누고 그 하부에 동리를 두었다고 볼 수 있다. 1871년에 나온 읍지에는 면이 20개로 증가되었는데, 동리 단위였던 저전동과 사제촌은 면단위로 파악되었고, 각 면의 동리도 1리, 2리처럼 행정적으로 철저히 파악되어 있었다.

이는 말단 지방행정제도의 발달을 말해 주는 동시에 인구 증가를 그대로 반영하는 것이다. 원주목의 호수가 1천 1백 48호, 인구 3천 2백 33명, 주천현의 호수가 1백 63호, 인구 2백 80명, 그리고 그 가운데 군정(軍丁)은 시위군이 2백 84명, 선군이 82명이라고 『세종실록』 지리지에 기재되었던 것이 1871년에는 8천 6백 37호에 인구가 3만7천6백46명으로 증가된 것으로 나타난다. 호와 인구의 개념이 크게 달랐기 때문에 두 시대 통계 수치를 단순 비교는 할수 없다. 19세기말의 전국 인구 통계는 실제 인구수보다 거의 3배 가까운 숫자가 누락되었다고 추정되므로[11], 1871년의 인구수는 실제 이보다 훨씬 많았을 것이다.

고려시대에 이미 설치되었던 흥원창은 조선시대에 들어와서도

---

11) 1918년 일제는 행정력을 총동원해서 조선의 인구를 조사하였는데, 그 숫자가 1천8백만 명 정도였다. 그러나 19세기말 조선왕조의 인구통계는 보통 6백만 명을 오르내렸다.

남한강의 주요 조운 중심지로 기능하였다. 영월, 평창, 정선, 횡성, 강릉, 삼척, 울진, 평해 등 강원도의 전세가 이곳에 적치되었다가 대개는 서울로 수운되었고, 경우에 따라서는 군량미나 진휼곡으로 사용되었다. 사람들도 육로보다 수로가 여행하기에 편하였으므로 이곳에서 배를 타고 서울 한강으로 올라갔다. 이곳에서 서울까지는 배로 이틀 정도 걸렸고, 서울에서 내려오는 양반관리들은 밤에 배에서 묵지 않고 남한강과 가까운 곳에 있던 여주 신륵사에서 여장을 풀기도 하였다. 겨울에는 한강이 결빙되기 때문에 수운을 중단하였지만, 얼음이 녹는 시절에는 얼음판을 타고 직접 서울로 올라가기도 하였다. 흥원창 외에도 조선후기 이후에는 문막에서도 서울로 가는 배가 많이 운행하였다. 특히 상품화폐경제가 발달하였던 20세기 이후 사람과 물건이 원주에서 나오고 들어갈 때에는 흥원창보다 문막을 훨씬 더 빈번히 이용하였던 것 같다. 물론 흥원창 주변에도 각지에서 온 물건이 매매되는 시장이 열릴 정도로 흥성하였지만, 조운이 쇠퇴하면서 문막에 수운의 주도권을 빼앗겼지 않나 짐작된다. 원주에도 정지뜰까지 소금배 등 배가 들어왔었다고 하지만, 원주천의 조건이나 『읍지』에 기재되지 않은 점으로 미루어 아마도 규모가 컸던 것은 아니었을 것으로 추측된다.

그리고 조선왕조에 들어서 다른 지역에서는 많은 역(驛)이 새로 설치되었으나, 고려시대부터 있던 원주의 유원, 안창, 단구, 신림, 신흥(주천) 5곳 역은 큰 변함없이 주요한 교통시설로 사용되었다. 역에는 중앙조정에서 종6품의 문반인 찰방이 파견되어 역을 감독하였고, 역리와 역졸이 배속되어 역마 관리와 여객 수발 등 역을 대대로 수행하였고, 그 대가로 역전을 경작하기도 하였다. 역의 일이 힘들었기 때문에 도망하는 일도 많아 역졸이라고 하면 천역(賤役)으로 여겨졌지만, 조선후기에는 경제적으로 부유한 자도 나왔고, 양민 신분도 역에서 일을 하기도 하였다. 또는 역리들이 행정

관아의 아전이 되기도 하였지만, 이것은 불법적인 것으로 제재를
받았다. 경상도 울산에서 원주를 경유하여 서울로 직행할 수 있던
길은, 염포－울산－언양－경주－안동－영주－단양－제천－원주－
양근－평구였다. 즉 경상도를 중앙으로 관통하는 역로에 원주가
위치하였고, 원주에서 서울까지의 거리는 6식경, 즉 180리였고, 여
정은 사흘, 빠른 걸음이면 이틀 정도 걸렸다. 또한 부산에서 출발
해서 대구－인동－상주－문경－충주－여주－광주로 올라가는 길
이 옆으로 빗겨 있었는데, 남한강변에 있던 흥원창이나 섬강에서
배를 타고 여주에 당도해서 다시 육로로 상경하는 길을 택하기도
하였다.

2. 경제와 사회

『세종실록』지리지는, 원주의 토질에 맞는 작물은 오곡·뽕나
무·삼·배·닥나무·칠이라고 한다. 그리고 공물은 꿀·밀랍·
잣·지초·시우쇠·느타리·북나무충영·사슴포·여우가죽·삵
팽이가죽·노루가죽·수달피·표범꼬리를 바쳤고, 약재는 오미
자·바디나물뿌리·궁궁이·당귀·모란뿌리껍질·나팔꽃씨·측
백나무열매·복령·복신·대왕풀·쥐꼬리망초뿌리·다린송진·
안식향·인삼이 났다. 조선후기에는 이밖에도 생꿩, 말린 꿩, 송이
버섯, 은행, 백작약, 녹용 등 약재가 훨씬 더 늘어났다. 특히 공물
과 진상품으로 인삼과 녹용을 과도하게 징구하였기 때문에 강원도
주민들이 커다란 고통을 당하였다. 한 군현의 주민들이 전체가 나
서서 인삼을 찾고 사슴을 잡았으나, 배정된 액수를 채우지 못하였
을 때는 높은 값을 주고 방납하는 서울 상인에게 사서라도 서울로
보내야 하였다. 조선전기에도 상품이 거래가 되는 시장이 있을 수

밖에 없었을 테지만, 그 개시일이나 규모 등은 알 길이 없다. 조선
후기 상품화폐경제는 감영 소재지로 물화가 집중되던 원주에서도
크게 발전하였다. 숙종대에 벌써 원주에는 인삼장수들이 있었다.
1871년 읍지에는 읍내장, 안창장, 홍원창장, 귀래장, 주천장 5곳이
올라 있다.

　원주를 비롯한 강원도의 나무는 조선초기부터 궁궐과 관사를
짓는 데 많이 사용되었다. 태종대에 창덕궁을 지을 때도, 임진왜란
으로 소실된 궁궐을 복구할 때도, 원주 근방에서 벌채된 나무가 쓰
였다. 궁궐역을 대대적으로 하였던 광해군대처럼 벌채량이 많았던
때에는 원주에 부과되는 조세가 경감되기도 하였다. 이렇게 국역
용도로 쓰이는 재목을 확보하기 위해서 황장금(黃腸禁－출입금지
구역)이 설치되어 도벌을 엄격하게 막았다. 그러나 부패한 관리와
이익을 좇는 상인에게는 당할 수가 없어 많은 나무들이 도벌되어
한강을 따라 서울로 떠내려갔다. 심지어 관찰사까지 금송(禁松)을
빙자하여 도벌된 나무를 압수하고는 다시 팔아 사복을 채웠다는
비난이 조정에서 일어났다. 또한 서울 주민들이 필요한 땔나무도
다량으로 공급하였다. 조정에서 물금표라는 반출증을 받은 서울상
인과 지역상인(대개는 유력한 양반)은 땔나무를 떼로 엮어 한강 뚝
섬의 나루로 띄워 보냈다.

　태종 4년 강원도는 전지(田地)가 5만 9천 9백 89결, 호(戶)가 1만
5천 8백 79호, 인구(丁)가 2만 9천 2백 38명이라고 보고되었지만,
현재로서는 토지면적과 호구의 개념과 조사 방법을 정확하게 알
수 없으므로, 통계 수치는 크게 유용한 것은 아니다. 세종 5년에
기근이 심하게 들어 강원도 주민들이 대량 유리하였으므로 통계가
부정확할 수밖에 없지만, 이듬해 2월 감사 황희는 호수가 1만 6천
여 호라고 보고하였고, 다시 3월에는 민호 원수(民戶 元數)가 9천
5백 9호, 원전(元田) 6만 1천 7백 90결이라고 하였다. 호수가 큰 차

이가 나지만, 태종대에도 1만 6천호에 육박하였기 때문에 당시 호수를 1만 6천이라고 추정하여도 무리는 없을 것이며, 토지면적도 6만 결 전후로 잡아도 될 것이다. 이것을 참고로 하여 세종 18년 강원도 감사가 보고한 토지면적과 호수의 의미를 살펴보자.

이제 여러 도(道)의 호적(戶籍)을 정하되, 50결(結) 이상은 대호(大戶)로, 20결 이상은 중호(中戶)로, 10결 이상은 소호(小戶)로, 5결 이상은 잔호(殘戶)로, 5결 이하는 잔잔호(殘殘戶)로 삼아, 이를 정식(定式)으로 삼았습니다. 그러나 이 도는 26고을의 민호(民戶)의 합계가 1만 1천 5백 38호인데, 그 중에서 대호(大戶)가 10호, 중호가 76호, 소호가 1천 6백 41호, 잔호가 2천 43호, 잔잔호가 7천 7백 73호로, 땅은 좁고 전지(田地)는 적사온데, 영서(嶺西)지방은 산전(山田)에서 생산물이 정전(正田)보다 배나 되고, 영외(嶺外)에는 또 어업과 소금의 이익이 있사온즉, 만약 다른 도의 만든 호적의 기준에 의거하여 호역(戶役)을 나누어 배정한다면 다만 구실을 배정하기가 어려울 뿐만 아니라, 노고와 안일(安逸)도 균등하지 못할 것입니다. 이제부터 뒤로는 도내(道內)의 호적을 정하되, 20결 이하와 10결 이상으로써 중호(中戶)로 삼고, 6결 이상으로써 소호(小戶)로 삼고, 4결 이상으로써 잔호(殘戶)로 삼고, 3결 이하로써 잔잔호(殘殘戶)로 삼게 하소서." 하니, (임금이) 그대로 따랐다.

기근이 지난 지가 10여 년이 흘렀지만, 아직도 그 충격에서 헤어나지 못하였다는 것은 호수가 1만 1천 5백에 머문다는 사정이 말한다. 황폐된 토지도 역시 온전히 복구되지는 않았을 것이므로 그 면적을 대략 6만 결에서 30%가 감소한 것으로 추산한다면, 4만 2천 결 정도가 된다. 따라서 각 호의 평균 토지면적은 3.7결이 된다. 이는 황희가 보고한 세종 6년 당시 수치에 입각한 평균면적이 3.86결이라는 것과 비슷하며, 가장 가난한 호인 잔잔호의 기준을 5결에서 3결로 잡자는 감사의 견해를 뒷받침하는 수치라고 생각한다. 이런 잔잔호가 전체 호수의 67.3%가 되며, 잔호가 17.7%, 소호가 14.2%, 중호가 0.65%, 대호가 0.08%를 차지한다. 10결 미만의 호수가 99.9%를 넘는다는 것, 여기에서 소호를 뺀다고 하여도, 잔호(殘戶)이하가 85%가 넘다는 것은 과전법(科田法)을 시행하는 등 나름대로 토지개혁을 하였던 조선왕조의 초기에 빈부의 차이가 얼마나 극심한 상태였는지 잘 말해 준다.

또한 70%에 가까운 농민들이 최하층이라는 것은 당시 대다수 농민들의 경제적 실상이 참혹하다는 것을 의미한다. 더구나 농업 기술의 미발달과 강원도의 특수한 지리적 조건 때문에 휴경(休耕)이 불가피하였으므로 3결의 토지도 해마다 경작할 수는 없었다. 강원도의 땅은 척박한 하등전(下等田)이 다수였을 터인데, 그런 땅에서는 세금으로 10두(斗-말)를 내는 것도 부담스러웠다. 과전법에 따라 생산량의 10%를 세금으로 냈기 때문에 10두를 낸다고 하면, 총 생산량은 100두, 즉 나락으로 5섬에 지나지 않았으므로 여기에 병작반수로 50%를 지주에게 바치고 나면 농민들의 생계는 막막하기 그지없었을 것이다. 호는 행정호이기 때문에 그 성원의 숫자도 핵가족보다는 많았다고 본다.

태종이 횡성 부근에 강무장을 설치하고 사냥을 금해 야생동물로 말미암아 농사가 큰 지장을 받았다. 문종대에 횡성의 한 농민은 1결의 토지를 경작하는데, 동물들이 모든 농작물을 망쳐 놓았기 때문에 살 수 없다고 통곡하였다. 이렇게 다른 지방보다 열악한 상태에 놓였던 강원도 농민들은, 황희의 보고대로, "환상곡(還上穀)을 먹지 아니하고 생활할 자가 얼마 되지 아니하며, 전혀 초식만 하여 겨우 생명을 보존하고" 있던 실정이었을 것이다. 또한 이렇게 경제적으로 불안정하고 비자립적이었던 농민은 국가와 지주에게 인격적 신분적으로 크게 예속될 수밖에 없었다.

그래도 땅도 넓고 사람이 많던 원주는 이보다 사정이 좋았던 것 같다. 『세종실록』 지리지는, 원주의 "호수가 1천1백48호요, 인구가 3천 2백 33명이며", "땅이 메마르며, 간전(墾田)이 7천5백56결이요,

논이 5분의 1이 넘는다"고 하였다. 이 통계를 신뢰한다면, 1호당
6.58결의 토지가 돌아갔으므로 강원도 평균보다 거의 2배에 가까
운 토지를 경작하였다고 할 수 있다. 더군다나 벼를 재배하는 논이
20%를 넘었다는 것은 원주가 다른 지역보다 경제적으로 확실히
좋았다는 사실을 뜻한다. 서거정이 "산천이 아름답고, 토지가 비옥
하고, 물산이 풍부하기가 여러 고을에서 최고이다. 풍속이 근검하
고 재산 모으기에 힘쓰고, 자연재해가 일어나지 않는다"고 묘사한
대로 원주는 강원도에서는 특별한 곳이었다.

그렇다고 하여도 시대적 한계는 벗어날 수 없기 때문에 아주 현
격한 경제적 차이가 원주와 다른 지역에 있었다고 보기는 어렵다.
원주에도 양반들도 많았으므로 토지를 소유하지 못하던 영세 소작
농이 많을 수밖에 없었다. 상당한 면적이 탈루된 것이 틀림없지만,
1871년 장부에 오른 토지는 모두 4천6백54결이었으나, 여러 명목
의 면세전이 2천8백62결에 달하였다. 이때의 결(結) 면적은 조선초
기에는 전혀 다르기 때문에 비교하는 것은 큰 의미가 없다. 그리고
조선후기에는 징세의 기본이 되는 양전(量田)도 제대로 이루어지
지 않아 전정이 문란하고 부역이 편중되는 폐단이 심하다고 하였
다. 자연히 수령과 아전들의 부정과 탐학이 일어날 수밖에 없었고,
그에 저항하는 주민들의 조세저항운동인 민요(民擾)가 발생하였다.
특히 조선왕조체제가 거의 붕괴하고 민중의 저항이 거세진 1885년
과 그로부터 몇 년 되지 않은 1894년에 민요가 연거푸 일어났다.
다시 몇 년 뒤에는 주민들이 부정한 향리를 산채로 불태워 죽인
사건도 있었다.

『세종실록』지리지는, 원주의 토성(土姓)으로 元·李·安·申·
金·石을 들었고, 망래성(亡來姓)으로 崔, 속성(續姓)으로 趙를 들
었다. 그리고 1830년경에 작성된 『관동지』의 읍지는 새로 늘어난
(新增) 성씨로 청주 韓, 초계 鄭, 양천 許, 풍산 洪, 창령 成, 청송

沈, 안동 權, 여흥 閔을 들고, 덧붙여 '병래(幷來)'한 성으로 丁, 朴, 郭, 高, 尙, 都, 慶, 孫, 辛, 吳, 柳, 延, 奉, 羅, 徐를 들었다. 1871년에 나온 『관동읍지』에는 『관동지』에 보이지 않던 남양 洪과 인동 張과 원주 邊 세 성이 추가되었다. 토성으로 기재된 안, 신, 김, 석은 임진왜란 이후에도 원주에 거주하였는지 확인하기 어렵다. 그리고 최와 조도 마찬가지이다. 이들 성관 가운데 김과 최 등처럼 원주를 떠나 서울 등 다른 지역에 거주하는 원주 토성도 있지만, 몇 개 토성의 자취는 별로 보이지 않는다. 그리고 변은 순수한 원주 토성은 아니고, 고려말 원에서 귀화한 변안렬이 원주를 본관으로 하사 받음으로써 생겨났기 때문에 선초에는 원주에 거주하지 않았지만, 조선중기부터 족보나 사마방목(司馬榜目) 등에 나타나기 시작하였다. 원주 토성은 이들 외에도 徐와 余가 더 있는 것을 확인할 수 있어도 그들에 대해서는 자세한 것을 알 수 없다. 그리고 이와 같은 원주 토성 외에도 주천 토성인 安, 尹, 盧 등이 있었고, 외지에 들어온 성관들도 다수 보이나 큰 족세는 유지하지 못한 듯하다.

그런데 외래의 성관을 '신증'과 '병래'로 나누어 따로 기재한 까닭은 입향의 순서에 따른 것이라기보다는 지역사회에서의 실제 족세와 일정한 관계가 있는 듯하다. 예컨대 나주 丁은 소과(小科)와 대과(大科) 급제자와 역관자(歷官者) 숫자에 있어 다른 성씨에 뒤지지 않는다. 그럼에도 불구하고 신증에 실리지 못한 까닭은, 이들이 읍치와는 많이 떨어진 부론면에 거주하였고, 또한 지역 양반사회와의 유대도 그다지 깊지 못했기 때문이 아닌가 짐작된다. 이처럼 과거와 관리 출신자로서 족세를 구분한다면, 병래에 기재된 밀양 박은 신증에 실린 몇 개 성관보다 훨씬 유력하였다. 이런 기준으로는 당연히 상위에 올랐어야 될 전주 이와 평산 신을 비롯해서 덕수 이씨, 한산 이씨, 김해 김씨, 강릉 최씨, 경주 김씨 등 유력 양반의 성관이 빠진 이유는 전혀 알 수가 없다. 지역사회 실제 족세라는 기준에서도 이들은 제외될 수가 없었다고 본다. 반면 읍지류에 올라와 있는 성씨들은 거의 대부분 양반신분이었지만, 문헌자료에서는 전혀 발견할 수 없는 한미한 성관도 포함되어 있다. 따라서 성관의 기재가 아주 부실한 것인지, 아니면 다른 요인이 개재되어 있는 것인지 정확하게 판단하기 어렵다. 그렇지만 이 기재 내용이 읍지를 작성한 이서의 주관이 많이 작용한 결과라는 느낌은 강하게 든다. 또한 원주의 읍지류는 다른 군현의 것과는 달리 향리신분을 하나만 밝히고 있지만, 실제로 원주에는 여러 성관의 향리들이 있었다.

조선시대 양반사회의 형성과 변화를 사마방목의 기재 내용을 통해서 간단히 살펴보자. 16세기까지만 하여도, 원주 토착 양반사회는 토성인 원씨와 이씨가 주도하였으며, 다른 성씨집단은 소수에 그쳤고, 그나마 조선후기에 이르러서는 세력이 매우 부진하게 된 성관이 많았고, 특히 원, 이, 여를 제외한 토성은 원주에서 사라졌다. 그런데 17세기부터 사마방목에 새로운 성관들이 대거 등장해서 그 흐름이 한 세기 내내 지속되었다. 따라서 이런 현상이 가진 사회적 의미는 원주 양반사회가 적어도 15세기 후반부터 새로 형성되기 시작해서 17세에 이르러 일단락되었다는 것이다. 이와 같은 사회적 변화는 다른 지역과도 크게 다르지 않은 것으로, 조선사회의 커다란 변화에서 원주도 예외는 아니었다. 이 시기에 원주에 새로 들어온 양반 성관은 청주 한씨, 나주 정씨, 평산 신씨, 풍산 홍씨, 강릉 최씨, 밀양 박씨 등 조선후기의 유력 양반 성관이 대부분이다. 이들 외에도 이 시기에 새로 입향한 양반 성관들도 다수 있었지만, 벼슬과 부와 인맥 등의 측면에서 압도적으로 우월한 조건을 지녔던 이들과 비한다면 열세에 처하였으므로 비교적 족세가 약하였다. 이렇게 형성된 원주 양반사회는, 물론 이들 가운데 쇠미해진 성관이나 새로 들어온 성관이 있기는 하였더라도, 19세기말까지 커다란 변화 없이 유지되었다. 이는 조선후기 사회경제적 변화를 높이 평가하는 주장과는 어느 정도 거리가 있는 사실이다. 다만 19세기에 들어 전에는 보이지 않았거나 전래의 양반신분으로 보기는 어려운 성관들이 갑자기 대거 나타나기 시작하였고, 시간이 흐를수록 새로운 성관의 출현은 더욱 현저해졌다. 물론 이것은 원주지역을 포함한 조선사회가 전혀 새로운 사회로 발전한 결과는 아니었으며, 과거제도가 지극히 혼란스러웠다는 증표이기는 하지만, 조선후기에 일정한 정도의 사회적 변화가 진행되고 있었다는 의미도 가지고 있다고 해석하는 것이 타당할 것 같다.

철저한 신분사회였던 조선사회는 양반, 중인, 상민, 천인 4개 신분으로 구성되어 있었다. 고려전기에 이미 원씨와 이씨처럼 재지이족(在地吏族)으로 상경종사(上京從仕－서울에 올라가 벼슬살이)해서 중앙관인층으로 상승한 토성들이 있었다. 또한 그러한 성관 가운데도 가문에 따라서는 여전히 지역사회에서 상급 향리직을 맡던 일족도 있었다. 그런데 13세기 이후 그들도 상경종사하기 시작하였다. 이런 흐름은 조선초기까지 이어졌는데, 조선왕조가 새롭게 신분질서를 확립한 결과, 상경종사함으로써 신분상승한 성관과 그렇지 못한 성관은 동일한 신분적 지위를 누릴 수는 없었다. 즉 종전까지만 하여도, 하나의 성관과 가문 내에서 상경종사한 자와 향직을 맡은 자의 신분적 지위는 거의 동일하였으나, 이제는 양반신분과 향리신분으로 엄격히 구분되었다. 이와 같은 양반과 향리의 혈연적 신분적 분리는 15세기 후반, 늦어도 16세기 전반에 이르러 완결되었고, 그에 따라 향리는 양반에게 하급신분으로서 철저하게 예속되어 버렸다. 이런 분리 과정은 이미 세종대에도 상당히 진행되어 양반으로 상승하려던 향리가 부정한 방법으로 직품(職品)을 얻어 역(役)을 회피하려다가 발각되어 처벌받았던 사례도 보인다.

16세기 중엽인 중종 말년에는 원주의 양반들이 향리를 자기 비와 강제로 혼인시켜 향리를 천한 비부(婢夫)로 만들고 그 소생들을 노비로 삼는 폐단이 발생하였다. 그런 고역을 참지 못한 향리들이 유리하는 등 문제가 심각하였고, 원주에는 두 관아가 있으나 아전과 노비가 적었는데 이와 같은 일이 발생하였으므로, 중앙조정은 원주와 의령에만 종부법(從父法)을 시행하고, 이전에 그와 같은 혼인 관계에서 탄생한 노비들을 모두 관에 소속시키는 조처를 내려 노비를 빼앗긴 원주의 양반들이 큰 불만을 가지게 되었다. 그러나 호강한 토호들의 횡포는 여기에 그치지 않았다. 향리나 서원 등을 자신의 손에 넣었으므로 각종 부역이나 잡부금을 일반 백성들에게 전가시키고, 수령을 능멸하고 모함하는 일이 다반사였다. 그리고 이런 폐단은 원주에만 국한되지는 않았고, 토호 양반의 세력이 강하던 군현에서는 일상사였다. 그런데 원주와 의령에만 유독 이와 같은 특별한 조처가 내려지게 된 배경에는 노비종부법을 만든 실권자 좌의정 김안로가 원계검 등 원주 출신의 관리들과 정치적으로 대립하였다는 사실이 있었다. 이점은 김안로 등이 제거당한 다음에 중종 자신도 인정하였고, 그에 따라 원주의 종부법도 다시 종모법(從母法)으로 되돌아 왔다.

조선시대에는 피지배신분층이던 상민과 천인이 농민으로서 생산을 담당하던 인구였다. 원주에는 강원감영이나 원주목 관아가 소재한 도회였으므로 다른 군현과는 달리 향리층과 군교층, 그리고 공장 등 관청 사역 인구나 상업에 종사하던 인구가 있었지만, 그 숫자는 극히 미미하였다. 즉 모든 상인과 천인은 농민이었다고 해도 틀리지 않는다. 조선전기에는 노비와 같은 천인이 의외로 많기는 하였지만, 수적으로 상민들이 천인보다 훨씬 더 많았을 것으로 추정되며, 이 상민 신분의 농민들이 수행하는 노동이 사회적 생산을 거의 전담하였다고 할 수 있다. 그러나 농민 다수는 비록 신

분적으로 상민이었을지라도, 경제적으로 대단히 불안정하고 비자
립적인 농업경영을 하고 있었다. 그렇기 때문에 국가와 관리의 수
탈이 심해지거나 자연재해 등이 발생하였을 때에는 농민경영, 즉
가호(家戶)가 해체되어 버리거나 천인 신분으로 추락하는 상민 농
민들이 많았다. 양반가에 투탁하여 노비가 되던 일은 신분제가 동
요하기 시작하였던 17세기에도 빈번히 일어났다. 조선전기에 수없
이 많이 보이는 기근의 발생과 기민의 진휼 기록은 이와 같은 농
민층의 불안정하고 비자립적인 실상을 말해 주는 것이다. 그밖에
국경 방어를 위해 원주를 비롯한 강원도 주민들이 함경도로 사민
(徙民)되기도 하였지만, 다른 한편으로 다른 도의 주민이 개간 등
의 사유로 원주와 강원도로 사민이 되었던 조선초기의 기록도 역
시 농민생활의 일단을 보여주는 것이다.

　주인과 노비의 관계가 아주 잘 나타난 사건이 명종 11년에 발생
하였다. 여종을 첩으로 몇 년 동안 데리고 살다가 후처를 얻었던
자가, 그 첩이 사노(私奴)에게 개가한 것에 분개하여 몸값을 거둘
때에 과다하게 징수하였다. 이에 앙심을 품은 그 사노는 거짓으로
주인집에서 일하겠다고 자원한 뒤, 무리를 모아 그 가족 5인을 몰
살해 버렸다. 결국 이들은 가장 흉악한 범죄를 저지른 강상죄인(綱
常罪人 - 부모나 군부를 해치거나 반역한 죄인)으로 특별재판인 추
국(推鞫)을 거쳐 사형을 당하였다. 반면에 주인에게 아주 충실해서
죽었을 때 양반 주인이 제문을 써주고 문집에 남겼던 천인도 있었
다. 후자처럼 주인에게 인격적으로 예속되어 충순할 수밖에 없던
천인이 훨씬 많았을 것이다.

　조선후기에 들어서는 그 강고하던 신분제가 크게 흔들렸다. 특
히 18세기 중엽 이후에는 양반에게 도전하는 새로운 양반(新班, 新
鄕)이 힘을 모았고, 향리와 양인과 노비조차도 신분의 벽을 뛰어넘
는 일조차 비일비재하였다. 이와 같은 신분제의 동요에 대한 불안

은 일찍부터 나타났다. 영조 1년 원주의 한 유생은 군역의 병폐에 관해서 상소를 올렸다. 종전에는 무학군관(武學軍官)이나 기패관(旗牌官 - 지방군대의 장교)은 중인과 서얼이 하고, 평민은 군역을 부담하고 속오군(束伍軍 - 일종의 예비군)을 겸행하였는데, 이제는 부유한 백성들이 함부로 무학군관 등을 맡게 되자, 중인과 서얼은 아예 빠지고, 이에 따라 첩역과 족징의 폐단이 일어났다는 것이다. 즉 아래로부터 신분제가 흔들리게 되어, 마침내 군역의 문제가 생기고, 양반 자신의 신분적 권익이 위태하게 되었다는 뜻이다. 이와 같은 신분제의 동요는 시간이 흐를수록 더욱 심해질 수밖에 없었다. 영조가 군역의 폐단을 줄이기 위해서 만든 균역법으로 선무군관(選武軍官)이 대량 발생하게 되자, 이 무반직에 신분상승을 도모해 서얼을 비롯해서 중인과 부유한 양민까지 몰려들었다.

이에 따라 원주를 비롯한 각 지방에서는 이전의 양반(舊班, 舊鄉)과 새로운 양반 사이에 신분적 갈등이 더욱 격심해졌다. 이들의 싸움인 향전(鄉戰)은 숙종대부터 발생하기 시작해서 영조와 정조에는 전국 각지에서 치열하게 벌어졌다. 영조는 관련자들은 어느 편을 막론하고 처벌하겠다고 엄명하였으나, 향전은 수그러들지 않았다. 정조 7년(1783)에 내린 『관동어사사목(關東御使事目)』의 조항에는 향전을 준엄하게 다스리라는 것이 들어 있었다. 그리고 정조는 아예 향전율(鄉戰律)을 만들었지만, 몇 년 뒤인 정조 16년 원주에서 향전이 일어났다. 경상도 안동의 예에 따라 만든 원주의 향헌(鄉憲)에서는 문벌이 좋은 양반을 도유사(都有司)로 뽑아 좌수와 별감 등 향임(鄉任)의 임면 등 향촌의 일에 간여하도록 하였는데, 당시에 이르러 향임을 둘러싸고 잡음이 일어나고, 도유사의 권위가 떨어져 회피하는 자도 나와 관이 개입하는 일이 생겼고, 그에 따라 향전도 벌어지게 되었다. 여기에서 말하는 향임 선출의 문제는 곧 매향매임(賣鄉買任 - 좌수나 별감의 직을 사고파는 일)으로

다른 지방처럼 원주에서도 향촌양반의 권위를 추락시키고 신분적
혼효를 일으키는 사태가 벌어졌던 것이다. 이런 단계에 이르러서
는 기존 양반들이 더 이상 향촌사회를 공동으로 지배할 수 없었고,
향촌사회의 운영권은 수령과 이족·향족에게 넘겨야 하였다. 이제
양반들은 동족마을이라는 좁은 혈연공동체에 의탁하거나 개인적
인 권위와 권력에 의존하며 지위와 이익을 지켜야 하였다. 반면 상
승하던 신분세력은 기존 양반의 방해를 물리치고 새로운 양반으로
신분 격상을 하거나 신분적 지배에서 크게 벗어날 수 있게 되었다.

　신분제의 동요와 붕괴라는 새로운 사회 현상 가운데 가장 극적
인 사건은 도사 출신이자 후에는 사헌부 정언까지 하였던 토착 양
반인 원유붕(元有朋)이 세력 싸움에서 아전과 군교에게 졌다는 것
이다. 광해군대에 효자로 선정되어 정려를 받은 황무진 일족의 묘
옆에 썼던 원유붕 모친의 묘가 파헤쳐졌고, 격분한 그는 황무진의 사
판(祠版 – 사당의 현판)과 정려(旌閭 – 국가 표창을 상징하는 문)를
훼손하였다. 관찰사와 의금부 당상관이 원유붕을 비호하였으나,
사실이 조정까지 알려지게 되고 정조의 엄중한 처결에 따라 그는
함경도 부령으로 유배되었다. 그런데 원유붕이 황무진 일족의 뒤
에는 아전과 군교가 있었음을 알았고, 아전들이 황무진의 정려를
믿고 괴이한 짓을 한다고 꾸짖었다는 것을 보면, 아전들은 자신들
처럼 신분이 낮았던 사노비 출신 황무진의 사우(祠宇 – 사당)를 향
촌사회에서의 세력 기반으로 삼았다고 할 수 있다. 1860년 황무진
의 정려가 화재로 전소되었을 때, 사우 재건에 향리층이 많은 도움
을 주었다. 이는 마치 양반들이 서원과 사우를 세력 기반으로 삼았
던 것과 같다고 할 수 있다. 실제 효자와 열녀의 사우는 향촌사회
에서 일정한 권위를 보장받았고, 그 덕분에 일족과 후손도 사회적
지위와 신분을 상승시킬 수 있었다.

3. 교육과 문화

조선전기 원주지역사회에서 가장 대표적인 교육기관은 향교였다. 원주 향교의 존재는 이미 고려말부터 확인되고, 공민왕 3년 전국의 부, 주, 목에 유학교수관이 파견되었다. 따라서 향교는 원주의 학문과 교육에 크게 기여하였을 것으로 생각할 수 있고, 당시만 하여도 향교가 설치되지 않은 군현이 많았으므로 원주는 과거 등에서도 유리하였을 것이다. 그래도 조선초기 강원도는 삼남지방과 비교해서 학문과 교육이 활발하지 못한 지역으로 인식되었고, 다만 풍속이 학문을 숭상하고 인재가 많았던 곳은 원주와 강릉에 불과하다고 평하였다. 그렇기 때문에 조정은 학문 진작을 위해 다른 군현보다 두 곳을 우선으로 지원하였다. 향교 운영비를 거둘 수 있는 학전(學田), 사역 노동력인 노비, 사서(四書)를 비롯한 책, 건축에 필요한 자재와 물품 등을 도와주었다. 그리고 향교에 교수관(敎授官), 훈도(訓導) 등 교육자도 파견하였다. 더구나 원주는 감영 소재지였기 때문에 교육 업무와 그 감독 업무까지 관장하던 감사와 목사가 상주하다시피 하였으므로 교육적 관심과 기여가 클 수 있었고, 다른 군현보다 조건이 좋았으므로 교수와 훈도로 임명받은 자도 자질이 더 뛰어날 수 있었다. 향교의 건물로는 공자의 위패를 모신 대성전과 교생의 교육장소인 재가 있었지만 임진왜란 때 모두 소실되었다. 그런데 성종대까지만 하여도 향교의 교육적 기능이 활성화되어 여기서 공부한 교생이 과거에 급제하기도 하였지만, 점차로 침체되어 갔다. 중종 말년에 이르러 향교는 교육적 기능을 제대로 수행하지 못한 듯하다. 관찰사가 교생(校生)을 시험하였더니, 책 한 권도 제대로 알지 못하고, 제술(製述 - 글짓기)에 합격한 자도 없는데다가, 학교 사무도 엉망이었다고 한다. 조선후기에는 원주의 향

교는 다른 지방과 마찬가지로 교육기관으로서의 성격을 상실하고
부유한 상민 자제가 교생으로 등록하여 병역을 면제받는 피역 수
단으로 이용되기도 하였던 것 같다. 그리고 자세한 사정은 알 수
없지만, 칠봉서원(七峰書院)과 향교가 마찰하였던 흔적도 발견되는
것으로 보아, 조선후기 향교는 크게 변하였던 것처럼 보인다.

　지역인재 교육은 향교에서만 이루어진 것은 아니었다. 원주가
강원도는 물론이며 전국적으로도 소과와 대과 급제자를 많이 배출
한 상위 지역에 포함된 배경에는 학문의 전통과 좋은 교육 환경이
있었다. 태종 이방원이 치악산 각림사에서 공부하였다는 고사도
유명하지만, 조선전기의 문사와 명신으로 저명한 서거정, 권람, 한
명회, 강효문 등과 같은 서울 권문가 자제들이 법천사에서 글을 읽
었는데, 이들의 스승은 조선초기의 학자로 유명한 태재 유방선(泰
齋 柳方善)였다. 조선전기 각지에서 개설된 정사(精舍)나 서재(書
齋)와 같은 교육시설이 원주에도 있었을 것이다. 그런 덕분에 조선
전기부터 원주에서는 과거 급제자가 다수 배출될 수 있었다. 그렇
지만, 성리학이 일찍 전파되었던 지역, 예를 들어 안동, 상주, 선산
등과 같은 경상도 지역과 비교하면 현저하게 숫자가 적다.

　원주지역의 양반들이 언제 어떤 경로로 성리학을 수용하였는지
명확하지가 않다. 다만 중종대에 사림파의 영수이자 성리학자로
이름 높았던 김안국이 여주에 머물고 있었으므로 그에게 학문적
훈도를 받은 원주의 양반이 다수 있었을 것이다. 예를 들어 팔계군
정종영이 그의 제자였다고 한다. 그러나 원주가 학문적으로 한 단
계 높아진 때는 17세기였다고 생각한다. 이 시기에 원주에 거주하
거나 직간접적인 연고를 가진 유명한 학자와 문인이 다수 있었다.
한백겸을 비롯해서 허후, 정시한, 김창일, 김세렴 등이 원주와 관
계를 맺으면서 양반사회에 자극을 주며 학문 분위기를 고조시켰을
것이다.

이런 뛰어난 학자에게는 따르는 제자들이 있었고, 그 제자들은 서원이라는 일종의 학문공동체를 만들어 냈다. 원주에서 가장 먼저 설립된 서원은 칠봉서원이다. 광해군 4년(1612)에 사우를 창건하고, 13년 뒤인 인조 2년(1624)에는 원천석(元天錫)의 위판(位版)을 봉안하였다. 광해군대의 것은 아마도 서재나 정사와 같은 교육시설은 구비하지 않은, 다시 말해서 선현봉사(先賢奉祀－유명 학자에 대한 제사)의 목적만을 가진 사우였던 것 같고, 1624년에야 강학(講學)을 할 수 있는 진정한 서원을 건립하였던 것이다. 그러나 서원 건립도 삼남지방에 비하여 늦은 셈이었다. 서원은 지역양반이 중심이 되어 건립하였으므로 거기에는 경제력과 학문을 중시하는 기풍이 중요하였고, 또한 이 시대에는 봉사의 대상이 되는 훌륭한 학자가 반드시 있어야 하였다. 인조년간에는 정종영과 한백겸을 잇따라 제사함으로써 칠봉서원은 좀더 탄탄한 토대를 마련하였다. 그리하여 현종 4년(1663)에는 사액서원(賜額書院)이 되었고, 다시 숙종 29년에는 생육신의 한 사람인 원호를 함께 제사함으로써 유력 서원으로서의 위상을 확고히 다지게 되었다. 18세기 후반까지만 하여도 칠봉서원은 지역양반의 구심체로서 건재하였다. 숙종 19년(1693)에는 퇴계 학통을 이은 예학의 대가 정구(鄭逑)에게 배웠고, 원주에 입향해서 많은 제자를 길러낸 관설 허후를 모신 도천서원(陶川書院)이 지정면 안창리 흥법사 자리에 건립되었다. 그러나 허후는 남인이었고, 그 자손들이 원주를 한동안 떠나 버렸으므로 지역사회의 중심적인 서원이 되지는 못하였던 것 같다. 그리고 숙종 43년(1717)에 우담 정시한을 모신 도동서원(道東書院)이 부론면 법천사지에 세워졌다. 문막면 취병리에는 사한 김창일을 모신 취병서원(翠屛書院)이 있었다. 그런데 앞의 두 서원만 원주 읍지류에 나타나고, 뒤의 두 서원은 기재되어 있지 않다. 또한 다른 자료에서는 도동서원을 도동사(道東祠), 또는 광암사(廣巖祠)로, 취병서원을 취병사(翠屛祠), 또는 경행사(景行祠)로 기록하여 마치 서원이 아니라 사우라는 듯한 인식을 보여주고 있다. 원주의 대표적인 사우로서는 충렬사(忠烈祠)가 있었다. 여기에는 원충갑이 주향(主享)으로, 김제갑과 원호가 배향(配享)으로 모셔졌고, 역시 사액(賜額)을 받았다. 고종대에 이르러 대원군이 내린 서원 철폐령에 의해서 칠봉서원을 비롯한 다른 서원과 사우도 철폐를 당함으로써 원주에는 서원이 한 곳도 없게 되었다.

세종대에 제정된 오례의(五禮儀)에 따르면, 길례(吉禮)에는 대사, 중사, 소사가 있고, 소사에는 여러 명산 가운데 하나인 치악산의 신에게 올리는 제사가 포함되었다. 그리하여 조정에서는 춘추로 제관을 파견해서 치악산 자락에 있는 보문당(普門堂)에서 국가의 평안을 빌었다. 성리학적인 관념에 따른다면, 이처럼 영성(靈星)과 명산대천에 제사를 지내는 것은 분명히 음사(陰祀 – 비공인 제사)였지만, 국가의 안위를 위해서 조정이 주도적으로 제사를 지냈고, 이에 대해서 아무도 시비를 거론하지 않았다는 것은 이 제사에 국가의식이 강하게 배여 있었기 때문이라고 생각한다. 그러나 시간이 흐르면서 전국의 명산대천에 지냈던 소사는 지역의 평안과 풍년을 기원하는 고을신앙으로 변질되어 갔다. 또 다른 고을신앙으로는, 국가가 설행을 권장한 사직제(社稷祭), 성황제(城隍祭), 여제(癘祭 – 전염병을 물리치기 위한 제사)가 있었지만 주민들의 대대적인 참여를 이끌어 내지는 못하였을 것이다. 일부 지방에서는 향리들이 주도하였던 제사에 지나지 않았다. 그리고 사직단과 여단은 읍치(邑治 – 읍내)에만 세워졌지만, 중국에서 들어온 성황단은 여러 동리에 세워져 고유의 서낭당 신앙과 합쳐져 동제와 다름없게 되었을 것이다. 이런 국가 주도의 신앙과 별도로 토착적 민간신앙이라고 할 수 있는 별신제가 사월 초파일과 칠석에 성대하게 행해졌다. 즉 무속에 뿌리를 둔 별신제란 고유의 신앙의례가 외국에

서 들어온 불교와 칠석의 풍속과 습합되어 원주 고유의 신앙의례
와 세시풍속으로 발전하였다. 이날은 양반을 포함한 온 고을 주민
이 밤늦도록 음주가무와 다리밟기 등 여러 가지 놀이를 하였다. 더
욱이 이때면 논과 밭의 김매기도 거의 끝났기 때문에 농민들도 적
극 참가하는 농경의례로서의 면모도 지녔을 것으로 보인다. 그런
데 이와 같은 고을 단위 공동체신앙은 원래 향도(香徒 - 불교신앙
공동체)와 같은 종교성이 강한 지역공동체를 중심으로 행하여졌
다. 그러나 16세기 이후 자연촌이 성장하고 광역의 里가 점차 분화
하는 등 지역공동체의 규모가 작아지면서, 그들의 공동체 신앙도
동리 단위로 작아지게 되었다. 즉 자연촌을 기반으로 한 동제가 성
행하면서 고을 단위 공동체 신앙은 쇠퇴해 갔다. 따라서 별신제도
시간이 흐르면서 신앙의례와 세시풍속으로서의 중요성을 상실해
갔을 것으로 추측된다.

　성리학이 조선사회로 깊게 침윤함에 따라 양반유생의 척불(斥
佛)도 활발해졌다. 이단을 물리치려는 양반관리와 유생들이 사찰
이나 불경을 태우는 등 과격한 행위가 잇따랐고, 그에 따라 불교계
의 반격도 만만치 않던 중종대에 한 유생은 상원사의 佛事를 문제
삼는 상소를 올렸다. 사건 경위는 정확히 알 수 없지만, 과부들의
행위였다는 것이 밝혀졌고, 처벌도 행해졌다.

　불교만 탄압을 받았던 것은 아니었다. 조선초기까지만 하여도
왕실과 조정 관리들도 중요하게 여겼던 도참(圖讖 - 정치적 예언)
과 비기(秘記)도 왕조가 안정된 다음에는 불온한 책자가 되고 말았
다. 성종대에 원주의 한 훈도(訓導)가 올린 말 가운데『원주답산기
(原州踏山記)』를 인용한 것이 있었는데, 그 뜻이 매우 불경하다는
이유로 압수 조처가 내려졌다. 답산기, 또는 답산록 등의 제목을
가진 조선후기 도참서로 미루어 볼 때, 그 내용은 풍수지리에 따른
왕조교체의 예언이었던 것 같다. 조선왕조의 멸망을 예언하는 도

참비기 가운데 가장 유명한 것은 『정감록(鄭鑑錄)』이었다. 정씨가 왕이 된다는 예언은 이전에도 있었지만, 조선후기에는 여기에 새 수도로 계룡산이 덧붙여졌다. 계룡산에 새로운 왕조가 도읍한다는 내용의 도참이 처음으로 기록에 나타난 것은 1628년의 유효립(柳孝立) 역모(逆謀) 사건이었다. 그런데 원주에 살았던 유효립의 동생에게 이런 참서를 준 것은 치악산에 사는 담화라는 승려였다고 한다. 이를 사실로 받아들이면, 『정감록』의 원형은 원주에서 만들어진 것이다. 실제 광해군과 인조 연간에는 원주에서 여러 차례에 걸쳐 변란이 일어났다.

▪참고문헌▪

『삼국사기』
『삼국유사』
『고려사』
조선왕조실록 CD-ROM
원주문화원, 『원주원성향토지』, 1976.
이수건, 『韓國中世社會史硏究』, 일조각, 1985.
『읍지』, 아세아문화사 영인본, 1986.
강원향토문화연구회, 『원주의 역사와 문화유적』, 1997.
장영민, 「조선시대 원주 거주 사마시 급제자와 양반사회」『조선시대의 사회와 사상』, 조선사회연구회, 1998.

조선시대 원주 거주
사마시 급제자와 양반사회

I. 머리말

조선시대 소과(小科)인 사마시(司馬試) 급제자 총수는 생원 24,221명, 진사 23,776명으로 총 47,997명이지만, 최진옥의 연구에 따르면, 현재 파악이 가능한 숫자는 전체 급제자의 85.1%에 해당하는 생원 19,675명, 진사 20,974명 총 40,649명이다. 또한 사마방목(司馬榜目)에 거주지가 정확하게 표시된 급제자는 모두 38,386명(94.4%)으로서, 이 가운데 서울 거주자가 전체 인원의 37.4%인 14,338명을 차지하고, 그 다음으로 안동과 충주에서 각각 783명(2.04%)과 624명(1.63%)이 나왔다. 이어서 급제자가 많이 나온 곳은 강원도 원주로서 전체 급제자의 1.40%인 573명이다.[1]

---

1) 본 연구에는 무엇보다 최진옥 교수가 자료를 제공하는 등 도움을 크게 주었음을 밝히며, 지면을 통해 감사드린다. 그리고 기본 자료는 한국정신문화연구원 역사연구실에서 조사 기록하고, 서울시스템주식회사 한국학데이

원주가 이렇게 전국에서 네 번째로 많은 사마시 급제자를 배출
하였다는 사실은 전혀 뜻밖의 결과이다. 특히 서울이 압도적인 숫
자를 차지한 반면에 제 2 위 이하는 그 차이가 그다지 크지 않다는
점에서 원주 거주자의 다수 급제는 재삼 주목된다. 지금까지 원주
는 강원도 감영 소재지였다는 것 외에는 조선사회에서 주목받을
만한 중요성을 지닌 지역으로 인식되지 않았다. 실제로 원주는 토
착 양반이 그다지 많지도, 강하지도 않은 곳으로 보인다. 문집이나
큰 학자를 찾기 어렵고, 양반문화의 뿌리도 깊다고 할 수 없는 듯
하다.

그럼에도 불구하고 이와 같은 결과가 나왔다는 것은, 혹시 사마
시 제도나 원주의 특수성에서 기인하는 것이 아닌가 하는 의심을
불러일으킬 수 있기 때문에 사례 연구로서 검토할 필요가 있으며,
아울러 우리가 조선시대 원주 양반사회에 대해서 제대로 알지 못
한다는 사실을 일깨운다. 지금까지 원주의 양반사회에 관련된 글
은 한 편도 없다고 한다면, 필자의 과문 탓일 것이다. 따라서 사마
방목의 분석을 통해서 원주 거주자의 사마시 급제 경향과 급제자
출신 배경 등을 살펴보는 작업은 원주 양반사회를 파악하기 위한
기초적인 작업이라고 할 수 있다. 특히 원주는, 사마시 급제자 배
출 결과와는 어울리지 않게 양반사회를 연구하는데 기본이 되는
자료가 거의 남아 있지 않기 때문에, 사마방목은 기재 내용의 한계
에도 불구하고 양반사회의 지형도를 대체적이나마 그리는 데 없어
서는 안 될 중요한 자료이다.

타베이스연구소가 1997년에 개발한 사마방목 CD‑ROM에서 얻었다. 최진
옥의 논문(『朝鮮時代 生員 進士 硏究』, 한국학대학원 박사학위논문, 1993)
이 가지고 있는 사소한 오류는 무시해도 좋을 정도이다. 그리고 조선왕조
실록의 자료는, 세종대왕기념사업회가 국역하고, 역시 서울시스템주식회
사 한국학데이타베이스연구소가 개발한 조선왕조실록 CD‑ROM에서 전
적으로 찾아냈다.

그러나 향안(鄕案-유향소에 출입하는 양반명단)이나 청금록(靑
衿錄-향안과 유사)과 같은 기초 자료가 남아 있지 않다는 원천적
한계와 필자의 불성실 때문에, 거의 사마방목에만 의존한 본 연구
는 지역 사례 연구로서 미비하기 짝이 없으며 커다란 한계를 가지
고 있다. 따라서 앞으로 원주 양반사회, 더 나아가 지역사회 전체
를 정확하고 충분히 이해하기 위해서는 무엇보다 자료 발굴과 수
집에 큰 힘을 기울이어야 할 것이다.

Ⅱ. 사마방목의 분석

1. 시대별 급제자수

사마방목의 분석이 높은 신뢰성을 확보하기 위해서는 무엇보다
자료가 완벽하여야 한다. 인조대 이후부터는 사마방목이 1회분만
누락되어 있지만, 태조대부터 광해군대에 이르는 기간의 방목 가
운데 다수는 찾을 수 없다. 특히 성종대 이전의 방목은 오히려 빠
진 것이 더 많다. 따라서 성종대 이전, 대략 15세기에 해당하는 방
목 분석 결과는 정확성이 크게 떨어지며, 그 의미도 크다고 볼 수
없을 뿐더러 왜곡되었을 가능성도 높다. 세종대의 것으로 유일한
1447년의 방목에 원주 출신 2인이 실려 있다. 이와 거의 동일한 시
대의 문과방목에 실린 급제자 가운데에도 생원과 진사로서 원주
거주자가 확실하다고 추정할 수 있는 인물들이 몇 명이 된다.[2] 그

---

2) 태학사에서 발행한 『문과방목』에는 원주 거주자가 85명이 등재되어 있는
  데(「원주시사편찬위원회」 연구원 김성찬의 조사), 이들은 모두 조선후기
  에 급제한 자들이다. 전기 급제자 가운데 원주 거주자가 없었다고는 할 수

리고 15세기 급제자 나머지 3인도 3회분이 남아 있을 뿐인 성종대의 것 중에 하나인 1480년 방목에 기재되었다. 전체 급제자에 대한 원주 거주자의 평균 비율인 1.4%에 훨씬 미달하는 성종대부터 선조대까지의 미발견 방목에는 원주 출신이 많이 수록되어 있었을 것으로 추정할 수 있다. 그러나 뒤에서 다시 언급하겠지만, 이런 현상을 꼭 방목의 부재로만 설명할 수 있는 것은 아니며, 원주의 학문 분위기와 양반문화 등과도 관련된다고 본다.

아래 <표 1>에서 가장 먼저 눈에 띠는 것은 광해군대와 경종대에 급제자가 다른 왕대에 비하여 큰 비율로 증가하였다는 사실이다. 원주 출신들이 전체 급제자에서 평균적으로 차지하는 비율은 1.4%에 지나지 않지만, 이 두 시기에는 각각 5.26%와 2.91%에 달하였다. 특히 선조대에는 3,998명이란 대규모 급제자가 나왔음에도 불구하고, 원주 출신자들은 겨우 20명 0.5%에 불과하였고, 광해군대에 급증하였다가 다시 인조대에 23명 1.05%로 떨어졌다는 것은 특별한 원인이 있다고 생각할 수밖에 없다.

이와 같은 경향이 발생한 원인은 단순하지 않을 것이며, 또한 쉽게 파악하기도 어렵지만, 두 왕대는 정권다툼이 소용돌이치던 시대였다는 점에 착안해서 먼저 정치적인 측면에서 접근해 보자. 광해군대에 급제한 10명 가운데 北人 정권과 관련을 맺었다고 볼 수 있는 인물이 3명이다. 그 가운데 김수정은 광해군의 외가 인물로 귀래면에 거주하였고, 이화는 북인 영수 중에 한 사람인 이희(李墍)의 從孫姪로서 지정면에 거주하였고, 박홍익은 강원도 유생의 폐모 상소를 주도한 바가 있었다. 그리고 이 폐모 상소에 동참한 이극성도 원주 출신 진사였지만,[3] 그가 합격한 1617년 사마방목은 현전하지 않는다. 그렇다고 원주에 거주하였던 급제자가 모

없으므로 문과방목의 거주지 조항이 극히 엉성함을 알 수 있다.
3) 『인조실록』, 25년 8월 27일(을미) 참조.

두 친광해군파는 아니었지만,[4] 적어도 중앙정치계와 우호적인 관
계를 맺고 있었던 급제자를 확인할 수 있다는 것은 의미가 없는
것은 아니다.

　그렇다고 다수 급제자가 나온 원인을 집권세력과의 연결에서
찾는 것이 매우 타당하다고 할 수도 없는 듯하다. 왜냐 하면, 10명
중 나머지 7명 가운데 중앙정치계와 깊은 관련이 있던 인물은 八
溪君 鄭宗榮의 손자인 정기풍에 불과하다. 그러나 그의 숙부인 정
묵의 딸이 바로 영창대군의 외할아버지인 김제남의 맏며느리였으
므로 원주의 초계 정씨들은 광해군대에는 중앙정계와 일정한 거리
가 있었다.[5] 그밖에 인물 중에서도 중앙정계와 연결되는 성관도
있었지만, 그들의 가문이나 부친 직역 등으로 보아 권력 중심부와
는 상당히 거리가 있었다고 생각된다.[6]

　또 한 가지 중요한 사실은 최초로 나타나는 급제자들의 성관이
방목에 나타난다는 점이다. 88쪽의 <표 8>에서 보듯이, 이들 가
운데 성관이 불명인 1명인 제외한 9명 중 무려 7명이 이 시기에
사마시 급제자를 최초로 배출한 성관 출신이다. 즉 흥양 오씨, 강
릉 최씨, 원주 변씨, 밀양 박씨, 초계 정씨, 남양 홍씨, 한산 이씨
들이다. 물론 이들이 모두 이 시기에 원주에 정착하였다는 말은 아
니며, 강릉 최씨를 제외한 다른 성관들은 꽤 오래 전에 원주에 들
어와 살고 있었다. 그리고 이들이 최초 급제자라는 점에는 미발견
된 사마방목도 고려되어야 할 것이다. 그러나 이런 것에도 불구하

---

4) 최기벽은 그의 동생 기백과 함께 서울 성균관에서 공부하다가 시사를 비
　판하였다고 금고에 처해졌으며, 그의 아들 직장 문한 역시 극언으로 상소
　하였다가 죽고 말았다.
5) 정종영의 손자인 정각도 광해군 10년 동안 벼슬길에 나서지 않았다고 한
　다(정범조, 『해좌집』 권지이십사, 비명, 좌부승지정공묘비명, 524면).
6) 스스로 "嶺東西俱吾鄕", "吾原州"라고 기록하고, 어머니 무덤이 원주에 있
　던 허균은 강릉과 원주는 國初에 모두 名相이 많았으나, 中宗 이후는 절무
　하다고 하였다(「성소부부고」 『허균전집』, 아세아문화사, 230면).

고, 이렇게 광해군대에 급제자가 갑자기 증가하였던 현상 뒤에는
원주사회에 뿌리를 내리게 된 입향 양반가문들이 저력을 본격적으
로 발휘하기 시작한 사회적 배경도 있었다.

<표 1> 王代別 급제자수

| | 재위년간 | 실시 회수 | | 원 주 | | 전 국 | | 비율 (A/B) |
		전체	현전방목	급제자수 (A)	비율 (A/573)	급제자수 (B)	비율 (B/40649)	
태조	6	2						
정종	2	1						
태종	18	7	1			99	0.24	
세종	32	10	1	2	0.34	198	0.49	1
문종	2	2						
단종	3	2						
세조	13	5						
예종	1	1	1			200	0.49	
성종	25	8	3	3	0.52	469	1.15	0.6
연산	12	5	4	1	0.17	780	1.92	0.12
중종	38	13	10	8	1.39	2001	4.92	0.39
명종	22	8	7	9	1.57	1397	3.44	0.64
선조	41	17	14	20	3.49	3998	9.84	0.5
광해	15	9	7	10	1.71	190	0.47	5.26
인조	26	11	11	23	4.0	2189	5.39	1.05
효종	10	5	5	15	2.61	999	2.46	1.50
현종	15	7	7	16	2·79	1392	3.42	1.14
숙종	46	27	27	89	15.5	5401	13.29	1.64
경종	4	4	4	23	4.0	788	1.94	2.91
영조	52	25	24	70	12.2	4795	11.80	1.45
정조	24	11	11	39	6.8	2263	5.57	1.72
순조	34	18	18	73	12·7	3601	8.86	2.02
헌종	15	8	8	43	7.5	1601	3.94	2.68
철종	14	6	6	24	4.8	1261	3.10	1.90
고종	31	17	17	105	18.3	7027	17.29	1.49
계	502년	230회	186회	573명	100%	40,649명	100%	평균 1.4%

* 실시 횟수와 전국 부분은 최진옥의 논문 표 <2-2>에서 인용
* 여기에서는 거주지가 밝혀진 자들만 대상으로 하였기 때문에 전체 급제자의 숫자도
40,649명보다 적은 38,386명이며, 그에 따라 원주 거주로 확실하게 밝혀진 급제자가
차지하는 비율이 올라갔다. 원주 급제자가 전체 급제자에서 차지하는 평균 비율이
1.40%인데, 여기에서는 1.49%이다. 정확성은 약간 떨어지지만 경향성은 크게 변하지
않을 것이다.

　　재위 기간이 4년밖에 되지 않았던 경종대에 해마다 소과가 시행
되었다는 점이 우선 눈에 띠지만, 이 기간에 두 번의 식년시와 두
번의 증광시가 실시되었다는 것은 다른 왕대의 예에 비추어 특이
하지는 않다. 그리고 각 시험마다 평균 197명이 입격하였으므로
급제 액수도 잘 지켜진 셈이다. 원주 거주자들은 1년 식년시에 9
명, 증광시에 4명, 3년 증광시에 8명, 식년시에 2명 모두 23명이 경
종대에 급제하였다. 이들 23명의 본관은 14개로 특정한 유력 성관
이 급제자수를 광점하였다고 보기는 어렵다. 또한 부친 직역은 11
명이 유학이나 학생이고, 통훈대부가 3명, 통덕랑이 4명, 진사와
생원이 5명으로 역시 특별히 유력한 가문 출신이 두드러졌다고 할
수 없다. 더욱이 숙종 말엽이나 영조 초엽에 원주 출신으로 중앙정
계에서 높은 지위를 차지하고 있던 인물들도 찾기 어렵다. 승지 홍
만기가 그래도 유력하다고 할 수 있지만, 그도 남인으로서 노론에
게 크게 견제 당하였으므로 운신의 폭은 제한되어 있었다. 그러나
소론과 남인이 경종대의 정계를 주도하였으므로 남인이 많았던 원
주 양반들에게는 유리한 조건이 형성되었던 것은 분명하지만, 그
것이 사마시에 어떻게 반영되었는지는 명확하지 않다.

　　이보다 더 중시되어야 할 사실은, 1710년부터 1739년까지 30년
동안은 급제자가 61명으로 19세기를 제외하고는 가장 많은 사람이
급제한 한 세대였다는 점이다. 다시 말해서 어떤 특별한 원인에 의
해서 급제자가 경종대에 집중되었다는 것이 아니라 원주 양반사회
의 변화와 발전, 학문의 숙성에 따른 결과라는 측면에서 높은 급제
율을 이해하여야 할 것이다. 그리고 역시 61명의 급제자가 집중적
으로 배출되었던 1680년부터 1709년 한 세대를 이 기간에 포함한
17세기 말과 18세기 초 60년 동안이 원주 양반사회의 최고 전성기
라고 보아도 될 듯하다. 사실 이 60년을 전후한 세대는 급제율이
크게 떨어진다. <표 2>에 나타나듯이, 19세기 순조대 이후에는

급제자가 급증해서 573명 가운데 44%에 달하는 345명이지만, 이것은 달리 해석하여야 할 현상이며, 과거제도가 상대적으로 엄정하였던 이 시기에 122명이 배출되었다는 것은 그렇지 못하였던 19세기 전반 및 후반에 각각 116명과 129명이 배출되었다는 것과는 전혀 다른 의미를 갖는다.

그리고 여기에서 한 가지 더 고려해야 될 사항은 숙종, 경종, 영조 3대에 걸친 17세기 말과 18세기 초는 19세기 후반 고종 대를 제외하고서는 전국적으로도 가장 많은 급제자가 나온 시대였다는 점이다. 그렇기 때문에 급제자의 증가와 집중은 원주에만 국한되지는 않았다고 보아야 한다. 그렇다고 해서 전국적으로 급제자가 고르게 증가한 것은 아니었다. 최진옥의 논문 <표 5-13>에 따르면, 서울 거주자가 차지하는 비율은 16세기 후반과 17세기 전반에 걸쳐 50%를 전후하였으나, 그 후로는 급격히 추락해서 17세기 후반 46.25%, 18세기 후반 36.03%, 19세기 후반에는 16.04%에 이르렀다. 또한 이 시기에는 경상도와 전라도 거주 급제자들도 크게 줄어들어, 경상도는 16세기 후반 15.85에서 17세기 전반 13.05%로, 전라도는 17세기 전반 12.64%에서 17세기 후반 10.34%가 되었다.

이와 같은 서울, 전라도, 경상도 거주자의 감소는 일정한 액수가 정해진 시험에서는 다른 지역 응시자들에게는 유리한 조건으로 작용하였던 것은 분명하다. 이 공백을 주로 경기도와 충청도가 채웠다는 것은 재경사족들이 서울과 가까운 충청도와 경기도로 대거 이주하였다는 것을 의미한다. 충청도 충주에서는 서울과 안동 다음으로 많은 624명의 급제자가 나왔지만, 현종대 이전까지만 하여도 원주보다 10명이 더 많은 117명만이 나왔을 뿐이며, 특히 현종대 23명에서 숙종대에는 대거 134명이나 합격하였다. 그리고 경기도 지역의 급증도 괄목할 만하다. 351명의 급제자를 배출해서 다수 급제 순위 13위인 양주는 현종대 이전에는 겨우 22명, 그리고

345명을 내어서 14위에 오른 광주는 30명에 불과하였다. 이것은 분명히 재경사족의 이주 결과라고 해석되며, 그리고 그들의 낙향을 촉진한 것은 당쟁 등 정치계의 변화였다고 보인다. 따라서 숙종 대 이후에 지방 출신들이 대거 입격한 원인은 "향촌사회에 뿌리를 둔 재지사족이 점점 성장하는 현상과 관련"이[7] 있기도 하지만, 당쟁의 심화와 노론의 전제라는 정치적 맥락, 학문의 선진지 쇠퇴, 생원과 진사의 지위 하락 및 소과 급제의 필요성 감소 등 다각적인 측면에서 고찰해야 될 것이다. 이러한 원인 가운데 어떤 것이 커다란 영향을 미쳤는가는 각 지역 사례 연구를 통해서 좀더 분명히 알 수 있을 것이다.

선조 34년에 이르러 바뀌기는 하였지만,[8] 원주처럼 감영 소재지였던 경상도 상주와, 비록 郡이나 많은 인재가 배출된 선산을 사례로 살펴보자. 상주 거주 급제자의 총수는 470명으로 경상도에서는 안동 다음으로 많은 숫자지만 원주보다 103명이 적다. 그러나 조선전기부터 인조 대까지는 53명인 원주보다 배나 많은 121명이 급제하였다. 그러다가 효종 대에 3명, 현종 대에 16명으로 떨어졌다가 숙종 대에는 37명으로 대폭 감소하였고, 그 이후 왕대에도 원주보다 훨씬 적다가 철종 대와 고종 대에 이르러 엇비슷해졌다. 이런 감소가 감영 이전에서 비롯되었다고 보기에는 너무 그 폭이 크다. 그리고 선산 역시 328명으로 경상도에서는 세 번째로 많은 급제자를 내었는데, 명종 이전까지만 하여도 원주보다 배가 많은 50명이 입격하였다. 이후 선조대부터 원주에 훨씬 못미치는 숫자가 나왔다. 이렇게 조선전기에 경상도 지역에서 다수의 급제자가 나온 까닭은 성리학의 전파가 일렀다는 것이 가장 중요하지만, 조선후기에는 급제자가 크게 감소하였다는 것은 당쟁에 패배한 남인의 지

---

7) 최진옥, 앞의 논문, 153면.
8) 이수건, 『조선시대지방행정사』, 1989, 민음사, 189~190면.

역적 기반이었기 때문이었다. 반면 안동이 783명의 급제자를 내서 서울에 버금갈 수 있었던 것은 정치적 격변을 이겨낼 수 있던 어떤 특수한 요인 덕분이 아닌가 추측된다.9)

이와 같이 원주와 경상도 지역을 비교한 결과, 원주는 분명히 조선후기에 들어 경상도 지역과는 다르게 급제자가 크게 증가하였다. 그 요인으로 우선 정치적 변화를 손꼽을 수 있지만, 원주도 이른바 "南人 8大家"라는 말이 있는 것처럼, 비록 평산 신씨나 덕수 이씨처럼 西人 가문도 있었을지라도, 유력한 가문에는 나주 정씨, 청주 한씨, 풍산 홍씨10) 등 남인이 주로 많았다는 점을 고려해야 한다. 물론 기호남인과 영남남인의 정치적 처지가 동일하였다고는 할 수 없지만, 정치적 변화라는 변수는 원주 양반들에게도 불리한 조건으로 적지 않게 작용하였을 것이다. 이런 이유에서인지 다수의 과거 급제자가 배출된 것과는 달리 중앙관계에서 높은 벼슬을 한 원주 출신은 별로 없으며, 그나마도 풍산 홍씨와 나주 정씨와 같은 남인 가문에서 고위관리가 나왔다.

원주도 경기도와 충청도와 함께 서울과 가까운 중부지방에 속하므로 서울에서 이주한 양반가문이 많았다. 원주로 입향한 다수의 유력 양반가문은 늦어도 17세기에는 이미 정착하고 있었다. 예를 들어, 청주 한씨는 16세기 말에, 나주 정씨는 17세기 중엽에, 풍산 홍씨 17세기 후반에 입향하였고, 초계 정씨, 밀양 박씨, 전주 이씨 등은 훨씬 이전에 재지사족으로 자리를 잡았다. 이후에도 덕수 이씨 등이 들어오기는 하였지만, 향촌사회에서의 입지는 그렇게 탄탄하지는 못하였던 듯하다.

---

9) 전체 급제자에 대한 안동 거주자의 평균 비율은 1.93%였다. 각 왕대별로 그 비율을 내본 결과, 인조대 이후 평균 급제 비율보다 떨어졌던 왕대는 현종대 1.8%, 경종대 1.14%, 철종대 1.9%, 고종대 1.38%였다. 이것으로 보아, 안동의 급제율은 정치적 변화를 크게 타지 않았다고 할 수 있다.

10) 풍산 홍씨는 서울이 아니라 충주에서 입향하였다.

이처럼 17세기 말과 18세기 초에 원주 거주 급제자들이 많았던 원인을 살펴본 결과, 서울 등 타지역의 급제자 감소라는 유리한 조건은 분명히 객관적으로 존재하였지만, 이것은 원주만이 아니라 다른 중부나 북부 지방에도 해당되었던 것이다. 그리고 다수 급제자 배출은, 조선후기에 원주 거주 급제자가 원주 원씨나 이씨와 같은 토성보다는 입향 양반 성관에서 많이 나왔다는 점에서 궁극적으로 재경사족을 비롯한 다른 지역 양반의 지역적 이주 결과라고 해석할 수 있다. 그러나 여러 유력 성관들이 시기적으로 일찍 원주에 정착하였다는 점에서 그 점만을 유독 강조하기는 어려우며, 더구나 당파적 이점 덕분이었다는 것은 사실과 크게 다르다고 할 수 있다. 따라서 약간 성급한 감은 있지만, 급제자 급증은 새로운 양반의 입향과 토착 양반사회의 성장, 또한 그에 따른 양반문화의 발전으로 설명하는 것이 타당한 것 같다.

강원도와 원주의 급제자를 <표 2>를 통해서 살펴보자. 16세기 후반에 54.54%라는 예외가 있지만, 17세기까지만 하여도 원주의 급제자는 강원도 전체 급제자의 20%를 조금 넘는 수준에 머물렀다. 이런 결과가 나타난 원인은 정확하게 알 수 없지만, 우선 자료 부실을 들 수 있다. 왜냐하면, 16세기 후반에 강원도 전체 급제자가 44명밖에 되지 않았다는 것은 16세기 전반의 64명에도 미치지 못하며 17세기 전반의 132명과도 현격한 차이를 보이는 것이다. 그러니까 16세기 후반의 현전 사마방목은 원주 거주자들이 상대적으로 많이 합격한 해의 것이라고 할 수 있다.[11] 282명의 급제자를 낸 강릉에서는, 급제자수가 역전되었던 인조대 이전까지는 원주의 76명보다 훨씬 많은 108명의 급제자가 나왔다. 그렇기 때문에 54.54%라는 16세기 후반의 통계는 신뢰성이 크게 떨어지며, 17세

---

11) 현전하는 사마방목은 14세기 0%, 15세기 21%, 16세기 80.5%, 17세기 94%, 18세기 98%, 19세기 100%이다(최진옥, 앞의 논문. <표1-1>, 9면 참조)

기 전반까지 원주는 강원도에서 주도권을 쥐지 못하고 있었고, 강
릉이 강력한 토착양반을 기반으로 다수 급제자를 내었으며, 그 외
지역에서는 극소수만이 합격하였다. 예를 들어 강원도에서는 217
명으로 배출 순위 3위인 춘천은 16세기 이전까지만 하여도 3명밖
에 나오지 않았고, 나머지 군현에서는 1명도 없거나 1,2명에 불과
하였다.

그러나 17세기 후반에 들어서면서부터 원주는 강원도에서 부동
의 지위를 차지한다. 이후 원주는 상승세가 뚜렷한데, 강원도의 증
가율은 미미하다. 17세기 전반에서 후반에 이르는 동안 강원도의
증가는 전적으로 원주의 증가에 의한 것이며, 역시 다음에도 원주
거주자는 강원도 전체 급제자의 40%를 넘어 50%에 육박하였다.
이러한 요인은, 위에서 말한 것처럼, 원주 양반사회의 변화와 성
장, 학문의 발전이며, 더욱이 조선후기에는 원주가 명실상부한 강
원도 감영 소재지가 되었던 덕도 있었다.

이런 압도적인 경향은 19세기 전반까지만 이어졌고, 19세기 후
반인 철종 대와 고종 대에는 126명이라는 최대의 급제자를 내었지
만, 오히려 강원도에서의 점유율은 크게 떨어졌다. 이와는 달리 감
소 추세에 놓여 있던 강릉이 69명으로 다시 늘어나는 등 강원도의
기타 지역은 이 시기에 급제자가 크게 증가하였다. 그 가운데 춘천
은 철종 대에 16명과 고종 대에 58명 모두 74명이 합격해서 전체
급제자의 34%가 19세기 후반에 집중되었다. 여타 지역도 이와 비
슷해서 홍천 81명 중 40명, 철원 52명 중 27명, 횡성 77명 중 23명,
영월 36명 중 11명이 나왔다. 이래서 전체 급제자의 4% 정도에 지
나지 않던 강원도 거주자는 19세기 후반에 이르러 6%에 달하게
되었다.

<표 2> 半世紀別 급제자수

	원 주		강 원		전 국		
	급제자수 (A)	비 율 (A/573)	급제자수 (B)	비 율 (A/B)	급제자수 (C)	비 율 (C/38386)	비율(A/C)
15C	5	0.87	29	17.24	575	1.5	0.87
16C전반	12	2.09	64	18.75	2652	6.9	0.45
16C후반	24	4.19	44	54.54	2594	6.8	0.92
17C전반	35	6.10	132	26.51	4331	11.3	0.80
17C후반	98	17.10	200	49.00	5377	14	1.82
18C전반	77	13.44	206	37.37	5173	13.5	1.49
18C후반	77	13.44	162	47.53	4455	11.6	1.49
19C전반	116	20.24	273	42.49	5399	14	2.14
19C후반	129	23.51	470	27.44	7830	20.4	1.65
	573	100%	1,580	36.26	38,386	100%	평균1.49%

* 강원도와 전국의 급제자수는 최진옥의 논문 표 <5-13>에서 인용

2. 姓貫別 급제자수

<표 3> 성관별 급제자수

원주 원	51	청주 한	43	전주 이	42	나주 정	42	밀양 박	34
원주 이	24	덕수 이	23	초계 정	21	평산 신	20	풍산 홍	20
안동 권	19	한산 이	18	김해 김	14	연안 김	13	강릉 최	12
여흥 민	11	남양 홍	10	경주 김	9	전의 이	8	경주 손	7
선산 김	7	성주 이	6	창원 황	5	광주 이	4	반남 박	4
평강 채	4	함평 이	4	광산 김	4	안동 김	3	순흥 안	3
영해 신	3	창령 성	3	강릉 김	3	횡성 조	3	청송 심	3
파평 윤	3	익흥 이	3	예안 이	3	원주 변	2	임천 조	2
경주 이	2	순창 조	2	양천 허	2	진주 강	2	단양 우	2
대구 서	2	목천 상	2	영일 정	2	청주 곽	2	우계 이	2
해주 오	2	횡성 고	2	진주 유	2	연안 이	1	재령 이	1
전주 유	1	전주 최	1	진도 김	1	진천 송	1	원주 고	1
의령 남	1	인동 장	1	인천 채	1	곡산 한	1	사천 목	1
장수 황	1	동복 오	1	배천 조	1	수원 백	1	안악 이	1
예안 김	1	청주 경	1	충주 안	1	추계 추	1	충주 지	1
팔거 도	1	한양 조	1	평창 이	1	아산 박	1	여산 송	1
풍양 조	1	합천 이	1	해주 최	1	해평 윤	1	해풍 김	1
흥양 오	1	미상	1						

* 왕대별 각 성관의 급제자수

선조 이전(23), 원주 원 11, 원주 이 5, 익흥 이 2, 단양 우 1, 평창
　　　　이 1, 장수 황 1, 김해 김 1, 미상 1

선조대 (20), 원주 고 1, 횡성 1, 청주 곽 1, 충주 1, 김해 김, 경주
　　　　김 1, 진주 유 1, 원주 원 4, 전주 이 4, 원주 이 4,
　　　　익흥 이 1명.

광해군대(10) 홍양 오 1, 강릉 최 1, 원주 원 1, 원주 변 1, 밀양
　　　　박 1, 초계 정 1, 김해 김 1, 남양 홍 1, 한산 이 1,
　　　　미상 1.

인조대(23), 원주 원 4, 원주 이 3, 안동 권 1, 단양 우 1, 전주 이
　　　　3, 청주 한 1, 예안 2, 창원 황 1, 강릉 최 2, 초계 정
　　　　3, 한산 이 1, 횡성 고1.

효종대(15), 강릉 최 1, 순창 조 1, 양천 허 1, 여흥 민 1, 예안 이
　　　　1, 원주 원 3, 원주 이 2, 전주 이 2, 초계 정 1, 합천
　　　　이 1, 해주 오 1.

현종대(16) 강릉 최 1, 경주 김 1, 나주 정 3, 밀양 박 1, 양천 허
　　　　1, 원주 원 2, 원주 이 1, 재령 이 1, 창원 황 1, 청주
　　　　한 3,

숙종대(89) 강릉 최 1, 강릉 김 1, 경주 김 1, 곡산 한 1, 광산 김
　　　　1, 광주 이 2, 김해 김 2, 나주 정 7, 덕수 이 1, 밀양
　　　　박 8, 배천 조 1, 사천 목 1, 성주 이 3, 순창 조 1, 안
　　　　동 권 1, 여흥 민 1, 예안 김 1, 우계 이 1, 원주 원 6,
　　　　원주 이 2, 원주 변 1, 전주 최 1, 진주 유 1, 창원 성
　　　　2, 청주 경 1, 청주 한 10, 초계 정 2, 파평 윤 1, 팔거
　　　　도 1, 평강 채 2, 평산 신 1, 풍산 홍 2, 한산 이 1, 횡
　　　　성 조 3, 전주 이 17.

경종대(23) 경주 이 1, 광산 김 1, 광주 이 1, 김해 김 2, 나주 정 1, 남양 홍 1, 목천 상 1, 밀양 박 4, 성주 이 1, 원주 원 1, 원주 이 1, 진주 유 1, 초계 정 4, 평산 신 1, 청주 한 1, 해평 윤 1.

영조대(70) 강릉 최 1, 경주 김 1, 광산 김 1, 김해 김 2, 나주 정 4, 덕수 이 5, 밀양 박 10, 선산 김 1, 순흥 안 2, 안동 권 1, 안악 이 1, 연안 김 1, 원주 원 3, 우계 이 1, 원주 이 2, 의령 남 1, 전주 이 2, 창원 황 1, 청주 한 7, 초계 정 5, 파평 윤 1, 평강 채 2, 평산 신 3, 풍산 홍 5, 한산 이 7.

정조대(39) 강릉 최 1, 나주 정 2, 덕수 이 1, 밀양 박 4, 선산 김 2, 성주 이 1, 안동 권 5, 여흥 민 2, 연안 김 1, 영해 신 2, 원주 원 1, 원주 이 1, 전주 이 3, 창원 황 2, 청주 한 4, 평산 신 3, 풍산 홍 3, 한산 이 1, 함평 이 1.

순조대(73) 강릉 최 2, 경주 손 2, 광산 김 1, 김해 김 1, 나주 정 8, 남양 홍 4, 덕수 이 2, 밀양 박 4, 선산 김 1, 성주 이 2, 안동 권 4, 여흥 민 1, 연안 김 6, 영일 정 2, 원주 원 7, 원주 이 1, 임천 조 1, 전의 이 2, 전주 이 2, 청송 심 1, 청주 한 6, 초계 정 2, 평산 신 5, 풍산 홍 3, 함평 이 2.

헌종대(43) 강릉 최 1, 강릉 김 1, 경주 손 1, 광주 이 1, 김해 김 2, 나주 정 5, 남양 홍 1, 덕수 이 2, 밀양 박 1, 반남 박 2, 수원 백 1, 안동 권 1, 안동 김 1, 원주 원 1, 임천 조 1, 전의 이 2, 전주 이 1, 청주 한 4, 초계 정 2, 평산 신 4, 풍산 홍 3, 한산 이 2, 함평 이 1.

철종대(24) 강릉 최 1, 경주 손 1, 나주 정 4, 덕수 이 5, 반남 박
1, 여흥 민 1, 연안 김 1, 영해 신 1, 원주 원 1, 전주
이 2, 진천 송 1, 청송 심 1, 청주 한 1, 풍산 홍 2, 한
산 이 1.

고종대(105) 강릉 김 1, 경주 김 5, 경주 이 1, 경주 손 3, 김해 김
2, 나주 정 8, 남양 홍 3, 대구 서 2, 덕수 이 7, 동복
오 1, 밀양 박 1, 반남 박 1, 선산 김 4, 순흥 안 1, 아
산 박 1, 안동 권 5, 안동 김 1, 여산 송 1, 여흥 민
5, 연안 김 3, 원주 원 6, 원주 이 1, 인동 장 1, 인천
채 1, 전의 이 4, 전주 이 6, 진도 김 1, 진주 강 2, 창
원 황 1, 청송 심 1, 청주 곽 1, 청주 한 6, 초계 정
1, 추계 추 1, 충주 지 1, 파평 윤 1, 평산 신 2, 풍산
홍 2, 풍양 조 1, 한산 이 4, 한양 조 1, 해주 오 1, 해
주 최 1, 해풍 김 1.

급제자 배출 상위 5개 성관인 원주 원씨, 청주 한씨, 전주 이씨,
나주 정씨, 밀양 박씨의 급제자 총수는 212명으로 전체 급제자의
37%에 달한다. 그리고 20명에서 29명 사이의 급제자를 낸 원주 이
씨, 덕수 이씨, 초계 정씨, 평산 신씨, 풍산 홍씨 5개 성관은 총 108
명을 배출해서 18.8%, 그리고 10명에서 19명의 급제자가 나온 안
동 권씨, 한산 이씨, 김해 김씨, 연안 김씨, 강릉 최씨, 여흥 민씨,
남양 홍씨 7개 성관은 총수 97명으로 16.9%를 차지하였다. 이상
17개 성관에서 417명이 급제해서 전체 급제자의 72.8%를 점하였
다. 그밖에 10명 이하의 급제자를 배출한 성관은 미상 1개를 제외
한 총 69개이며, 155명의 급제자가 차지하는 비율은 27%이다.

10명 이상 급제자를 낸 유력한 17개 성관이 전체 86개 성관 가

운데 19.8%에 불과하지만 전체 급제자의 72.8%를 차지한다는 사실은, 조선이 극심한 신분차별적 사회였음을 감안한다고 하여도 사회적 불평등이 대단히 컸음을 말한다. 더욱이 상위 5개 성관이 나머지 유력 성관 12개가 차지하는 비율보다 높은 37%를 점유하였다는 것은 양반신분 내에서도 소수만이 과두적인 지배집단에 소속되었음을 의미한다. 반면 신분 등 여러 가지 제약으로 급제자를 전혀 배출하지 못한 성관도 다수 있었으며, 혈족집단은 컸지만 상대적으로 적은 급제자를 배출한 성관도 많았다는 사실에 비춰볼 때, 이와 같은 불평등은 엄청나게 큰 것이다. 더욱이 각 유력 성관에서도 연속으로 급제자를 배출하였던 家系는 2,3개 정도이며, 그나마도 1,2개의 특정 가계가 거의 독점하다시피 하였던 것으로 미루어 그 불평등은 유력 양반 성관에서조차 대단히 컸다고 할 수 있다.

전국적으로 300명 이상의 급제자를 배출한 성관은 30개였다.[12] 여기에 원주 유력 성관 9개가 포함되어 있다. 청주 한씨, 전주 이씨, 밀양 박씨, 평산 신씨, 안동 권씨, 한산 이씨, 김해 김씨, 여흥 민씨, 남양 홍씨가 그들로서 이런 면에서 전국적 大姓貫이라고 할 수 있다. 그리고 나머지 8개 유력 성관인 원주 원씨, 나주 정씨, 원주 이씨, 덕수 이씨, 초계 정씨, 풍산 홍씨, 연안 김씨, 강릉 최씨는 여기에 들어가 있지 않다. 대성관의 원주 거주 급제자는 211명, 그렇지 않은 원주의 小姓貫은 206명이다. 그리고 대성관이 전체 원주 거주자의 36.8%에 달였다는 것은 그 자체로만 하여도 아주 큰 비중이지만, 여기에 30개 대성관에 속하였으나 원주에서는 유력 성관에 들지 못한 21개 성관들의 급제자수를 합치면, 대성관의 비율은 크게 높아질 것이다. 이는 대성관의 전국 지배가 원주에서도 관철되었음을 의미하는 것이므로 조선사회의 불평등성과 과두성

---

12) 최진옥, 앞의 논문, 104~109면.

을 거듭 확인할 수 있다. 사마방목에 나타난 성관은 1,442개라는
사실을 보면, 이런 점은 더욱 뚜렷하게 인식될 것이다.

9개 대성관과 8개 소성관의 세기별 급제자수를 살펴보면, 대성
관은 16세기 5명, 17세기 54명, 18세기 69명, 19세기 83명 총 211명
이며, 소성관은 15세기 4명, 16세기 21명, 17세기 41명, 18세기 52
명, 19세기 88명 총 206명이다. 다른 대성관보다 일찍 원주로 들어
온 청주 한씨와 전주 이씨와 밀양 박씨가 17세기부터 급제자수를
대거 배출하여 소성관을 압도하기 시작하였고, 이런 우위를 18세
기까지 계속 지키다가 19세기에 이르러 소성관에 약간 밀린 까닭
은 소성관으로 분류된 나주 정씨가 무려 25명의 급제자를 배출하
였기 때문이다. 따라서 이런 예외를 감안한다면, 대성관은 19세기
까지도 우세하였다고 할 수 있다. 그리고 대성관에서 뚜렷하게 나
타나는 현상은, 19세기에 이르러서도 밀양 박씨를 제외하고는 급
제자가 계속 증가하였던 것이 대세라는 점이다. 이것이 과연 소수
유력 가문의 벌열화라는 조선후기의 변화상이 원주 양반사회에서
도 진행되었음을 의미하는 것인지, 아니면 高宗代 급제자가 급증
한 결과인지 좀더 검토할 필요가 있다.

3. 기 타

경전이 주요 시험과목인 생원과 사장에 중점을 두는 진사의 배
출 경향은 그 지역의 학문 경향을 말해 준다고 한다. 서울처럼 교
육 여건이 좋고 詞章을 중시하던 곳에서는 진사가 많이 나오며, 전
라도와 경상도에서는 생원이 훨씬 다수이며, 그 가운데 있는 중부
지방은 양자의 비율이 엇비슷하다.[13] 중부지방인 원주도 지역의

---

13) 위의 논문, 125~127면. 서울처럼 진사가 더 많이 급제하였던 개성, 평양,

경향에 부합하는 결과를 보여준다.

그런데 총계에서는 생원과 진사의 숫자가 11명밖에 차이가 나지 않지만, 이것은 19세기에 들어서 종전과는 달리 진사가 19명이 더 급제하였기 때문에 그 차이가 준 것이다. 하지만 이 정도 숫자로 원주의 학문 경향이 중부지방의 것과 다르다고 할 수 없다. 이렇게 과거가 엄정한 제도를 제대로 지키지 못하였던 시대에, 생원보다 사회적으로 높게 평가받았던 진사가 크게 늘었다는 것은 어쩌면 당연한 일이다.

<표 4>

세기	15	16	17	18	19	계
생 원	3	22	76	78	113	292
진 사	2	14	57	76	132	281

급제자의 직역은 전국적으로도 96.57%가 幼學이었던 것과 마찬가지로 원주 거주 급제자들의 98%가 유학이었다. 그 외에 교관과 업유가 각각 2명과 3명이 있었고, 직역 미상인 자도 몇 명 보인다. 유학의 신분에 관한 논의가 있기는 하지만, 적어도 원주의 사마시 급제자들은 양반 출신임이 틀림없는 것처럼 보인다. 그렇다고 비양반들의 급제가 전혀 없지는 않은 것으로 보이며, 특히 19세기 후반의 급제자 가운데는 그런 인물들이 있다고 생각한다.

철저한 신분사회였던 조선사회에서는 소과도 그렇지만 대과도 부친이나 혈족의 영향력이 개입될 소지가 적지 않았다. 연대기나 개인의 기록에 나타나는 과거의 문란상은 이점을 충분히 증명해

해주 등을 교육 여건 좋은 곳이라고는 할 수 없겠다. 그런데도 그와 같은 결과가 나온 것은 주자학의 사회 파급도가 낮았기 때문이라고 생각된다. 서울 역시 閥閱들이 대를 이어 가며 벼슬길에 나섰기 때문에 주자학을 독실하게 공부하던 분위기는 아니었다고 할 수 있다.

준다. 그리고 혈족의 지위가 높으면, 다시 말해서 부친 등 지친이 고위관리라면, 급제 이후 관계 진출이 그렇지 않은 자들보다는 순탄할 것이다. 그 외에도 공부에 전념할 수 있는 경제적, 학문적 여건도 훨씬 좋았을 것은 분명하다. 이런 조건은 결국 지위의 세습을 가능하게 하는 것으로, 응시자 개인의 능력에 입각한 공개경쟁을 원칙으로 한 과거제도와는 거리가 있었던 현실이었다.

원주 거주자들의 부친의 직역은 유학부터 시작해서 극품(極品 – 정1품)에 이르기까지 다양하였다. 유학과 학생이 총 221명으로 가장 많고, 생원 40명, 진사 49명이다. 문산계(文散階)에서는 정3품 당하관인 통훈대부(通訓大夫)가 93명으로서 가장 많아 17개 유력 성관에서 78명, 기타 군소 성관에서 15명이 나왔다. 전국적으로도 통훈대부가 차지하는 비중이 제일 높아 34.96%에 이른다. 전국과 원주를 비교하면, 원주 거주자 부친의 직역이 전국보다 낮다고 할 수 있다. 그러나 사마방목을 통해서 부친의 직역을 파악할 수 있는 자는 30,001명인데, 직역이 기재되지 않은 경우는 품계가 없을 가능성이 대단히 높다. 반면 원주는 6명을 제외한 567명의 부친 직역을 파악할 수 있다. 따라서 전국과 원주의 차이는 실질적으로 그다지 크지 않을 것이다. 문무 품계가 전혀 없는 학생과 진사가 차지하는 비율이 전국은 47%인데, 원주는 38.6이다. 그러나 이 역시 전국 평균과 근사하였을 것이라고 추정된다. 그리고 정1품 상위관 대광보국숭록대부부터 종2품 하위관인 가선대부까지는 15명, 그리고 정3품 당상관인 통정대부는 그보다 적은 6명이다. 무산계(武散階)는 정3품 상위관인 절충장군과 하위관인 어모장군이 각각 6명씩이다.

아래의 표는 17개 유력 성관에서 종 4 품 이상으로 문반은 대부(大夫), 무반은 장군(將軍)의 품계를 가지고 있는 자를 찾아보았다. 다만 사마방목에 기재된 품계는 급제자가 응시할 당시의 부친 품

계이기 때문에 후에 승품하였을 가능성은 크고, 또한 사마시 급제
자 부친에게만 해당되는 것이므로 각 성관 전체적인 관리의 숫자
나 지위, 족세의 실제적인 부침과는 다를 수도 있다는 점을 염두에
두어야 할 것이다.

우선 무산계는 문산계의 10%에도 이르지 않았다는 점이 눈에
띤다. 한 마디로 철저한 문반 위주의 관료사회였던 조선왕조의 특
성이 원주에서도 그대로 나타났다고 할 수 있다. 그리고 이것은 시
기별로 약간 변하기는 하지만, 문반의 세습성이 강하다는 것을 의
미한다.

각 성관을 비교하면, 토성인 원주 원씨와 이씨가 다른 입향 성
관보다 고급 문반을 별로 배출하지 못하였다는 것이 눈에 띤다. 특
히 원주 이씨의 경우에는 아주 현저하게 낮다. 이런 경향은 자료가
거의 조선후기의 것에 집중되어 있다는 점에서, 실제로는 조선전
기에는 상경종사하였던 인물이 많았으나 자료가 부실한 토성은 약
세를 면할 수가 없다. 한편으로는 토성들이 문반보다는 무반으로
의 진출이 더욱 활발하였고, 그런 가계에서는 무반직을 세습하다
시피 하였지만, 문반 쪽으로는 거의 진출하지 않았음을 시사하는
것이 아닌가 한다. 실제로 무반으로 출세한 인물들을 이들의 족보
와 가계 기록에서는[14] 많이 찾을 수 있다. 하여튼 고위 문반직이
적었다는 것은 이들 토성이 강한 토착성을 가지고 있었다고 해석
할 수 있다.

---

14) 『元氏家乘』에는 절충장군 이상의 고위무반을 역임한 인물들이 문반보다
훨씬 많이 실려 있다.

<표 5> 부친의 직역이 문산계 종 4 품 이상

	원주원	청주한	전주이	나주정	밀양박	원주이	덕수이	초계정	평산신	안동권	풍산홍	한산이	김해김	연안김	강릉최	여흥민	남양홍	도합
15C전반																		
15C후반																		
16C전반																		
16C후반			3		1													4
17C전반		1	3						1			1						6
17C후반	5	5	7		1	1		1	1		1		1		3			26
18C전반		1		2		1	1				3	1		1				10
18C후반	1	2	1	2	2		2	2			3		1			2		18
19C전반	4	5	1	8	1		2	1			2			2			1	27
19C후반		2	3	4			3		1	2	2	1	1			2		21
도 합	10	16	18	16	5	2	8	4	3	2	11	3	3	3	3	4	1	112

<표 6> 부친의 직역이 무산계 종4품 이상

	원주원	청주한	전주이	나주정	밀양박	원주이	덕수이	초계정	평산신	안동권	풍산홍	한산이	김해김	연안김	강릉최	여흥민	남양홍	도합
15C전반																		
15C후반																		
16C전반																		
16C후반	1				1													2
17C전반						1		1										2
17C후반			1															1
18C전반		1		1														2
18C후반					1													1
19C전반					1						2					1		4
19C후반			1															1
도 합	1	1	2	1	3	1		1			2					1		13

Ⅲ. 급제자 배출의 요인과 배경

1. 강원도와 원주의 이점

생원 초시인 각도 향시의 시취(試取) 인원이 처음으로 정해진 것은 세종 원년으로, 강원도는 황해도·평안도·함경도와 동수인 30명이었으며, 서울은 200명, 경상도 80명, 충청도 60명, 전라도 60명 총 520명이었다.[15] 이때 처음 정해진 30명의 정원은, 세종 8년 평안도 등 여러 도의 정원을 늘릴 때도 변동이 없었지만, 몇 년 뒤에는 강원도도 평안도와 마찬가지로 문무과와 생원시 모두 50명을 뽑게 되었다.[16] 그러나 단종 원년 복구된 진사시의 향시 시취 인원은 45명이었고, 『경국대전(經國大典)』에는 생원시와 진사시의 향시 정원도 45명으로 세종과 문종 년간에 5명이 감축된 것이다. 『경국대전(經國大典)』상에 규정된 다른 도 향시의 시취 인원은 서울 200명, 경기도 60명, 경상도 100명, 충청도와 전라도 각 90명, 황해도와 함경도 35명, 평안도 45명 도합 700명이었다.

이와 같이 각도의 시취 인원을 결정한 기준은 일정한 것이 아니었다. 응시 자격을 독점한 거주 양반의 숫자와 학문 분위기와 정치적 향배 등 다양한 요건을 참조하여 만들었을 것이다. 그렇다고 각도 사이에는 얼마나 차등이 있었는지도 분명히 알 길도 없다. 그러나 세종 4년 강원도 관찰사는 강원도가 땅이 궁벽하고 사람이 없어 문과와 생원의 향시에 정원을 채우기 쉽지 않아 그 수를 감하였지만, 이제는 교도를 파견하고 학교를 세워 인재가 많이 나오니

---

15) 조좌호, 「이조사마시고」 상, 성대논문집 14, 148~150면.
16) 『세종실록』 55, 14년 1월 14일(갑술).

향시의 정원을 본래대로 회복시켜 줄 것을 계청하였던[17] 사실을 보면, 조선초기 강원도의 향시 인원은 교육 환경이나 인구 측면에서 각도보다 상대적으로 많았던 것 같다. 이것은 현대 각도의 인구 분포를 감안한다면, 더욱 쉽게 짐작할 수 있을 것이다. 조선중기 강원도를 비롯해서 황해도·평안도·함경도의 생원초시의 급제자 수는 130명으로 종전보다 30명이 감소되었던 까닭도 이런 점에 있었다고 생각된다.[18]

이렇게 강원도의 시취 액수가 인재에 비하여 많다고 여겨져 경기도·충청도·경상도와 같은 인접한 도에서 온 과거 응시자들이 외향(外鄕), 처향(妻鄕), 친향(親鄕)이라는 구실로 응시하던 예가 많았다. 예를 들어, 숙종 25년(1699)에 실시된 강원도 진사시 초시에 입격한 이진화 등 13인은 누적으로 입격방에서 발거당하였다.[19] 또한 비거주의 혐의가 짙더라도 호적에 합법적으로 등록되어 있으면, 부자격자로 처리하기도 어려웠다. 그리고 과거제도상으로는 응시자의 거주 규정을 철저히 지키려고 하였을지라도, 다른 지역 시험, 예컨대 한성시처럼 경쟁률이 높은 시험보다는 손쉬운 강원도 향시를 보는 자들은 조선후기는 물론 초기부터 많았다.[20] 이런

---

17) 『세종실록』 18, 4년 12월 5일(무자).

18) 『인조실록』 19, 6년 7월 17일(병자).

19) 『科擧謄錄』 3, 3월 10일. 그런데 당해자인 이진화는 1710년 생원에 합격하였다.

20) 『세종실록』 19, 5년 3월 16일(정유)
   "주부(注簿) 이효지(李孝之)는 조사(朝士)로서, 외방(外方)의 향시(鄕試)에 나아가서 수양 대모(收養大母)의 병을 보살핀다고 거짓말하고 원주(原州)로 돌아갔는데, 한성시(漢城試)에는 미치지 못할 것이므로, 그대로 본도(本道)의 향시(鄕試)에 갔으니, 죄를 과(科)하기를 청합니다."라고 하니, 관직을 파하도록 명하였다. 그리고 강원도는 충청도와 황해도와 마찬가지로 서울과 가깝기 때문에 분묘나 농장이 소재한다는 평계로 호적을 옮기고 향시에 응거하는 서울 거주자들이 많았다(『科擧謄錄』 2, 숙종 4, 정월 12일). ; 『숙종실록』 32, 24년 10월 12일(계축) ; 『숙종실록』 55, 40년 8월 29

현상은 물론 강원도에만 국한된 것은 아니고 다른 도에서도 일어
났다.

강원도, 그 중에서 원주가 가진 이점은 지리적인 것이다. 강원도
는 태백산맥을 중심으로 영서와 영동으로 확연히 나누어진다. 따
라서 영동지방의 유생들은, 강원도도 다른 도와 마찬가지로 좌도
와 우도로 분리해서 과장을 설치해 달라는 상소를 여러 차례 올렸
지만, 조정에서는 이미 조종조부터 여러 사정을 참작해 제도를 만
들었고, 특히 강원도 26 개 군현 중 영동에는 다만 9개 군현만 있
고 영서의 유생 숫자가 영동의 배가 되기 때문에 분시(分試)하는
경우 入格 액수를 나누기도 어렵다는 이유로 향시 분설(分設)을 허
가하지 않았다.21) 강원도의 이런 지리적 불편은 원주 거주자들에
게는 분명히 유리한 조건이었다. 한편 원주는 서울과도 근접하기
때문에 함경도의 응시자처럼 서울 왕래의 곤란을 겪지 않아도 되
었다.22)

그렇다고 해서 원주에서만 향시가 치러진 것은 아니었다. 응시
자 수를 고려하여 도내 19개 군현에 도회(都會)를 설치하고 차례에
따라 향시를 돌아가며 실시하였다. 그리고 영조 27년(1751)에는 여
기에 빠진 철원·회양·이천·평강·금화·안협·금성 등 7읍의
유생들은 가까운 곳이라야 3,4일정, 먼 곳은 8,9일정이나 되는 과
장을 가기에는 여러 모로 힘들다고 호소하여 도회관은 이들 읍도
윤정에 넣으라는 조정의 조처를 얻어내었다.23) 따라서 조선후기에
는 적어도 강원도 내에서는 과거시행상 동등한 응시 기회가 부여
되었다고 할 수 있다.24)

일(무술)

21) 『科擧謄錄』2, 숙종 8년 11월 21일 ; 같은 책, 숙종 14년 2월 6일.
22) 위의 책, 숙종 13년 5월 11일.
23) 『科擧謄錄』3, 영조 27년 12월 30일.
24) 1836년 강원도 홍천에서 치러진 향시에서는 생원과 진사를 각각 45명씩

원주가 가진 이점은 지리적인 것만은 아니었다. 감영 소재지로서 감사와 도사는 물론 향시에 관련된 기타 관원들이 많았으므로 시험에 유리한 조건과 정보가 은밀히 유통되었을 개연성은 충분하다. 그 예로 성종과 중종 년간에 감사의 관문을 위조해서 가짜 시험 문제를 시관들에게 보낸 사건을 들 수 있다.[25] 이와 같은 향시에서의 부정 행위는 강원도에만 국한된 것이 아니라 전국적인 현상이었다.[26]

원주는 서울과 근접하고, 또한 감영 소재지로서 지방의 도회였으므로 토착세력의 상경과 낙향이 끊이지 않고 되풀이되었다. 예컨대 토성(土姓)인 원주 원씨 사마시 급제자 총 150명 가운데 원주 거주자는 51명으로, 그 숫자와 비슷한 153명과 144명의 급제자를 낸 해주 최씨와 진주 정씨 경우는 본관지에 거주한 자가 각각 6명과 13명에 불과하다는 사실은 원주 원씨의 토착성을 대변한다. 그리고 급제자 62명 중 23명이 원주 거주자인 원주 이씨의 경우도, 65명을 배출한 전주 김씨 가운데 본관지에서 급제한 자가 1명, 그리고 62명이 나온 광주(光州) 정씨는 8명에 지나지 않는다는 결과로 보아서, 토착성이 강하였다고 할 수 있다. 물론 이것은 단순 비교이기 때문에 큰 의미는 없을지라도, 원주 토성의 강인함은 충분히 인정할 만하다. 여기에는 여러 가지 원인이 있겠지만, 원주가 서울과 근접하였기 때문에 토성들이 본관의 토착기반을 유지하면서 상경종사하기에 편리하였다는 것도 중요하다고 본다.

모두 90명을 초시 급제자로 뽑았다. 원주 22명, 강릉 19명, 춘천 18명, 홍천 11명 등 모두 12군현에서 급제자를 내었다(『江原道史』(역사편), 1995, 924~932면). 이는 강원도의 지역 중심지인 3곳과 기타 다른 군현의 위세 차이를 적절하게 반영하고 있다고 생각한다. 다만 홍천에서 11명이 나왔고, 횡성 등지에서는 4명 이하가 나왔다는 것은 시험 장소의 이점이 적지 않았음을 말해 준다.

25) 『성종실록』 225, 20년 2월 4일 ; 『중종실록』 51, 19년 9월 18일(기묘).
26) 『성종실록』 220, 19년 9월 27일(정해).

또한 본관지를 떠나 상경종사(上京從仕)하면서 재경사족(在京士族)화하였던 비토성들도 원주에 다수 입거하였다. 위에서 살펴본 바와 같이, 사마시 급제자 300명 이상을 낸 전국적인 대성관 30개 중에는 원주의 유력 성관 9개가 포함되었다. 그리고 나주 정씨, 덕수 이씨, 초계 정씨, 풍산 홍씨 등 유력 성관의 총급제자도 134명에서 298명 사이에 분포되어 있다. 즉 급제자 배출 전국 순위 1위부터 68위 사이에 원주 유력 성관 15개가 들어 있다. 결국 이것은 중앙정치세력이 지방으로 거주지를 옮길 때 서울에서 그다지 멀지 않은 원주로 많이 내려왔음을 뜻한다. 따라서 원주의 유력 성관은 출사의 성향이 강하였고, 이런 정치사회적 배경은 원주에서 급제자가 다수 배출되는데 일정한 기여를 하였다.

2. 교육적 요인

과거는 실질과는 동떨어진 면이 있었더라도 개인의 능력에 입각한 공개경쟁시험이다. 따라서 급제하는데 필요한 것은 무엇보다 응시자의 지적 능력과 자질이었으며, 이것은 오랜 기간의 학습을 통해서 양성된다. 그렇기 때문에 학습 조건이 좋을수록 과거에서 좋은 성적을 거두는 것은 당연하다. 그러므로 다수 급제자를 낸 지역은 교육 환경과 학문 분위기의 면에서 일단 다른 곳보다 좋았다고 말할 수 있다.

여말선초의 향교가 지닌 교육적 기능은 큰 편이었다. 그리고 고려시대부터 모든 군현에 향교가 있었던 것은 아니었기 때문에 이전부터 향교가 있었던 원주는 이런 면에서 교육적인 혜택을 일찍이 받았다고 할 수 있다. 원주는 이미 조선전기부터 하삼도에 못지않게 향학에서 우수한 인재가 배출되는 곳으로 손꼽혔다. 강원도

에서는 원주와 강릉밖에 인재가 없다는 평을 듣고 있었다.27) 그리
고 이 두 곳은 풍속이 학문을 숭상하고, 인재를 가르칠 만한 경제
적 기반을 지니고 있으므로 중앙정부에서도 서적을 지원해 주었
다.28) 그러나 중종대에 이르면, 다른 군현처럼 원주의 향교도 교육
적 기능을 크게 상실한 듯하다.29)

또또 또한 조선초기부터 유방선(柳方善)처럼 유명한 학자가 이
곳에서 강학(講學)하였고,30) 또한 사림파의 거두로 유명한 김안국
(金安國)이 여주에 낙향해 있었을 때 그의 제자가 된 인물도31) 나
온 것으로 미루어 원주의 학문 분위기와 교육 여건은 다른 지역보
다 좋았을 것으로 추측된다. 아마 이보다 더 중요한 것은 원주는
목이자 감영 소재지로서 교육 업무와 그 감독 업무까지 관장하던
감사와 목사가32) 상주하다시피 하던 곳이라는 점이며, 그들은 기
본적으로 학문적 자질을 갖춘 관리로서 유생이나 교생 교육을 맡
을 수 있었다. 그리고 선초에 조정이 훈도관과 교수를 임명하고 파
견한다거나, 혹은 그들이 이탈할 때에도 원주는 다른 군소 군현보
다 가호수 등 조건이 좋았으므로 유리하였다고 본다.33)

이와 같은 교육적 환경은 분명히 지역의 학문 분위기를 진작시

---

27) 『성종실록』 116, 11년 4월 16(병인).
28) 『성종실록』 167, 15년 6월 15일(경오).
29) 『중종실록』 94, 36년 2월 18일(을해).
30) 그의 제자로 유명한 자들이 서거정, 한명회, 강효문, 권람이었다. 이들은
비록 중앙귀족의 자제였을지라도, 유방선이 영천에서 그곳의 학자들에게
강학하였던 사실로 미루어 원주에서도 역시 제자들을 양성하였을 것으로
추측된다.
31) 대표적인 인물이 정종영으로 사마 양시와 문과에 급제하였다(원주문화원,
「정종영신도비문」 『원주 원성 향토지』, 원주문화원, 1976). 그러나 그가
김안국의 훈도를 직접 받았는지는 확인할 수 없다.
32) 『세종실록』 18, 4년 11월 14일(정묘) ; 『세조실록』 12, 4년 4월 24일(신사)
; 『세조실록』 22, 6년11월 9일(신해).
33) 『세종실록』 6, 1월 11일 15일(을묘) ; 『세종실록』 20, 5년 4월 22일(임신)
; 『성종실록』 51, 6년 1월 8일(무오).

켰을 것은 의심할 바가 없을지라도, 조선전기까지만 하여도 원주 지역의 학문 성숙도는 다른 선진지에 비하여 뒤떨어지지 않았던 것이 아닌가 한다. 사마시 급제자 숫자에서 경상도의 상주와 선산 은 물론 강원도의 강릉에게도 뒤떨어져 있었다. 그리고 향교 교육 도 실효를 거두지 못하고 있었다고 보인다.[34] 특히 재지에 기반을 둔 사림파들이 학문적 실력을 바탕으로 대거 급제한 중종대와 선 조대에 원주는 이런 곳에 비하여 현저히 적은 숫자만 합격하였다. 과거 급제 자체가 지역의 학문 발달을 뜻하지는 않지만, 양자는 밀 접한 관련을 맺을 수밖에 없었다. 원주가 다른 지역보다 급제자를 많이 내놓기 시작하였던 때는 17세기 후반부터이다. 이때부터 원 주에 거주하거나 직간접적인 연고를 가진 유명한 학자와 문인이 다수 있었다. 한백겸(韓百謙)을 비롯해서 허후(許厚)와 정시한(丁時 翰)과 같은 학자들, 그리고 김창일(金昌一), 김세렴(金世濂) 등이 그 들이다. 이런 학자들은 원주 양반사회에 자극을 주며 학문 분위기 를 고조시켰을 것이다. 이미 17세기초에 건립된 원천석(元天錫)을 모시는 칠봉서원(七峰書院)을 사액서원으로 만들려는 운동이 벌어 졌으며, 허후와 정시한과 김창일이 죽은 다음에 도천서원(陶川書 院)과 도동서원(陶東書院)과 취병서원(翠屏書院)이 건립되는 등 양 반사회가 학문적으로 활발하게 움직이어 나갔다.

그런데 원주에서는 유력한 학파나 학맥을 찾기 어렵다는 점에 서 지역 사대부의 학문 경향은 대체적으로 거경궁리(居敬窮理)보 다는 사장(詞章), 또는 과문(科文)에 치중되었던 것으로 추측된다.

---

34) 『중종실록』 94, 36년 2월 18일(을해).
　　"강원 관찰사(江原觀察使) 김섬이 올린 서장(書狀)에, (중략) 신이 이 고을 에 당도하여 향교에 나아가 알성(謁聖)한 다음 교생(校生)을 강학(講學)했 더니, 책 한 권도 통하는 자가 없고 제술에서 합격한 자도 없었으며 학교 의 정무도 전혀 닦여져 있지 않았습니다. 천거를 받아 수령이 된 지 6년 동안 하나도 일컬을 만한 것이 없으니 목사 최항(崔沆)은 파출하고 쓸만 한 인재를 다시 선발하소서."

현재 이희의 자손들이 지정면 간현에 다수 거주하고 있는데, 그 중에서 특히 19세기 이후 현달한 가계의 종손인 이태원 교수 댁 소장 300여 책은 대부분 경전류, 백과사전류, 교지 등 관문서류, 시책류(詩冊類) 등이며, 성리학에 관련된 전적은 찾기가 어렵다. 이것으로 당시 원주 사대부의 학문 경향을 단정할 수는 없지만, 대체적인 분위기는 전해 주지 않나 생각된다. 또한 정조 17년 강원도 유생의 학문을 진작하기 위해서 특별히 춘당대에서 제술시험을 실시하였는데, 이때 강원감사 윤사국이 추천한 유생을 살펴보면, 경공생(經功生)이 8명, 공령생(功令生)이 74명, 그리고 오죽헌 주인의 후손 12명이었다.35) 즉 경서를 주로 공부한 유생보다 과거 공부를 열심히 한 유생이 압도적으로 많았다. 이를 통해서도 강원도, 좁게는 원주의 학문 경향을 짐작할 수 있을 것이다.

그리고 다른 성관보다 학문과 교육을 중시하던 성관도 있었던 것으로 보인다. 정시한의 자손이 대부분이지만, 나주 정씨 일족은 거의 대대로 34명의 사마시 급제자를 배출하였는데, 이것은 그들의 인구수에 비추어 보았을 때 대단히 높은 급제율이다. 달리 말하여 소수의 혈족집단이 다수의 혈족집단보다 훨씬 더 많은 급제자를 낸 것이다. 이와 같은 결과가 나타난 원인은 여러 가지가 있겠지만, 교육 분위기와 환경이 아주 중요한 요인으로 작용하였다고 생각된다. 정시한의 자손들은 도동서원과 광암사를 설립해서 정시한을 배향하는 한편 교육도 실시하였다.36) 그리고 나주 정씨 못지않게 많은 급제자들이 나온 청주 한씨와 풍산 홍씨도 그 혈족의 숫자가 그렇게 많지는 않았다. 이러한 결과는 학문을 중시하는 가풍과 어느 정도 관계가 있다고 해석할 수 있을 것이다.

---

35) 『정조실록』 37, 17년 4월 9일(신미).
36) 도동서원은 정시한의 문집인 『우담선생문집』의 연보에서만 찾을 수 있을 뿐이며, 그밖에 구체적인 사항은 알 수가 없다.

Ⅳ. 양반사회의 형성과 변화

1. 조선전기 양반사회의 형성

16세기 이전(1447~1588년)까지만 하여도, 급제자 41명 가운데 토성인 원주 원씨, 원주 이씨, 익흥 이씨, 원주 고씨가 아닌 자는 9명에 지나지 않았고, 그 중 전주 이씨와 김해 김씨를 제외한 장수 황씨, 평창 이씨, 횡성 고씨, 청주 곽씨, 진주 유씨, 충주 안씨는 총 급제자가 1~2명에 불과하였다. 아마 현전하지 않는 사마방목에는 이들 외에도 여러 입래(入來)한 성관이 실려 있을 가능성이 높다. 원주 이씨 족보를 통해서 살펴보면,[37] 그들은 주천 조씨, 임진 김씨, 원주 변씨, 초계 정씨, 안동 권씨, 영월 신씨, 여양 진씨, 목천 상씨, 우봉 이씨, 남양 홍씨, 평해 황씨, 예안 이씨, 평강 채씨, 창원 황씨, 문화 유씨, 주천 안씨, 청송 심씨, 충주 유씨 등으로 수많은 성관이 원주 이씨와 혼인 관계를 맺고 있었다.

조선전기의 모든 사마방목이나 다른 자료들이 현재 남아 있지 않기 때문에 이들을 포함한 입래 양반 성씨들의 족세를 정확하게 말하기는 어렵지만, 이와 같은 경향은 조선전기 원주 양반사회의 형성과 세력 분포를 대체로 말해 준다. 즉 16세기까지만 하여도, 원주의 토착 양반사회는 토성인 원주 원씨와 원주 이씨가 주도하였으며, 다른 성씨집단은 소수에 그쳤고, 그나마 조선후기에 이르

---

37) 원주 원씨의 족보에는 이보다 훨씬 많은 성씨들이 기재되어 있고, 또한 통혼권도 넓기 때문에 두서를 잡기 위해 그보다는 단출한 원주 이씨 족보를 조사하였다. 여기에 제시된 성씨들은 조선전기에 원주 이씨와 여러 대에 걸쳐 여러 명과 혼인 관계를 맺었던 가문으로 원주에 거주하였던 것으로 볼 수밖에 없는 가문들이다.

러서는 세력이 매우 부진하게 된 예가 많았다고 할 수 있다.

원주의 토성에는 원씨와 이씨 외에도 여러 성씨들이 있었다. 『세종실록지리지』와 『동국여지승람』에 실린 원주의 성씨들을 살펴보자. 두 자료에 기재된 토성은 元·李·安·申·金·石으로 동일하다.[38] 이 가운데 원씨와 이씨는 유력한 토성으로 조선시대 내내 존재하였다. 그런데 원주 토성인 이씨는 원주 이씨와 익흥(益興)[39] 이씨로 구별된다.[40] 17세기에 축조된 묘갈이나 원주 이씨족보상에 이들은 서로 혼인한 것으로 나타나므로 설사 고려시대에는 동일한 혈족이었다고 하여도, 조선시대에는 혈연적으로 완전히 무관하였던 것은 분명하다. 또 다른 토성인 안씨는 조선초기에 향리신분도 있었고,[41] 그 가운데는 양반신분으로 상승하기도 한 예도 있었던 것 같다.[42] 사마방목에는 두 명의 원주 안씨들이 연산군대와 명종대에 급제한 것으로 나와 있는데, 거주지는 한 명은 불명이고 다른 한 명은 경기도 교하이다. 그리고 김씨는 이미 중앙정계 고위직에 진출해 있었고,[43] 사마시 급제자도 39명이지만, 원주에서는 김씨를 전혀 찾아볼 길이 없다. 원주 신씨로서 1명이 연산군대에 급제하였지만, 거주지가 기재되어 있지 않다. 이점은 같은 해에 급제한 원주 석씨 1명도 마찬가지다. 그리고 원주를 본관으로

---

38) 이수건은 고려시대 원주 토성으로 元, 李, 安, 金을 들고 있다(『한국중세사회사연구』, 일조각, 1984, 193~194면, 297~298면 참조). 따라서 이 성을 제외한 다른 토성들은 상대적으로 미약하였다고 생각된다.

39) 고려 충렬왕 17년(1291) 글안의 군사를 방어한 공으로 원주가 익흥도호부가 되었는데, 이 읍호를 관향으로 삼은 것이다. 따라서 익흥 이씨가 이때 나왔음을 알 수 있으며, 아마도 원주 이씨에서 갈려 나왔을 가능성이 높다.

40) 사마방목 CD-ROM에서는 이들을 구별하지 않고, 모두 원주 이씨로 기록되어 있는데, 필자가 이 가운데 익흥 이씨가 분명한 3명을 구분해서 익흥으로 본관을 수정하였다.

41) 『세종실록』 49, 12년 8월 21일(기축).

42) 『성종실록』 131, 12년 7월 20일(계사).

43) 『성종실록』 12, 2년 10월 7일(을해).

하는 서씨와 석씨가 각각 광해군대와 경종대에 1명씩 합격하였으나, 거주지가 거창과 인천이다. 본관 기록에 착오가 일어난 예인데, 아버지는 예천 윤씨이나 아들은 원주 윤씨로 기재되어 있어 어떤 것이 정확한 본관인지 알 수가 없으며, 두 명 모두 풍덕에 거주하였다. <지리지>에 망래성(亡來姓)으로 실린 崔씨는 <승람>에 내성(來姓)으로 되어 있다. 그런데 원주 지역에서는 이 崔씨에 대한 자료를 전혀 찾을 수 없고, 단지 1918년에 작성되었다고 하는 『원주최씨세보』만 볼 수 있는데, 이에 따르면 시조 치(峙)는 고려 말 전법판서(典法判書)로 원주후(原州侯)에 봉해졌다. 그리고 그 손자부터는 무반직으로 진출하였고, 함경도 길주와 명천에 묘가 있는 것으로 기록되었지만, 정확한 유래는 알기 어렵다. 아마도 조선 초기 사민(徙民)이나 군인으로 함경도로 갔거나, 邊씨처럼 사성(賜姓)을 받을 때[44] 본관이 원주로 된 것이 아닌가 추측된다.

원주에 거주하던 원주 고씨 1명이 1568년 진사에 급제하였고, 그의 동생도 이미 전년에 진사에 합격하였지만, 거주지가 방목에는 기재되어 있지 않다. 그런데 이들의 부친인 고두명(高斗明)이 원주 이씨 교도공파 17세 영국(榮國)의 장인으로 원주 이씨 족보에 실려 있는데, 본관이 횡성이다. 그러므로 더 이상 자취를 찾을 수 없는 원주 고씨들은 본래 횡성 고씨로 원주로 분관(分貫)하였다가 다시 본관으로 되돌아간 것이 아닌가 추측된다. 이와 같은 예는 원주 속현인 주천의 토성 趙씨에서도 찾을 수 있다. 원주 이씨 교도공파의 파시조인 추(趣)의 부인이 주천 조씨인 울진 현령 조발의 딸이었다. 그런데 경위는 알 수 없지만 원주 이씨 족보에는 "현재 평양과 족보를 합하였다."라고 써 있다. 주천의 토성에는 安씨가 있는데, 생육신 가운데 한 사람인 원호(元昊)와 함께 원주로 낙향

---

44) 賜姓을 받은 邊安烈은 元傅의 玄孫女 사위였다. 그러나 그가 원주나 원씨 들과 어떤 관계를 맺었는지는 알 수 없다.

하였다고 하는 현감 권침(權琛)의 손자 사위가 안씨였다. 이 외에 尹씨와 盧씨, 그리고 余씨에[45] 대해서는 자세한 것을 알 수가 없다. 결국 조선초기와 전기의 원주 토성 가운데 원씨와 이씨만 그 후에도 건재하였다.

16세기 전반 원주에서는 토호품관이 매우 득세하였다. 품관들이 향리·서원·관노 등과 자신의 비를 강제로 혼인시켜 그 소생과 자손을 사천으로 만들던 폐단이 조정에서 큰 문제로 다루어졌다. 그들은 향리 등을 강제적으로 지배해서 부역과 조세를 면탈하였다. 향리 등은 이런 횡포에서 벗어나기 위해 스스로 품관의 비부가 되기도 하였다. 물론 이와 같은 현상은 원주나 그에 못지 않게 심하다고 지목된 경상도 의령의[46] 경우에만 국한된 것은 아니었고, 재지사족의 향촌지배가 강하던 군현에서는 일반적인 것이었다. 이런 토호의 무단은 조정에서도 문제가 되어, 실권자 김안로 등은 강원도관찰사 남세웅의 건의에 따라 전국적으로 시행되던 종모법을 원주와 의령에는 적용하지 않고 대신 종부법을 시행하자는 안을 내놓았다.[47] 이에 대하여 반대 의견이 나왔지만, 두 지역 토호품관의 발호가 너무 심하고 다른 곳을 경계하기 위해서 종부법을 채택하게 되었다.[48]

그리고 원주의 재지세력은 수령과도 마찰을 빚었다. 수령의 행정이 자기들의 의사와 이해에 맞지 않는다면, 수령을 비난하거나 심하면 죄에 빠뜨려 그만두게 만드는 사나운 풍속을 가졌다고 지

---

45) 余씨는 문헌에서는 찾을 수 없고, 지정면 안창리 흥법사 가는 길 옆에 있는 고묘의 비갈에 "余姓系原州"라고 써 있다. 이 비는 경종 3년(1723)에 세웠다.
46) 『중종실록』 80, 30년 11월 6일(계해).
47) 『중종실록』 78, 29년 11월 7일(기사) ; 『중종실록』 86, 32년 11월 4일(기묘).
48) 『중종실록』 80, 30년 11월 19일(병자) ; 같은 책, 동년 동월 22일(기묘) ; 『중종실록』 81, 31년 1월 7일(계해).

탄받았다.[49] 그래서 토호품관의 불법 행위 조사를 감사나 수령에게 맡기지 않고, 중앙정부의 관원을 경차관이나 어사를 파견해서 조처를 취할 정도였다.[50] 그렇지만 조사를 담당하였던 강원도 도사 홍덕연은 중도에서 파직당하고 말았는데, 혹시 원주 토호품관이 반발한 결과가 아닌가 추측된다.[51]

이와 같은 원주에 대한 조정의 논의와 결정에는 원주의 양반 상호간의 갈등, 또는 중앙정치세력과의 마찰도 개재되어 있었던 것 같다. 중종은 김안로가 실각한 다음에 원주와 의령만 종부제를 실시한 까닭을 김안로가 원주의 호강한 품관을 미워한 데에서 찾았다. 또한 명종 10년(1555)에 일어난 을묘왜변 때 전라도 수사로 있던 원적(元績)이 달량진에서 패전하고 죽었는데, 그 벌로 삭탈관작은 물론이고, 다시 가산까지 적몰당하였다. 이런 결정을 내리게 한 장본인은 척신인 윤원형으로서 그의 첩인 정난정의 부친 정윤겸이 원주에 살면서 원적과 사이가 좋지 못하였기 때문이라고 한다.[52] 즉 초계 정씨와 원주 원씨 모두 그랬던 것은 아니었겠지만, 두 성씨들은 원만하지 못한 관계에 있었던 것 같다.[53]

---

49) 『중종실록』 82, 31년 6월 22일(을사).
50) 『중종실록』 81, 31년 1월 24일(경진).
51) 『중종실록』 88, 33년 10월 5일(을사).
52) 『명종실록』 18, 10년 5월 23일(병진).
53) 명종대 척신세력으로 小尹과 李樑과 沈家가 있었는데, 김우기의 연구(「조선 명종대 척신세력의 성격」『한국사연구 93』, 1996)에 따르면, 소윤에 정난정의 종형 감사 정준이, 그리고 이량 세력에는 찬성 원계검이 각각 속해 있었다. 또한 정난정의 嫡姪인 정종영도 이량 때문에 오랫동안 散班으로 있었다고 한다(「정종영신도비명」). 이와 같은 중앙정계의 대립은 향촌사회까지 연장되기 마련이었다.

2. 조선후기 양반사회의 변화

원주의 토성 외에 입향한 성관들이 사마시 급제자를 배출하기 시작한 것은 16세기 중엽이었다. 물론 이전에도 급제자를 내었다고 추측되는 성관들이 없는 것은 아니지만, <표 7>에서 보듯이, 1543년 김해 김씨를 필두로 평창 이씨, 단양 우씨 등이 최초의 급제자를 내었다. 이렇게 16세기에 모습이 드러나기 시작한 성관의 숫자는 모두 8개이며, 이후 17세기는 34개, 18세기는 13개, 19세기는 22개이다. 여기에서 주목되는 것은 17세기와 19세기에 다수의 성관이 새롭게 등장한 현상이다. 다시 반세기별로 구분을 하면, 17세기 전반에는 14개, 후반에는 20개, 그리고 19세기 전반에는 7개, 후반에는 15개 성관이 나왔다. 이처럼 새로운 성관이 다수 나왔다는 사실은 새로운 양반들이 원주에 입향하였거나, 양반사회에 변화가 일어났음을 의미한다.

17세기에 최초 입격자가 나온 이후 10명 이상이 급제한 유력 성관이 토성을 제외한 15개 중 11개 성관임을 볼 때, 조선후기 원주의 양반사회는 17세기에 그 원형을 형성하였다고 할 수 있다. 모든 성관이 그러했던 것은 아니지만, 급제자가 나오기 위해서는 적어도 몇십 년의 시간이 소요되었다고 가정하면, 11개 성관 가운데 평산 신씨와 풍산 홍씨를 제외한 9개 성관의 최초 급제자가 17세기 전반에 나온 것으로 미루어, 조선후기 원주 양반사회는 16세기 후반부터 17세기에 걸쳐 형성되었다고 보는 것이 타당하다. 다시 말해서 16세기 후반부터 새로운 양반 성관이 대거 입향하여 17세기에 원주에 터를 잡았다고 할 수 있다. 동시에 이는 조선전기에 형성된 원주 양반사회에 큰 변화가 왔다는 것을 뜻한다.

17세기에 첫 급제자를 배출한 11개 성관 가운데 몇 개의 입향

시기와 계기를 간단히 살펴보자.

원주에 입향한 청주 한씨로서 사마시 급제자를 낸 파는 네 개로 파악된다. 가장 먼저 들어온 두 파는 한여필(韓汝弼)의 두 아들인 효륜(孝胤)과 효순(孝純)의 자손들이다. 한여필은 유관(柳灌)의 조카인 유엄(柳渰)의 작은사위로서 정종영과는 동서 사이였다.[54] 한여필은 음사로 벼슬길에 나섰다가 중추부 경력을 끝으로 원주 부론면 노림리로 들어와 선조 4년(1571) 67세의 나이로 그곳에서 생을 마쳤다. 따라서 이들이 원주에 자리잡은 때는 16세기 후반임을 알 수 있다.[55] 그리고 1633년 가장 먼저 생원이 된 자손은 한효순의 손자 태일이다.[56] 한효순이 광해군대에 우의정으로서 인목대비 폐비 사건에 깊게 연루되었기 때문에 인조반정 이후 이들은 원주 등 각지로 낙향하지 않을 수 없었을 것이다. 한편 인조반정 이후 정치적으로 부상하였던 한백겸과 한중겸의 자손도 이 뒤를 이어 원주에 확고하게 뿌리를 내렸다. 이들이 익대좌리공신 서평부원군 한계희(韓啓禧)의 아들인 사무(士武)의 자손들이며, 한계희의 또 다른 아들 사신(士信)의 자손들도 원주에 거주하였다. 그리고 18세기 후반부터는 이들과 혈연상 거리가 먼 한응인(韓應寅)의 자손도 사마방목에 다수 보인다.

전주 이씨는 여러 파가 섞여 있었다. 고양부정 이억손(高陽副正 李億孫)의 세 아들 가운데 진사 이유민(李惟敏)은 원주 원씨 원희맹(元希孟)의 사위로 원주에 거주하였다. 원천석의 현손인 원희맹이나 그의 선조들이 연속 중앙고위관직을 역임하였기 때문에 서울

---

54) 한백겸, 『구암집』「선조통훈대부행문천군수 증의정부영의정부군행장」 ; 「정종영신도비명」.
55) 그런데 1568년 생원에 급제한 그의 아들 한효순의 거주지는 서울이었고, 맏아들 한효윤의 세 아들인 한백겸, 한중겸, 한준겸도 1579년 식년 사마시에 모두 급제하였는데, 거주지가 서울이다. 아마 서울과 원주를 오가며 생활하였던 것 같다.
56) 한태일은 정종영의 둘째 아들 정열의 사위이다.

에 살던 종친과 혼인을 할 수 있었을 것이다. 이유민의 두 아들은 1576년과 1588년 진사시에 급제하였고, 그 자손에서도 대를 이어 여러 명의 급제자가 나왔다. 그런데 이들보다 늦게 17세기에 원주에 들어왔지만, 더욱 많은 입격자를 낸 전주 이씨가 파곡공파(坡谷公派)를 중심으로 한 담양군파(潭陽君派)였다. 파곡공 이성중(李誠中)은 선조대의 명신으로 유명한 인물이다. 그의 셋째 아들 유침과 손자의 묘가 원주에 있고, 그의 셋째 사위가 한준겸의 아들 한회일이었다. 그의 손자 이명웅(李命雄)은 광해군대에 원주에 은거하다가,57) 인조반정 이후 조정에 들어가 경상감사를 역임하였다. 명웅의 부인이 원계신의 딸이었으므로 원주로 내려오게 된 것이다. 또한 이성중의 손녀가 횡성 조씨 조린의 아들인 좌랑 조공립의 며느리였다는 점에서 원주와 인연이 있다고 할 수 있다. 이성중의 증손자대부터는 원주에 정착하였던 자들이 여러 명이었고, 이들에서 많은 급제자가 나왔다.

나주 정씨 도헌공파(都憲公派)가 처음으로 원주에 정착하게 된 계기는 임진왜란이었다.58) 임진왜란 때에 평북 가산에서 병사한 도헌공 정윤복(丁胤福)은 용인에 안장되었지만, 그의 다섯 아들 중 맏아들 호약(好約)은 선산이 있는 고양과 용인을 떠나 원주에 살다가 묻혔다. 그가 1601년 38세의 나이로 죽은 것을 보면, 왜란을 피하여 원주로 내려왔다가 죽었다고 생각된다. 그의 양자 언숙(彦淑)도 예천에 살다가 말년에 원주로 와서 죽었다. 둘째 아들인 호공(好恭)의 증손자도 원주 거주자였다. 그리고 정윤복의 3자인 호관(好寬)의 아들 언황(彦璜)은 안동부사를 그만둔 뒤, 원주 부론면 법천리에 터를 잡았다가 마침내 강원감사를 끝으로 이곳에서 살았

---

57) 『전주이씨담양군파세보』, 1958년.
58) 나주 정씨와 관련된 기술은 『나주정씨도헌공파보』와 나주정씨월헌공파종회가 편찬한 『월헌집』를 참조.

다. 정언황은 직제학 조정립(趙正立)의 사위인데, 조정립은 횡성 조씨로 이 근방에 연고를 가지고 있었다.[59] 따라서 정언황은 아마 선대의 유산과 처가 연고를 기반으로 원주에 이거(移居)하였다고 생각된다. 따라서 정윤복의 부친 정응두(丁應斗)부터 손자에 이르기까지 나주 정씨들이 원주에 기반을 가지고 있었다는 증거를 찾지는 못하였더라도, 이들의 혈연적, 경제적 기반이 원주에 있었다고는 충분히 말할 수 있다. 이들 세 파 가운데 가장 번성하였던 파는 언황의 아들인 시한(時翰)의 자손들이었다. 특히 나주 정씨의 전국 총 급제자 134명 중 43명이 원주에서 합격해서 32%에 달하였다. 즉 원주는 이들의 유력한 씨족 기반이었다.

밀양 박씨도 이전부터 원주에 거주하던 파와 17,8세기에 새로 들어온 파로 나뉜다. 원주목사를 지낸 박순의(朴純義)의 자손들이 여러 명 급제하기 전에 밀양 박씨로서 원주에 거주하던 급제자는 2명에 불과하였다. 또 박순의와는 혈연적으로 관계없던 밀양 박씨들도 이후에 급제하였지만, 소수에 지나지 않았다. 서울과 고양에 연고를 두었던 선곡공파인 박순의가 원주에 정착하게 된 기반은 그의 처가인 초계 정씨에서 나온 것 같다. 그의 장인은 정종영의 아들이며 평산부사를 지낸 정각(鄭殼)이었다. 또한 18세기 전반부터는 병조좌랑을 지낸 박효남(朴孝男)의 자손들이 대거 입격하였다. 그의 네 아들과 손자들은 서울에 거주하였지만, 그 후대는 원

---

59) 조정립이 벼슬을 그만두고 교하로 물러났다는 기록으로 보아(『우담선생문집』 권지구, 「선비정부인횡성조씨세계행적기」, 참조), 그곳에 선영이 있었던 것 같다. 그렇지만, 본관지인 횡성과 가까운 원주에도 장토 등이 있었을 가능성은 높다. 그의 묘는 법천리에서 옆 동리인 손곡리로 가는 길 중간 쯤에 있을 뿐더러 그의 숙부인 조린과 그의 자손들의 묘도 그곳에서 멀지 않은 곳에 있다. 이들은 서울에 거주하다가 광해군대의 폐비 사건이 일어나자, 조린이 이곳에 寓居하였고, 이어서 그 일족도 원주에 정착하였다(「조린묘비명」『原州의 歷史와 文化遺蹟』, 1997). 1689년과 1705년에 사마시에 급제한 조학과 조연, 그리고 조영휴가 조린의 5, 6세손이다.

주에 거주하며 사마시에 급제한 자들이 많이 나왔다. 서울에 거주하였던 그들이 원주와 어떤 관련이 있었는지는 정확히 알 수 없지만, 박효남의 형인 박종남의 딸이 원주 이씨 이유청의 부인이었다. 그러나 이들은 박종남의 부친인 부사 박옹 이전에도 서울에 거주하던 재경사족이었던 것은 분명하다.

김해 김씨로서 1543년에 급제한 김자규와 1606년부터 급제자가 다수 나온 김해 김씨 안경공파(安敬公派)의 선대 관계는 정확히 알 수 없지만, 서로 혈연적으로 멀었다고 추측된다. 본래 양주에 살던 안경공파로서 원주에 가장 먼저 들어온 인물은 승문원 참교를 지낸 김세균(金世鈞)이었다. 그러나 거주한 것은 아니었고, 그의 유언에 따라 이곳에 있던 농장에 묻힌 것이다. 그 네 아들 가운데 첫째와 둘째는 각각 양주와 괴산에 묻혔지만, 그들 자손들도 셋째와 네째 아들의 자손들처럼 원주에 거주한 자들이 많았다. 그리고 그의 네째 아들의 손녀가 광해군의 어머니 공빈 김씨였다. 김세균의 아들들의 생몰년이 16세기 전반과 후반에 걸쳐 있으므로, 김해 김씨 안경공파는 이 시기에 원주에 정착하였다고 볼 수 있다. 그렇지만 사마시에 급제한 김세균의 세 아들을 비롯해서 손자들의 거주지가 서울로 되어 있다. 그렇기 때문에 이들의 원주 정착은 불안정하다가 17세기에 이르러 비로소 탄탄해졌다고 할 수 있다.

한산 이씨 양경공파(良景公派)가 원주에 처음 정착하였던 때는 16세기 전반으로 추측된다. 이지란(李之蘭)은 비록 벼슬은 하지 않았으나, 그의 고조는 이계전(李季甸)이었고, 일족들은 대대로 중앙 관직을 맡았다. 그의 처가가 원주 원씨였다는 점이 그가 원주로 온 계기였다. 그의 장인인 원선(元璿)은 원천석의 고손이며 세조 때 홍문관 교리를 지낸 원보륜의 아들이었다. 이지란은 원주에 입향한 다른 재경사족 출신 가문과는 달리 횡성 고씨, 초계 정씨, 원주 이씨, 횡성 조씨, 원주 원씨 등 원주 토착 양반가문과 곧바로 혼인

관계를 맺었다. 그러나 그의 셋째 아들 이희(李𡒍)가 북인(北人)의 핵심 인물이었기 때문에 인조반정 이후에는 침체를 면하지 못하였는데다가, 증손자 익의 딸이 이괄의 아들 이전(李旃)에게 시집을 갔기 때문에 익이 이괄의 난 때 희생을 당하였다. 그리고 18세기 후반 영조대에는 이수익의 네 아들이 모두 사마시에 급제하는 일도 있었다.

강릉 최씨가 원주로 들어오게 된 배경에는 초계 정씨가 있었다.[60] 정종영의 맏사위인 최경상(崔景祥)은 본래 본관지인 강릉과 가깝던 양양에 연고를 가지고 있었던 것 같다.[61] 그의 아들 가운데 원주 외갓집에 남은 인물이 최기벽이다. 17세기에 그의 아들과 손자 5명이 사마시에 급제하고 벼슬길에 오름으로써 전성기를 누렸다.

앞에서 잠시 말했지만, 연안 김씨가 원주로 들어오게 동기는 철저하게 정치적인 것으로, 영창대군의 큰 외삼촌인 김래의 부인인 초계 정씨가 아들 둘을 이끌고 고향으로 피신함으로써 원주에 살게 되었다. 그러나 그 아들들이 원주 근처의 절에서 승려 생활을 하는 등 학문을 닦거나 가문을 일으킬 여유가 없었기 때문에, 비록 음서로 벼슬길에 나선 자들은 있었을지라도, 18세기 중엽 이후에나 본격적으로 과거 급제자들이 나왔다.

이렇게 원주에 입향한 유력 성관들은 16세기 후반부터 17세기에 걸쳐 확고한 기초를 잡았고, 이 시기에 형성된 양반사회는 조선후기 내내 커다란 변동 없이 지속되었다. 그러나 몇 개 성관에서는 부침이 아주 뚜렷하게 나타난다. 모두 43명이 급제한 전주 이씨는 특히 숙종대에 40%에 가까운 17명이 입격하였지만, 영조대는 겨우 2명에 불과하였다. 이후에도 물론 19세기 말까지 급제자는 나

---

60) 「정종영신도비문」 참조.
61) 1606년 생원시에 합격한 그의 아들 최기백의 거주지는 양양이며, 기백의 형인 최기벽은 1612년 생원시에 급제하였는데 거주지가 원주였다.

오고 있지만 커다란 변화라고 할 수 있다. 그리고 34명이 나온 밀양 박씨도 숙종대에서 영조에 이르기까지 모두 22명이 집중적으로 배출되었지만, 정조대와 순조대에는 각 4명으로 주춤하였다. 대신 평산 신씨가 영조대 이후 꾸준하게 급제자가 나왔으며, 덕수 이씨도 그런 편이다. 그렇지만, 원주 원씨와 원주 이씨는 숙종 말엽인 17세기초부터는 숫자가 감소해서 영조대 각각 3명과 1명, 정조대에는 각기 1명씩밖에 급제자를 내지 못하다가, 원씨는 순조대에 7명, 다시 헌종대와 철종대에 각각 1명만을 내었지만, 이씨는 순조대 1명을 제외하고는 두 왕대에 한 명도 입격시키지 못하였다. 다시 말해서 토성의 쇠퇴가 18세기와 19세기 중엽에 이르기까지 심하였다고 할 수 있다. 오히려 원주에 새로 들어온 성관들이 그 자리를 메웠다.

그렇다고 해서 입향한 성관이 모두 뿌리를 내릴 수 있었다고는 생각되지 않는다. 왜냐 하면, 17세기에 최초 급제자를 낸 성관 가운데 흥양 오씨, 창원 성씨, 예산 이씨, 예안 이씨, 해주 오씨, 합천 이씨, 순창 조씨, 양천 허씨, 재령 이씨, 창원 황씨, 광산 김씨, 목천 상씨, 곡산 한씨, 강릉 김씨, 원주 변씨, 배천 조씨, 청주 경씨, 성주 이씨, 팔거 도씨, 사천 목씨, 광주 이씨, 예안 김씨, 파평 윤씨 총 23개 군소 입향 성관 가운데 성주 이씨와 창원 황씨를 제외하고는 5명 이하, 대개 1~2명의 급제자를 배출하는 데 그쳤다. 다시 말해서 이들은 원주 양반사회에 착근하는 데 크게 성공하지 못하였거나, 실패하였다고 할 수 있다. 아니면 거주 기간이 오래되었다고 하더라도 족세가 미미하였을 것이다. 이는 동일시기에 많은 급제자를 낸 11개 유력 양반 성관과는 대조적인 현상이다.

똑같이 외지에서 원주로 입향한 양반 성관 사이에 이와 같은 차이가 나는 이유는 여러 가지일 것이다. 우선 유력 11개 성관의 입향조, 또는 가까운 직계 祖孫이 유력한 인사였다는 점이 눈에 띤다. 청주 한씨는 전통적인 훈구세력, 전주 이씨는 종친 및 고위관리가문, 역시 나주 정씨와 밀양 박씨와 한산 이씨 등도 고위관리가문이었으므로 이러한 조건은 원주에 정착하고 유력 가문으로 행세하는데 중요한 기반이 되었음은 길게 말할 필요가 없다. 반면 23개 성관의 최초 입격자들의 부친 직역을 보면, 유학이 10명이며 학생이 5명이다. 이는 너무 대조적이라고 하지 않을 수 없다. 또한 11개 유력 성관 가운데 원주의 토착세력과 혼인 등으로 연결되는 성관도 적지 않다. 아마 23개 성관도 역시 이러하였을 가능성이 높겠지만, 유력 성관과 통혼할 수 있는 양반가문은 그들과 家格이 비슷하여야 하였을 것이므로 23개 성관과 혼인한 동일한 혈족 중에서도 우월한 지위와 재산을 가지고 있었다고 생각된다. 결국 11개 유력 성관은 그렇지 못한 군소 입향 성관보다 원주 양반사회에 안착할 수 있는 기본적 조건, 다시 말해서 경제적, 인적 토대가 상대적으로 우월하였다는 점이다.

그러나 이러한 결과에 입각해서 원주 양반사회가 이들 소수 가문에 의해 주도되었다고 단정하기에는 이르다. 예컨대 43명이 급제한 나주 정씨는 정언황이 그의 아들 정시한과 함께 부론에 정착한 이후, 그 자손들이 대부분 원주에 거주하였어도 그 숫자는 그다지 많지 않았다. 그렇지만, 거의 대대로 급제자가 줄을 이어 다섯 번째로 많은 급제자가 나왔다는 점은 혈족집단의 크기와 급제자 숫자의 상관관계는 그다지 높지 않다는 것을 말한다. 이런 높은 급제율 현상은 무엇보다 경제력과 교육 환경에서 비롯된 것으로 이해된다. 그렇다고 해서 교육의 성과인 과거 시험 결과가 향촌사회에서의 지위와 일치한다고 하기에는 무리한 면도 있다. 또한 나주 정씨의 통혼 대상에는 원주 토착 양반들이 그다지 많이 포함되지 않은 것으로 보인다. 오히려 충주와 여주 등 남한강 유역과 서울 지역과 긴밀한 관계를 맺은 것 같다. 이렇게 거주지 양반사회와는 거리를 두었다는 것은 가문의 명예와는 다른, 지역사회에 대한 영향력에 일정한 한계가 있었다는 점을 시사한다. 더구나 원주는 강원감영의 소재지였으므로 지리적, 인맥적으로 외곽에 위치한 이 가문의 위세는 제한될 수밖에 없었을 것이다. 사마시 급제와 지역사회에서의 권력의 관계는 좀 더 깊은 연구가 필요하다.

<표 7> 입향 성관에서 최초의 급제자가 나온 해

성관	연도	성관	연도	성관	연도	성관	연도	성관	연도
김해김	1543	평창이	1546	단양우	1549	전주이	1576	횡성고	1576
청주곽	1579	진주유	1585	충주안	1588	경주김	1606	홍양오	1610
강릉최	1612	원주변	1612	밀양박	1615	초계정	1615	남양홍	1618
한산이	1618	평산신	1666	청주한	1633	안동권	1633	창원황	1635
예산이	1639	예안이	1644	해주오	1651	합천이	1652	양천허	1654
순창조	1654	여흥민	1654	나주정	1660	재령이	1666	창원황	1669
광산김	1675	목천상	1675	곡산한	1675	강릉김	1682	배천조	1683
청주경	1683	성주이	1684	팔거도	1684	사천목	1687	풍산홍	1687
창령성	1689	광주이	1693	예안김	1696	파평윤	1699	순창조	1710
우계이	1710	덕수이	1711	전주유	1711	경주이	1721	해평윤	1721
선산김	1735	안악이	1740	순흥안	1750	연안김	1750	의령남	1756
함평이	1783	영해신	1792	전의이	1803	임천조	1809	영일정	1813
청송심	1814	경주손	1816	수원백	1843	반남박	1848	진천송	1859
아산박	1864	충주지	1870	한양조	1870	동복오	1873	진주강	1873
추계추	1873	해풍김	1880	진도김	1882	대구서	1882	인동장	1882
해주최	1882	여산송	1891	인천채	1891	풍양조	1891		

<표 8> 상위 가문(10명 이상 급제) 급제자수의 세기별 변화

	원주원	청주한	전주이	나주경	밀양박	원주이	덕수이	초계정	평산신	풍산홍	안동권	한산이	김해김	연안김	강릉최	여흥민	남양홍	도합(A)	종급제자(B)	A/B(%)
15C전반	1																	1	2	50
15C후반	2					1												3	3	100
16C전반	4					3						1						8	12	66.7
16C후반	8		4			6												18	24	75
17C전반	5	1	3		1	3		4			1	2	2		3		1	26	35	74.3
17C후반	9	11	18	6	7	4		3	2	1		1	2	3	2			69	98	70.4
18C전반	5	6	3	6	10	4	1	7	1	4	2	1	4		1		1	56	77	72·7
18C후반	2	8	3	5	10	1	6	2	6	5	5	7		2	1	2	1	65	77	84.4
19C전반	8	10	3	13	5	1	4	4	9	6	6	3	3	7	3	1	5	91	116	78.4
19C후반	7	7	8	12	1	1	12	1	2	4	5	4	2	4	1	6	3	80	129	62
도합(C)	51	43	42	42	34	24	23	21	20	20	19	18	14	13	12	11	10	417	573	72.8
C/B(%)	8.9	7.5	7.3	7.3	5.9	4.2	4	3.7	3.5	3.5	3.3	3.1	2.4	2.3	2.1	1.9	1.7			

전국적으로 19세기에는 사마시 급제자가 대량으로 나와, 13,490 명이 전 시기 급제자 총수의 33%를 차지하였다.[62] 그 가운데서도 고종대에는 7,027명이 급제해서 17.29%를 차지하였다. 숙종대는 두번째로 많은 5,401명의 급제자를 냈지만, 숙종의 재위 년간은 46년에 이르렀다. 그리고 설행 횟수도 27회로서 고종대의 17회보다 많지만, 각 시험에 입격한 급제자수는 현저히 적다. 즉 고종대에는 생원과 진사 각 100명이라는 액수도 제대로 지켜지지 않았다. 이런 초액 현상은 1858(철종 9)년부터 일어나기 시작하였는데, 1894년 조선왕조 마지막 식년시에는 무려 1,333명이 급제하였다. '家家마다 진사가 나며 戶戶마다 급제가 날 때 조선이 망한다'는『정감록(鄭鑑錄)』의 말 그대로이다. 그만큼 과거 부정이 극심하였다는 뜻이다. 이러한 고종대의 문란상은, 1874년 민비가 세자를 낳음으로써 더욱 심해졌다. 1874년부터 시작하여 1894년 시험에 이르기까지 세자와 같이 갑술년(甲戌年)에 태어난 자는 웬만하면 생원과 진사가 되었다.[63] 아예 1894년에는 갑술생들은 초시(初試)만 통과하였으면 합격을 시켰으므로 생원 278명, 진사 1,055명이 탄생하였다. 여기에는 왕실과 척족의 매관매직과 부정부패가 가세하였다. 19세기 후반에 들어 서울 거주자들이 대폭 감소한 근본적인 이유도, 생원과 진사는 더 이상 명예가 아니라 오히려 수치의 상징이라고 생각하였기 때문이었다. 백범 김구와 같은 젊은이는 저자거리와 같은 과장을 박차고 나올 수밖에 없었다.

이와 같은 고종대의 초액(超額) 현상의 원인을 과거 부정만으로 설명하기에는 부족하다. 그 근원에는 조선사회를 지탱하던 신분제와 관료제의 동요와 붕괴가 깔려 있었다. 종전에는 과거 응시 기회조차 얻지 못하였던 사회세력들의 사회적 지위 상승욕구가 조선사

---

62) 최진옥, 앞의 논문, 21~23면.
63) 이종일, 「조선후기 사마방목 분석」『법사학연구』 11, 1990, 24~42면.

회체제의 붕괴 단계에서 거세게 표출된 결과이다. 18세기 중엽 이후 전국 각지에서 벌어졌던 신반(新班)과 구반(舊班)의 향전(鄕戰)은 원주에서도 일어났다.[64] 영조대에 시행된 선무군관제(選武軍官制)도 역시 원주 사회에 소용돌이를 몰고 왔다. 심지어는 도사(都事)를 역임한 양반이 아전과 장교들에게 눌려 극지에 유배되는 일까지 일어났다.[65] 이러한 사건의 전말을 구체적으로 알기 어렵다고 하더라도, 이것은 분명히 원주 양반사회가 크게 변화하였다는 것을 의미한다. 혹은 몰락해서 이미 농민과 크게 다르지 않던 처지에 놓여 있었던 양반들이 많았기 때문이기도 하다. 고종 8년(1871) 가을 강원감사가, 공도회(公都會)를 설행하여도 시험보러 오는 유생들이 모두 농사를 업으로 삼고 있어서 왕래하기 어려우므로 명년으로 연기하자는 장계를 올려 허락을 얻었던 실정이었다.[66] 따라서 고종대 대량 급제자 배출 현상에서는 과거 부정 외에 학문적, 특히 경제적 실력을 갖춘 새로운 사회세력의 존재를 인정할 수 있다.

좀 더 구체적으로 원주의 사례를 살펴 보자. 19세기 급제자는 245명으로 급제자 총수의 42.8%에 해당한다. 1850년부터 사마시가 폐지된 1894(고종 31)년까지 급제자는 129명으로 22.5%에 달한다. 특히 고종대에는 105명(18.3%)이 생원과 진사가 되었다. 원주에서도 초액 현상은 그대로 나타나지만, 전국 급제자 총수에서 차지하는 급제자 비율은 오히려 19세기 전반 2.14%에서 후반에는 1.65%로 떨어졌고, 또 같은 기간 강원도의 비율이 5.06%에서 6.00%로[67] 올라간 것과도 상이하다. 이 시기 급제자가 급증한 지역의 보기로 廣州(64명에서 107명), 전주(32명, 69명), 강릉(29명, 66명), 함흥(39명, 150명), 평양(103명, 238명)을 들 수 있는데, 이전에는 급제자가

---

64) 『정조실록』 32, 15년 3월 15일(기축).
65) 『정조실록』 52, 23년 11월 17일(신미) ; 같은 책, 동년 12월 3일(병술).
66) 한우근, 『동학란 기인에 관한 연구』, 서울대, 1971, 46면에서 재인용.
67) 최진옥, 위의 논문, <표 5-13>, 152면.

적게 나온 함경도와 황해도에서 크게 증가하였다는 점은 주목할 만하다. 그러나 서울(1,871명, 1,256명)과 안동(132명, 116명)처럼 전통적으로 급제자가 많이 나오던 지역은 감소하였으며, 원주도 117명에서 129명으로 겨우 12명 늘었을 뿐이다. 이렇게 원주에서는 전체적인 추세와는 달리 급제자가 급증하지 않았다.

그러나 내부를 들여다보면, 원주에서도 커다란 변화가 일어났다. 19세기 후반, 특히 고종대에는 급제자가 많아진 외에도 급제자를 최초로 배출한 성관이 14개나 새롭게 등장하였다. 19세기에 처음 출현한 성관이 모두 22개인데, 그 가운데 고종대 31년간에 14개가 집중되었고, 철종대에는 1개, 헌종대에는 2개, 순조대에는 5개 성관이 새로 등장하였을 뿐이다. 그 14개 성관 가운데 급제자가 각 2명이 나온 진주 강씨와 대구 서씨를 제외한 나머지 12개 성관에서는 각 1명씩만 급제하였다. 급제자 1명만 배출한 성관이 45개인데, 그 중 1/3이 31년간에 몰려 있는 것이다. 이런 특징은 이들의 족세와 사회적 위상을 짐작케 한다. 즉 비유력 가문과 최초 배출 가문의 대두가 고종대 변화의 핵이었다고 할 수 있다. 이들 성관을 상세히 조사한다면, 19세기 후반에 도달한 조선사회의 발전 단계와 향촌사회의 변화를 충분히 이해할 수 있을 것이다.

원주 거주자로 고종대에 입격한 105명 가운데 17개 유력 성관에 드는 급제자수는 62명 59%에 이른다. 19세기 전반 77.8%, 18세기 후반 84.4%, 17세기 후반 70%로, 유력 성관의 비율이 이처럼 낮았던 적은 없었다. 이처럼 고종대에는 유력 가문이 종전보다 상대적으로 위축되었음은 분명하다. 그러나 이러한 변화의 흐름 속에서도 유력 양반 성관들도 급제자수가 대폭적으로는 축소되지 않은 수준에서 기존의 위치를 고수하였다는 점에서는 조선 양반사회의 강고함이 확인된다. 이에 따라 지역의 사회세력 상호간의 판도도 생각보다는 크게 바뀌지 않았다고 볼 수도 있겠다. 다만 유력 성관

급제자의 출자가 여전히 종래의 핵심적인 家系에 속하였는지를 제대로 조사하지 못하였다는 한계가 아주 클 것이라고 생각하기 때문에 19세기 말 지역사회의 변화에 대해서는 좀더 깊은 연구와 신중한 결론이 필요하다.

V. 맺음말

사마방목의 분석을 통하여 원주 거주 양반의 사마시 급제 경향과 원주 양반사회의 형성과 변화에 대하여 알아보았다. 급제자에 대한 통계 분석보다는 그 의미를 파악하고, 보조 자료를 찾고, 더 나아가 양반사회의 실상을 아는 것이 더욱 중요하였지만, 결과는 보잘 것이 없다. 다만 종전까지 전혀 시도되지 않았던 원주 양반사회의 원형을 찾는 시론적인 연구 내지는 가설 수준의 연구를 수행하였다는 점에서 의의를 찾고자 한다.

원주가 배출 순위 전국 4위에 해당하는 573명의 사마시 급제자를 배출하게 하게 된 요인에는, 우선 강원도에 배정된 액수가 다른 도에 비하여 상대적으로 많았다는 과거제도의 이점, 원주의 지리적 행정적인 편리, 또한 향교와 서재 등의 교육적 기반 등을 들 수 있겠다. 그리고 17세기부터 괄목할 만한 숫자의 급제자가 나오게 된 데에는 16세기 후반부터 17세기에 이르는 기간 재경사족의 원주 입향과 정착이 활발히 이루어지고, 그에 따라 지역 양반사회가 성장하고 그들의 문화와 학문이 발달하였던 배경이 있었다. 또한 서울과 영호남에서 17세기 후반 이후 합격자가 크게 감소하는 추

세에 있었다는 것도 유리한 조건을 형성하였다고 할 수 있다. 그러
나 이러한 변화를 충분히 알기 위해서는 다른 지역과의 비교 연구,
입향 양반가문의 世系 파악, 양반사회 및 문화의 발달 등의 면에서
더욱 상세한 연구가 진행되어야 할 것이다.

조선시대 원주 양반사회는 소수의 유력 성관들이 주도하였다.
조선전기에는 입향 양반도 다수 있었지만, 토성인 원주 원씨와 이
씨가 압도적으로 우월한 지위를 누렸고, 17세기 이후는 입향 성관
이 유력한 양반가문으로 부상하였다. 사마시 급제자를 10명 이상
배출한 유력 성관은 86개 전체 성관 중에서 17개에 불과하였다. 이
들은 573명 급제자 가운데 72.8%인 417명을 합격시켰고, 또한 그
가운데 상위 5개 성관인 원주 원씨, 청주 한씨, 전주 이씨, 나주 정
씨, 밀양 박씨가 37%인 212명을 점하였다는 사실은 조선사회가 극
히 불평등하고, 양반사회 내부에서도 과두성이 극심하였다는 것을
증명한다.

조선전기에 형성되고 17세기에 들어와 새롭게 그 틀을 바꾼 원
주 양반사회는, 비록 그 내부에서 소수 성관의 부침이 일어났을지
라도, 그 기본 판도는 크게 변하지 않았다. 그러나 19세기, 특히 그
후반에는 큰 변화가 감지되지만, 사마시 급제자 분석에만 의존한
다면, 그 변화의 폭은 그다지 크지 않았다고 할 수 있다. 즉 여전히
소수의 유력 성관이 건재함을 과시하며 많은 급제자를 내놓고 있
었다. 그러나 이러한 한계에도 불구하고, 고종대만 하여도 최초로
급제자를 낸 성관이 14개에 이른다는 사실은 원주 양반사회, 더 나
아가 조선 양반사회의 동요와 붕괴를 대변한다.

〈부록〉 원주 출신 진사시와 생원시 급제자

　* 급제년도에 따른 분류
　** 급제년도, 시험종류(1은 진사시, 2는 생원시), 급제자 성명, 생년, 본관, 형
　　제 이름, 부친 성명, 부친 벼슬(품계 직사).
　　예) 15581 원영세 1530 원주 형 영모 원종직 창신교위 충무위부사직
　　→1558년 진사시 급제, 원영세, 1530년생, 본관 원주, 형이름 영모, 부친
　　은 원종직, 품계는 창신교위, 직사는 충무위부사직.
　*** 부친 성명 자리에 두 명의 성명이 기재된 것은 입양 관계를 나타낸다.

14471 원선장 원주
14471 황　리 장수
14801 원자겸 원주 원량보 문과
14802 원자겸 원주 원량보 문과
14802 이계지 원주 이부 수의 부의 사정
15042 원한경 원주 원효건 진사 원호의 아들
15101 이조손 익흥 이장보 사맹
15132 이희징 익흥 이계근 생원
15251 원팽수 원주 원극인 성균생원
15281 원종길 원주 원윤조 학생
15311 이학령 원주 이천손 생원
15341 원희윤 원주 원선 성균생원
15431 김자규 김해 김공형 선교랑 전연사 직장
15432 이희연 원주 이세공 충순위
15462 이윤인 평창 형 윤겸 윤정 제 윤성 이방형 성균생원
15491 우유직 단양 우순보 현신교위
15492 이　용 원주 이성태 병절교위 충무위행부사맹
15521 원서룡 원주 제 서봉 원적 절충장군 경상우도수군절도사
15521 원후삼 원주 원팽수 성균생원
15521 이　면 원주 제 용 이성진 병절교위 충좌위행부사과
15522 원후삼 원주 원팽수 성균생원
15581 원영세 1530 원주 형 영모 원종직 창신교위 충무위부사직

15581 이희주 1523 원주 제 희범 이박 어모장군 경상좌도행병마우후
15682 고 립 1539 원주 형 준 흘 암 제 영 고두명 훈도
15682 이영춘 1537 익흥 형 대춘 이희징 성균진사
15701 원 철 1531 원주 형 수 결 원기정 학생
15761 원 척 1550 원주 제 신 개 제 원영세 성균생원
15761 이응엽 1542 원주 제 응시 이면 통훈대부 예조행정랑
15762 이백순 1540 원주 제 백명 이인수 학생
15762 이 결 1547 전주 형 빙 이유민 성균진사
15762 고 금 1536 횡성 제 급 고담령 어모 충무위행상호군
15791 곽공진 1541 청주 곽량 병절교위
15851 이 총 1545 원주 이적 이성현감
15851 유충당 1556 진주 유승선 해주행목사
15881 원경순 1555 원주 형 경성 제 경훈 원응운 창신교위 충무위행부사직
15881 이 택 1565 원주 제 한 이세헌 유학
15881 이경용 1561 전주 형 경건 경하 제 경헌 이열 창선대부 용성행부수
15881 안숭양 1560 충주 형 숭검 안질 성균진사
15882 원 박 1549 원주 제 협 각 율 원영모 창신교위 충무위부사직
15882 이 빙 1546 전주 제 결 이유민 통훈 부여행현감
15882 이천기 1545 전주 제 천추 이경 통훈 사헌부행감찰
16061 김 적 1570 경주 제 항 김귀일 학생
16062 김수현 1582 김해 형 수강 제 수약 수성 김순직 유학
16102 오정길 1584 흥양 오덕하 학생
16121 최기벽 강릉 형 기석 기철 기옥 기백 최경상 선교랑
16121 변윤중 1595 원주 제 용중 변영 소위장군 훈련원권지봉사
16121 원 길 원주 원규섭
16151 박홍익 1584 밀양 박암 유학
16151 정기풍 1594 초계 형 기광 기성 기평 정약 절충 충무위 행부호군
16162 김수정 1576 김해 김충직 학생
16181 이유기 1588형 유강 이진 학생
16182 홍 적 1587 남양 형 괄 제 순 홍인간 성균생원 홍인좌 성균생원
16182 이 화 1592 한산 이경오 통훈 통진행현감
16242 원해익 1583 원주 형 해일 원부 선교랑 의금부도사

16242 원해일 1580 원주 제 해익 원부 선교랑 의금부도사

16271 원 약 1581 원주 형 설 행 제 완 심 원필주 성균생원

16331 한태일 1595 청주 형 득일 제 지일 진일 홍일 한유겸 통훈 인천행 현감

16332 최문오 1595 강릉 제 문할 문발 문식 최기벽 선교랑 와서전별제

16332 권홍업 1599 안동 제 찬업 상업 권응시 유학

16332 정석구 1609 초계 형 석량 석진 제 석언 정기평 선교랑

16351 최문발 1607 강릉 형 문오 문할 제 문식 최기벽 선교랑 와서전별제

16352 성운한 1606 창원 성여용 학생

16391 이영온 1620 예안 형 영빈 영험 이호신 유학

16391 이극량 1605 원주 형 극감 극해 이기준 학생

16391 이극순 1606 원주 형 극전 극성 극회 제 극혜 이이준 선무랑

16391 이덕익 1604 전주 이결 통훈 장악원행첨정

16392 우홍일 1618 단양 형 홍일 제 홍익 우경길 절충 용양위전행부호

16392 이덕익 1604 전주 이결 통훈 장악원행첨정

16421 정 민 1612 초계 형 진 류 제 윤 정기징 학생 정기숭 통훈 양구전 행현감

16422 이영험 1613 예안 형 영빈 제 영온 이호신 유학

16461 이춘환 1585 원주 형 춘욱 제 춘택 춘필 이신원 장사랑 군자감 참봉

16461 정 장 1613 초계 제 상 정기강 통훈 형조행좌랑

16461 이 재 1610 한산 제 대 준 이시화 어모 충의위

16462 이만영 1627 전주 형 만엽 조봉대부 전동몽교관

16481 원진택 1624 원주 제 진위 진지 원전 유학

16482 고덕륜 1618 횡성 제 덕우 덕하 고경오 선무랑 성균관행학론 고진 오 학생

16501 이홍석 1614 원주 형 홍제 제 홍량 홍망 홍직 이익신 봉직랑 군자 감행봉사

16502 이명하 1624 전주 제 명은 명주 이덕익 통훈 의영고 행직장

16511 원 격 1615 원주 형 즙 식 제 적 철 절 원해굉 중훈대부 선릉행 전참봉

16511 정석형 1625 초계 제 석관 석홍 정기달 유학

16511 오이립 1616 해주 형 이희 이극 이홍 이중 오진승 학생

16512 원행민 1604 원주 형 행건 제 행간 행의 행검 원해관 학생
16521 원 류 1608 원주 원진하 통훈 군기시행정
16522 이 휴 1624 예안 제 의 곽 응 내 이유항 선교랑
16522 이만기 1613 합천 제 만직 만섬 만익 이시량 유학
16541 최동로 1628 강릉 형 동망 제 동익 최문오 통훈 평양부행서윤 최문
　　　할 통훈 호조전행정랑
16542 조 변 1620 순창 제 면 언 조수익 가선 경기도관찰사
16542 허 흘 1626 양천 형 준 허실 통훈 사간원행정언
16542 민지호 1627 여흥 민오 선교랑
16571 이석현 1623 원주 이구성 유학
16571 이덕령 1630 전주 제 석령 득령 만령 이진원 유학
16601 정도겸 1643 나주 형 도원 제 도진 도항 정시한 생원
16601 허 영 1639 양천 제 래 주 채 림 허형 유학
16601 원 경 1629 원주 형 위 강 원진명 통훈 사간원행사간 원진해 통훈
　　　횡성행현감
16601 이상익 1620 원주 형 원섬 이유형 통훈 경흥행도호부사
16601 한세경 1632 청주 형 세충 제 세정 한규 통덕랑
16602 최동준 1640 강릉 최문식 통훈 대부상주목사
16602 정도겸 1671 나주 형 도원 제 도진 제 도항 정시한 생원
16602 정도원 1640 나주 제 도겸 도진 도항 정시한 생원
16602 원 익 1642 원주 원홍진 선무랑
16632 한용명 1632 청주 한태일 조봉 경안도찰방
16661 박 돈 1631 밀양 제 징 휘 박문성 유학 박문영 유학
16661 이 집 1639 재령 제 반 재 분 잘 이태화 유학
16662 한좌명 1639 청주 형 위명 보명 한홍일 진사
16662 신 성 1624 평산 형 향 경 제 상 양 정 병 강 신민일 통정 성균관
　　　행대사성
16691 김 절 1633 경주 제 로 김하중 유학
16691 황 소 1647 창원 황준구 통훈 홍주전행목사
16751 김대임 1642 김해 김수검 통훈대부 금화행현감
16751 상빈주 1643 목천 형 흥주 상두첨 유학
16751 이 부 1649 전주 제 연 함 이명하 성균진사

16752 한이원 1651 곡산 제 순원 한치상 유학
16752 이두령 1646 전주 형 원령 제 구령 대령 이진병 선교랑 이진방 선
　　　 균진사
16752 이 장 1643 한산 형 강 이일화 성균생원
16781 한종운 1645 청주 형 종건 제 종적 한정상 통훈 청도행군수
16782 김 로 1636 경주 형 절 김하중 유학
16782 이원령 1639 전주 이진방 성균진사
16791 김우정 1650 광산 김만종 유학
16791 한기명 1646 청주 형 이명 한홍일 대광보국 의정부우의정
16792 이구령 1648 전주 형 원령 두령 제 대령 이진방 성균진사
16811 최동익 1641 강릉 형 동망 동로 최문할 통훈대부 예조행정랑
16811 원 찬 1660 원주 형 구 원진택 통훈 개성부전행경력
16811 한익상 1655 청주 제 직상 몽상 치상 이상 한용명 진사
16812 박만전 1650 밀양 제 만원 만선 박정익 통덕랑
16821 김봉령 1646 강릉 형 학령 제 구령 김이행 생원
16821 정수선 1661 초계 형 수언 제 수란 수연 수망 수항 정장 통훈 종부
　　　 시행직장
16822 이제항 1659 전주 형 제응 제강 이덕령 통훈충청도행도사
16831 변몽륜 1628 원주 제 몽량 몽징 몽한 변상중 절충장군 부호군 변호
　　　 중통사랑
16831 원 구 1648 원주 제 인 찬 원진택 통훈대부 진주목사
16831 이연 1657 전주 형 부 제 수 이명하 성균진사
16831 이제강 1654 전주 형 제응 제항 이덕령 통훈대부 충청도도사
16831 한서상 1639 청주 형 후상 제 기상 한석명 통훈대부 양천행현령
16831 조 연 1659 횡성 형 은 제 홍 순 면 조인건 유학
16832 박만원 1661 밀양 형 만전 제 만선 박정익 통덕랑
16832 조종주 1654 백천 조의행 종사랑
16832 경가회 1651 청주 경완 통덕랑
16832 신후려 1644 평산 형 후재 제 후식 신태구 유학 신항구 통훈대부
　　　 제천행현감
16841 이 척 1639 성주 형 격 열 흘 흡 이영선 통덕랑
16841 원익상 1647 원주 형 익량 제 익성 익하 익주 원강 유학

16842 도만리 1653 팔거 형 만화 도이직 선교랑

16871 정사신 1662 나주 정도겸 승원권지 부정자

16871 목사연 1658 사천 형 사원 목종화 유학

16871 이 수 1662 전주 형부 제 연 이명은 통훈대부 전삭령군수 이명하 성균진사

16871 홍만기 1650 풍산 형 만종 만옥 홍주문 통훈대부 예산행현감

16872 정사신 1662 나주 정도겸 생원, 진사

16891 이규장 1663 성주 형 규상 이협 유학

16891 이동상 1664 전주 제 하상 이덕삼 유학

16891 이연령 1666 전주 형 갑령 하령 제 위령 택령 이진성 장사랑

16891 최 숙 1655 전주 형 옥 제 직 최태현 통덕랑 창릉행참봉

16891 성필적 1668 창원 형 필원 성호길 유학

16891 조 학 1649 횡성 형 식 조이건 학생

16892 한종주 1666 청주 한서상 생원

16901 박 순 1664 밀양 형 홍준 박신의 학생 (생존)

16901 이일방 1659 원주 제 정방 항방 진방 이만석 유학

16901 이제명 1668 전주 제 제후 이원령 통훈대부 고량행군수

16902 원치도 1660 원주 제 지도 자도 서제 사도 기도 원형하 유학

16911 이대령 1653 전주 형 원령 두령 구령 이진방 성균진사

16912 박만선 1664 밀양 형 만전 만원 박정익 통덕랑

16932 이희관 1660 광주 형 희정 제 희제 희익 이만징 학생

16932 성필원 1661 창원 제 필적 성호길 유학

16932 한종대 1665 청주 한주상 중훈대부 의금부행도사

16961 이위상 1672 전주 이명삼 통덕랑

16962 박만령 1656 밀양 형 만중 제 만웅 박정진 통덕랑

16962 김세표 1662 예안 제 세유 김성한 유학

16962 이명로 1667 전주 이덕익 통훈 장악원행첨정

16991 민진기 1666 여흥 형 지유 진강 민현증 통덕랑

16991 이극령 1657 전주 형 덕령 석령 득령 복령 제 필령 이진원 절충 용 양위행부호군

16991 이태경 1677 전주 제 최경 미경 서제 연경 이제응 조봉대부 영릉 전행참봉

16991 한 척 1679 청주 형 학 수 제 석 교 한세익 유학

16991 정수규 1661 초계 제 수도 정석관 유학

16991 윤 억 1670 파평 제 소 적 윤우성 충의위

16992 김성중 1673 김해 형 성대 성원 김취려 유학 김시려 통덕랑 적제
대정 대현

16992 정도성 1662 나주 형 도행 도명 정시옥 학생

16992 박재태 1671 밀양 제 재승재환 박찬 유학

16992 한 학 1666 청주 제 색 수 석 의 한세익 유학

17021 정오신 1685 나주 형 필신 일신 정도진 학생 정도민 유학

17021 이지방 1668 원주 제 수방 이만정 유학

17021 한 책 1670 청주 형 학 제 척 석 의 한세걸 통덕랑 한세익 유학

17051 원휘도 1674 원주 형 치도 지도 서제 민 낙 순 원형하 유학

17052 조영휴 1685 횡성 형 영채 조식 용양위 행부호군

17082 정영신 1679 나주 형 경신 정도항 조산대부 전행동몽교관

17101 정도경 1671 나주 형 도민 도능 정시운 통덕랑

17101 조관규 1681 순창 제 명규 일규 형규 조우명 과의교위 전행사간감역

17101 이진화 1677 우계 형 진만 제 진방 진엽 이기정 유학

17102 이상린 1683 광주 형 상룡 상봉 제 상구 이성석 통덕랑 이희석 통
덕랑

17102 권 치 1680 안동 형 찬 권임평 학생

17111 박하윤 1688 밀양 박만선 성균진사

17111 이진동 1676 전주 형 진보 이시일 학생

17111 채 재 1675 평강 형 해 제 추 빈 채원서 통덕랑

17112 이도진 1673 덕수 제 악진 이측 봉열대부 황산전행찰방

17112 유 재 1689 전주 유춘근 통덕랑

17151 채 해 1673 평강 제 재 추 빈 채원서 통덕랑

17152 한윤상 1656 청주 제 영상 입상 한도명 어모 용양위 행부사과

17171 정지인 1684 나주 제 지윤 지상 지손 정사신 통훈 세자시강원전보

17172 박종윤 1683 밀양 제 주윤 세윤 박만령 진사

17191 원덕형 1690 원주 제 득형 원전 유학

17191 홍중후 1687 풍산 형 중교 제 중효 홍만기 통정 승정원우부승지

17211 박주윤 1697 밀양 형 종윤 제 세윤 박만령 진사

17211 박해윤 1696 밀양 형 하윤 제 제윤 택윤 낙윤 박만선 성균진사

17211 원시태 1685 원주 원익 생원

17211 한세홍 1685 청주 제 세능 한종대 진사

17212 이구장 1686 경주 제 기장 린장 이주익 학생

17212 김진하 1685 김해 김대임 통훈 공조정랑

17212 정지령 1698 나주 제 지명 정영신 진사

17212 홍경구 1695 남양 홍주일 통덕랑

17212 박제정 1671 밀양 형 제태 제정 박상빈 학생

17212 이 온 1686 성주 형 형 제 번 진 훈 이규상 통훈 사헌부행감찰

17212 정희수 1681 초계 형 희보 희계 희서 정하주 유학

17212 신정악 1697 평산 신사정 통덕랑

17212 윤득린 1683 해평 형 득룡 득봉 득구 제 득기 득붕 윤도명 통덕랑

17231 김중남 1694 김해 김성진 유학

17231 상이택 1690 목천 형 임택 상정 학생

17231 박대후 1694 밀양 박추 통훈 영양전행현감

17231 이의복 1691 원주 제 의면 의제 의국 의민 이정방 학생

17231 유 두 1693 진주 제 근 유정운 통덕랑

17231 정만주 1695 초계 제 환주 영주 정수광 유학

17232 김후억 1698 광주 제 후만 후천 후백 후일 김순 유학

17232 이명직 1695 광주 제 명염 명익 명목 명열 이득원 통덕랑

17232 정희기 1690 초계 형 희세 정덕주 학생

17232 정희세 1689 초계 형 희기 정득주 학생

17251 원진규 1679 원주 제 명규 필규 원덕항 통덕랑 원덕화 절충 용양위
　　　　부호군

17251 이경집 1693 원주 형 경협 제 경흡 이헌 통덕랑

17251 이홍덕 1698 한산 형 항덕 이익한 학생

17252 원진규 1679 원주 제 명규 필규 원덕항 통덕랑 원덕화 절충 용양위
　　　　부호군

17252 이경흡 1701 원주 형 경협 경집 이헌 유학

17252 정희성 1704 초계 형 희조 제 희항 희조 정우주 통정 안동도호부사

17252 홍중효 1708 풍산 형 중교 중후 홍만기 승정원 우부승지

17261 최일원 1686 강릉 최도병 통덕랑

17261 박태후 1693 밀양 박심 학생
17271 권치경 1689 안동 형 임경 회경 대경 취경 언경 권학 충의위
17271 한종계 1702 청주 형 종진 한제상 통덕랑
17271 한처상 1678 청주 형 제상 한기명 조산대부 건원릉행참봉 한좌명 성균진사
17291 박창윤 1699 밀양 형 시윤 도윤 박만원 진사
17291 이경흡 1697 우계 형 경택 제 경흥 경제 이진화 생원 이진만 진사
17331 박 윤 1702 밀양 박영후 통덕랑
17332 한종옥 1703 청주 형 종우 한처상 생원
17352 정래신 1700 나주 형 자신 정도전 유학
17352 김일기 1705 선산 김정혁 성균생원
17381 김광도 1711 김해 형 광우 광수 김진하 진사
17381 김광우 1708 김해 제 광도 광수 김진하 진사
17381 홍래보 1706 풍산 형 우보 제 철보 처보 수보 원보 홍중후 제릉행 참봉
17382 정유주 1705 초계 형 치주 제 경주 위주 기주 정수선 성균생원
17401 이윤호 1691 안악 제 윤희 이흔 통훈 호조행좌랑 이석 효력부위
17402 이인경 1704 전주 제 봉경 이제의 통덕랑
17441 이만경 1711 전주 이제삼 통덕랑
17441 황 욱 1715 창원 형 정 제 즙 황경하 통덕랑
17441 홍수보 1723 풍산 형 우보 래보 철보 처보 제 화보 홍중후 전의행 현감
17442 김 훈 1715 광산 김우중 진사
17442 박태검 1710 밀양 박명 건공장군 훈련원행판
17442 정광흠 1724 초계 제 창흠 정서 유학
17442 윤처정 1694 파평 형 처항 윤이중 학생
17472 채광택 1716 평강 제 광덕 광억 채영 유학
17501 박돈의 1722 밀양 제 돈행 돈정 박빈 통덕랑 영릉전행참봉
17501 안석전 1715 순흥 제 석경 석임 석이 안중관 통훈 공조전행좌랑
17501 김 재 1715 연안 형 기 제 훈 김상렬 학생 김상현 유학
17501 원중거 1719 원주 제 중우 원태규 통훈 사직서행령
17532 박경욱 1731 밀양 형 경기 경규 박환 학생

17542 박동로 1722 밀양 제 돈행 돈정 박신윤 학생
17542 정 장 1714 초계 형 저 제 기 치 정희조 통덕랑 정희수 성균진사
17542 홍처보 1715 풍산 형 우보 래보 철보 제 화보 홍중후 통훈 건원릉
　　　행령
17542 이국관 1718 한산 제 국번 국권 이수항 학생
17561 박시겸 1704 밀양 박근 학생
17562 남범수 1714 의령 제 취수 남진관 통덕랑
17591 이 위 1712 덕수 제 환 연 이구진 학생 이후진 학생
17591 이국영 1726 한산 형 국방 제 국형 국행 이수익 학생
17592 정범조 1723 나주 제 혁조 정지령 진사
17592 박 질 1722 밀양 제 실 박처후 통훈 예안행현감
17592 이국신 1721 한산 제 국기 이수정 학생
17621 이정모 1735 덕수 제 병모 이연 유학
17621 이국방 1724 한산 제 국영 국형 국행 이수익 유학
17621 이국행 1737 한산 형 국방 국영 국형 이수익 유학
17622 김인섭 1724 경주 제 형섭 김세보 유학
17622 한광억 1729 청주 광적 광갑 한세헌 통덕랑 한세장 학생
17622 한광적 1725 청주 제 광억 광갑 한세장 학생
17622 한세백 1731 청주 형 세기 한종우 학생
17651 정술조 1729 나주 정지상 통덕랑
17651 정창조 1727 나주 정지손 학생
17651 정 후 1737 초계 정희무 유학
17681 이은모 1745 덕수 제 원모 이위 통훈 동복행현감 이환 유학
17681 안유상 1726 순흥 제 유중 유장 안취의 학생 안취현 학생
17682 이병모 1742 덕수 형 정모 서제 문모 이연 학생
17682 이은모 1745 덕수 제 원모 이위 통훈 동복행현감 이환 유학
17711 신경언 1707 평산 최언 신성흠 통덕랑
17711 신재복 1739 평산 제 재화 재홍 재중 신광주 통훈 전설사별제
17712 채현중 1731 평강 채광익 학생
17712 이국형 1729 한산 형 국번 국방 제 국행 이수익 유학
17731 신재화 1742 평산 재복 재중 재홍 신광주 통훈 전설사별제
17732 홍영한 1750 풍산 제 정한 홍수보 통훈 평해전행군수

17741 한홍유 1737 청주 형 중유 제 통유 충유 한광조 가선 사헌부 대사헌
17742 박이묵 1741 밀양 형 사묵 박동철 학생 박동의 유학
17771 이국저 1745 한산 제 국규 이수무 학생
17772 박돈호 1738 밀양 형 돈성 박찬 학생 박뢰 통덕랑
17772 박재원 1746 밀양 박경기 학생 박경유 학생
17772 황덕정 1744 창원 형 덕후 황상곤 유학
17801 권 엽 1742 안동 권형 통훈 성균관행전적
17802 이대원 1749 전주 제 계원 홍원 이면수 통정 승정원우승지
17802 홍의호 1758 풍산 형 인호 홍수보 가선대부 용양위행부사과
17831 정진조 1741 나주 형 범조 정지령 가선대부 중추부동지사
17831 이희태 1752 성주 형 제태 제 지태 이관적 성균생원 이진적 성균진사
17831 권 식 1753 안동 형 흡 제 엽 익 권만형 진사
17831 권한성 1743 안동 제 순성 진성 권재운 통덕랑
17831 이정린 1746 전주 제 정기 정봉 이현경 학생 이언경 유학
17831 황인혁 1713 창원 형 인섭 인집 제 인숙 황빈 통덕랑 황적 가선 중
    추부동지사
17831 한치응 1760 청주 형 지영 한광적 성균진사
17832 권 엽 1759 안동 형 흡 식 제 익 권만형 진사
17832 홍대호 1755 풍산 형 유호 홍철보 통덕랑
17832 이영식 1749 함평 형 창식 이형택 통덕랑 이형옥 진사
17862 이정원 1757 원주 이준 학생 이의 학생
17862 신진원 1736 평산 형 광원 신방언 학생
17891 박홍진 1764 밀양 제 붕진 명진 박사묵 어모 용양위행부사과
17891 한용탁 1759 청주 형 용석 한중유 통훈 대흥행군수
17892 원홍의 1753 원주 원경채 유학
17901 민진수 1760 여흥 형 태수 정수 민유 통훈 사간원전행사간
17902 이정빈 1742 덕수 제 상빈 이책 학생
17902 권도성 1760 안동 제 상성 호성 권재건 학생
17902 한광절 1739 청주 형 광적 광식 한덕채 통덕랑 한세장 학생
17921 박지연 1768 밀양 형 응연 박돈호 통훈 홍천전행현감
17921 신용연 1759 영해 제 용해 신원흠 유학
17921 이정현 1762 전주 이장경 유학

17921 신경회 1768 평산 신간 유학
17921 신석명 1762 평산 신재복 성균진사
17922 민정수 1770 여주 형 태수 진수 민유 통훈 사간원전행사간
17922 신용연 1759 영해 제 용해 신원흠 유학
17952 정약리 1747 나주 제 약림 약승 약관 정술조 예산전현감
17952 김주연 1764 연안 제 노연 김현 통덕랑
17952 한광선 1763 청주 형 광섭 광호 제 광민 한세취 유학
17952 홍순호 1766 풍산 홍래보 성균생원
17982 최해익 1757 강릉 형 해우해숙 해상 최인혁 통덕랑
17982 김시명 1755 선산 김구 절충 용양위행부호군
18011 박응연 1763 밀양 제 지연 박돈호 통훈 간성행군수
18011 권중성 1771 안동 형 이성 유성 지성 덕성 수성 권재시 학생 권재
    균 학생
18012 이노현 1749 덕수 제 노삼 노연 이길모 통덕랑
18012 원석현 1773 원주 원유증 봉정대부 영릉행참봉
18012 원용제 1763 원주 형 용태 원형진 유학
18031 정의명 1765 나주 제 의성 정헌조 학생
18031 정의성 1771 나주 형 의명 정헌조 학생
18031 이방옥 1751 전의 이의명 성균진사
18032 권 수 1762 안동 권유신 학생
18032 김 약 1762 연안 형 현 련 김재균 통훈 사옹원행첨정
18032 이종구 1767 함평 이동식 통훈 안주전행목사
18041 최해조 1750 강릉 형 해문 해관 최인효 학생
18042 정의승 1765 나주 형 약리 의림 제 의관 정술조 통훈대부 예산행현감
18042 김보연 1775 연안 제 석연진연 김굉 통덕랑 김선 통정 광주행목사
18042 한용호 1762 청주 서제 용련 한홍유 통훈 옥천행군수
18051 홍명석 1769 남양 제 운석 린석 홍이구 통훈 진천행현감
18052 이상연 1771 성주 이희태 성균생원
18052 민태수 1758 여흥 제 진수 정수 민유 절충 중추부첨지사
18052 원 규 1779 원주 제 구 원영주 통정 철원행도호부사
18071 권준성 1777 안동 형 보성 권재원 학생 권재진 학생
18071 한광준 1764 청주 제 광집 한세면 학생

18072 이노경 1772 덕수 형 노직 노준 이응모 학생 이은모 가선 공조참판
18072 신석황 1774 평산 제 석형 석종 신재성 유학
18091 박재연 1786 밀양 형 노연 박돈상 절충 용양위행부호군 박돈양 학생
18091 이상건 1768 성주 이제태 학생
18092 조재우 1776 임천 조학준 진사
18092 이정화 1760 전주 형 정휘 정저 이언경 학생
18092 신일원 1767 평산 형 만원 제 억원 신태언 학생 신기언 학생
18101 김기조 1779 광산 형 기렴 김상리 통덕랑 김상옥 유학 서형 기만
　　　제 기억
18101 정의인 1773 나주 정범조 자헌대부 형조판서
18102 홍희명 1777 풍산 서제 희신 홍대호 어모장군 용양위행부사직
18131 박노연 1781 밀양 제 재연 박돈양 학생
18131 정석영 1784 영일 제 기영 면영 정래태 통덕랑 정래풍 유학
18131 정홍순 1784 초계 제 홍륜 홍린 정원선 통훈이조행정랑
18131 홍희승 1791 풍산 홍순호 통훈 문의행현령
18132 최병상 1785 강릉 제 병서 최해익 진사
18132 정하교 1769 나주 정약리 성균진사
18132 김석연 1788 연안 형 보연 진연 김선 가의대부 한성부좌윤
18141 원유오 1778 원주 제 유팔 원백손 증조봉대부 사헌부지평
18141 심철우 1787 청송 심형수 유학
18142 김광식 1783 김해 김면기 학생
18142 김각연 1794 연안 형 긍연 철연 김기 유학
18161 손병주 1781 경주 제 봉주 손진화 유학
18161 이달홍 1785 원주 이정원 진사
18161 한용소 1779 청주 한충유 통훈 의금부행도사
18162 정의준 1763 나주 정진조 통훈대부 호조행좌랑
18162 홍수섭 1774 남양 형 인섭 의섭 하섭 심섭 성섭 홍병공 통덕랑
18162 김철연 1792 연안 형 긍연 제 각연 김기 유학
18162 한치형 1767 청주 한광절 성균진사
18162 정원화 1779 초계 정홍빈 학생
18162 홍희진 1779 풍산 제 희태 홍종호 통덕랑
18191 원용락 1773 원주 형 용담 용철 원태진 학생 원석진 학생

18221 한치정 1769 청주 제 지성 한광훈 학생 한광옥 학생
18222 정혜교 1784 나주 정약형 통훈 창평행현령
18251 홍재응 1789 남양 형 재긍 홍래섭 통덕랑
18251 김용식 1790 선산 형 용수 김원행 학생
18251 이 속 1790 전주 적형수 실제 책 이제연 통훈 교하행군수
18272 손영효 1808 경주제 영보 영익 손병주 조봉대부 기린찰방
18272 박수민 1784 밀양 제 수인 수신 수류 박응연 생원 ·
18272 김상묵 1766 안동 형 상렬 김광회 학생 김광주 학생
18272 이곤식 1790 전의 이윤희 통덕랑
18281 홍재만 1810 남양 제 재향 홍수섭 진사
18282 신석효 1805 평산 제 석교 신재묵 유학
18311 권진성 1757 안동 형 한성 순성 권재중 학생 권재운 통덕랑
18312 원석구 1801 원주 원유오 조봉대부 태릉행직장
18312 신재우 1779 평산 신광정 학생
18341 김정수 1812 연안 형 만수 김진연 통덕랑 김노연 통덕랑
18341 원영정 1808 원주 원희진 유학
18341 이종희 1784 함평 형 종덕 종숙 종헌 이광식 통훈 사간원행 헌납
18342 정흥교 1813 나주 정의호 유학
18342 정재홍 1813 영일 형 재영 재호 제 재준 재식 정옥환 유학
18342 한진우 1787 청주 제 진호 서제 진상 한치형 통훈 삼척행도호부사
18342 신재협 1798 평산 형 재업 재흡 재각 지열 제 재응 신광모 학생
18352 최윤성 1807 강릉 형 윤현 윤두 윤기 윤벽 최병정 통덕랑
18352 김현봉 1806 김해 형 현린 현구 제 현룡 김광식 진사
18352 정관화 1815 초계 제 이와 풍화 승화 정홍조 유학
18371 신석기 1782 평산 형 석황 제 석현 신재성 학생
18401 김목연 1806 연안 제 직연 김숙 학생
18401 이선재 1807 한산 형 노규 이희서 학생 이의영 학생
18402 손영보 1808 경주 형 영효 제 영익 손병주 통훈대부 사헌부 지평
18402 김현구 1803 김해 형 현린 현봉 현룡 김광식 진사
18402 정형교 1803 나주 형 수교 채교 병교 지교 정의준 통훈대부 영가전
    행령
18402 권명구 1807 안동 권이협

18402 이원구 1809 전주 제 원상 이익진 유학

18402 신석진 1806 평산 제 석련 신재업 학생 신재흡 유학

18402 신재응 1803 평산 형 재업 재흡 재열 재협 신광모 학생

18431 이국신 1818 덕수 제 복신 이노병 가선 용양위행호군 이노관 조봉
사옹원봉사

18431 홍운모 1813 풍산 홍희명 어모장군 익위사행위솔

18432 이규회 1802 광주 이기진 학생

18432 백학수 1804 수원 제 기수 백효진 유학

18432 김학균 1807 안동 김병두 통훈 선산전행도호부사

18432 이희찬 1828 전의 제 희규 이풍식 유학

18441 정홍희 1816 초계 정천흠 유학

18442 정대경 1827 나주 정상교 병조전행참의

18442 정대식 1806 나주 정혜교 통훈대부 청하행현감

18442 홍재규 1819 남양 형 재만 홍수섭 진사

18442 박응신 1790 밀양 제 흥신 박재진 유학

18442 권기화 1815 안동 형 기중 기정

18442 한긍원 1819 청주 한진형 학생

18442 한붕리 1804 청주 형 홍리 풍리 제 필리 한용탁 정헌 이조판서 한
용숙 통훈덕산행현감

18442 홍긍모 1819 풍산 서제 응모 홍희승 통사랑현릉행참봉

18461 김병익 1801 강릉 제 병성 병삼 김학두 성균진사

18461 한교원 1814 청주 제 경원 서원 휘원 한진우 통훈 형조전행좌랑

18461 홍덕모 1804 풍산 홍희진 통훈 진천전행현감

18462 정대석 1812 나주 제 대호 정채교 유학

18462 이항신 1808 덕수 형 재신 제 석신 서제 형신 이노영 통훈 나주목
사 이노응 통훈 돈령판관

18462 조상호 1815 임천 조재성 통덕랑

18462 한태정 1814 청주 제 태용 한익 유학

18462 이근범 1809 함평 제 인범 광범 진범 이계연 유학

18481 이근화 1808 전의 제 근인 이현철 유학

18482 박명수 1806 반남 형 민수 난수 치수 박종경 학생

18482 원석형 1802 원주 제 석문 서제 석춘 석하 원유붕 조봉대부 사간원

행정언 원유승 학생
18491 정지교 1803 나주 형 수교 채교 병교 제 형교 정의준 통훈대부 평
택행현령
18491 신덕래 1822 평산 제 상래 학래 신태항 유학
18491 이교재 1800 한산 이항구 학생 이겸구 유학
18492 박종호 1780 반남 박정철 학생
18501 이민시 1805 덕수 제 민수 이규신 통덕랑
18501 박래수 1818 반남 박종호 생원
18501 이원상 1821 전주 이익진 유학
18502 이복신 1820 덕수 형 국신 술신 교신 이노관 통훈 은진행현감 이노
용 통덕랑
18502 홍대주 1825 풍산 제 재주 질주 홍정모 유학
18521 정대린 1805 나주 제 대홍 대구 대준 정순교 학생
18521 정대조 1816 나주 형 대계 정수교 통훈대부 연천행현감
18521 이민화 1820 덕수 이재신 장사랑 선공감가감역
18521 이호신 1804 덕수 형 재신 제 석신 이노택 유학
18521 이희익 1814 전주 형 희만 제 희풍 이종채 학생 이규채 학생
18522 이종신 1807 덕수 형 호신 제 한신 하신 서제 유신 이노재 통훈 의
빈부행도사 이노택 유학
18522 민영구 1831 여흥 형 영우 제 영수 영달 민상용 학생 민언호 유학
18551 손동수 1823 경주 제 창수 경수 필수 손영효 진사
18551 정대직 1812 나주 형 대식 제 대집 대억 대철 정혜교 통훈대부 청
하행현감
18551 원세준 1824 원주 형 세범 서제세순 세로 원석구 성균진사 원석형
진사
18581 김로수 1825 연안 김각연 진사
18581 이긍순 1826 한산 이노규 통정 승정원우승지
18582 신천악 1797 영해 형 종악 제 동악 신용해 통덕랑
18591 최병찬 1804 강릉 최해조 성균생원
18592 정진섭 1839 나주 정대식 통훈 지평행현감
18592 송재호 1837 진천 송덕기 학생
18611 심노련 1791 청송 심윤덕 학생

18612 한진상 1818 청주 형 진서 진모 제 진열 한치성 학생 한홍재 학생

18612 홍달주 1841 풍산 홍긍모 통훈 지례행현감

18641 김병삼 1816 강릉 형 병익 병성 김학두 성균진사

18641 손영복 1781 경주제 영호 손병주 유학 손풍주 학생

18641 이우영 1847 덕수 제 도영 이민구 학생

18641 박태회 1779 아산 박도집 학생

18642 정리섭 1829 나주 정대수 통덕랑 정대윤 유학

18642 박조수 1833 반남 박종도 유학

18642 한민원 1828 청주 형 교원 경원 한진우 돈령부행도정 통정 돈령부
행도정

18651 김낙용 1829 선산 형 국용 서제 용순 김용식 성균생원 김용찬 학생

18651 이기화 1829 전주 형 기영 제 기복 이경우 학생

18651 이재화 1833 전주 이원구 통훈 마전전행군수

18652 권석기 1829 안동 형 석구 권직 통훈 이조참판

18652 민경익 1809 여흥 형 경기 경두 민진수 성균생원 민정수 통정 승정
원좌부승지

18652 민성호 1829 여흥 민치만 통훈 영천전행군수

18652 원세기 1821 원주 형 세영 세철 원석우 학생 원석민 학생

18652 한진기 1821 청주 형 진규 진황제 진각 한치상 학생 한치보 학생

18671 손명수 1828 경주 제 회수 손영보 진사

18672 이구로 1833 전의 이근화 생원

18672 이준채 1820 전주 형 진채 이수겸 학생

18672 한양원 1843 청주 형 도원 규원 근원 한진형 유학 한진구 학생

18701 원석준 1822 원주 원유형 학생

18701 원현하 1841 원주 형 현주 현상 원발 학생

18701 곽수옥 1849 청주 제 수문 수창 수언 수학 곽명한 유학

18701 지경호 1841 충주 지호천 유학

18701 홍하모 1840 풍산 제 은모 홍희종 통정 승정원우부승지

18702 김철배 1830 김해 김현봉 진사

18702 이우영 1789 덕수 제 은영 이민실 유학

18702 권철수 1831 안동 제 구호 권종찬 유학

18702 원세태 1836 원주 원석붕 학생

18702 조연룡 1827 한양 조우현 학생
18731 오병문 1835 동복 제 병규 병대 오익상 유학
18731 권명순 1837 안동 제 경순 권종보 생원
18731 원영규 1860 원주 제숙규 원현하 생원
18731 강 필 1852 진주 형 황 석 제 협 강계첨 학생
18731 추종구 1842 추계 제 정구 추용유 유학
18732 권사모 1853 안동 제 하섭 은섭 권응성 학생
18732 이수홍 1820 전주 형 수정 수성 이창진 학생
18741 이민도 1826 덕수 형 민규 제 민술 민태 이복신 조봉대부 시강원행
        설서
18741 이민오 1840 덕수 제 민구 이유신 학생 이우신 장사랑 선공감전가
        감역
18741 이석영 1849 덕수 제 우영 이민성 통훈 천안행군수
18741 한명교 1841 청주 한붕리 통훈 지례전행현감
18742 안학순 1845 순흥 제 명순 안종수 학생
18742 김세기 1852 연안 형 영기 병기 감사제 성균진사 김사선 학생
18742 심희택 1831 청송 제 관택 진택 심의현 학생 심의순 학생
18742 홍우정 1830 풍산 홍윤주 학생
18761 이학로 1848 전의 형 필로 이근후 절충 용양위행부호군 이근복 성
        균진사
18761 한효원 1838 청주 제 유원 한진경 유학
18761 이응재 1813 한산 이의방 학생
18762 박세훈 1835 밀양 박수천 학생
18762 민영직 1857 여흥 형 영린 민성호 장사랑 영릉행참봉 민관호 유학
18762 이철화 1855 전주 제 능화 서제 화 이원상 조봉대부 의금부전행도사
18791 김상묵 1851 경주 제 상익 상열 김용희 유학
18791 정대위 1848 나주 형 대순 제 대초 정상교 통훈 대부병조행참의
18791 이명식 1847 한산 제 희식 선식 헌식 만식 이긍순 통훈 아산행현감
18792 손정수 1838 경주 형 동수 긍수 경수 손영효 성균진사
18792 이승순 1845 한산 이선재 성균생원
18801 정상섭 1850 나주 제 근섭 항섭 정대순 유학
18801 이용신 1808 덕수 이서 학생

18801 이석용 1807 원주 제 흡용 이정빈 학생
18801 김영철 1807 해풍 형 병철 락기 석기 김예 학생
18802 정언시 1840 초계 정현규 학생
18821 김진배 1838 김해 형 익배 김현구 통훈 사복시행정
18821 김철수 1832 연안 김석연 통훈 장성행도호부사
18821 김대석 1858 진도 형 대선 대옥 김도요 유학
18821 이승섭 1827 한산 형 승기 제 승리 이교재 성균생원
18822 서상철 1835 대구 제 상협 서제 상희 서린순 통훈 대구부행판관 서
　　　 기순 통훈 평양부행서윤
18822 신재우 1863 평산 신위문 학생
18822 최재원 1863 해주 최인환 학생
18851 김수묵 1845 경주 김철우 유학
18851 홍대집 1811 남양 홍순원 유학
18851 김재용 1848 선산 형 상용 김용린 학생 김명집 학생
18851 김창기 1868 연안 김사익 학생 김사욱 통사랑 선공감가감역
18851 이현재 1830 연안 형 원재 이은익 성균생원 이진익 가의대부 이조
　　　 참판
18851 한진상 1865 청주 형 진도 진모 한치윤 성균진사
18852 홍용모 1859 남양 홍순양 성균생원 홍순정 학생
18852 권기응 1836 안동 형 기항 기선
18852 원익상 1861 원주 원세태 진사
18852 윤태영 1849 파평 윤재성 통훈 밀양행도호부사
18881 이상래 1843 경주 이민우 학생
18881 홍대준 1863 남양 제 대후 홍정수 학생
18881 강한영 1838 진주 제 위영 호영 강진흠 학생
18882 김교헌 1859 경주 김건희 통훈대부 군기시행판
18882 정우섭 1856 나주 제 유섭 정대린 성균생원
18882 장완모 1850 인동 형 성모 장원규 선략장군 용양위행부사과
18882 오의선 1846 해주 제 형선 항선 오정묵 생원
18911 서병준 1857 대구 제 병집 서상철 통사랑 헌릉전행참봉
18911 이취영 1857 덕수 제 시영 호영 이민달 학생
18911 송빈옥 1847 여산 형 운옥 제 문옥 송지성 통덕랑

18911 이장로 1861 전의 형 용로 홍로 이근성 통훈 선공감행봉사 이근항
　학생
18911 신태성 1872 평산 형 태응 태긍태붕 태승 신석범 성균생원
18912 정규달 1849 나주 정우섭 진사
18912 정로섭 1854 나주 정대경 성균진사
18912 정유섭 1874 나주 정대위 선략 용양위 전부사과
18912 김호달 1861 선산 제 호건 김치한 유학
18912 김우규 1875 안동 형 재규 김병대 통훈 홍산행현감 김병숙 학생
18912 민원식 1870 여흥 민영덕 통훈 신령행현감
18912 채순억 1874 인천 채규진 통사랑 선공감감역
18912 이석로 1855 전의 제 긍로 이근승 유학
18912 조범구 1858 풍양 조기증 통덕랑
18941 김철우 1871 경주 김창진 학생
18941 김린찬 1874 선산 형 린봉제 린하 린경 김위용 통훈 사헌부행감찰
18941 이인빈 1852 전주 이규연 가선 용양위행호군
18942 김이제 1876 경주 형 용제 김상순 절충 중추부첨지사
18942 정홍섭 1857 나주 형 운섭 홍섭 명섭 정대곤 학생 정대연 유학
18942 민하식 1874 여흥 민영조 통사랑 선공감가감역
18942 황명성 1862 창원 황학수 통훈 홍문관행교리 황철수 통사랑 의금
　부행도사

개항 이후
원주 지역사회의 변화

Ⅰ. 지방제도의 변화

1. 지방행정의 파탄과 민란

1883년 강원도암행어사로 파견되었던 이도재가 올린 보고서에서 가장 먼저 거론된 것이 환곡의 폐단이었다. 환곡을 타먹은 주민들은 이자 외에도 다시 가징(加徵)이란 명목을 더 내야 하였다. 이 까닭은 1862년 대대적인 환곡 이정책에 따라 환곡이 줄어들게 되어 토지에 세금을 더 부과한데다가, 또 다시 가징하게 되었기 때문이었다. 중앙정부는 암행어사의 보고에 의거해서 1878년의 비변사 절목에 따라 더 걷는 일이 없도록 하라는 엄명을 내렸지만,[1] 실효는 없었던 것 같다.

마침내 1885년 원주에서는 환곡의 폐단을 바로잡겠다는 민란이

---

1) 『비변사등록』, 1883년 11월 7일.

일어났다.[2] 당시 원주에는 북창(北倉), 사창(社倉), 영창(營倉) 3개의 창고가 있었는데, 민란은 북창에 소속된 면의 주민들이 일으켰다. 그해 2월 주민들은 북창 담당이서인 남성갑의 부정과 수탈을 호소하는 소장을 세 차례나 관에 제출하였다. 그러나 판관 김호겸이 확실한 답변을 하지 않았고, 세 차례에 걸쳐 소장을 썼던 진사 김택수가 더 이상 소장을 쓰지 못하겠다고 하였으므로 주민들이 직접 소장을 작성하여 올리니, 판관도 어쩔 수 없었으므로 환곡을 공정하게 나누어주라는 지시를 내리게 되었다.

환곡을 분급하는 3월 2일이 되자, 1천여 명의 주민들이 창고 문을 열어보니 1천3백 석 가운데 7백 석은 남성갑이 빼먹고 6백 석밖에 없었다. 주민들은 창고 기둥에 남성갑의 죄 다섯 가지를 써서 붙였는데, 환곡을 횡령한 것을 비롯해서 상정대납(詳定代納)을 하면서 실액수보다 많은 세금을 징수하여 주민의 돈을 가로챈 것, 창고에서 사람을 가두고 사형을 가한 것, 서리로서 양반을 능욕한 것, 환곡전(還穀錢)을 빼돌려 쌀장사를 여덟 차례나 하여 환곡을 축낸 것 등이었다. 먹을 것이 부족해서 생존 자체도 어려웠던 민중에게 줄 환곡을 이용해서 사리사복을 채우는 이와 같은 지방하급 관리의 부정행위는 조선사회에 광범위하게 퍼져 있었다. 한 마디로 지방행정이 돌이킬 수 없는 파탄에 이르렀고, 더 나아가 조선왕조체제가 내적으로 붕괴된 것이라고 할 수 있다.

그런데도 남성갑은 주민들 앞에 나서 자신이 서울에서 명령을 받아 10년 동안 북창 담당을 한다면, 6개 면의 주민들은 저녁에 쌀밥을 먹을 수 있다는 말을 감히 하였다. 이에 분노한 주민들이 이자를 살려두면 백성들이 죽겠다고 외치며 남성갑을 구타하였고, 끝내는 불속에 던져 죽여 버렸다. 당시에 빈번하게 일어나는 민란

---

2) 이에 대해서는 조경달의 논문(「이조말기의 민란 – 원주민란(1885년)의 사례에서」 『조선사연구회논문집』 33, 동경, 녹음서방, 1995)을 참조.

에서도 부정부패하거나 포악하였던 관리나 양반을 이렇게 산채로 불에 태워 죽인 일이 종종 일어났다. 이것은 관리와 양반에 대한 극단적인 증오심의 발로로 이해할 수 있다. 그러나 민란이 본격적으로 진행된 상태도 아닌데도 불구하고 이와 같은 극단적인 행위가 발생한 예는 찾아보기 어렵다. 1897년에도 원주군 지내면 2리에서 면의 풍헌 직임을 수행하던 자를 주민들이 멍석에 말아 불에 던져 태워 죽인 사건이 발생하였다. 원주군수는 이 사건의 원인을 단지 개인적인 원한으로 돌렸으나, 10여 명이 넘는 사람들이 관련되어 있었고, 또한 면회(面會)에 통문까지 돌렸다는 사실로 미루어 볼 때,[3] 이 사건은 지방관리들의 조세부정과 밀접한 관련이 있었다고 추측된다. 하여튼 남성갑의 소살로 사태는 심각하게 전개되어 대규모 민란이 일어나게 되었다.

장날인 3월 12일 3창에 소속된 10개 면의 주민 1천여 명이 저전동면 우두산 아래(지금의 우산동) 살던 양반 이승여를 최고 지도자로 해서 태장에서 민회를 대대적으로 열었다. 민군(民軍)들은 강원감영 앞으로 몰려가 관찰사 민치상에게 소장을 제출하여 민원에 따라 선처하겠다는 답변을 얻어냈다. 민회를 염탐하며 관찰사가 병력을 동원할 것이라는 등의 말을 하던 중영 사령을 잡아 캐물었더니, 그는 남성갑의 동료이자 사창 담당이서인 장붕기에게 20량을 받고 그 일을 하였다고 하였다. 이에 화가 폭발한 민군들은 장붕기를 잡으러 갔으나 산으로 피신하고 없었기 때문에 그의 집을 때려 부수었고, 이튿날에는 영창 담당이서인 원형두의 집도 부수었다. 평소에는 수령은 물론 장교와 이서들에게 눌리어 살던 주민들의 억눌렸던 분노가 한꺼번에 터진 것이다.

감영과 목에는 많은 장교와 이서가 근무하였으므로 그들의 권세도 결코 만만하지는 않았다.[4] 18세기 말에 일어난 사건이기는

---

3) 『사법품보』 1, 보고서 제16호, 아세아문화사 영인본, 561~562면.

하지만, 이들은 문과 출신으로 5품의 도사직을 역임한 양반을 굴복시킨 바도 있었다. 13일 장붕기는 두민(頭民)과 이교(吏校)를 지휘하여 무장시킨 4,5백 명을 동원하여 민군을 습격하는 동시에 민회의 최고 지도자인 장두(狀頭) 이승여의 집을 중심으로 십여 채의 양반집을 부수었고, 민회의 일부 지도자들을 체포하였다. 또한 15일에는 가짜 감영 명령을 발하여 관군 40명을 화적으로 변장시켜 소장을 썼던 김택수의 집을 습격하였다.

그러나 장붕기의 무법 행위는 지역 양반들의 대대적인 반격을 초래하였다. 민회 지도자 중 한 사람이었던 이재화의 집을 기습할 때, 소장되어 있던 공자(孔子)의 영정을 파괴한 일이 벌어졌다. 이 영정은 그의 조상이 명나라에 사신으로 갔다가 황제에게 하사를 받은 귀중품이었고, 더욱이 지역양반들이 향을 피우고 절을 하던 존숭의 대상이기도 하였다. 무엇보다 심각한 문제는 지극한 성인인 공자를 모독한 '만고에도 없는 큰변'이 일어났다는 사실이었다. 따라서 장붕기를 처벌하라는 사론(士論)이 들끓었고, 양반들은 향교에서 교회(校會)를 열고, 향교의 임원은 책임을 통감하고 향교를 지켰다. 그런데 이러한 사태는 지역양반의 권세가 이서 신분들에게 도전을 받아 약화되고 있었음을 시사한다.

사태의 원인과 전개가 이러한데도 불구하고, 관찰사 민치상의 대응은 핵심에서 벗어나 부적절하기 짝이 없었다. 그리하여 4월 2일에는 지역 양반들은 96명이 연명한 원주유민품목(原州儒民稟目)을 감영에 올려 장붕기의 소행을 규탄하고, 남성갑의 탐학과 그에 대한 주민들의 정소 활동의 정당성을 말하면서 이서 측의 행위는 악한 것으로 주민들의 행위는 의로운 것으로 규정하였다. 그러나

---

4) 이인직이 원주를 무대로 쓴 신소설 『치악산』과 『은세계』 등에는 당시 강원감영의 관찰사를 비롯해서 하급관리들의 횡포와 부정이 적나라하게 묘사되어 있다.

민치상의 응답은 여전히 주민들을 난민과 무뢰배로 보고, 오히려 장붕기의 행위를 옹호하는 것이었다. 따라서 양반들은 4월 27일 다시 품목을 보냈으나, 관찰사는 거듭 무시를 하였다. 조선사회의 변화와 발전으로 말미암아 이미 사회적 영향력을 크게 상실한 지역양반들로서는 무너져 버린 조선왕조의 지방행정을 바로 세울 수는 없었다. 춘천부사가 안핵사로 파견되어 왔지만, 그가 내렸던 조처는 민회 지도자들을 체포하여 벌주는 것과 장붕기의 목을 베는 것이었다. 이런 고식적이며 미봉적인 강제력으로는 민중의 고난을 해결할 수 없었을 뿐더러 그들의 저항도 막지 못하였다.

2. 강원도 감영의 폐지와 군 설치

1895년 6월 23일(양력) 박영효 내각은 칙령 97호와 98호에 따라 신식 지방제도를 시행하여 기존의 관찰사와 도, 그리고 현이 폐지되고, 전국이 23부 337군으로 재편되었다. 원주에 설치된 강원도 감영이 폐지되고, 원주도 목(牧)에서 군(郡)으로 격하되어 충주부에 소속되었다. 그리고 원주판관이었던 이종식(李宗植)이 초대 원주군수로 임명되었다. 이와 같은 신식제도는 명목상 효율적인 지방행정을 위해서라는 이유로 시행된 것이지만, 한편으로는 5백 년 동안 유지되어온 조선왕조의 지방제도와 각 지방의 중심지에 형성된 권력 관계를 약화시키고 해체하기 위한 조처라는 의의도 갖는 것이었다. 또한 일본의 입김이 배후에서 작용하였다는 것은 의심할 여지가 없다.

그런데 이해 7월 민비암살음모를 꾸미고 있다는 혐의를 받은 박영효가 다시 일본으로 망명하고, 아관파천으로 정국이 바뀌게 되자, 고종은 이전에 실시하였던 신식제도의 백지화를 선언하였다.

이에 따라 23부제가 철폐되고, 8도제에 기반을 둔 13도제가 시행
됨으로써 원주는 강원도로 되돌아왔지만, 원주는 4등급 군이 되었
고, 관찰부도 원주가 아닌 춘천에 소재하게 되었다.5) 13도제가 시
행되기에 앞서 정부가 지방제도를 다시 조사하자, 지역인사들은
감영 복설의 희망을 가지고 내부(內部)에 세 차례나 청원하였지만,
결국 관찰부는 원주가 아닌 춘천에 설치되었으므로 큰 실망을 하
였다. 지역인사들은 유생 김준호(金駿鎬)를 대표로 해서 집단적으
로 상경해서 상소를 올리는 등 강하게 반발하였다. 이들이 주장하
는 바는, 다른 감영 소재지에는 관찰부가 다시 설치되었지만, 원주
만은 제외되어 실망스럽기 짝이 없으므로 춘천은 부로 만들어 부
윤을 파견하고 원주에는 옛날 제도에 따라 영을 설치하자는 것이
었다. 그러나 중앙정부는 이미 제도가 시행되었으므로 관찰부의
원주 환원은 불가하다고 답변하였다.6)

감영이 폐지되기 전까지 원주는 조선왕조 500년 동안 강원도의
수부로서 정치, 행정, 경제, 학문, 군사, 사법 등의 중심지 역할을
하였다. 강력한 중앙집권체제의 군현제 아래에서는 관찰사가 주재
하던 감영 소재지는 도내에서 모든 것의 중심이 되었다. 중앙정부
의 명령은 이곳을 통해서 도내 각 군현으로 전달되었고, 각 군현이
보내는 문서도 대개는 감영을 경유하여 서울로 올라갔다. 또한 행
정적 위치는 주민 상호 간의 위계질서 형성에도 영향을 미쳤다. 왕
이 살고 있는 서울을 필두로 해서 감영 소재지, 도호부, 목, 군, 현
의 순서로 행정단위의 위계가 설정되어 있었기 때문에 그 주민들

---

5) 오영섭, 「춘천이궁고」『아시아문화』12, 한림대학교 아시아문화연구소,
  1996 ; 오영교, 「강원감영이전고」『원주평론』2, 1998 참조. 강원도 관찰부
  가 춘천에 설치되게 된 결정적인 이유는 춘천이 민씨척족의 군사 및 경제
  기반이었기 때문이었을 것이다.
6)『고종실록』, 33년 9월 15일 ; 오영섭, 「원주유생 김준호 등의 강원감영 이
  설촉구 상소문」『강원문화사연구』1, 1996.

도 각각 거주하는 곳의 격에 맞는 정체성과 위신을 갖게 마련이었
다. 예를 들어 감사가 주재한 원주목의 주민들은 군수나 현감 등이
주재하던 군과 현의 주민에 대해서 우월감을 가졌다. 심지어 동일
한 현이라도 수령이 종5품의 현령이냐, 아니면 종6품의 현감이냐
에 따라 지역주민간의 위계의식이 설정되기 마련이었다. 그렇기
때문에 원주가 아닌 춘천에 관찰부가 설치되었다는 것은 원주 사
람들의 자긍심에 큰 충격을 가하였던 것이다.

감영 소재지는 경제적으로도 중요한 이점을 가지고 있었다. 공
물, 진상, 각종 조세 등은 대부분 중앙정부로 상송되었지만, 그에
관련된 사무는 감영에서 담당하였으므로 자연히 원주를 거쳐 서울
로 올라가는 산물들이 많을 수밖에 없었다. 그에 따라 방납인이나
상인들이 감영 소재지에 거주하거나 직간접으로 관련을 맺는 경우
가 많았다. 예를 들어 강원도의 진상품으로 주요하였던 품목이 삼
(蔘)이었는데, 각 군현은 할당된 삼을 제대로 바치지 못하는 사례
가 많았다. 이런 경우는 이미 조선중기부터 등장하였던 원주의 삼
상이 대납하고 해당 군현에서 돈을 받았다. 이런 조세 행정 때문뿐
만 아니라 교통의 요지였던 원주에는 각지의 산물이 모였다. 그런
데 감영이 철폐됨에 따라 원주는 경제적으로도 큰 타격을 받았다.
이후 적어도 한국전쟁 이전까지만 하여도 원주의 경제는 다른 시
군에 비하여 상대적 침체를 면하지 못하였다.

감영이 철폐됨으로써 받았던 불이익은 행정과 경제에 국한되는
것은 아니었다. 일제는 강력한 중앙집권적 식민지 권력을 행사하
였고, 행정 중심지를 우선하는 정책을 수행하였다. 도청 소재지에
는 각종 행정기관, 금융기관, 언론기관, 학교 등이 설치되었다. 교
육기관을 예로 들자면, 춘천에는 이미 1910년 춘천공립실업학교(1
년 뒤 춘천공립농업학교로 개칭)가 설립된 것을 필두로 공립고등
보통학교, 공립여자고등보통학교, 춘천사범학교와 같은 중고등교

육기관이 세워졌지만,[7] 원주는 1941년에 이르러서야 원주농업학교가 유일한 중등교육기관으로 개교하게 되었다. 1925년 인구통계를 살펴본다면, 춘천군이 7만9천801명이었던 반면, 원주군은 그보다 1만 명 정도가 적은 6만9천513명이었다.[8] 따라서 교육기관의 편중은 아주 극심하였다고 할 수 있다. 사실 이런 점에서 원주의 상대적 침체는 감영 폐지에서 비롯되어 근대문물이 본격 이입하던 바로 그 시점에서 받았던 일제의 지역차별 정책에서 본격화되었다고 할 수 있다.

3. 진위대(鎭衛隊)의 설치와 유지

강원도 관찰사는 법제상 도병마사를 겸임하였고, 감영 기구에는 중영(中營)이 있었다. 그러나 19세기 말에는 실제 전투를 할 수 있는 훈련된 군대는 감영에 부재하였다고 하여도 과언이 아닌 실정이었다. 중영에 소속된 장교와 그 휘하들도 군인이라기보다는 겨우 치안을 유지하거나 사법 집행을 하는 포교와 크게 다르지 않았다. 일반 군역 부담자들이 실제 군사 훈련을 하였다는 기록도 찾아보기 힘들다. 오히려 민씨척족들은 감영보다는 자신의 군사적 기반이었던 춘천부에서 병력을 양성하였다.

갑오경장 이후 중앙정부는 강원도 외에도 거의 유명무실해진 각 지방의 군제를 확립하기 위한 조처를 취하였다. 예를 들어 김홍집 3차 내각은 1895년 9월 13일 육군편제강령을 공포하고 진위대를 창설하여 중요 지방에 주둔하여 진무와 변경수비를 하겠다는 하였으나, 그것은 겨우 2개 중대 병력으로 평양과 전주에만 설치

---

7) 『춘천백년사』 하 , 춘천시, 1997, 1473~1474면.
8) 『1925년도 간이국세조사결과표』, 조선총독부, 1927, 560면.

되었다. 강원도 진위대 편성은 1896년 5월 30일 칙령 23호로 이루어졌으나, 그것도 춘천에 주둔하였다. 그러나 1899년 1월 15일 14개의 지방대대가 생기면서 춘천지방대가 의병투쟁의 본거지인 원주로 이전하게 되었다. 원주 진위대에는 참령 이하 208명의 장교와 사병이 근무하였고, 각지에 파견대를 보내기도 하였다.

진위대 재정은 원주와 횡성의 역둔토에서 나오는 도조 5천 석으로 충당하기로 되었다.[9] 그렇다고 모든 역둔토가 진위대 비용으로 사용된 것은 아니었고, 도조를 제대로 걷지도 못하였다. 국렵(國獵)에 소용되는 도조는 계속 진상에 사용되다가 후에 내장원에서 가지고 갔다.[10] 진위대의 부족한 비용을 확보하기 위해서 여러 가지 수단을 발휘하였다. 예컨대 강원도 각지에서 온 감영의 영리들이 40년 전 숙식비를 마련하려고 공동으로 돈을 내어 횡성에 땅을 사두었는데, 이것을 둔토로 편입하여 도지를 받아갔다.[11]

역둔토의 도조는 너무 많아 작인들이 감당하기 어려웠던 것 같다. 그렇기 때문에 그들은 토질이 좋지 않은데다가 도조까지 과중하므로 평년이라도 내기가 힘든데 흉년에도 백지징세와 첨징(添徵)을 한다고 등소(等訴)를 여거푸 올렸다[12] 본래 역둔토의 도조가 높았는데, 더욱이 높아진 것은 몇 년 전 역둔토사검위원이 와서 하답을 중답으로 올리고 중답을 상답으로 올렸기 때문에 도조가 배가 많아졌다. 중하답은 하늘에서 비만 오기를 쳐다봐야 하는 봉천답이었다.[13] 원주군수 김병익은 도조를 감면해 주도록 여러 차

9) 국사편찬위원회,『각사등록』28, 1901년 7월 26일 보고서 제31호, 169면.
10) 위의 책, 1901년 8월 12일 보고서 제43호, 171면.
11) 위의 책, 1897년 10월 10일 보고서 제3호, 131~132면, 1898년 10월 30일, 보고서 제83호, 180면.
12) 위의 책, 1898년 5월 12일, 보고서 제1호, 210~211면, 1898년 5월 30일, 보고서 제2호, 213~214면, 1898년 6월7일, 보고서 제3호, 215~216면.
13) 토품이 건답인 경우, 소출이 10두락에 4, 5석을 넘지 않았다(위의 책, 1898년 6월 26일, 보고서 제4호, 220~221면).

례 내장원에 간청을 하였지만, 큰 성과를 얻지 못하였던 것 같다.
그리고 1898년의 경우는 혹독한 가뭄이 들어 수확한 것도 없었는
데, 역둔토 마름들이[14] 납부를 심하게 독촉하였고, 여기에 가도(加
賭)까지 하였다. 그렇기 때문에 작인들은 경작을 하지 않겠다고 하
였으나, 마름들은 경작하든 않든 간에 도조는 내야 한다고 윽박질
렀으므로 원망이 자자하였다.[15] 그러나 연속 가뭄이 들어 이앙을
하지 못하다가 겨우 비가 내려 이앙을 하였는데, 다시 병충해가 발
생하여 태반이 줄었다. 그래서 도조를 낼 길이 없다고 작인들이 호
소하였고, 실제 조사한 결과도 그러니 특별한 처분을 바란다고 군
수는 보고하였다. 그러나 진위대도 재정이 넉넉하지는 않았던 듯
하다. 1904년 원주군 역둔조를 1천234석 걷기로 하였지만, 흉년으
로 500여 석밖에 거두지 못하였다.[16]

4. 통감정치하의 지방행정

1905년 을사조약으로 조선은 외교권을 상실하는 동시에 일제가
설치한 통감부(統監府)에 의해 내정이 좌우되게 되었다. 통감부 아
래 지방행정간섭기구로서 이사청(理事廳)이 전국 주요 지역에 설

---

14) 1904년 원주군 소재 포둔, 광둔, 영둔 3곳의 마름을 바꾸었는데, 이전의 마
름들이 새 마름에게 기왕의 문서를 내주지 않았다는 것을 보면, 둔전 마름
직에는 이권이 많이 따랐던 것 같다(위의 책, 1904년 10월 8일, 보고서 제7
호, 281면).

15) 위와 같음. 새로 본부면에 이주한 농민이 역답을 얻어 경작하려고 하였으
나 가물어 이앙을 하지 못하였는데도, 마름은 그에게 120량을 도조로 부
과하였고, 도조를 내지 못하자 이 농민을 잡아 가두고 독납하였다. 따라서
농민들이 환산할 지경에 처하였고, 작년에는 역답 과반이 진황지가 되었
다고 하였다.

16) 위의 책, 1905년 1월 25일, 보고서 제22호, 306면, 1905년 4월 11일, 보고서
제32호, 315~316면.

치되었고, 그 밑에 지청이 있었다.17) 각 군의 행정은 형식상 조선 정부 관할이었지만, 실질적으로는 통감부와 이사청이 좌우할 수 있는 제도적 길이 열려 있었다. 만일 일제가 취해야 할 행정 조처가 있다면, 원칙적으로 통감부가 한국정부에 사안을 이첩하여야 하지만, 필요하다면 통감부와 이사청이 직접 지방관청에 명령과 지시를 내릴 수 있었다. 당시 원주군은 경성이사청 수원지청의 관할 아래 놓였다. 즉 조선의 행정체계로는 강원도 관찰부의 소속되어 있었지만, 일제 통감부 계통의 직접적인 지휘와 명령 아래 놓여 있기도 하였다.

지방행정의 커다란 변화 중에 한 가지는 종전에 지방사회의 모든 부문, 예컨대 입법을 제외한 행정, 사법, 군사, 교육, 세무 등에 관한 독점적인 권한을 지녔던 수령의 권한이 분할되고 축소된 점이다. 관찰사나 군수가 추천하고 중앙정부가 임명한 판임관인 주사가 향리 대신에 군수를 보좌하였다. 흔히 향리 출신들이 맡았던 주사는 군수의 지휘를 받아 서무에 종사하고 군수 유고시에는 그 직을 대리하도록 되어 있었다. 군수는 다만 하위직인 서리를 임명할 수 있었다. 이와 같은 지방행정제도의 변화는 지방행정에 종사하는 인력의 대폭적인 감축을 낳았다. 강릉의 경우, 16명의 서기가 정원 4명으로, 12명의 순검(巡檢)이 5명으로, 25명의 사환이 5명으로 각각 줄어들었다. 이런 감축은 원주군에서도 일어났을 것이며, 특히 폐지된 감영에 종사하던 많은 인원들이 큰 타격을 받았을 것이다.

그리고 1906년 1월에는 경무청 관제를 고쳐 전국 28개 주요 지역에 경무서(警務署)를 설치하였고, 그 아래 분서(分署) 43개를 두었고, 다시 하위 기관으로 순사분견소, 또는 분파소를 두고 순사 3명이나 5명을 배치하였다. 원주에는 경무분서가 설치되었는데, 춘

---

17) 이하 『新撰朝鮮事情』 지방행정 부분을 참조.

천 경찰서의 지휘를 받았다. 여기에는 일본군 순사가 배치가 되었지만, 조선인 가운데 일정한 자격을 갖춘 자들을 보조원으로 고용하기도 하였다.

여러 가지 변화 중에서도 가장 크게 변한 것 중에 한 가지는 징세 업무였다. 일제는 조선의 조세행정을 아주 비합리적이며 비효율적인 것으로 인식하여 크게 개선해야 될 대상으로 손꼽았다. 그렇기 때문에 1894년 갑오경장 이후 징세 제도를 여러 차례에 걸쳐 변경하였고, 여기에는 조선정부와 왕실의 독자적인 정책도 가세하였으므로 제도의 변경이 빈번하였다. 예를 들어 1895년 폐지된 역토의 관리와 징세 주체가 농상공부에서 군부로, 다시 탁지부에서 궁내부로 바뀌었다. 특히 징세의 기본 대상이 되는 토지조사가 제대로 되지 않았기 때문에 조선의 조세제도를 일부 고치는 데 그치고 말았고, 대대적인 개편은 일제의 강점 이후 토지조사사업의 수행과 함께 이루어졌다. 그래도 각 도에는 세무감을, 각 군에는 세무주사를 파견해서 이전에 지방관들과 1895년 징세기구로 바꾼 향회(鄕會)가 가지고 있던 징세 권한의 상당 부분을 약화하거나 박탈하였다. 또한 1907년 1월 1일부터 지방세 제도도 시행하여 시장세, 포구세(浦口稅), 여각세(旅閣稅), 교세(橋稅) 인력거세, 자전거세 등을 징수하였다.

이와 같은 일제의 통감정치 결과, 1907년 8월 현재 원주면내에 거주하는 일본관리는 재정고문분서원 1인, 경무고문분견소보조원 5인, 우편취급소원 3인 등 10명에 가까웠고, 그 외에도 상인들도 살게 되었다.

Ⅱ. 경제적 변화

개항 이후 조선의 경제는 커다란 변화를 맞이하게 되었다. 개항
장을 통해서 수입되는 일본과 서양의 상품, 예컨대 금생건(金生巾)
과 한랭사(寒冷紗)와 같은 면제품과 중국의 비단, 석유, 성냥, 담배
등 잡화는 빠른 속도로 조선 전역으로 퍼져 나갔다. 그리고 금과
같은 귀금속, 미곡, 면포 등도 해외로 또는 국내로 대량 이출되었
다. 이에 따라 상품화폐경제가 발전하고 기존의 상품유통망이 크
게 변하지 않을 수 없었다. 전국적으로 보았을 때, 이전에는 서울
과 개성, 그리고 감영 소재지를 비롯한 극소수의 도회가 상업의 중
심지였지만, 이제 대도시 외에 인천, 부산, 원산과 같은 개항장과
그 상권에 포함된 도회가 새로운 경제 중심지로 부상하게 되었다.
반면 미곡과 면포와 금 등 수출품의 생산과 집산, 그리고 수입품의
소비가 활발하게 이루어지지 않는 도회는 새로 재편되는 전국적
시장망에서 제외되어 쇠퇴를 면할 수 없게 되었다. 상품화폐경제
가 더욱 진전되는 시대적 상황을 맞은 전통적 경제 중심지도 이러
한 재편 과정에서 소외되었다면, 비록 종전보다는 경제 활동이 활
발해졌을지라도, 훨씬 큰 폭으로 발전하는 신흥 경제 중심지보다
상대적으로 낙후될 수밖에 없었다.

감영 소재지로 지방행정뿐만 아니라 중요한 경제적 요충지였던
원주도 이와 같은 변화의 영향을 직접 받았다고 생각된다. 19세기
말 새로운 경제적 상황을 맞아 원주의 경제, 특히 상품화폐경제가
어떻게 얼마만큼 변했는지 정확하게는 알기 어렵다고 하여도, 경
제 중심지로서의 중요성과 지위를 점차 상실해 나갔던 것이 대세

로 보인다. 더구나 1895년 감영이 폐지되고 관찰부가 춘천으로 이전되었으므로 행정 중심지로서 가졌던 이점도 거의 사라졌다고 할 수 있으므로 상대적인 경제의 침체를 면하기 어려웠다. 덧붙여 강원도의 행정 중심이 춘천으로 옮겨간 데에는, 서울과 개항장 원산을 잇는 새로운 교통로에서 원주가 춘천보다 멀리 떨어져 있었다는 것도 중요한 배경으로 작용하였을 것이라고 생각해 볼 수 있다. 여기에서도 변화된 원주의 경제적 역할과 비중을 읽을 수 있다.

원주의 전통적인 상인조직, 즉 도중(都中)은 모두 4개가 있었다. 도중 자체는 상인 상호간의 결속과 부조, 자율 규제를 하던 단체였고, 각 도중이 취급하는 상품의 종류도 서로 달랐고,[18] 도중에 들어갈 수 있는 자격은 대개 가까운 혈족간의 상속으로 얻었던 것이 조선시대에 널리 퍼진 관행이었다. 도중은 일종의 특권상인조합으로서 마치 서울의 시전상인이나 공인처럼 관청 운영비 등을 부담하는 대가로 상품의 구입과 판매에서 일정한 독점권을 행사하였다. 이들은 감영에서 유지하던 고마(雇馬)의 비용을 부담하였는데, 종전에는 해마다 고마 한 마리 당 5,60량을 부담하였는데, 1891년에 이르러서는 거의 10배가 가까운 마리 당 4,5백 량을 내야 하였다. 1884년경 관찰사가 도중전(都中錢)으로 1,200량을 보태 줘 간신히 그 역을 수행해 왔는데, 그 동안 물가가 너무 올라 고마역(雇馬役)을 감당하기가 너무 어렵게 된 것이다. 그리고 상품유통이 활발해지면서 보부상도 많아졌다. 원주군 강천면 마감리에 살고 있던 자가 원주군 좌지사(左支社) 장무원(掌務員)이었다는[19] 것으로 미루어 우지사(右支社)도 있었을 것이다.

실제로 개항 후부터 모든 물가는 등귀하였다. 이는 연이은 흉작과 대규모의 대외무역 외에도 재정부족을 견디다 못한 정부가 남

---

18) 이 도중 가운데는 면포를 취급하던 백목전(白木廛)이 있었다.
19)『각사등록』28, 1900년 3월 8일, 보고서 제1호, 236~238면.

발한 화폐가 몰고 온 인플레이션도 중요한 원인이었다. 1884년부터 10년 동안 쌀값을 기준으로 한 물가는 거의 10배 이상 올랐다. 따라서 상품화폐경제가 발달할수록 물가 때문에 고통을 받는 사람들은 많아질 수밖에 없었다. 특히 전통적인 특권상인들은 경제의 급속한 변화에 제대로 대응하기 어려웠고, 상납을 맡은 향리들도 시장 가격과 징세액의 차이 때문에 타격을 입었고, 시장에서 생활필수품을 구해야 되었던 관리들과 하층 인구들도 생계유지가 어려워지게 되었다. 예를 들어 강원감영의 중영(中營)에 근무하던 장교들도 자신들은 농업이나 상업을 하지 못하는 대신 요포(料布)를 받아 생활하는데, 그 액수가 겨우 4,50량에 불과하고 근무부서의 형편도 군출하기 때문에 급료를 올려 달라고 호소하였다.[20] 이는 관노(官奴)와 세악수(細樂手)들도 똑같은 형편이었던[21] 것을 보면, 주민뿐만 아니라 하급관리들도 경제적으로 무척 어려운 처지에 놓여 있었다고 할 수 있다. 당시 심하기 짝이 없던 가렴주구도 하급관리들의 생활고에서 비롯된 면도 적지 않다. 반면 토지를 소유하던 지주들은 수출 등으로 미곡 가격이 상승하였으므로 이전보다 수입이 많아졌다. 이에 따라 토지가격도 급상승하였다. 그래도 변화하는 경제적 현실에 적응하지 못한 전통적 지주들은 몰락할 수밖에 없었다.

수로와 육로로 서울과 편리하게 연결되어 있었던 원주의 경제는 서울의 경제적 상황과 긴밀하게 연계되었던 것 같다. 우선 자료에 보이는 경제적 변화 양상으로 인삼과 목재의 생산을 들 수 있다. 두 가지 품목은 강원도의 전통적인 산물로서 새로운 것도 아니

---

20) 『각사등록』 27, 의송등서책 제2책, 505면.
21) 위의 책, 의송등서책 제3책, 512면. 이 시기 관노들은 신분이 노비이므로 관노라고 한 것이 아니라 하는 일이 천하다고 인식되었기 때문에 예전의 관노 직명을 그대로 쓴 것이다.

지만, 개항과 대외무역으로 경제 활동이 활성화된 시점에서 관련 사료가 빈번히 보인다는 것은 분명히 그 생산이 확대된 결과로 해석될 수 있다. 그리고 이를 통해서 개항 이후 원주 경제가 발전하고 있었다는 사실을 충분히 유추할 수 있다.

원주를 비롯한 강원도에서 나는 재목은 조선초기부터 궁궐과 관사를 짓는 데 많이 사용되었는데, 태종대에 창덕궁을 지을 때도, 광해군대에 임진왜란으로 소실된 궁궐을 복구할 때도 원주 근방에서 벌채된 나무가 쓰였다. 특히 품질이 좋던 소나무를 보호하는 황장금(黃腸禁) 구역을 설치하여 도벌을 엄격히 방지하였다. 뿐만 아니라 서울 주민들이 필요한 땔나무도 다량으로 공급하였다. 1890년 서울에 사는 한 상인은 강천면 마감촌에 사는 원주 원씨에게 2만 3천 량을 주고 산에 있는 나무를 샀다. 그러나 다른 원씨들이 동민들을 동원해서 이미 벌채해 놓은 땔나무 4만여 속을 태워 버리는 등 작업을 방해하였다.[22] 마감산에는 원주 원씨의 분묘가 있었기 때문에 이와 같은 일이 벌어졌던 것 같다. 또한 중앙정부로부터 물금표(勿禁票)를 받아 땔나무를 대량으로 서울로 반출하던 서울과 지역 상인들이 많이 있었다. 그리고 1907년 1월부터 일본인들은 지정면 안창리 뒷편에 있는 덕가산에서 벌채를 해서 섬강을 통해 반출하였다. 그해 8월 의병들의 기습으로 입었다고 하는 이들의 피해 주장에 따르면, 길이 1장2척 내지 30척, 두께 1척2촌 이상 되는 소나무 재목이 3천60본이나 되고, 그밖에 할목(割木)이 약 25만 속, 가지 등이 약 50만 속이 되었다는 것을 보면, 덕가산 일대의 수백 년 묵은 산림에서 대규모의 벌채가 감행되었다고 할 수 있다.

한편으로 원주는 강원도 영서와 영동 중남부 군현의 조세나 기타 재화의 집산지 내지 경유지였다. 따라서 원주 자체의 경제 활동

22) 위의 책, 의송등서책 제3책, 510~512면.

외에도 이와 같은 원주 경제권, 곧 그 배후지의 생산, 소비, 유통은
원주의 경제에 영향을 미칠 수밖에 없었다. 1880년대부터 정선과
영월 등지에 많은 금광이 개발됨에 따라 평안도 등지에서 온 다수
의 광부들로 그 지역의 경제 활동 인구가 새로 증가되었다. 이들은
생산한 금 등을 가지고 식량 등 소비품을 구입하였고, 특히 한강이
결빙하는 겨울이 오기 전에 상당히 큰 규모의 상품거래가 이루어
졌는데, 구매하는 물건에는 외국산 상품도 포함되었다. 이처럼 개
항 이후 상품화폐경제는 강원도 깊은 곳까지 그 손을 미쳤다
  1907년 8월 5일 원주읍에서 봉기한 의병들은 일본인의 상점을
기습해고 그들을 좇아냈다. 이때 일본인이 입었다고 하는 피해 조
사서의 내역에 기재된 소지품과 상품 등의 품명을 보면, 당시 원주
사회에 들어온 '개화물'을 알 수 있다. 마루야마(丸山熊太郞)라고
하는 상인의 개인 소지품에서 눈에 뜨이는 것은 일본 옷 외에 샤
쓰와 스봉과 같은 서양 옷, 시계, 과자제조기, 남포, 양산, 우산 등
이다. 그리고 상품으로는 샤쓰, 양잿물, 타올, 붓, 묵, 적색 및 청색
잉크, 펜, 이쑤시개, 치분, 공책, 거울, 종이, 부채, 남포, 양초, 천금
단, 석유, 박하파이프, 봉투, 작은칼, 꽤지, 시계, 낚싯대, 권련초, 지
갑, 연필, 색연필, 양말, 성냥, 모기장, 금계랍 등 약, 간장 등 여러
가지 종류의 잡화이다. 그리고 마루야마보다 소상인인 듯한 자는
이 해 3월 말일부터 원주읍 중동에서 잡화상을 경영하였는데 역시
의병의 기습을 받았다고 한다. 이 자의 피해품도 마루야마의 것과
비슷하지만, 당목과 옥양목 등 다양한 옷감을 더 많이 취급하였던
것 같다. 그런데 이 면제품의 구입처가 모두 원주라는 것으로 보
아, 당시 원주에는 직물을 대량으로 판매하던 상점이 있었던 것으
로 보인다. 피해품은 대부분 신식 물건들로서 이와 같은 수입품을
상용하고 있던 원주의 상류층도 적지 않게 있었다고 볼 수 있다.

Ⅲ. 사회적 변화

1. 추정 인구

19세기 후반 원주의 인구수와 토지 면적을 정확히 알려주는 자료는 찾을 수 없다. 더욱이 1876년 개항 이후에는 조선왕조체제가 크게 붕괴되고, 사회경제적 변화가 빠르게 진행되었으므로 징세를 비롯한 각종 행정의 기본 자료가 되는 호적과 토지대장이 부실하기 짝이 없었고, 이런 실정은 다른 지방도 마찬가지였다. 그렇기 때문에 이 시기 원주의 사회경제적 상황을 정확하고 자세하게 파악하기는 한계가 크지만, 일제가 1925년에 조사한 인구통계를[23] 이용해서 1900년의 원주 인구수를 추정하면, 대략 3만1천610명이다. 그런데 1895년 이후 몇 차례에 걸친 지방행정구역 개편의 결과로 원주에서는 여주, 횡성, 영월로 편입된 면이 5곳이었다. 1871년 조정에 보고된 『관동읍지(關東邑誌)』에 실린 원주 읍지에[24] 따르면, 원주목의 20개면 가호(家戶)는 8천637호이며, 남자가 1만5천348명, 여자가 2만2천298명이었다. 남녀의 숫자는 도합 3만7천646명이다. 이 읍지 통계에서 다른 군으로 이전된 5개 면 지역의 인구 총수인 9천420명을 제외하면, 원주의 인구수는 2만8천226명이었다. 물론 이 통계의 신뢰성은 상당히 떨어지지만, 20세기 초 원주의 인구를 3만 명 정도로 추산하는 것은 크게 틀리지는 않은 것이

---

23) 『1925년 간이국세조사결과표』. 이 통계는 연령별로 조사되었기 때문에 전체 인구수(69,513명)에서 24살 이하의 인구수(37,903명)를 빼면, 1899년 이전에 출생한 인구수를 파악할 수 있다. 또한 이런 계산은 원주사회가 적어도 1900년부터 1925년까지 외부인구의 대량 유입 등 커다란 인구변동을 겪지 않았다는 것을 전제로 한다.

24) 아세아문화사 편, 『邑誌』 강원도편 2 소수, 1986.

라고 생각된다. 참고로 1944년 5월 1일 현재 원주군의 인구수는 1만6천 159호에 8만5천294명이었고, 원주읍은 5천222호에 1만5천599명이었다.[25] 그리고 제헌의회 선거를 앞둔 1948년 3월에는 원주읍과 원주군의 인구가 10만1천977명,[26] 격심한 인구이동을 야기하였던 한국전쟁 후인 1959년 말 현재 원주시는 6만3천358명, 원성군은 7만6천716명이었다.[27]

1871년의 읍지는 읍내 4개동, 다시 말해서 외곽의 20개 면을 제외한 원주목 중심부의 동리에 거주하던 호수는 629호라고 하였다. 여기에는 남자가 1천223명, 여자가 1천359명이 거주하였다고 하지만, 시대가 좀 늦은 다른 기록은 읍내 거주호가 1천400여 호라고 하였다.[28] 1937년 12월 현재 읍내 4개동에 해당되는 상동리와 하동리의 가호수는 1천390호이며, 인구수는 6천559명이었다.[29] 원주는 조선말이나 일제강점기에는, 1945년 이후처럼 큰 폭의 인구변화가 없었다고 추정된다. 그렇다면, 1천4백여 호라는 숫자가 실제에 좀더 가깝지 않았던가 생각된다.

2. 신분제의 해체

조선후기, 특히 18세기 중엽부터는 강고하던 신분제도가 동요하

---

25) 『인구조사결과보고』, 조선총독부, 1945, 81면.
26) 법령 175호(국회위원선거법)·부록 제1호(선거구역표) 공포(『군정청관보』, 1948년 3월 17일)
27) 『강원일보』, 1960년 2월 25일. 1955년 9월 1일자로 원주읍이 시로 승격되면서 원성군의 행구리, 단구리, 우산리가 시에 편입되었다.
28) 오횡묵, 『정선군일록』, 1886년 윤4월 15일.
29) 원주읍, 『邑勢一般』, 1938. 이 자료에는 본래 읍내 4개 동리가 아닌 태장 등이 포함되어 있으므로 읍지보다 과다하게 인구가 파악되어 있다. 1944년의 통계도 역시 동일하다.

기 시작해서 19세기 말에 이르러서는 크게 붕괴되었다. 원주 지역 사회에서도 역시 신분의 변화는 일어났으나, 여전히 신분 차별적 관행과 인식이 뿌리깊었다.

1890년대 초반 조선사회의 각종 실태를 조사한 일본 동방협회 (東方協會)의 보고서는[30] 강원도의 신분관계를 다음과 같이 기록 하였는데, 아마 감영 소재지인 원주사회를 많이 참고하였을 것이 다. 그는 우선 사회적 지위를 상·중·하, 천민 4단계로 나누어, 上 에는 사족(士族), 유생(儒生), 향족(鄉族), 구향(舊鄉), 신향(新鄉)을, 中에는 향리, 가리(假吏), 평민을, 下에는 상민을, 마지막 천민에는 역민(驛民), 천역(賤役), 무격(巫覡), 백정, 승려를 포함시켰다. 그리 고 각 신분층을 상술하고 있는데, 사족은 대대로 문무관을 역임한 자손으로 아직 벼슬길에 나서지 않은 자, 유생은 현관을 지낸 조상 과는 이미 멀어졌으나 아직도 양반의 맥을 잃고 있지 않은 자로서 성현을 숭봉하는 것을 자기의 일로 생각해서 향교의 도유사(都有 司)와 도장의(都掌儀)를 맡는 자, 향족은 사족이나 유생에는 미치 지 못하나 그 중 준수한 자는 좌수와 별감이 되며, 유생이 없는 지 방에서는 도유사와 도장의의 직책을 겸한다고 설명하였다. 중층인 구로서는 향리를 먼저 꼽고, 향족과 평민 가운데 자원해서 향리역 을 맡는 가리가 있고, 또한 공부를 하였을지라도 향소(鄉所; 좌수 와 별감 등 향족이 근무하던 지방행정기구)에 나아가지 못하고, 가 난하다고 해도 천역을 맡지 않는 자 가운데 준수한 자로 때때로 면의 풍헌(風憲)에 임명되기도 하고 농업과 상업을 겸해서 할 수도 있는 인구를 평민이라고 하였다. 인구의 대다수를 차지하던 상민 은 농업과 상업과 공업에 종사하였다. 하층인구 아래에 있던 천민 에는, 역에 근무하던 역민, 향교와 각종 관청에서 허드렛일을 하던 인구와 개인 소유의 노비인 천역, 그 외에 유교적 관념에 의해 차

---

30)『東方協會報告』3, 1891년, 42~44면.

별을 당한 무당과 백정과 승려가 있었다.

사실 위와 같은 신분 구분은 원주에만 해당되는 것은 아니고, 다른 군현사회도 역시 여기에서 크게 벗어나지는 않았다. 그러나 시간이 흐를수록, 다시 말해서 조선사회의 변화와 발전이 두드러지고, 조선왕조체제의 붕괴가 진행될수록 강고하였던 신분질서는 무너져 내렸다. 특히 19세기 후반기에 이르러서는 신분제 해체 현상이 가속되었다.

원주사회에서도 변화는 일어났다. 생원시(生員試)와 진사시(進士試) 급제자의 출신 가문 분석을[31] 통해서도 양반사회의 변화를 뚜렷이 읽을 수 있다. 현전하는 조선시대 사마방목(司馬榜目)에는 원주 거주자로서 사마시에 급제한 자들이 571명으로 전국 4위이다. 그런데 이들 중 245명(42.8%)이 19세기에 급제하였고, 특히 고종대(1864~1894)에는 105명(18.3%)이 대거 합격하였다. 이런 수치는 엄격해야 할 관료충원제도에도 부정부패가 극심해진 왕조체제 붕괴의 현상을 잘 보여준다. 오히려 원주는 다른 지역보다는 이 시기에 사마시 급제 비율이 현저하게 떨어진다.

그래도 변화의 물결은 원주 양반사회에도 찾아온 것은 분명하다. 조선시대에 1명 이상의 급제자를 배출한 성관(姓貫)은 모두 86개인데, 19세기에 22개가 새로 등장하였고, 그 중 고종대의 것이 14개나 되었다. 한마디로 고종대에는 기존 양반사회에서 미약하였던 가문이 영광스러운 생원과 진사를 무더기로 배출하게 되었던 것이다. 그렇다고 이것을 과거의 부정 탓으로만 해석할 수 없다. 양반의 세력이 약화되고 위상이 추락하는 추세 속에서 학문적 소양과 경제적 실력을 쌓아가며 사회적 신분적 지위를 상승시켜 나갔던 새로운 사회세력들이 나왔다. 이 조선후기 역사적 발전의 산

---

31) 졸고, 「조선시대 원주 거주 사마시 급제자와 양반사회」 『조선시대의 사회와 사상』, 조선사회연구회, 1998.

물들이 대내외적 위기에 처함으로써 왕조체제가 더욱 급속히 해체
되어간 고종시대에 그 모습을 분명하게 드러낸 것으로 해석된다.
　하지만 양반사회도 쉽사리 무너지지는 않았다. 다른 말로 조선
후기의 발전은 일정한 한계를 지니고 있었다고 할 수 있다. 86개
성관 가운데 10명 이상의 급제자를 낸 가문은 17개인데, 이들 가문
출신이 전체 합격자의 72.8%를 차지하였다. 즉 소수의 가문이 급
제자 대다수를 차지하였고, 조선시대 원주사회를 지배하였다고 할
수 있다. 그러나 이 17개 가문들도 시대의 변화에서 예외가 될 수
없었으므로 점차 급제 비율이 낮아졌지만, 고종대에도 59%라는
비율을 점하고 있었다. 즉 원주사회는 19세기 후반에 들어 빠르게
변화하고 있었지만, 유력한 양반 성관들도 자리를 고수하고 있었
다는 점에서 조선 양반사회의 견고함이 확인된다.

3. 재해와 질병과 의료

　조선은 개항을 하던 1875년부터 20여 년 동안 거의 매해 크고
작은 자연재해와 전염병을 겪어야 하였다. 특히 삼남지방의 피해
는 혹독하였고, 그 여파는 경제와 사회에 국한되는 것이 아니라 정
치에도 막대하게 미쳤다. 동학농민전쟁의 주요한 원인도 흉년으로
말미암은 민생의 위기와 국가재정의 파탄이라고 할 만큼 그 타격
은 컸다. 비록 충분한 근거 자료는 부족할지라도, 원주를 비롯한
강원도 지방의 피해는 남쪽 지방에 비하여 상대적으로 크지는 않
았던 것 같지만, 재해를 피해갈 수는 없었다. 강원도가 가뭄의 피
해를 다른 지방보다 덜 받았던 원인은 피해를 심하게 받는 논보다
그렇지 않는 밭이 많았기 때문이었다.
　1885년에는 전국적으로 가뭄이 들어 큰 흉년이 찾아왔고, 특히

삼남지방의 피해는 막심하였다. 강원감사 남정순은 원주의 재실 (災實)을 중간 등급으로 보고하였다.[32] 그러나 이듬해 원주판관 이학년이 올린 첩정에 따르면, 원주는 1885년분 전세미, 삼수미, 전미(田米), 전태(田太) 상납을 잠시 중지하라는 처분을 받았다. 가뭄의 피해가 극심하지 않더라도, 농민들에게는 조세가 커다란 부담이 되었기 때문이었다. 더욱이 1886년 가을에도 흉년의 여파는 지속되고 있었다. 흉년 때문에 파종과 김매기를 제대로 하지 못하였고, 전염병으로 죽는 자들이 줄을 잇고 있었으므로 전해의 세금을 주민들에게 독촉할 수 없던 사정이었으므로 현물 대신 화폐를 대신 세금을 내게 해달라고 강원감사가 간청을 올려 왕의 허락을 받았다.[33] 백성들이 이와 같은 흉년을 당하여 생존의 위기에 처하였던 때는 1885년뿐이 아니었고, 위의 형편은 한 가지 예에 지나지 않는다.

전근대사회에서는 이런 자연재해가 찾아왔을 때 대처할 수 있는 능력은 극히 제한될 수밖에 없었다. 가뭄이 들었을 경우에는 수령이나 이향(吏鄕)이 제관이 되어 기우제를 올리기 마련이었다. 1892년 윤6월 원주에 가뭄이 지속되었으므로 4일 기우제를 올렸다. 그런데 우연한 일치로 그날 밤 자정부터 8일 아침까지 원주천이 범람하도록 비가 내렸다. 그렇지만 삼남지방은 이해에 가뭄으로 큰 흉년을 만났다.

예전부터 발생하였던 장티프스, 발진티프스, 천연두 등외에도 1821,2년 중국에서 처음 들어와 평양 등지에서 창궐하였던 콜레라가 이 시기에는 더욱 만연하였다. 전국적으로 엄청난 희생자가 나온 1860년 강원도에서도 10월 초순 현재 2,145명의 전염병 희생자가 나왔지만, 정확하게 파악된 숫자도 아니었다. 원주에서는 9월

---

32) 『비변사등록』 1885, 10월 25일.
33) 『비변사등록』, 1886년 11월 2일.

초순까지 사망자 294명이 나왔는데, 10월 초순에 이르러 병이 잡혔으므로 희생자는 훨씬 많았을 것이다.[34] 특히 전염병은 제대로 먹지를 못해 저항력이 크게 약해질 수밖에 없는 흉년에 더욱 성행하기 마련이었으므로 그 위력은 가공할 만하였다.

근대적 의학이 들어오기 전에는 전염을 막을 수 있는 보건의료 수단도 변변하지 못하였기 때문에 전염병이 창궐할 때에는 거의 속수무책이었고, 병막(病幕)과 같은 시설을 마련해 환자를 격리시키는 것이 고작이었다. 그리고 여제(厲祭)를 매해 여러 차례씩 정례적으로 올리는 것으로 질병을 피하고 죽음의 공포를 이겨내려고 하였다. 예를 들어 1891년 하반기에는 7월, 9월, 10월 세 차례나 올렸다. 여제를 올리던 장소는 따로 여단(厲壇)이 있었지만, 이밖에 남산, 봉황산, 누문에서도 제사를 올리기도 하였다.[35] 또는 1860년처럼 감사를 초헌관으로 해서 여러 관원과 지역 유생이 사망자를 위로하는 별위제(別慰祭)를 정성껏 지내기도 하였으나,[36] 대책이 될 수는 없었다.

그리고 개항 후 서양의학, 그 중에서도 어린아이의 사망률이 5,60%에 달하였다는 천화두(天花痘 - 천연두)를 막을 수 있는 우두법이 정부의 정책으로 지방까지 확산되었다.[37] 1888년 의사 이희배(李喜培)가 우두법을 공부해서 환자를 잘 치료하니, 강원감영에서는 우두본국(牛痘本局)을 설치하고 각 군현에는 분국을 설치해서 각 군현으로 하여금 우두 치료자를 우두본국에 파견해서 종두를 하는 기기와 치료약품을 구매하거나 그 기술을 배우도록 하라

---

34) 『각사등록』 27, 강원감영계록 제3책, 1860년 9월 5일, 13일, 17일, 10월 5일, 122~126면.
35) 앞의 책, 『읍지』 事例, 203면.
36) 『각사등록』 27, 강원감영계록 제3책, 1860년 8월 27일, 122면.
37) 위의 책, 강원도관초, 1888년 5월 25일, 1889년 9월 1일, 동년 11월 17일, 동년 동월 19일, 1890년 6월 5일, 481, 484~485면.

는 정부의 문서가 내려오기도 하였다. 이듬해에도 정부에서는 우
두의사 이정주(李鼎株)로 하여금 감영에 우두국을 설치하도록 하
라고 지시하였으나 시행되지 않았고, 결국 1890년 6월에 이르러서
는 우두국 설치가 완전히 무산되었다. 이렇게 신식의료기관이 설
치되지 못한 까닭은 각읍이 우두국의 비용을 분담하지 않으려고
하였기 때문인 듯하다. 그런데 1905년 각도의 경무서 아래 경무분
서(警務分署)가 원주를 포함한 전국 26곳에 설치되었다. 여기에 배
속된 순검들이 하는 업무 중에는 종두(種痘) 시술도 있었는데, 5세
이하 만 1년 이상 어린이를 그 접종 대상으로 하고 있었다. 그 밖
에 가도(街道) 청결과 전염병 예방도 담당하였다.

원주에 최초로 서양의학을 시술한 인물은 1912년 8월 원주제일
교회 선교사로 부임한 앤더슨(A.G. Anderson)이었고, 이듬해 일산동
116번지에 서양식 2층 건물인 서미감병원이 건립되었다.[38]

4. 사회상

민중들의 삶이 고단하였기 때문에 수많은 도적들이 발생하였다.
원주에서도 유명한 명화적(明火敵)인 마중군(馬中軍)과 관계를 가
진 도적들이 있었다. 예를 들어 만종리에 살고 있던 노치서는 1890
년대 전반에 화적들의 접주 노릇을 하였다. 이 자는 화적들에게 장
물을 싸게 사들이거나 은신처를 제공하였다. 또한 읍내에 살고 있
던 자도 도적들이 빼앗아온 서양면포와 비단을 원주의 상인들에게
팔았고, 한 백정은 화적 이마당 패 백여 명의 접주로서 수십 년 동
안 암약하였다.[39]

---

38) 원주제일교회 역사편찬위원회,『원주제일교회의 역사 1905~1995』, 기독
    교대한감리회원주제일교회, 1995, 56~58면.

그리고 일확천금을 노리는 사행심도 심했던 듯하다. 개항 이후 이른바 천인계(千人契), 만인계(萬人契)가 전국적으로 성행하였는데, 이것은 일종의 복권과 같은 노름이었다. 계표(契票), 또는 고금표(股金票)라는 것을 산 사람들끼리 모여 제비를 뽑아 도장원(都壯元)으로 당첨되면 많은 돈을 타 가는 것이었지만, 반 이상은 사장(社長)이라고 하는 개최자가 가지고 갔다. 이와 같은 계의 목적에는 간혹 부족한 조세, 도로 정비 비용, 학교 기금 마련 등 공공의 것도 있기도 하였기 때문에 관찰사나 군수와 같은 관리들도 참여하기도 하였지만, 대부분 사행을 조장하는 것들이었다. 따라서 관청에서는 엄금하였지만, 소액으로 큰돈을 벌 수 있었다는 사행심을 품은 사람들이 몰려들어 큰 사회문제가 되기도 하였다.40) 1899년 횡성에서도 천인계 때문에 큰 말썽이 일어났는데, 이미 전 해에 원주 평장촌에서도 이와 같은 계가 있었다고 한다.41)

무고하고 순진한 백성의 재산을 갈취하는 관리들도 많았지만, 각종 관직을 사칭하는 자들도 많았다. 충주 사는 자가 평창에 와서 궁내부 주사와 시찰어사를 칭하며 원주 동면의 주민을 잡아다가 주리를 틀어서 130량을 빼앗는 등 인근 군민을 크게 괴롭혔다.42) 부론면 정곡리에 사는 자가 순찰관을 사칭하고 경부(警部)의 서류를 위조하였다가 발각된 일도 벌어졌다.43) 이 사건은 부유한 자들이 돈으로 벼슬을 사고팔던 세태를 잘 보여준다. 장릉 참봉직을 얻었던 이 자는 더 높은 벼슬을 원했다. 서울에 가서 사기꾼에게 어음 2천 량을 주고 이 벼슬을 산 뒤에 수행 순검으로 세 사람까지 고용해서 원주에 내려와 순찰관 행세를 하였고, 홍원창에 나온 군

---

39) 『사법품보』 2, 1898년 3월 적한봉초성책, 589~593면.
40) 『고문경찰소지』, 206~207면.
41) 『사법품보』 4, 보고서 제59호, 215~216면.
42) 위의 책, 보고서 30호, 245면.
43) 『사법품보』 7, 보고서 제35호, 78~79면, 보고서 63호, 401~409면.

수까지도 만났다. 한 걸음 더 나아가 읍내에 들어가서 군수를 다시 만나려고 하다가 결국 체포되고 말았는데, 그는 그때까지만 하여도 강원도 순찰관이란 임명장이 경부대신 이종건의 명의로 된 것이었기 때문에 벼슬이 가짜인 줄을 몰랐다.

남녀의 구별과 도덕이 엄격하였던 전통사회에도 과부업어가기와 같은 습속이 널리 퍼져 있었다. 양반사회가 몰락하던 19세기말에는 상민이 양반집 과부를 업어가는 일도 일어났다. 호매곡면의 한 양반가에 과부가 10여 년을 수절하며 살고 있었는데, 이웃의 상민들이 작당하여 업어가려고 하다가 한 사람이 그만 그 집사람들에게 잡혀 매를 맞고 풀려났다.[44] 이에 보복을 하기 위해서 다시 여러 사람을 끌고 그 집에 들어가서 행패를 부렸다. 그 집 안방 어른이 과부에게 "너 때문에 가문이 망했으니 오늘 당장 죽어 버려라."고 꾸짖자, 그 과부가 목을 매었다가 간신히 살아났지만, 결국 이튿날 다시 목을 매 죽고 말았다. 이 사건으로 여러 명이 체포되었으나, 감옥에서 탈출해 버려 향장(鄕長)과 사령이 대신 투옥되었다.

너무 심한 가난은 선량한 사람을 도적으로 만든다. 팔십 노모를 모시고 있고, 빈한하기 짝이 없는데다가 흉년을 당하여 굶어 죽기 직전에 놓인 자가 염치불고하고 이웃 사람의 담배를 훔쳐 팔았다. 그러나 어떻게 알았던지 주인이 찾아와 싸움이 벌어졌고, 그만 두 눈을 다치게 하였다. 결국 종신형에 처해졌다가 10년으로 감형된 사건도 일어났다.[45]

일제에게 조선의 국권을 빼앗긴 뒤, 일본인들이 원주에 들어오게 되자, 그들과의 마찰도 피할 수 없었다. 어느 경우에는 오히려 조선인이 그들을 끌고 들어와 횡포를 부리는 일도 있었다. 원주사람과 서울사람이 함께 정지안면의 송호동과 월호동의 섬강 상류에

---

44) 위의 책, 보고서 제35호, 318~322면.
45) 『사법품보』 5, 보고서 제84호, 111면.

다가 보를 쌓는 공사를 하다가 중단한 것이 있었는데, 그만 홍수에
유실되어 버렸다.[46] 주민들은 그 송판을 수습하여 주인에게 돌려
주었음에도 불구하고 보 주인은 일본인까지 끌고 와 4천 원을 빼
앗아 가는 등 터무니없는 요구를 하면서 행패를 부렸다. 심지어는
서울에 올라간 주민을 일본군 사령부에 가둬 버리고는, 그 사람이
의병을 일으켜 일본을 배척하려고 한다는 모함까지 하였다.

Ⅳ. 교육과 종교

1. 신식교육의 실시

개항 이후 조선사회는 전혀 새로운 서양문물을 수용하지 않을
수 없었다. 서양 각국에서 만든 물건을 수입하기도 하고, 사람을
외국에 파견해서 견문을 얻어오기도 하였지만, 가장 필요하였던
것은 국민들에게 새로운 지식과 태도를 가르치는 교육이었다. 그
렇기 때문에 교육의 내용도 기존의 유학과 한문학 중심이었던 것
과는 판이하게 달랐지만, 교육기구와 학교제도 역시 서당 등에서
서구적인 것으로 바뀔 수밖에 없었다.

1895년 2월 2일 조칙 1호로 교육조서가 발표되고, 이어서 4월 19
일 한성사범학교관제가 공포되었다. 즉 일반 국민 대상으로 근대
적 교육을 실시하기 위한 첫 단계로 소학교 교원 양성기관을 설치
한 것이다. 물론 이전에도 관립 육영공원이 있었지만, 그 설립 취
지는 사범학교와는 다른 것이었다. 그리고 이해 7월 19일에는 소

---

46) 『각사등록』 28, 1902년 11월 7일, 보고서 제1호, 110~111면.

학교령을 공포하여 서울을 비롯해서 각 지방의 주요 도시에 공립 소학교를 설립하였다. 강원도에는 원주를 비롯해서 춘천과 강릉에 소학교 설립이 결정되었다.[47] 그리고 한성사범학교 제2회 속성과 졸업생 48명 가운데 한 사람인 이승의(李承儀)가 11월 16일자로 원주군 공립소학교의 교사로 임명되었다. 교장은 군수가 겸임하였으며, 1900년부터는 부교원 1명이 보충되었다. 1900년에 6월 4일 박장준이 처음 부교원으로 부임하였지만, 곧 김수홍, 한상룡, 신석휴가 교체되었다. 신석휴는 4년을 근속하였더라도, 이전 부임자 3명이 몇 달 사이로 바뀌었다는 것은 원주공립소학교가 아직은 자리를 확고하게 잡지 못하였다는 것을 시사한다. 그리고 이승의에 관한 기록도 찾아볼 수 없기 때문에 그가 실제로 원주에 와서 근무하였는지도 의문이다.

이 시기 소학교는 대개 3년 과정의 심상과(尋常科)였고, 교과목은 수신, 독서, 작문, 습자, 산술, 체조, 지리, 역사, 도화(圖畵), 외국어였지만, 모든 학교가 일률적인 교과운영을 하였다고는 보기 어렵다. 소학교령은 7세에서 15세까지의 어린이를 교육 대상을 정하였지만, 교과목을 비롯해서 학급편제, 교사 설비, 학습도구, 운동장 등 모든 것이 제대로 갖춰지지 않았다. 교원은 대개 학교 당 1명이었으며, 생도 수는 많은 곳이 50명 전후, 적으면 10여 명이었고, 전국에 57개교가 설립되어 학부의 지원을 받아 운영되었다.

1906년 8월과 9월 사이에 공포된 보통학교령과 보통학교령시행규칙으로 신식교육은 좀더 틀이 잡히게 되었다. 보통학교는 심상, 고등의 구별을 하지 않고 그 조직을 단일화하였고, 수업년한은 4년으로 고정되었다. 다만 각 지방의 필요에 따라 3개년 이내의 보

---

47) 『新撰韓國事情』 上, 1909, 413~30면 ; 강원도사편찬위원회, 『강원도사』 역사편, 1995, 제4장 근대적 개혁과 강원지방, 1111~1115면, 제6장 근대 교육문화의 발전과 강원지방, 1205~1206면 참조.

수과를 둘 수 있었다. 입학연령은 다수를 받아들인다는 취지에서 만8세 이상 12세 이하의 아동이라면 학교에 입학할 수 있도록 하였지만, 실제는 제대로 지켜질 수 없었다. 생도는 각 학급당 50명으로 정하고, 1교는 200명을 정원으로 하였다. 교과목은 주로 일본의 고등소학의 교과목에 의거하였고, 특별히 일본어를 더하여 매주 6시간을 배우도록 하였는데, 각 학교는 반드시 일본인 교사 1명을 두어 주요 교과목을 담당하도록 하였다. 1908년에는 보통학교령을 개정하여 새로 교감제를 두고 일본인 교사로 충당하였다. 교사도 정원 200명을 표준으로 하여 보통교실 4개와 사무실 및 부속실을 지었다. 학생의 의자, 책상, 흑판, 학습도구, 표본 등도 지급하였고, 교과서는 학부 내에 편집기구를 설치하여 수신서, 국어독본, 일어독본, 한문독본, 미술책, 산술서, 이과서 등을 편찬하였고, 역사와 지리와 같은 것은 독본의 내용에 담도록 하였다.

원주공립소학교도 공립원주보통학교로 이름이 바뀌었지만, 원주가 관찰부 소재지가 아니라서 을종으로 분류되었다가, 이듬해 주요 지방 28곳의 하나로 지정되어 갑종이 되었다. 학생은 매년 4월 50명을 뽑았고, 수업료도 받지 않고 교과서도 무료였지만, 1908년 2월 말 현재 원주보통학교에는 38명이 재학하는데 불과하였고, 춘천 92명과 강릉 48명보다 적을 뿐더러 전국 41개 갑종공립학교 가운데에서도 가장 적은 숫자이며, 이보다 학생이 많은 을종공립학교도 다수였다. 이런 까닭은 정확하게 알 수 없지만, 신식학교 중에는 유생이나 사립학교의 영향으로 정원을 채우지도 못하는 곳이 있었으며, 의병봉기로 퇴학하는 자들도 나왔다고 한다. 또한 수업시간을 줄여 신학문보다는 한문을 배우도록 하기도 하는 등 아직까지 신식학문의 필요성이 널리 인식되지 않았으므로 학생 숫자가 적은 경우도 있었다. 따라서 교사들은 정원을 채우기 위해 환등회 등을 개최해서 입학을 권장하였고, 수령도 학부형을 설득하도록 하였다. 이와 함께 일제의 마수도 점점 뻗치게 되어 1907년 5월 30일 원주군수 이영규가 학교장을 겸임하였으나, 1908년 1월 1일자로 일본인으로 교체되고 말았다. 1910년에 나온『江原道狀況槪要』에는 학급수가 5개, 학생 수는 197명으로 기록되어 있다. 그리고 공립원주보통학교 외에 1910년 이전의 신식학교로는 1912년에 개교한 원주간이농업학교가 있었지만, 수업년한이 1년에 불과하였다. 반면 춘천농업학교는 5년제였다.[48]

2. 서양 종교의 전파

원주에 천주교가 처음으로 들어온 때는 19세기 초이다.[49] 1815년 울진에서 체포된 천주교신자가 원주감영으로 압송되어 그곳에서 다른 교우 6,7명을 만났다고 한다. 물론 이전에도 강원도 지역에 신자가 숨어 있기는 하였지만, 정확한 지명은 알 수 없다. 울진에서 잡힌 김강이가 이 해 11월 5일 옥사함으로써 원주 최초의 순교자가 되었다. 1839년 1월 말경 부론면 손곡리 서지마을에 살던 신자들이 역시 원주감옥에 투옥되었는데, 이 서지마을이 원주 최초의 교우촌으로 추정되고 있다. 서지마을에서는 1868년 병인박해 때에도 순교자가 나왔다.

강원도 최초의 본당은 블랑 주교가 세운 원주 부엉골 신학교(현재 여주군 강천면 부평리)로 한불조약체결 이후 서울 용산으로 이전되었고, 1888년 고모곡면 풍수원에는 초가 20칸의 본당이 창설되고 르 메르(Le Merre, 李類斯)가 초대 주임신부로 임명되었는데,

---

48) 앞의 책,『강원도사』역사편, 1426면.
49) 원주교구 원동본당 100년사 편찬위원회,『원동백년사』, 천주교 원주교구 원동교회, 1999, 49~71면.

12개 군 29개 공소에 약 2천 명의 신자를 관할하였다. 1896년에는
르 메르신부가 상동리 대지 350평과 기와집 16칸을 매입함으로써
원주본당도 건립될 수 있었다. 공소 20개에 신자는 1천134명을 관
리하였다. 원주에 있던 공소로는 고비골(흥업면 매지 2리 덕고산
밑 고사리골), 절터(신림면 구학리 절터), 가루개(흥호리), 용수골
등이 있었다. 그리고 제3대 드브레 신부가 1902년 사제관 부근의
가옥 열두 채와 그 부지 2천 평을 모두 매입하여 원동성당의 터전
을 마련하였다. 그러나 이 시기에도 천주교가 쉽게 뿌리를 내렸던
것은 아니며, 1894년 동학농민전쟁 와중에는 그 여파로 신자 1천
명 중 5백 명밖에 남지 않다는 기록도 있다.

　1897년 8월 부임한 르 메르 신부가 서양인을 처음 보았던 많은
주민들의 반응을 기록하였다.[50]

　　　이곳 주민들의 품성은 온순하지만 그리스도에 대해서는 매우 불신
　　하는 듯하였습니다. 본인은 이곳에 거처를 정하자마자 앞으로 이웃이
　　될 관리를 방문하러 가는 것이 좋겠다고 생각하였습니다. 며칠 후 그
　　도 본인을 방문하였습니다. 내가 도착하자 많은 군중들이 나를 바라보
　　기 위해 나의 집으로 몰려들었습니다. 초기에는 각양각색의 병자들이
　　치유를 부탁하러 오지 않는 날이 하루도 없었습니다. 폐병환자들, 절
　　름발이들, 나병환자들, 중풍환자들이 우리 마당에서 혼잡을 이루었습
　　니다.

　1905년 4월 15일 남감리교회 선교사 무스(J.R. Moose. 무야곱) 목
사의 인도로 장의원, 장서환, 한치선 등 소수의 남자 신자들이 예
배를 드림으로써 원주읍에 첫 개신교 교회가 창립되었다.[51] 한치
선의 집에서 매주 예배를 드리던 원주읍 교회는 선교부의 보조로

---

50) 원주교구30년사편찬위원회, 『원주교구 30년사』, 천주교 원주교구, 1996, 116
　　~117면.
51) 앞의 책, 『원주제일교회의 역사』, 1995, 29~51면.

상동리 115번지에 소재한 네 칸 반의 초가를 구입하게 됨으로써 자리를 잡게 되었다. 이듬해에는 활발한 전도 활동으로 신자가 더 많아져 교회가 발전되었다. 그런데 1907년 가을부터 원주가 북장로회의 선교지역으로 이관되었다가 2년 뒤 다시 북감리교회로 돌아왔다. 장로교 선교 지역으로 있을 때, 원주읍에 대지 2만여 평을 구입하여 선교부 기지로 사용하였고, 일부는 원주읍 교회의 터로 양도받았다. 그리고 원주지방회가 조직되어 원주읍 교회 담임자로 권신일 목사를 파송하였고, 선교 관리자로 데밍(C.S. Deming. 도이명) 선교사를 임명하였다. 권 목사가 시무하였던 1909년 9월에서 1912년 2월까지 교인이 40여 명에서 70여 명으로 증가하였다.

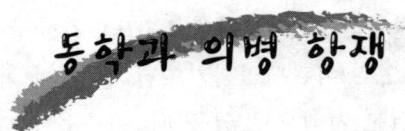

Ⅰ. 동학과 농민전쟁

1. 원주와 동학

강원도에 동학이 전파된 것은 창시자 최제우(崔濟愚)가 포덕(布德)하던 1860년대 초반이었다. 그렇기 때문에 그가 1864년 사형을 당한 뒤, 그의 부인과 자녀들이 정선에 들어와 피신 생활을 할 수 있었으며, 1871년 이후 그의 제자 최시형(崔時亨)이 영월과 정선 등지에서 동학 재기의 발판을 마련할 수 있었던 것이다. 또한 1862년 말에는 강원도와 접한 단양에는 동학 접주가 임명되었으므로 원주에도 역시 동학이 퍼졌을 가능성을 배제할 수 없다. 1864년 최제우의 제자로서 영월로 유배된 이경화라는 동학교도의 제자가 원주사람인 장기서(張基瑞)이다. 즉 늦어도 1860년대 중반에는 원주와 동학이 인연을 맺었다고 볼 수 있다. 최시형은 1870년대 정선,

인제, 영월, 단양 등 영서지방을 발판으로 동학을 다시 일으키는데 성공하였다. 그러나 이 기간의 동학 기록에는 원주와 관련된 인물이나 사건이 없는 것으로 미루어 동학 신앙열이 뜨거워지던 1880년대 초반까지만 하여도 원주와 동학의 인연은 그다지 두텁지는 않았던 듯하다.

원주가 동학과 깊은 관계를 맺고 있었음을 확실하게 보여주는 문헌 근거는 1893년 3월 충청도 보은 장내에서 열린 신원운동(伸寃運動) 기록에서부터 나온다. 이때 장내에는 각지에서 수많은 동학교도들이 모였는데, 동학교단의 지도부는 포(包)와 접(接)이라는 교단 기구로 이들을 조직화하였다. 포와 접은 기본적으로 스승과 제자의 인연으로 묶인 조직이기는 하지만, 이들이 거주하고 생활하는 지역도 중요한 기반이었다. 특히 포는 일정한 지역의 접들을 통합한 조직이었다. 보은취회에서는 포를 지휘하는 대접주들이 교도들을 이끌었는데, 강원도의 교도들은 관동대접주(關東大接主) 이원팔(李元八)의 휘하에 있었다. 그 가운데 원주접에 소속된 교도들은 2백여 명이 있었지만, 보은취회가 해산하는 과정에서 파악된 숫자이므로 더 많은 교도들이 참가하였다고 할 수 있다. 그리고 대접주 이원팔은 원주사람이지만, 그 신상에 관해서 구체적인 것은 알려지지 않았다. 이 취회에서 동학교도들은 척왜양(斥倭洋)이라는 반외세의 기치를 내걸었고, 일부 교도들은 한강을 따라 서울을 공격해서 외세와 민씨 척족 등 부정부패한 관리들을 처단하자는 과격한 정치적 주장을 내놓기도 하였다.

보은취회를 비롯한 여러 차례의 신원운동은 소기의 성과를 얻는데 실패한 운동이었으나, 이후 동학의 교세 확장에는 커다란 힘이 되었다. 당시에는 조선왕조가 5백 년의 운명을 다하고 정감록(鄭鑑錄)에서 예언하는 정도령과 같은 이인(異人)이 새로운 왕조를 세울 것이라는 도참(圖讖)이 크게 유행하였으므로, 이제 상원갑(上

元甲)의 이상세계가 돌아온다는 다시개벽(開闢)을 중요한 교리로 내놓았던 동학으로 많은 사람들이 몰려들었다. 또한 시천주(侍天主)라는 인간 중심의 평등사상은 신분적 억압과 정치적 압제에 신음하던 민중들에게 크게 호응을 얻었다. 더욱이 동학이 조정과 외세와 당당하게 대결하면서 그 세력을 발휘하자, 새로운 세계를 꿈꾸던 민중들은 안심하고 동학에 입도할 수 있었다.

2. 동학농민전쟁과 원주

마침내 1894년 1월 전라도 무장(茂長)에서 전봉준을 대장으로 해서 동학농민전쟁이 불타올랐다. 이 열기는 삽시간에 전라도와 충청도 일대에 미쳤으나, 강원도에서는 특별한 움직임이 눈에 띄지 않는다. 아마도 이 지역의 교도들이 봉기에 반대한 최시형의 강한 영향력 아래 놓여 있었기 때문일 것이다. 그러나 9월 이후 전국 각지에서는 일본의 침략에 대항하는 '최초의 의병' 투쟁이 불길처럼 치솟았다. 즉 동학농민군의 제2차 봉기가 시작된 것이다. 특히 이번에는 최시형도 거의를 허락하였으므로 원주를 비롯한 강원도의 교도들도 적극 투쟁에 나섰다. 전 동학교도의 참여를 지시한 최시형의 명령이 9월 말에 떨어졌으나, 원주 등 강원도 일부 지역의 교도들은 이웃한 경상도 예천이나 충청도의 단양 등지처럼 벌써 여름과 가을 사이에는 봉기 상태에 있었다. 원주에서는 이화경(李和卿)과 임순화(林淳化)가 중심이 되어 기포하였고, 횡성과 여주 등 근방 각지에서도 교도들이 봉기하였다.

그런데 원주의 동학교도들이 어느 곳에서 투쟁하였는지를 정확히 기록한 문헌은 찾아볼 수 없다. 다만 산견되는 자료에 따르면, 우선 홍천에서 일어난 차기석의 부대와 함께 활동하였던 교도들이 있었던 것 같다. 차기석은 원주를 비롯해서 강릉, 양양, 횡성, 홍천 등 5읍 접주로 불렸고,[1] 지평의 맹영재가 홍천 서석면의 자작고개에서 원주와 홍천의 동학농민군을 격파하였다는 기록이 있다.[2] 차기석의 부대는 홍천과 평창을 중심으로 세곡을 쌓아 둔 창고를 불태우는 등 강력한 투쟁을 하다가, 결국 10월 22일 홍천군 서석면 자작고개에서 맹영재의 민보군에게 크게 패하여 수많은 희생자를 내었다. 그런데 차기석이 기포한 뒤 보은 장내로 향하려다가 이렇게 강원도 내륙에서 활동하게 된 까닭은 바로 맹영재의 차단 때문이었다. 맹영재는 9월경 민보군을 모아 홍천의 동학농민군을 치고, 이어 여주와 이천 등지에서 활동하였다. 아마 장내로 가려던 원주의 교도들 가운데도 이 때문에 차기석 부대에 편입하였던 자들이 많았던 것 같다.

한편 이러한 난관을 뚫고 장내에 도착하여 손병희가 이끄는 북접의 동학농민군에 합류한 교도들도 있었다.[3] 그 속에서 원주 출신의 동학농민군들이 어떻게 투쟁하였는지를 알 수 있는 자료는 거의 없다. 다만 이원팔이 북접군 최후의 대전투인 보은군 종곡 전투에서 전사하였다는 기록을 통해서 투쟁의 대열에 끝까지 남아 있었던 원주의 교도들이 적지 않았음을 짐작할 수 있을 뿐이다. 손병희의 북접군은 종곡에 이르기까지 수많은 전투를 치렀다. 전봉준의 부대와 합동으로 공주를 대대적으로 공격한 것을 비롯해서 전라도의 금구, 태인, 장성, 무주, 그리고 충청도 영동의 용산 전투에서 혈투를 벌였고, 종곡에서 패한 뒤 괴산 화양동을 거쳐 충주 외서촌(현재 충북 음성군 금왕읍)에서 부대를 마침내 해산하였다.

---

1) 『東匪討論』, 갑오년 11월, 「江襄原橫洪等五邑東匪接主車基錫」.
2) 朴貞洙, 『下沙安公倡義事實』(독립운동사편찬위원회, 『독립운동사자료집』 1 소수, 1970, 800면). 이하 『사실』로 축약 표기.
3) 손병희군에는 강원도 포수들이 많았다(『천도교회월보』 255호, 31면).

원주의 동학교도들이 원주 밖이 아니라 원주 내에서 활동한 사실도 알기 어렵다. 다만 1894년 가을과 겨울 이규하(李圭夏)가 귀래면에 접을 설치하고 귀래와 인근 면에서 활동하다가, 이듬해 귀래면에 거주하던 진사 이철화(李哲和)가 이끄는 포군에게 충주 소태면 구룡동에서 체포되었다는 사실을 확인할 수 있다.[4] 그리고 자세한 경위는 역시 자세히 모르지만, 동학농민전쟁이 끝난 뒤 체포한 동학교도들을 치악산 자락 어느 곳으로 끌고 가서 살륙하였다는 천도교의 기록이 있는 것을 보면, 원주도 항쟁의 여파가 적지 않았다고 할 수 있다.

3. 최시형과 원주

전쟁이 끝난 뒤, 최시형과 손병희 등 그의 핵심 제자들은 체포를 피하며 천신만고를 겪었다. 충주 외서촌에서 부대를 해산한 이들은 부론면 노림리와 홍천을 거쳐 인제의 오지로 들어가 1년 동안 숨어살았다. 그리고 이듬해인 1895년 12월경 치악산 깊은 곳인 수레너미(현재 횡성군 안흥면 강림리 거유동)로 넘어와 약 3개월 동안 머물렀으나, 너무 산골이고 먹는 것도 어려워 음성 근방으로 옮겨갔다.[5] 최시형은 수레너미에서 김연국, 손천민, 손병희 등 가장 중요한 세 제자들과 동학의 이치를 깊게 궁구하였다. 또한 이때 세 제자들에게 각각 도호(道號)를 지어 주고 동학의 후사를 당부하는 중요한 유언을 하였다.

최시형 등은 음성에서 다시 상주와 이천 등지로 옮겨 다니다가, 원주의 전거론(현재 여주군 강천면 도전 2리)으로 들어왔다. 이곳

---

4)『사법품보』1, 강원감영래첩, 38면.
5) 박맹수,「동학과 원주지방의 관계」『원주얼』, 1990, 84~93면.

에서 병든 몸을 쉬고 있던 그는 동학 교리에서 아주 주요한 '이천식천(以天食天)'과 '천시인 인시천(天是人 人是天)'의 법설을 하였다. 이는 곧 최시형이 사상이 생명과 인간의 존귀함을 극도로 강조하는 단계에 이르렀음을 뜻한다. 그리고 이 시기에 이르러 동학 조직도 각지에서 소생하고 있었으므로 찾아오는 제자들도 많아졌다. 그에 따라 체포의 위험도 높아져 끝내는 그를 체포하려는 병정들이 들이닥쳤으나 한 제자가 그를 대신해서 체포됨으로써 위기를 모면하였다. 그날 밤에 이곳을 탈출한 최시형과 제자들은 호랑이를 만나는 등 온갖 고생을 하면서 홍천 등지로 피신해 다니었다.

 1898년 2월 그믐 무렵 이들은 다시 원주로 돌아와 송골(호저면 고산리 송골)에 몸을 숨겼다. 이곳은 원주 접주 임학선(林鶴善)이 주선한 피신처로서 집주인은 원진여(元鎭汝)였다. 집 구조는 안채와 사랑채로 되었는데, 안채는 부엌, 툇마루, 아랫방, 윗방이 있었고, 사랑채는 방앗간, 외양간, 부엌, 사랑방으로 꾸며져 있었다. 그리고 손병희는 소초면 의관리의 윗섭배와 둔둔리(아랫둔둔)에, 그리고 김연국은 옥직리(현재 횡성군 서원면 옥계리 옥지기)에 피신해 있었다. 그러나 운명의 시간은 다가오고 있었다. 4월 5일은 최제우가 득도한 날로서 동학교도들에게는 가장 중요한 기념일이었으나, 왠지 최시형은 전날 제자들을 모두 돌아가도록 하였다. 이튿날 정오경 한 제자만 데리고 있던 그는 갑자기 들이닥친 충청도 옥천과 보은 병정 5십여 명에게 체포당하고 말았다. 그는 가마로 문막까지 호송되었고, 그곳에서 배편으로 여주로 간 다음 육로로 해서 서울로 압송되었다. 그리하여 서소문 감옥에 갇혀 있다가 형식적인 재판을 받고 드디어 7월 20일 72세로 위대한 일생을 마감하였다.

II. 원주의병

1. 1896년의 의병

1) 의병 봉기

1894년 6월 20일 일본군은 경복궁 점령하고, 친일적 개화파 관리를 동원해서 갑오개혁을 강요하였다. 그러나 삼국간섭 이후 약화된 자국의 영향력을 확대하기 위해서 이듬해 8월 20일 민비 시해를 감행하였다. 이런 사태에 직면한 조선인들은 곧 '왜'에 의해 조선이 망하고, 중화의 나라가 금수의 나라로 떨어지는 것으로 생각할 수밖에 없었다. 이렇게 일제의 침략이 더욱 노골화되자, 양반 유생들도 무장투쟁, 곧 의병항쟁을 회피할 명분과 이유가 없어졌다. 양호소모사로 동학농민군 진압에 나서기도 하였던 문석봉은 1895년 2월경 충청도 공주에서 비밀스럽게 관병들을 훈련시키다가 '토왜죄(討倭罪)'로 체포되었다. 석방된 그는 그해 9월 18일 유성에서 봉기하였으나, 역시 실패하고 말았다.[6] 울분을 삭이지 못하던 조선인들은 12월 30일(음력 11월 15일) 단발령이 내리자 더이상 참을 수가 없게 되었다. 원주와 가까운 경기도 이천에서도 12월 31일 민승천(閔承天)을 창의대장(倡義大將)으로 하는 의병이 봉기하였다. 이와 비슷한 시기에 광주와 여주에서도 의병이 일어났다. 특히 여주는 시해를 당한 민비의 고향이었으므로 의병이 일찍 일어났다.

의병항쟁이 시작된 경기도 동남부 지방과 근접하였던 원주에서

---

6) 김상기, 『한말의병연구』, 일조각, 1997, 제4장 한말 을미의병의 항일투쟁 참조.

도 마침내 1896년 1월 12일(음력 을미년 11월 28일. 을미년 11월 17
일부터 양력을 채용하였다) 의병항쟁의 횃불이 타올랐다. 이 거의
를 처음에 주도한 인물은 지평군에 거주하던 포군 대장 김백선(金
伯善)과 지평에 세거하던 덕수 이씨 일족으로 여주에 살던 유생 이
춘영(李春永)이었다. 김백선과 그를 따르는 포군들은 1894년 제2차
동학농민전쟁 때에 맹영재와 함께 홍천군 서석면 자작고개에서 동
학농민군을 격퇴하는 등 농민항쟁을 진압하는 데 큰 구실을 하였
다. 1895년 민비시해와 단발령 등 여러 사건이 일어나자, 그는 지평
군수가 된 맹영재에게 거의를 촉구하였다가 거부되자 크게 반발한
바가 있었다.[7] 다시 말해서 포군이라는 낮은 사회적 지위에 처하였
던 민중들은 국가와 민족이 위기에 처하자 누구보다 먼저 의기를
높이 들었던 것이다. 그렇기 때문에 이춘영이 그를 찾아와 의병을
일으킬 것을 제의하자, 두 사람은 쉽게 의기투합할 수 있었다.

그런데 이들이 지평이 아니라 지정면 안창리에서 거의를 한 이
유는, 맹영재가 여러 가지로 방해를 하였고, 이춘영의 처족인 연안
김씨 판서 김세기(金世基)의 가세가 넉넉하였으므로 지원을 기대
할 수 있었다. 거의 장소를 옮기도록 권고한 진사 김사정(金思鼎)
도 역시 연안부원군 김제남의 10세손이었으므로 이런 계획을 내놓
았을 것이다. 또한 섬강에 접하고 지평에서 원주로 가는 길목에 위
치하였던 안창은 집합지로서의 이점도 컸던 곳이었다.

의병들을 모으는 책임자인 소모장을 원주 출신 김사정이 맡은
것으로 미루어 안창리 의거에는 지평에서 온 포군들 외에도 원주
사람들이 다수 가담하였던 것으로 보인다. 그리고 안창에는 제천

---

7) 맹영재는 결국 음력 12월 김백선과 함께 거의하였던 지평의 포군 박정식
(朴定植)에게 포살 당하였다. 박정식은 "개화한 자에게는 총알이 들어가지
아니하랴." 하고 가마에 탄 그를 세 차례 총을 쏘아 죽였다(『사법품보』1,
보고서 제20호 별지. 355~356면).

에 거주하던 유생들도 잇따라 모였는데, 이들은 안승우, 이범직, 신지수, 안철상 등으로 화서(華西) 이항로(李恒老)의 학통을 잇는 유생들이었다. 이때 의병의 숫자는 정확히 알 수 없지만, 제천으로 이동한 뒤 기록된 자료에 따르면, 김백선의 포군들이 4백여 명이 었다고 하는 것으로 미루어 그만큼은 되었을 것이다.

이들은 김세기에게 미리 통지하여 군량을 준비하도록 하였으나 그는 도주하고 말았다. 또한 원주군수 이병화에게도 통보하고 밤 을 타고 원주로 들어왔으나, 그 역시 충주로 도망하였다. 이춘영은 재상과 수령이라는 자들이 나라와 조상을 잊고 의로움과 부끄러움 이 없으니 이들을 반드시 죽이겠다고 공언하였다. 그 후 이병화는 제천의병진에 들어와 사죄하고 원주수성장이 됨으로써 간신히 목 숨을 구하였다.8) 원주를 점령한 의병들이 어떻게 활동하였는지는 잘 알 수 없지만, 사방으로 격문을 보내고 의병을 모았을 것이다. 아마 제천이나 충주에서처럼, 삭발을 하는 등 개화정책에 적극 동 조한 자들을 처벌하였을 것으로 짐작된다. 이날 의병의 원주관아 점령은 을미의병 초기단계에서 얻은 쾌거로 이후 춘천과 안동 등 각지에서 의병이 일어나는데 영향을 끼쳤다.9)

안창에서 거의한 뒤 이루어진 의병 편제에서 김백선은 도령장 (都領將)이 되었으나, 다시 선봉장이 되어 병권을 장악하였다. 그 가 상민 출신이기 때문에 의병장은 이춘영이 맡았을 것이다. 발송 여부는 정확히 알 수 없지만, 이춘영이 영국·미국·프랑스·독일

---

8) 『사실』, 781면. 그러나 그의 의병 활동 기록을 전혀 찾아볼 수 없으며, 체 포된 의병장 원용팔이 1895년 11월 서울 평리원에서 재판을 받을 때 수반 판사(首班判事)로 이름이 올라와 있던 것으로(朴貞洙,「元公三戎堂乙巳擧 義始末」『義士三戎元公乙巳倡義遺蹟』(『韓末義兵資料集』所收, 한국독립 운동사연구소, 1989, 260면) 미루어 그는 목숨을 구하기 위해 거짓으로 의 병에 참여하였던 것 같다.
9) 김상기, 앞의 책, 193면.

4개국 주한 공사관 앞으로 일제의 침략을 규탄하는 문서를[10] 남긴 것이 있는데, 이 글은 거병한 1월 12일부터 제천으로 이동해서 의병 부대를 재편성하였던 1월 17일경 사이에 그가 의병장의 자격으로 쓴 것이라고 생각된다.

이 의병 부대는 며칠 후 원주를 떠나 1월 17일 날이 밝기 전 제천에 입성하였다. 이처럼 의병진이 제천으로 이동하게 된 데에는 안승우 등 제천 출신 양반 유생들의 의사가 크게 작용하였기 때문이었다. 그들은 제천에는 유림들이 많이 살고 있고, 제천군수가 단발을 심하게 강요하므로 이를 처단해야 인심이 안정될 것이라고 주장하였고, 이춘영 역시 화서학파인 제천 유생들과 일정한 관계를 맺고 있었으므로 이 의견에 동의하였다. 참고로 원주도 화서학파의 영향이 적지 않은 곳이었다. 제천에 살던 유인석의 문인들이 향음례와 강례를 지속하였는데, 1902년에 작성된 『의조(義租)』는 그 비용을 기부한 사람들의 명단이다. 모두 123명 중 거주지가 적힌 경우는 86명인데, 제천과 청풍 거주자가 42명으로 가장 많고, 원주는 25명으로 그 다음을 차지하였다.[11]

하지만 이와 같은 판단에 따른 의병진의 제천 이동 결과는 의병 항쟁에 부정적 영향도 미쳤다고 해석할 수 있는 여지를 남겨 놓았다. 제천으로 이동한 의병진은 제천 근방의 양반 유생들, 특히 화서학파의 문인들을 중심으로 해서 지휘부를 새로 구성하였는데,[12] 대장은 단양 출신 이필희가 맡았다가, 바로 뒤 그를 이어 화서학파

---

10) 『사실』, 777면.

11) 具玩會, 『韓末의 堤川義兵』, 집문당, 1997, 251면 각주 43 참조.

12) 원주 출신으로 파악되는 인물로서는 서기를 맡은 원용정이 보이지만, 김사정 등 초기 가담자의 이름은 기록에 보이지 않는다. 그리고 3월 중순경에 구성된 지도부 속에는 중군참장 한동직, 중군참모 김사두, 중군참오 박정수, 총재서무 원용정과 원용석, 원주수성장 김병대, 의승장 무총이 원주 출신이었으며, 확실하게 출신지가 밝혀진 이들 외에도 다른 원주 인물들이 있었을 것이다.

의 종장 유인석이 호좌의병진의 대장이 되었다. 반면 병사층은 여전히 김백선이 이끌던 포군들이었다. 이렇게 지휘부가 철저한 유교적 관념에 사로잡혀 있던 화서학파로 구성됨에 따라 "소민(小民)" 출신 병사층과의 융합이 제대로 되기는 무척 어려웠다. 후에 김백선이 군률에 따라 처형당하게 된 주요한 배경에는 양반 유생 지휘자와의 깊은 신분적 갈등이 있었다. 또한 원주에서 의병이 일어났다는 소식이 널리 전파되자, 대의를 품고 의병을 모으려는 의사들이 원주로 모여들었는데, 그 가운데는 최초의 의병장인 문석봉도 있었고, 관동의병장으로 이름 높은 민용호도 원주에서 소모 활동을 하였다. 특히 원주와 평창 등지에서 많은 의병을 모은 후자는 의병 소모를 둘러싸고 제천의 호좌의병진과 크게 대립하기도 하였다. 만약 원주가 지속적으로 의병진의 중심지가 되어 여러 인물들이 단일 의병진에 참여하였다면, 이와 같은 사단은 벌어지지 않았을 수 있었을 것이다. 그리고 의병기지로서는 벽지인 제천과 단양보다는 상대적으로 사람과 물자가 풍부한 원주가 여러 면에서 유리하였을 것이다. 더욱이 5월 15일 관군이 원주를 점령하기 전까지는 의병이 이 지역을 장악하고 있었기 때문에 투쟁기지로 충분히 활용할 수 있었다.

경상도 산청 출신으로 서울로 양자를 가서 민비의 먼 친척이었던 민용호는 여주에 머물렀다. 그런데 민비시해 사건이 일어나자, 그는 9월 16일 유림들에게 통문을 띄워 분발을 촉구하였다. 그리고 1896년 1월 초에 여주에서 원주로 온 민용호는 13일 창의를 하고, 의병을 대대적으로 모았다. 비슷한 시기에 안창에서도 의병이 일어났기 때문에 당시 원주는 한 마디로 의거 분위기에 휩싸여 있었다고 할 수 있다. 그렇기 때문에 원주에 특별한 연고가 없던 민용호도 며칠 만에 의병진을 갖춰 17일 신림으로 이동할 수 있었다. 그는 이곳 치악산 기슭에서 혈제(血祭)를 올려 복수를 다짐하고 의병대장에 올랐다. 그의 부대에는 횡성과 평창 등 영서지방 사람들이 많았다.[13] 여기에 박운서가 동참해서 강릉으로 향하였고, 이원하도 민용호와 동행하다가 안승우의 요청으로 돌아왔다. 반대로 민용호가 모집한 의병을 이필희가 빼앗았다고 한다.[14] 이와 같은 병력 다툼 때문에 유인석 의병과 민용호 의병은 사이가 멀어지게 되었다.

2) 의병 소모와 항쟁

제천으로 본진이 떠난 원주에는 후진(後陣)이 남아 있다가, 1월 20일 일본군 6명을 참획하는 승리를 거두었다.[15] 이 일본군들은 1월 17일 원주로 파견된 충주 가흥병참수비대 소속 정탐병일 가능성이 높다. 그리고 정부에서도 18일 내부협판 유세남(劉世南)을 원주로 파견해서 의병을 해산하려고 하였다.[16] 그렇다고 원주지역에서 의병들의 활동이 크게 위축되지는 않았다. 전군장과 중군장을 맡았던 안승우도 여러 차례 원주에 주둔하였다. 대장직을 유인석에게 넘긴 이필희가 진동장(鎭東將)으로 일찍부터 원주로 파견되어 사람들을 의리로 설득하였고, 군수물자도 모았다.[17] 진동장이란 직함을 가진 이필희가 원주에 머물렀다는 사실은 원주가 강원도의 의병 중심지라는 뜻을 내포한다. 그의 중군으로는 평창 출신 이원하가 활약하였다. 주천소모장 이명로가 원주와 횡성에서 의병을 모집하였다. 그리고 포군인 박운서(朴雲瑞, 일명 漢玉)가 도령장(都領將)으로 원주에서 의병들을 모았다. 참장 한동직 역시 원주

---

13) 『사실』, 792면.
14) 민용호, 『관동창의록』, 병신 3월, 국사편찬위원회, 1984, 37~38면.
15) 장익환, 『일기』(박성수 외, 『한국독립운동사사료집』 의병편, 한국정신문화연구원, 1993), 94면.
16) 『日省錄』, 고종 32년 12월 5일.
17) 장충식, 『산거만록』(박성수 외, 앞의 책 소수), 63면 ; 『사실』, 788면.

에서 기병하여 제천으로 들어갔고,[18] 소모장[19] 김사정과 김사두는
의병을 뽑아 제천으로 보냈는데, 특히 김사정은 안승우와 오해를
풀고 원주수성장으로 전 홍산현감 김병대를 추천하는 등 그와 적
극 협력하였다. 이 외에도 원주에서 의병을 모았다는 기록을 종종
볼 수 있다.[20] 이렇게 원주에서 소모한 의병들은 호좌의병진이 2
월 17일 충주를 공격해서 관찰부를 점령하고 관찰사 김규식을 처
단하는 을미의병 최대의 전과를 올리는데 큰 역할을 하였고, 이후
에도 중요한 일을 담당하였다.

또한 적극적인 원주 방어 전략도 구사하여 김병대(金炳大), 그의
중군이었던 홍우범(洪祐範), 전 원주군수 이병화, 구철조(具哲祖)를
연이어 원주수성장으로 삼았고, 적들이 한강을 넘어 충주와 제천
으로 들어오는 것을 막기 위해 한동직에게 끝정자(端亭: 부론면 단
강리)를 맡기기도 하였다. 수성장은 단지 방어의 책임만 맡았던 것
은 아니라 지방행정까지 수행하고 감독하였던 것 같다. 곧 지역의
수령과 유사한 기능을 담당하였다고 볼 수 있다.

원주 출신의 의병들은 제천의병뿐 아니라 심상희가 이끌던 여
주의병에도 대거 참여하였다. 원용석과[21] 한동직은 여주의병진의
중군과 전군으로 활약하다가 제천의병진으로 들어갔고, 김사정 역
시 심상희와 일시적이나마 긴밀한 관계를 맺었던 것 같다. 여주의
병은 장호원의 일본군을 공격하였다가 이기지 못하자 원주로 들어
와 전열을 가다듬었고, 충주에서 후퇴하던 제천의병과 청풍에서

---

18) 『사실』, 773면.
19) 원주소모총독이라고도 하였다.
20) 『사실』, 788, 797면. 충북 괴산에서 의병을 모은 이철화(李哲化)는 진사로
    귀래에 거주하던 인물로 추정된다. 그는 1894년에는 원주 지역의 동학농
    민군을 진압하였다.
21) 위의 책, 817면. 원용석은 유중교의 문인으로 제천의병과 여주의병이 연합
    을 시도하는데 일정한 역할을 하였을 것이다(구완희, 앞의 책, 140쪽).

합류한 뒤 다시 원주의 구례에[22] 주둔하였다. 광주의병을 격파한 뒤, 그의 부대는 원주 어둔(魚屯)으로 이동해 주둔하였다. 그리고 이곳까지 추격해 온 경병을 상왕사(霜旺寺) 좌우에 매복해 있다가 포위 기습해서 큰 전과를 올렸고, 패잔병들을 열수(冽水)까지 쫓아 가 다수를 죽였다.[23]

그런데 심상희는 후에 다시 원주에 들어와 원주의장 이인영의 의병과 충돌하였다. 의병이 열세에 놓여 있다고 판단하여 해산을 염두에 두었던 심상희는 귀순증이라고 할 수 있는 배의표(背義表) 를 친지인 이인영 부대 중군 한진국(韓鎭國)에게 주려고 하다가, 그에 항의하여 칼을 휘두르며 질책을 하는 그를 죽였다. 그리고 간 신히 탈출한 이인영은 안승우의 권유를 받아 한진국의 동생 진기 와 민응서 등 남은 병사 30인을 데리고 그의 의병진으로 들어갔다. 그리고 후에 다시 한성원이 원주에 가서 이인영의 잔병을 모아 왔 다.[24]

특히 유격장 이강년의 부대에는 원주사람들이 많았다.[25] 또 장 의장(杖義將) 이원하가 언제 이강년 의병진에서 활동하기 시작하 였는지 정확한 시기는 알기 어렵지만, 5월 중순에는 이강년과 더 불어 제천에 진주하였다는 기록을 볼 수 있다.[26] 이렇게 원주출신

---

22) 구례는 제천시 백운면 운학리와 신림면을 잇는 구례골을 말한다(구완희, 앞의 책, 121면 참조).

23) 『사실』, 783면.

24) 위의 책, 772~773, 775면. 이와 같은 기록은 심상희와 사이가 좋지 않던 제천의병진의 박정수가 남긴 것이므로 검토의 여지가 있다. 김사정도 일 시적이나마 심상희와 관련을 맺었던 듯하다. 그리고 제천의병진에서 크게 활약한 한동직은 본래 여주의병의 전군(前軍)이었고, 심상희 의병진이 해 산한 뒤에 비로소 유인석에 의해 참군장으로 임명되었다는 사실로(816면) 미루어 이와 같은 불상사는 의병 내부의 분열 때문인 듯하다. 실제 심상희 는 정부의 명령에 따라 의병을 해산하였지만, 그 시기는 이미 제천의병 자 체도 붕괴되던 5월말, 또는 6월초였다.

25) 『사실』, 800면.

의 의병이 다수였으므로 5월 관군의 총공세에 맞서 제천의병진이 가리파에 홍대석 등을 파견하였던 것이다.

그러나 충주를 점령하고 있던 의병들은 일본군의 대대적으로 반격으로 결국 3월 5일 은밀히 충주에서 퇴각할 수밖에 없었다. 그 후 제천 - 단양 - 풍기 - 영춘 - 충주 - 음성 등지를 거쳐 6월 10일 강림에 도착할 때까지 여러 곳을 편력하였고, 그러면서도 가흥의 일본군 수비대를 공격하는 등 치열한 전투를 치르기도 하였는데, 3월 18일의 이 전투에는 이인영이 지휘하는 원주의병과 그가 의병에 가담시킨 청국인 여국안 등 7인도 참전하였다.27) 그런데 아쉽게도 가흥 전투 패배 후 양반 유생들과 김백선 사이에 항쟁 방법을 비롯해서 신분 관념 등으로 커다란 충돌이 생겼고, 결국 김백선이 처형당함으로써 전력이 급격히 약화되고 말았다. 그래도 의병을 강화하기 위한 노력은 지속되었고, 원주에서도 의병 소모 활동이 활발하였다.

정부는 4월 중순부터 군대를 파견해서 의병을 강력하게 압박하며 해산을 종용하였다. 참령 장기렴이 선유사의 직함을 띠고 충주 황강에 와서 고시문(告示文)을 보내 귀순할 것을 종용하였다. 5월 14일에는 원주수성장 구철조가 관군과 일본군이 솔치(兩松峙)를 넘었다고 급히 알렸고, 여주의병장 심상희과 참장 한동직은 또 다른 적이 안창으로 들어왔다고 보고하였다. 마침내 5월 15일 김재은(金在殷)이 지휘하는 경병은 원주로 들어왔지만,28) 진동장 이필희, 중군 이원하, 수성장 구철조 등은 병력이 적어서 적을 막아내지 못하고 가리파로 퇴각하였다. 경병들은 가는 곳마다 의병에 합류한 포군의 집을 모두 불태워 버리는 만행을 저질렀다.29) 제천의

---

26) 위의 책, 802면.
27) 위의 책, 799면.
28) 장충식, 『일기』(박성수 외, 앞의 책), 병신 3월 13일, 74면.
29) 『사실』, 799~800면.

병진은 신림으로 넘어가는 가리파 고개를 굳게 방어하기 위해서 청풍 쪽을 지키던 홍대석과 정운경을 그 쪽으로 출동시켰다.

또한 정부는 민영기(閔泳綺)를 충주관찰사로 삼아 의병을 귀순하도록 하였다. 그는 여주에서 심상희를 만나 귀순을 종용한 뒤, 5월 19일 원주로 들어왔다가 정운경의 영솔장(領率將)인 김교헌에게 잡혀 포박을 당해 의병진중으로 끌려 왔다.[30] 이 자리에서 그는 유인석과 안승우 등 의병장들과 대화를 하였으나, 결국 양쪽의 의사는 일치될 수가 없었다. 이와 같은 정부의 효유가 실효를 거두지 못하자, 황강에 머물러 있던 장기렴이 군대를 끌고 제천으로 진격하였다. 이에 원주에 주둔하던 의병 부대까지 불러들여 선전하였으나, 5월 25일의 전투에서 의병은 중군 안승우가 전사하는 등 심대한 타격을 입고 말았다. 이후 유인석이 이끄는 의병들은 각지를 돌아다니다가 6월 10일 충주 노은치 문암촌에서 원주군 강천리(현재 여주군 강천면)로 이동해서 며칠 동안 머무르다가 여주의 심상희 의병진이 해산하였다는 소식을 듣고 다시 섬강을 건너 홍호를 거쳐 노림리의 노숲에 주둔하였다. 이후 빗길을 걸어 봉현(鳳峴:사제리 봉현동)을 지나 보안역(保安驛)으로 들어갔다. 장기렴이 부대를 나누어 강천과 안창으로 의병을 계속 추격하였고, 강천나루에서 의병은 야습을 당하여 큰 손실을 입었다.[31] 다시 금대리로 이동하였고, 신림을 경유해서 제천으로 되돌아갔다. 이리하여 의병진은 마침내 방림에서 실질적으로 해산되고 말았다. 이후 유인석 등 소수의 양반 유생들은 정선, 홍천, 낭천을 거쳐 함경도로 들어갔다

---

30) 이 사건 때문에 민영기는 스스로 퇴임하겠다는 상소를 올리기도 하였다.
(『일성록』, 건양 원년 4월 23일). 양측의 대화 내용은 『일성록』과 『사실』 802면 참조. 5월 19일 원주에 도착한 민영기는 그날 밤 오경에 갑지가 포성이 들리며 무장한 자들에게 끌려 제천에 이르다고 하였다.
31) 『사실』, 817면 ; 李正奎, 「李範稷傳」 『六義士列傳』(『독립운동사자료집』 1, 687면).

가 압록강 너머 간도로 망명하였다.

이렇게 원주 출신의 많은 의병들은 항쟁의 마지막 단계와 해외 망명까지 제자리를 지켰다. 장기렴이 제천을 공격하기 직전까지 의병 지휘자로 활동하였던 인물로는 총독 김사정, 별영장 이인영, 참진장 한동직, 장의장 이원하, 중군 원용석이 기록에 나타난다. 특히 안승우가 제천전투에서 전사한 뒤, 중군장을 이원하와 원용석이 맡았다는 것은 그들의 부하들인 원주의병이 최후의 항전 주력이 되었음을 의미한다. 제천 패전 이후에도 원주에서는 윤성호가 소모 활동을 하였는데, 민폐가 아주 컸었던 것 같다. 그리고 원용정 등은 유인석과 함께 간도까지 망명하였다.

2. 1905년 의병

일제는 러일전쟁을 도발한 뒤부터 조선을 더욱 노골적으로 강압하였다. 이처럼 망국의 위기가 다가오자 우국지사들의 충정은 한층 뜨거워져 갔다. 이미 1895년 여주와 제천 의병으로 활약하다가 유인석 등과 함께 중국으로까지 망명하였던 바가 있던 원용팔(元容八-元容錫의 개명)도 망국이 눈앞에 닥치자 비분강개한 마음을 참지 못하였다. 그는 외세의존적인 실력양성운동이 아니라 즉각적인 무장봉기만이 진정한 자강의 길이며, 그것만이 자보(自保)할 수 있는 방도라고 역설하였다. 이때에는 의병항쟁의 객관적인 상황이 그 이전보다 훨씬 어려웠지만, 망국을 막기 위해서는 승패와 관계없이 일어나야 된다는 강한 그의 신념은 유인석 등도 굽힐 수는 없었다.[32] 그리고 이미 5~6월경에는 박석여(朴昔汝)의 의병진이 원주와 가까운 충주, 죽산, 진천 등지에서 활동하고 있었던

---

32) 구완희, 앞의 책, 265~268면.

사실도 그의 봉기를 촉진하였을 것이다.

1904년 여름부터 항쟁을 준비하였던 그는 드디어 8월 16일(음력 7월 16일) 주천 풍정(楓亭)에서[33] 거의를 하였다.[34] 그의 사촌동생인 원용수를 비롯해서 채순묵, 김낙중 등 8명의 동지, 그리고 포군인 최병덕과 정재식 등이 처음부터 참여하였고, 주천 금마둔에 사는 박수창이 이 거사를 인적으로 물질적으로 후원하였다. 원용팔은 주천에서 수십 명의 포군을 얻어 단양으로 갔다.

정운경 등 1895년에 의병에 참여하였던 인사들이 그곳에서 합세하였다. 원주사람으로는 김태관(金泰觀)과 채경묵(蔡敬默)이 참모종사가 되었다. 또한 서울 비롯해서 각 지방에 보내는 격문을 지어 외세의 침략으로 오랑캐가 되어 버리는 나라의 현실을 개탄하며 동참을 촉구하였고, 이밖에도 정부를 비롯해서 서양 각국의 외교사절, 심지어 일본공사관에도 일제와 그들의 하수인 일진회를 성토하는 서한을 보냈다. 아울러 각 촌락에 전령을 발하여 의병을 소모하였다. 봉기한 지 열흘이 가까운 8월 24일경에는 백 명 정도의 의병을 이끌고 단양의 매포에서 의병을 모집하여 영춘으로 되돌아가기도 하였다.

이렇게 그는 단양, 영춘, 영월, 정선, 봉평 등지를 순회하면서 의병을 규합하며 전열을 갖추어 나갔다. 또한 원주 진위대와도 손을 잡으려고 시도하여 몰래 원주에 들어와 진위대와 합력하자는 약속을 하는 데까지 이르렀으나, 그들은 연합의 상대가 될 수가 없었기에 결국 아무런 성과를 얻지 못하였다. 아마 진위대 병정 일부가 그와 함께 투쟁에 나서려고 하였으나, 사정이 여의치 않았던 것 같다. 이처럼 의병진을 강화해 나가는 한편 일제의 앞잡이 노릇을 마

---

33) 원주목에 소속되어 있던 주천은 1895년 지방행정제도 개편에 따라 영월군으로 이속되었다. 그리고 풍정의 정확한 위치는 알 수 없다.

34) 박정수, 「원공삼용당을사거의시말」 『의사삼용원공을사창의유적』, 226면.

다하지 않던 일진회 회원을 처단하였고, 일제의 통신선을 끊고 일
본인 우편 체송부를 죽임으로써[35] 충주와 강릉 사이의 전보와 서
신 등 통신을 두절시켰다(일제는 원용팔 의병을 조속히 진압하지
않으면 일본 병력을 동원하겠다고 조선정부를 위협하였다. 이에
정부는 원주 진위대를 즉각 출동시켰고, 진위대장 김귀현(金龜鉉)
은 일진회 회원을 의병진에 위장 침투시켜 일본군이 주천으로 출
동해서 대규모 토벌 작전을 할 것이라는 소문을 퍼뜨렸다고 한다).

  9월 20일 평창군에 8백여 명, 홍천군 서석면 검산리에 4백여 명
의 의병이 진출하여 춘천을 압박하였다.[36] 서석면에 진출한 부대
는 연암리(淵巖里)를 거쳐 화촌면 군업리(化村面 君業里)로 진출하
였고,[37] 영귀미면 노천리(詠歸美面 魯川里)와 좌운(坐雲)에 도착하
였다.[38] 그리고 25일 아침 300명의 의병이 횡성읍내로 진공하여
장대(場坮)에 진을 쳤는데, 대장이 원용팔이었다.[39] 의병들은 존화
토적(尊華討賊)을 쓴 깃발을 휘날렸다. 원용팔이 9월 25일 원주 궁
곡(弓谷:지정면 판대리 판관터 북쪽 마을)에서[40] 김귀현이 보낸 정
수달(鄭秀達)에게 체포됨으로써 커다란 타격을 입게 되었다. 그가
체포되기 전날 저녁 진위대 병사 2명이 친한 사람을 보러 왔다며
진중에 들어왔으나, 이들은 정탐자였다. 이튿날 진위대가 총을 쏘
며 들이닥쳤으나, 그는 오히려 그들을 설득해서 의거에 동참시키

---

35) 『주한일본공사관기록』 24, 六. 고문경찰사고보고, (14)경 제48호, 219면 ;
    『주한일본공사관기록』 26, 八. 外部往, (25) 공문 제126호, 286~287면.
36) 『주한일본공사관기록』 26, 八 外部往, (26)경갑제3954호 별지(3), 288면.
37) 의정부 편, 『各官廳公文原本』(규장각 17272), 光武九年九月二十七日 接受
    第百三十八號.
38) 위의 책, 光武九年十月二日 接受 第百四十一號.
39) 위의 책, 光武九年十月三日 接受 第百四十四號.
40) 국사편찬위원회가 간행한 『주한일본공사관기록』(24책, 六. 고문경찰사고
    보고, 16 경제58호)에는 9월 25일 원주진위대가 원용팔을 원주 활곡(活谷)
    에서 체포하였다고 되어 있다. 궁의 뜻은 활이므로 두 지명은 똑같은 것으
    로 생각된다.

려고 의연히 앉아 있다가 체포당하고 말았다고 한다.[41] 이후 청풍,
단양, 충주, 그리고 문경에서 의병들이 잇달아 일어났지만, 10월말
에 이르러서는 그 세력이 현저하게 약화되었다.

8월 27일(음) 원주 진위영에 투옥된 원용팔은 거병한 이유를 캐
묻는 김귀현에게 '지금 온 나라에는 왜만 있고 우리 나라 사람이
있는 것은 아니다. 진위대가 좌시하고 있는 죄는 막대하기 짝이 없
는데 여기에 의병을 일으킨 사람까지 잡았으니 그 마음을 모르겠
다'고 꾸짖었다. 이렇게 원용팔이 감옥에 갇혀 있고, 더구나 서울
로 압송될 것이라는 소식이 전해지자, 뜻이 있는 사람들은 그를 구
하기 위해 온갖 힘을 기울였다. 주천 신평(新坪)에 사는 박승양
(朴承陽)은, 그가 압상되기 전에 진위대에 가서 의리를 밝혀 석방
되도록 원주 좌변면의 각 동리 사람들은 빠짐없이 공순원(公順院)
에 모여 원주읍으로 가자는 통문을 돌렸으나, 일진회를 두려워하
는 분위기 때문에 모인 사람들이 흩어졌다. 또한 박정수 등이 원주
향교에 가서 통문을 보내려고 하였으나, 서울로 압송해 가는 날이
이튿날이었으므로 역시 무위로 끝나고 말았다. 그가 서울로 이송
되던 9월 8일 많은 사람들이 그를 보기 위해 서문에서 기다렸다.
그는 사람들의 손을 잡고 '남아로서 조용히 죽겠다, 죽어 벼락신이
되어 왜를 치려고 하는 사람을 돕겠다'고 장하게 말하였다.

마침내 원용팔은 남한강을 통해서 서울로 압송되어 이듬해 2월
13일(음) 장년 46세의 나이로 옥사하고 말았다. 감옥에서 주는 밥
도 거부하였기 때문에 아마도 극도의 영양결핍이 그를 죽음으로
몰고 간 것 같다. 그는 고향 원주 가정리로 운구되어 그곳에 묻혔
다. 그는 평리원(平理院) 옥에서 충의를 굽히지 않았고, 심리를 간

---

41) 주 39 자료에는 "원주진위대 10명이 활곡에 도착하여 처음에는 총을 쏘았
으나, 마침내 효유하여 의병을 해산한 후에 그 대장 원용팔을 잡아서 본대
로 귀환하였다."고 한다.

섭하는 일본관리에게 국내에 머무는 왜인들을 토멸하려고 의병을
일으켰고, 이런 뜻으로 일본공사와 일본군 사령관과 담판하겠다고
의기를 떨쳤다. 그리고 이제하와 박춘화 같은 원주의 의로운 선비
들은 조선주재 각국 공사들에게 '우리 나라와 전 세계를 위해서
왜적을 쳤던 원주창의대장 원용팔은 천하의 의사(義士)이므로 그
를 살려서 천하의 공법(公法)을 밝혀야 된다'는 호소문과 일본공사
에게 일본의 침략을 준엄하게 질책하는 글도 썼다.

　원용팔의 봉기는 비록 본격적인 투쟁 단계까지 발전하지는 못
하였을지라도, 가속화되던 일제의 침략에 맞서 민족의 의기를 보
여 주었고, 을사조약이 체결된 11월 이후 광범위하게 일어난 '병오
의병(丙午義兵)'의 선구가 되었다는 점에서 커다란 의의를 가지고
있다.

3. 1907년 의병

1) 원주 진위대의 봉기와 항쟁

　1907년 8월 5일(음력 7월 27일로 원주 장날로 많은 사람들이 읍
내에 모였다) 오후 2시를 지나 원주 진위(鎭衛) 제5대대의 병력
250명은[42] 김덕제(金德濟) 정위(正尉)와 특무정교 민긍호(閔肯鎬)의
지휘 아래 군대해산과[43] 일제의 침략에 대항해서 봉기하였다.[44]

---

42) 『통감부문서』 3, 九 갑종문서부 98, (32) 한병 원주지방 일본인 습격 사건
　　상황 보고, 국사편찬위원회, 1998, 272~273면.
43) 일제가 강요한 이른바 정미7조약에 따라 8월 1일 서울 훈련원에서 군대해
　　산식을 거행하기로 하였으나, 제1대대장 박승환이 자결하였고, 이어 군인
　　들이 대대적인 항거를 일으켰다. 또한 해산 예정일이 8월 10일이었던 원
　　주 진위대를 필두로 각 지방의 진위대 병사들도 이에 호응하여 의병을 일
　　으켰다. 서울 시위대 해산 소식과 함께, 이때 병정은 물론 충의지사까지
　　일본인에게 살육당하였다는 소문 등도 들렸다. 홍유형이 부하들을 진정시

이들은 거사를 말리던 6명의 장교들을 감금하고, 무기고를 열어 1천600여 정의 총과 4만여 발의 탄환으로 무장하였다. 그리고 이들은 격문을 발하여 의병을 모집하였다. 그런데 봉기를 하자마자 곧바로 의병까지 합류하였다는 것으로 보아 진위대 병사와 지역의 의병들이 함께 계획을 수립해서 거사를 일으켰던 듯하다.45) 또한 8월 5일에는 주천의병 백여 명과 평창의병 3백여 명도 평창군 우편취급소를 기습해서 일본인 2명과 체전부(遞電夫) 1명을 사살하였다. 이 의병을 이끈 인물은 윤기영으로 추정된다.

거의(擧義)를 한 진위대 병사들은 먼저 관공서와 일본인들을 공격하였다. 14명의 일본인들은 우편취급소를 거쳐 경무분견소(警務分遣所)로 피신하였지만, 원주에서는 자신들을 구원할 일본군이 없었으므로 남산을 넘어 수비대가 주둔하던 충주 쪽으로 도주하였다. 그런데 남산 꼭대기에는 봉기에 깜짝 놀라 피신한 주민들도 많이 있었다. 의병들의 추적을 받은 일본인들은 계속 도주를 하다가

키고자 하였으나 도리어 반항심만 키웠다. 민긍호는 2일 상경한 대대장 홍유형 대리로 직을 맡았던 김덕제를 협박하여 진위대 전원을 봉기시켰다. 일부는 3일 대대장 홍을 지평에서 만나 대대를 지휘하여 경성으로 진격하자고 하였다. 일부는 같은 날 죽산에 이르러 동지를 규합하였다.

44) 6일에는 원주 본대가 봉기하였다는 소식을 들은 여주분대의 병사들도 원주로 와서 의병부대에 합세하였다. 해산조칙을 받으러 갔다가 돌아오던 대대장 홍유형을 지평에서 기다렸다가 맞은 의병들은 그에게 서울 진공을 요구하였으나, 그는 밤에 도주하였다. 이하 1907년 의병항쟁에 관한 기술은 『한국독립운동사』 제13·14·15·16책(국사편찬위원회 편, 정음문화사, 1968년)에 의존하였으며, 각주는 너무 많아 특별한 경우가 아니면 붙이지 않았다.

45) 강원도관찰사 황철(黃鐵)은 이미 8월초에 의병 모집이 진행되고 있었다고 보고하였다. 이 의병의 주력은 전투를 할 수 있는 포수(砲手)였다고 생각된다. 그렇기 때문에 황철은 사슴을 잡아 진상하기 위해 설치한 5백 명의 강원도 포수제도를 없애야 산포수(山砲手)가 의병에 가담하는 것을 막을 수 있다고 내각총리대신 이완용에게 건의하였다(『각사등록』 28, 강원도거래안 제2책, 114~117면).

원주 쪽으로 오고 있던 일본군 충주수비대의 정찰대와 만났다. 3
백여 명의 의병들은 19명의 정찰대와 약 2시간 교전하여 그들을
충주로 물리쳤다.

진위대가 봉기한 후, 원주 관내에서는 일본인이 1명, 그리고 안
창 덕가산 벌목장에서는 2명이 의병에게 죽었다. 덕가산 사건은
『대한매일신보』에46) 자세히 보도되었는데, 이곳 벌목장에서 일하
던 일본인들은 이미 8월 4일 이래 귀경길에 올랐으나 길이 막혀서
가지 못하다가,47) 비가 오던 8일 밤 기습한 백여 명의 의병에게 총
을 맞아 죽었다고 한다. 그리고 12일에는 2백여 명의 의병들이 여
주에 설치된 경무분견소를 포위하고 일본 경찰관과 그 가족을 참
살하고 의병을 소모해 음죽을 거쳐 장호원으로 갔는데, 덕가산에
서 일본인을 처단한 의병들이 이들일 것이다. 또한 15일 죽산에서
일본인을 참살하였다던 의병 3백 명도 마찬가지일 것이다.

일본군은 서울에서 해산군인의 봉기를 무자비하게 무력으로 진
압했으므로 그들의 원주 출동은 충분히 예상되었다. 그렇기 때문
에 민긍호 등은 8일 원주의 중심부에서 일단 외곽으로 물러났다.
이후 의병의 주력은 크게 세 부대로 나뉘어 안창과 여주 방면, 평
창 방면, 원주 등지로 진출하였다. 김덕제 부대는 평창과 강릉 방
면에서 양양, 간성, 고성, 통천, 흡곡 등 영동 지방으로 넘어갔고,
가장 많은 인원으로 구성된 된 민긍호 부대는 작은 규모로 나뉘어
원주, 제천, 충주, 여주, 홍천 등지에서 항쟁을 전개하였다. 이들의
투쟁이 기폭제가 되어 원주를 중심으로 강원도, 충북, 경상도 각지
에서 의병 항쟁이 힘차게 전개되었는데, 허준, 이경삼, 김만군, 고

---

46) 『대한매일신보』, 1907년 8월 13일, 21일, 22일.
47) 김정한(金禎漢)은 경성유학생으로 작년 음력 7월 서울을 떠나 여주에 들어
  와 의병을 모집해서 7월 6일 약 5·60명을 얻은 이래 여주, 원주, 충주, 음
  죽, 죽산, 용인, 이천, 진천, 안성, 음성 각군에서 활동하였다.

석이, 김군필, 이한창, 한기석, 한갑복, 윤기영, 이강년, 김생산, 변학기, 조인환 등 다수의 민간인과 군인이 주요한 의병 지휘자로 활동하였다. 이들 다수는 투쟁 초기에는 일정한 연합조직을 이루었을 것으로 보이지만, 각 부대의 활동지역이 원주에서 멀리 떨어진 여러 곳으로 확대된 이후에는 무엇보다 연락의 어려움과 다른 의병부대와의 통폐합 등으로 거의 독립적인 의병부대가 되었을 것이다. 그리고 원주 진위대 출신 의병과 직접적인 관계는 없었더라도 그 권위를 이용해서 모병한 의병장도 있었다.[48]

사실 종전까지만 하여도 유생이나 평민 의병장이 이끌던 의병의 무장과 훈련은 보잘 것이 없었다. 그들은 낡은 화승총으로 무장을 하였고, 실질적인 군사훈련을 받지도 못하였다. 그렇기 때문에 의기는 높았으나, 일제에게 커다란 타격을 가할 수 없었다. 따라서 신식무기로 무장하였고, 잘 훈련된 군인들의 봉기는 퇴조하고 있던 의병항쟁에 새로운 활력을 불어넣었다. 또한 의병의 구성에 있어서도 군인과 평민 출신이 압도적인 숫자를 차지하게 됨으로써 의병항쟁의 대중적 기반이 더욱 공고해지게 되었다.

원주 진위대가 봉기하였다는 소식을 접한 일본군은, 시모바야시(下林) 소좌가 이끄는 2개 보병중대와 공병 1개 소대를 서울에서 원주로 급파하였다. 그러나 의병들이 이미 각지로 분산해서 투쟁하였고, 더구나 주민들이 일본군의 동태를 의병들에게 알려 주었기 때문에, 일본군은 며칠 동안 의병을 찾지 못하였다. 충주로 피신하였던 일본인들이 13일 다시 원주로 들어왔다는 것을 보면, 원주 중심부는 완전히 일본군의 손에 놓인 상태였다. 그리고 일본군이 원주로 진입한 8월 10일부터 9월 말까지 거의 두 달 동안 원주

---

48) 이천창의소 左將인 임옥여는 9월 상순 광주군 실촌면에서 "원주의병대장의 軍略"을 사용하여 포군 70여 명을 모집하였다고 한다(『暴徒史編輯資料』, 독립운동사편찬위원회 편, 『독립운동사자료집』 3집 소수, 504면).

를 중심으로 한 의병의 활동 기록은 그다지 많이 보이지 않는다. 9월 8일 시모바야시가 지휘하는 일본군이 원주 동쪽 20리 떨어진 갈곡(葛谷) 고지에서 약 20명을 수용할 수 있는 병사 5동과 참호와 방어책을 만들던 의병을 기습하였다. 또한 9월 22일 밤 문막 부근에서 의병 백여 명이 일본군과 싸웠다는 것과, 23일 횡성군 갑천의 봉복산에서 겨울을 나려던 3백 50여 명의 의병들이 일본군의 기습을 받았다는 기록이 보일 뿐이다. 추측컨대 원주에서 크게 벗어나지 않았던 의병들은 읍내를 제외한 원주의 외곽과 인근 지역에서는 일본군과의 무력 충돌을 피하면서 주로 의병 소모와 군수물자 확보 등의 활동을 하였던 것 같다.

10월 15일에는 정부에서 파견된 선유사 홍우석(洪祐晳) 일행이 일본군 20명과 일진회원들의 호위를 받으면서 원주로 들어왔다.[49] 이때 군주사 이택규(李宅珪)와 수서기 안재윤은 주민들 40여 명을 데리고 5리 밖까지 마중을 나갔다. 그는 주민 4백여 명을 객사에 불러 모아놓고 선유를 하였고, 의병의 투항을 유인하려고 물침표(勿侵票)를 각 동네에 게시하도록 하였다. 그리고 18일에는 민긍호 부대 의병들의 회유를 시도하였다. 홍우석 일행이 민긍호와 만나기로 한 태압점(台壓店)에 가서 태극기를 꽂고 기다리니, 그가 5백여 명을 이끌고 왔으나 2리 앞 산 위에서 머물고 더 이상 접근하지 않았다. 그래서 선유사는 할 수 없이 그의 부하 서너 명을 불러 선유하였으나 성과를 얻지 못하였다. 날이 저물자 선유사는 원주로 돌아왔다가 다시 나이 많은 사람을 보내 민긍호를 만나려고 하였으나 목적을 달성하지 못하였다. 선유사에게 보낸 답서에서 민긍호는 강토와 인민이 일본의 손에 들어간 것을 분통히 여기고 애국심을 이기지 못하여 의병을 일으켰다고 거의의 정당성을 당당히 말하였고, 결코 의병을 해산하지 않고 일본군과 싸우겠다는 의지

---

49) 신용하, 「한말 의병장 민긍호의 공한」『한국학보』 34, 일지사, 1984.

를 명확히 밝혔다. 그러나 순종의 칙유는 각 의병진에 돌려 읽게 하도록 하겠다는 군왕에 대한 충성심도 과시하였다. 이런 결과인 지 홍우석은 60명 가까운 자들이 귀화하였다고 보고하였다.

이렇게 선유를 물리친 민긍호, 최인순, 오정묵의 부대는 10월 23 일경 소초면 학곡리를 거쳐 횡성군 갑천면 동평리로 이동하였다. 그렇다고 의병에 대한 선유가 완전히 중지되지는 않았다. 강원도 관찰사 황철은 정부가 내린 고유서에 대한 민긍호의 답변을 보니, 그가 귀순할 의사를 가지고 있다고 오판하고, 11월 8일 홍천군 좌 운에 주둔해 있던 민긍호에게 횡성군수 심흥택을 파견해서 다시 귀순을 종용하였으나, 결코 원하는 답변을 들을 수 없었다.

그런데 이강년를 회유하려고 나섰다고 추측되는 선유사 홍우석 과 일본군은 21일 원주에서 50리 떨어진 상축치(싸리재)에서 3백 여 명(그 가운데 진위대 병사 1백 명)의 의병들에게 기습을 받아 더 이상 길을 가지 못하고 원주로 후퇴할 수밖에 없었다. 이때 기 습 작전을 편 의병은 이강년의 부대로서 전군장인 윤기영이 선유 위원 권태준을 잡아 일행이 싸리재를 넘어 주천으로 갈 것이라는 정보를 미리 입수하고 매복을 하였다. 지휘관은 우선봉 백남규, 좌 선봉 하한서, 우군선봉 권용일 등이었다. 『창의사실기』에 따르면, 초전에는 적 5명을 사살하였으나, 일본군의 반격을 받아 오후까지 접전하였고, 중군, 전군, 별진까지 동원된 큰 전투였다고 한다.

일본군들은 8월 10일 2개 중대를 원주에 주둔시켰으나, 춘천, 원 주, 충주 지역에서 활동하는 의병을 제압할 수 없었다. 여기에다가 조선정부의 대응이 미약하다고 판단한 일본군은 이른바 '대토벌' 작전을 개시해서 보병 51연대 제1중대를 10월 25일 서울에서 원주 로 파견하였다. 그리고 같은 날 원주수비대 소속의 일본군 20명, 그리고 경무분견소에서도 보조원과 순검 각 2명과 일진회원 5명 이, 선유사와 면담하였던 약 천 명의 의병들이 통과한 소초면 학곡리로 출동하여 의병의 자취를 탐색하고, 의병들이 버리고 간 창 3 백 자루 등 무기를 수습하였다. 이곳을 통과한 의병들은 민긍호가 지휘하는 관동대진(關東大陣)의 후군으로 횡성 고모곡면 이목정 방면으로 진출해서 둔촌, 섬실 등지에 주둔하며 겨울을 날 준비를 하고 있었다. 그러나 일본군 원주수비대의 기습을 받은 이 의병들은 결국 큰 피해를 입고 지평 방면으로 후퇴하였다.

10월 31일에는 신림 부근에서 활동하던 의병 30명이 원주읍 서쪽 10리에 있는 부흥사면 마전동(麻田洞)에서 일진회원 강구현, 박명수, 김인도를 일본당(日本黨)이라고 하여 체포해서 2명은 총살하고 김인도는 데리고 가버렸다. 이들을 안내한 김경춘(金敬春), 김정숙(金正淑), 채도성(蔡道成)은 이 마을 출신의 의병이었다. 이 시기 많은 일진회원들은 의병의 동정을 정탐하거나 일본군의 수색을 돕는 것 외에도 의병을 밀고하고 죽이는 매국적 행위를 하고 있었기 때문에 각 지역의 의병들은 일진회원을 무섭게 단죄하였다. 그리고 지향곡면에 거주하는 원주군의 주사 이택규도 일본군에게 편의를 제공하는 '한국의 역신(逆臣)'이라고 규정하고 그 집을 습격하였으나 그는 가족들과 함께 이미 도망쳤다.

위에서 알아본 것처럼, 민긍호가 선유사 등 관리들과 접촉한 것에 대해서 제천의병진의 일각에서는 그가 소극적인 투쟁을 하고 있다고 오해하기도 하였다.[50] 그러나 민긍호의 진의는 선유를 받아들이는 것이 아니라 더욱 강력한 투쟁을 하기 위해서 시간을 벌고 정부 대응을 약화시키려는 데 있었다. 11월 8월 홍천군에 주둔하였던 민긍호 부대는 강릉과 양구 등지로 계속 북상하였고, 9일에는 "진위영창의사령부대장(鎭衛營倡義司令部大將)" 민긍호의[51]

---

50) 구완희, 앞의 책, 335~336면
51) 9월 20일에 사용된 민긍호의 직함은 진위영창의사령부대장 전특무정교인데, 전 특무정교가 삭제된 것으로 보아 당당한 의병부대라는 의식이 더욱

명의로 된 격문 2통이 간성군 주사 앞으로 전달되었다.

11월 하순에 이르면, 양양과 강릉 등 영동의 북부지역에서 활발히 활동하는 의병의 총수는 약 2천여 명(해산군인 4,5백 명)으로 추산되었다. 이 의병들은 민긍호, 박화남, 박내익 등이 이끌고 있었고, 민긍호가 총지휘를 하는 듯하다고 일본군은 보고하였다. 이 지역에서 이들이 전개한 투쟁 가운데 가장 큰 것은 11월 28일의 강릉 공격이었다. 오전 11시경 양양 방면에서 사령부라고 쓴 큰 깃발을 앞세우고 3백 명이 강릉을 공격하였으나 패배를 당하고 말았다. 이들은 양양과 인제 등 인근의 지역으로 후퇴하였다가, 다시 화천, 양구, 춘천, 홍천, 횡성을 거쳐 원주 방면으로 향하였다. 그렇지만 민긍호의 잔여 의병들이 약 1천5백 명이나 되었다는 것으로 보아 심각한 타격을 입지는 않은 듯하다.

이들이 횡성에 들어온 때는 12월 상순이었다. 12월 7일 민긍호와 최인순이 부하 3백여 명을 지휘해서 횡성군 갑천면 당현동에, 그리고 이튿날 유곡리를 경유해서 갑천에 도착해서 머물렀다. 그리고 같은 날인 8일 학곡리와 백교리 부근에서 의병 70명은 일본군 원주 수비대와 싸웠고, 이들은 다시 갑천면 동평 방향으로 향하였다. 그 의병 일부는 구룡사에 잠복 중이라고 이웃마을의 일진회원이 보고하여 일본군대가 출동했으나, 모두 사라진 뒤였다. 12월 13일 민긍호, 한갑복, 윤성옥, 한상열 등은 의병 천 2,3백 명을 이끌고 동평 부근에 왔다가 홍천군 서석면으로 물러났고, 일부는 유동과 당현으로 갔다. 12월 16일과 19일 사이에 귀래면 궐촌에서 의병 4,50 명이 일본군에게 총격을 가하였고, 횡성군 둔내면에 있던 천여 명의 민긍호 부대 의병 중 주기준이 이끌던 부대 1백50여 명

강해진 것으로 보인다. 또한 사령부 대장이라는 독자적인 최고 지위를 명기한 것은 이인영 등 양반유생이 주도하는 의병과는 독립적인 부대라는 뜻으로 해석할 수 있다.

은 평창군 봉평으로 갔고, 그리고 주광식이 인솔하는 해산군인이
포함된 의병 약 3백 명은 대화면 규동을 지나 안흥을 거쳐 영월군
수주면 강림 부근에 멈추었다. 이 날 오후부터 눈이 내리기 시작해
서 무릎을 넘었다. 경계를 소홀히 한 의병부대는 20일 8시경 일본
군에게 기습을 당하여 75명이 죽는 등 큰 손실을 입었다.

　이처럼 1907년 12월과 이듬해 초 원주, 횡성, 영월, 정선 등지에
서 투쟁을 전개하였던 민긍호 휘하의 의병들은 점차로 약세에 몰
렸다. 2월 23일 한밤중에는 의병 8명이 원주 석경사에 머물던 강원
도선유위원 박선빈을 찾아와서 귀순한 일도 있었다.[52] 이와 같은
귀순자들은 민긍호를 체포하려는 선유위원과 수비대에게 중요한
정보를 제공하기도 하였다. 그들은 민긍호가 작년 12월 이래 근기
지방에서 활동하다가 수십일 전에 들어 원주로 돌아와 배향산(拜
向山) 깊은 곳에 숨어 있다고 고했다.[53] 이와 같은 정보를 입수한
선유위원은 부근 동리에 귀순을 독려하는 조칙을 선포하였고, 다
른 한편으로는 편지를 써서 비밀심복으로 먼저 접촉을 시도하였다
고 한다. 이처럼 포위망은 민긍호를 향하여 좁혀 들어왔다.

　마침내 2월 29일 강림 등자치(登子峙)에서 북쪽으로 10리 떨어
진 궐덕리(蕨德里)에서 민긍호가 경시 권중익(權重翼)이 지휘하는
충주 순사대에게 체포되고 말았다. 민긍호는 원주 진위대 해산군
인 약 87명을 이끌고 이곳에 주둔하고 있다가 순사대의 기습을 받
았다. 치열한 전투가 벌어졌고, 그 와중에 민긍호가 포로가 되고
말았다. 일단 퇴각하였던 잔여 의병들이 한 밤중에 순사대가 숙영

---

52) 내각 편,『各道郡來報』1(규장각 17982의 4), 報告 第二號, 隆熙二年三月九
　　日 接受 第七十七號. 歸順兵 八名 姓名 : 李順雨, 陳良洙, 吳遺達, 李甫用,
　　全成元, 安永祿, 李丙哲, 李永奉.

53) 위의 책, 報告 第四號, 隆熙二年三月三十日 接受 第一百二十三號. 歸順者
　　十一名 姓名 : 崔光千, 崔道文, 孫奉宗, 鄭貴連, 朴萬吉, 金理元 以上 六名
　　兵丁, 文日先, 趙氏孫, 李彦湖, 孫春實, 李鳳寬 以上 五名 平民.

하고 있던 강림의 창말을[54] 공격하며, "우리 대장 민씨는 어디에 있는가 소리를 지르시오"라고 크게 외치자, 겁을 먹은 순사대는 포박을 당한 민긍호를 사살하였다. 이로써 7개월 걸친 민긍호의 의병 투쟁은 끝을 맺었고, 그의 시신은 원주수비대로 운구되어 이튿날 신원 확인을 거쳤다.

그러나 정병화(鄭秉和)와 유병훈(劉秉薰)을 중심으로 한 수백 명의 민긍호 부하들은 신원 확인을 하였던 그 날 밤에 큰 소동을 벌였고, 2대로 나뉘어 각각 횡성과 영월 방면으로 이동하였다.[55] 선유위원은 귀순자를 이용하여 그들을 회유하였지만, 성과가 없었다. 대장과 동료 다수를 잃은 민긍호 부하들은 강림을 거쳐 대미원과 조원 부근의 골짜기로 들어갔다가 분산해서 다시 구룡사로 이동하였다. 밀정은 3,4명의 의병들이 매일 밤 수레너미를 넘어 어디론가 갔다가 돌아오는 이유를 부근 마을에서 물자를 조달하는 것으로 추측하였다. 이 의병부대의 규모는 60명 정도가 되었던 것 같고, 안흥 동북방 40리에 있는 두원리(斗元里-문치산 중앙에 있다고 함)에 들어와 안흥 공격을 준비하고 있을 때, 창촌의 일진회원 강송수(姜松秀)의 첩보를 받은 일본군의 기습을 받아 육박전까지 벌여 격퇴하였다. 의병들은 주민들에게 일본군이 오면 연락하라고 미리 다짐하였기 때문에 일본군을 매복 공격할 수 있었다. 이후 그의 활동 지역은 주로 안흥 등 원주의 동북방과 횡성, 그리고 홍천이 되었다. 4월 2일에도 횡성 북방 40리 후동리에서 김치영을 비롯한 한상열과 최인순이 이끄는 의병 약 3백 명은 일본군과 아침 5

---

54) 박찬언, 「민긍호 의병부대의 항일무장전투에 대한 소고」『원주얼』4, 1992. 그러나 선유위원 박선빈의 보고에는 민긍호를 체포한 대구 경찰대 일행이 10여 리 떨어진 각림리에 머물다가 의병들의 습격을 받자, 그곳에서 놓칠 것을 두려워해서 포살하였다고 한다(위의 책, 報告 第五號).

55) 횡성으로 이동한 부대는 김치량(金致亮), 유병훈, 한상렬(韓相烈)이, 영월로 간 부대는 정병화가 지휘하였다(위의 책, 報告 第六號).

시부터 오후 10시까지 치열하게 교전하였다. 4월 25일 횡성분견대 장은 박내익, 김덕문, 원도여, 최병석, 김치영, 이학사, 한상열 등 주로 해산군인 출신 의병장들이 부하를 인솔하고 홍천 동북방 50 리 구엽리 부근에서 소모 중이나 응하는 자는 희소하다고 보고하였다.

안흥 부근에서 활동하던 이 의병부대를 이끌었던 지휘자는 민긍호의 참모였다고 하는 김모(金某)였다. 아주 군세기 때문에 부하들이 잘 복종하였다고 하는데, 그는 원주와 횡성 지역에서 해산군인을 이끌고 활동하고 있었던 김치영(金致永)이 틀림없다고 생각된다. 한상렬 의병부대와 합류한 그는 3월 12일 횡성 동북방 40리 토동에서 1백4,50명의 의병을 지휘해서 일본군과 세 차례에 걸쳐 전투를 벌이기도 하였다. 이때 일본군이 사령부우군소모지장(司令部右軍召募之章)이라고 새긴 도장 1개를 습득하였다는 것으로 보아, 그는 민긍호 부대에서 우군소모장직을 맡았던 것 같다. 그는 민긍호가 죽은 뒤 원주와 횡성 근방에서 가장 활발하게 활동하였던 의병장이었던 것으로 보인다. 이름도 김현국(金賢國)으로 바꾸었고, 의병 소모 활동도 지속하는 한편 일본군과도 치열하게 싸웠다. 그런데 그의 실형인 김경렴(金敬廉)이 원주 동북 약 30리 일실리(日里實)에서 살고 있었는데, 여러 차례 그와 서신 연락을 하였다고 한다. 또한 학곡리 동남 석사곡에는 김현국과 항상 통하고 있다는 박창규(朴昌奎)가 체포되었다는 것을 보면, 김치영은 원주 출신의 진위대 병사였던 것 같다.

2) 이은찬과 이인영의 봉기와 항쟁

1878년 원주 부흥사면에서 출생한 유생 이은찬(李殷瓚)은 이미 1896년 2월(음력) 이기찬(李起燦), 허위(許蔿) 등과 함께 경북 김천에서 기의하였으나, 대구 진격 작전에서 패하여 피체된 바가 있었다. 1907년 8월에 다시 대대적인 의병항쟁이 벌어지자, 원주에서 의병 5백 명을 모아 여주 의병장 이구채(李球采)와 함께 경북 문경에 은둔해 있던 이인영(李麟榮)을 찾아가 창의대장으로 추대하였다. 두 사람은 이인영을 본디 알지 못하였으나, 그가 병신의병 때에도 원주에서 거의한 적이 있었고, 의병장으로 이름이 높았기 때문에 멀리 문경까지 그를 찾아간 것이었다. 관동창의대진소(關東倡義大陣所)가 만들어질 때, 그는 중군장(中軍將)이 되었고, 12월 경기도 양주에서 서울진공을 위한 13도창의대진소(十三道倡義大陣所)가 창설되는데도 큰 역할을 하였다.56) 박은식이 관동창의대진소와 13도창의대진소의 결성은 "모두 그의 책략"이었고, 조직구성도 "모두 그가 택임"한 것이라고 평가한 점으로 미루어 그는 연합의병의 결성에 지대한 공헌을 하였음을 알 수 있다. 뿐만 아니라 13도창의대진소의 서울 진격 계획도 그가 세운 것이라고 하였다. 그러나 13도창의대진소의 서울 진격은 실패하였고, 이은찬은 1909년 초까지 포천과 양주 일대에서 항쟁을 계속하였지만, 결국 체포되어 32살의 젊은 나이로 장렬하게 순국하였다.

원주의병들은 이인영을 대장으로 추대한 뒤, 경상도 예천과 문경을 중심으로 활동하던 이강년의 의병부대 등과 합동 작전을 개시하였다. 이강년은 원주에서도 모병을 많이 하였기 때문에 이인영의 의병부대와 쉽게 연합할 수 있었을 것이다. 아마 이은찬이 원주에서 이끌고 왔다고 하는 의병들도 애초에는 이강년 부대의 일원이었거나, 또는 함께 경상도로 이동하였던 독립부대였을 가능성이 높다. 그런데 9월 9일 "원주진이인영군(原州陣李麟榮軍)"은 경상도와 충청도의 길목인 조령 성루를 지키다가 일본군의 기습을 받아 많은 의병이 죽었다. 이는 다른 의병 부대끼리 내분이 생겨

---

56) 신용하, 「전국 13도창의대진소의연합의병운동」『한국독립운동사연구』, 독립기념관한국독립운동사연구소, 1987 참조.

여주 김현규 부대가 이인영 부대의 군기 가운데 좋은 것을 가지고 도망쳤기 때문이었다. 이은찬이 이끌고 온 의병 가운데는 신식무기로 무장한 원주 진위대 해산병정이 80명이 있었다. 더욱이 이인영 부대가 조령 수비를 담당하게 된 까닭도 한 부대가 적이 온다는 소리에 도망쳐 버렸기 때문이었다. 이 전투에서 전사한 의병은 5명, 또는 32명으로 추산되었다.[57]

조령에서 부하를 잃은 이인영은 강원도로 북상 이동하였는데, 그 근거지는 원주, 횡성, 지평 등지였다. 이 곳에서 이인영은 소모 활동을 전개하였고, 통일적인 지휘체계를 갖춘 강력한 연합의병부대를 만들기 위해 산재한 소규모 의병부대를 통합해 나갔다. 11월 27일 원주 장날에 마부로 변장해서 원주읍내로 침투한 이인영의 부하가 원주진위대에게 전달한 경고장은 11월 15일자로 작성된 것인데, 여기에는 관동창의대진소의 지휘체계가 소상하게 밝혀져 있다. 관동창의대장 이인영을 비롯해서 총독장 이구채, 중군장 이은찬, 좌군장 방인관, 우군장 권중희, 그리고 진위대사령부 민긍호 등이 등재되어 있다. 다시 말해서 11월 중순까지는 원주를 중심으로 한 강원도 일대에는 연합의병진이 결성되어 있었다.

그러나 이인영은 원주 지역 의병부대만 통합하는데 그치지 않았다. 그는 용병술의 요체는 일치단결에 있다고 보아, 대규모 연합의병진을 만들어 서울에 가까운 경기도로 진격한다면 나라 일을 해결하는데 유리할 것이라는 격문을 평안도와 함경도를 제외한 각 도의 의병장들에게 보냈다. 이런 노력의 결과로 마침내 12월 경기도 양주에서 13도창의대진소가 성립하게 되었고, 1905년 의병을 일으켰을 때 다른 사람보다 공정하게 처신한 이인영이 13도창의총대장으로 추대되었다. 1만 명에 달하였던 이 연합의병부대에서 강원도 의병은 이인영 부대 약 1천 명, 민긍호 부대 약 2천 명 등 약

---

57) 이화중 외, 『雲崗先生倡義日錄』(『독립운동사자료집』 1, 697면).

6천 명이었고, 중심이 된 부대는 이인영 부대, 민긍호 부대, 이강년 부대, 허위 부대였다.

이인영은 이와 같이 의병의 역량을 강화하는 작업을 수행하는 동시에 거의의 정당성을 널리 알리고 도움을 얻으려는 선전 활동도 활발하게 전개하였다. 그는 각지의 의병에게 격문을 보내는 것은 물론 10월 중순에는 13도 관찰사와 각국 영사관에 보내는 격문을 작성해서 발송하였으며, 온 국민들에게 널리 알리고자 이 격문을 『대한매일신보』에도 보냈다. 그리고 대한관동창의대장이라는 이름으로 '1907년 12월 5일 해외동포들에게 보내는 격문(Manifesto to All Koreans in All Parts of the World)'을 작성해서 야만적인 일본인들의 죄악과 만행을 전 세계에 고발하도록 하였다.

그렇다고 이인영이 의병연합과 선전에만 힘을 쏟았던 것은 아니었다. 의병을 쫓던 일본군과도 치열한 전투를 벌여야 하였다. 그의 부대가 치른 30여 차례의 전투 중에서도 가장 격렬하였던 것은 지평군 상동면 삼산(三山)전투였다. 서울에서 파견된 일본군 1개 중대와 한강을 따라 충주로 온 부대가 합류해서 11월 5일 원주를 출발해서 횡성과 풍수원을 경유해서 지평으로 향하였다. 또한 원주수비대에서도 요로로 차단하기 위해 안창 부근을 정찰하였다. 안창에서는 의병들이 송전동, 이운리, 판관대동에 2,30명씩 보초를 세워 방비하였으나, 일본군에게 격퇴 당하였고, 의병들이 머물던 송내동의 가옥 9호가 역시 불태워졌다. 당시 이인영 부대는 지평군 상동면 삼산리, 단천리, 산매실동 등지에 주둔하고 있었는데, 그 병력은 2천 명 정도였던 것 같다. 드디어 7일 이인영 부대는 약 5백 명의 일본군과 격돌하였으나, 승패가 쉽게 가려지지 않았고, 이튿날 전투가 재개되었다. 일본군의 보고에 따르면, 이 전투에서 의병 2백 명 내지 3백 명이 목숨을 잃었고, 그들의 피해도 적지 않았던 듯하다.

삼산전투 이후, 약 1천5백 명의 의병들은 부론면 정산동으로, 약 3백 명은 호저면 고산리로 재집결하였다. 그러나 부론의 의병은 다시 일본군 충주지대에게 대타격을 받고 흩어졌다. 이들은 적어도 12월초까지는 원주 근방에서 활동하고 있었다.[58] 11월 30일 해산군인과 의병 연합 2백 명이 고모곡면 원항리에 둔집하고 있었고, 이인영, 김옥득, 방인관 등은 부하 4백여 명을 데리고 12월 1일 귀래면 당우동과 황산동에 들어와 식량 확보하고 머물고 있었다. 11월 27일의 경고장도 이인영 의병부대가 발행하였을 것이다. 그리고 고산리로 갔던 의병들은 횡성 갑천면 동평리로 이동하였던 듯하며, 또한 약 5백 명의 의병들은 원주군 금물면 쪽으로 도망해서 11월 16일 일박하고 강림 방면으로 퇴각해서 그 부근에 주둔하였다. 소속은 불명이지만, 이 시기 원주의 동쪽 4,50리에는 약 천 명의 의병들이 활동하고 있었다고 한다.

한편 이때 일본군이 장악하고 있던 원주읍 주민들은 매일밤 오후 6시부터 이튿날 오전 6시까지 6명이 각문의 경계를 하여야 하였다. 또한 일본군 수비대에서는 병 3명으로 4회씩 읍내 순찰을 돌며, 경무분서에서도 순사 2명씩으로 3회를 돌았다. 이런 상황에 비춰봐, 아마도 원주에서도 자위단이 만들어진 것 같은데, 이 자위단은 수비대장이 의병을 막기 위해서 군수와의 협의를 거쳐 각 면의 리동장과 일진회가 중심이 된 원호회원에게 설립하도록 한 것이다. 따라서 대동창의소는 군수, 면장, 세무관은 일본인의 하수인이며, 자위단은 난신적자가 일본과 일진회원이 공모해서 만든 것이라고 강하게 비판하는 글을 철원군민들에게 보냈다.[59]

---

58) 13도창의대진소가 양주에서 결성된 것은 음력 11월이었는데, 음력 11월 1일은 양력 12월 5일이었으므로 이인영 부대가 양주에 도착한 시기는 대략 12월 중순 정도가 될 것이다.
59) 『주한일본공사관기록』 26,(29) 한국경찰의 현상 별지 三, 자위단 보고 적요, 423면 ; (32) 강원도 자위단 원회회 시찰보고서 438~439면.

이렇게 엄중한 경비를 설지라도 의병의 활발한 활동으로 원주
읍내와 3, 40리 가량 떨어진 외곽 동리에만 치안이 유지되었다. 시
장에는 약 2천 명 가량이 모이는 것으로 보아 대략 평상으로 회복
되어 가고 있었다. 1908년 1월 19일 부론면장이 의병에게 총살당
하였다. 이와 같이 원주에서 5, 60리 거리에 있는 각처에는 여전히
의병들이 2, 3백 명씩 주둔하고 있고, 일본군이 오면 종적을 감추
는 게릴라식 전술로 도저히 전멸함은 지난하다고 원주 경무분서는
보고하였다. 당시 원주 및 횡성, 평창, 영월, 정선 등에는 5, 6천명
의 의병이 있었다.

3) 이강년의 봉기와 항쟁

1907년 봄부터 원주, 횡성, 단양 근방에서 재기의 기회를 도모하
던 이강년도[60] 원주 진위대가 봉기를 하고, 1895년 그와 의병 활동
을 함께 하였던 윤기영이 진위대에게 무기를 얻었다는 소식을 듣
고, 부하 11명을 거느리고 원주에 들어왔다. 그는 원주에서 불과
며칠 사이에 수백 명의 의병과 무기를 얻었다. 무기를 배향산(拜向
山) 은밀한 곳에 감추어 둔 다음, 이강년은 의병을 거느리고 신림
면 신목정(新木停)에서 부대를 편성하여 군례(軍禮)를 받았다.[61] 이

---

60) 이하 이강년 의병부대 관련 기술은, 구완회의 앞의 책, 275~277면을 주로
　참조. 이강년은 도체찰사에 임명한다는 고종의 비밀 명령을 받았다고 한
　다. 7월자로 발행된 그 칙령에는 양가자제를 의병 종사관으로 임명하고,
　명령에 따르지 않는 관찰사와 수령은 먼저 참형에 처하고 파출하라는 내
　용이 들어 있다. 그러나 밀명을 받았다는 증거가 부족하다는 견해도 있다
　(구완회, 앞의 책, 280면, 주 99 참조). 그런데 고종은 동학농민전쟁 중인
　1894년 8월 14일에도 충청도 노성의 보수양반과 전봉준 등 동학농민군 지
　도자에게 봉기해서 상경하라는 비밀 명령을 내린 것을 비롯해서 병신의병
　때 유인석 등에게, 그리고 이해 11월에는 이인영에게도 내린 바 있었기 때
　문에 이강년에게도 실제 밀칙을 내렸을 가능성이 높다.
61) 구완회가 제천에서 음력 7월 6일자(양력 8월 14일)로 작성된 것 같다고 추

곳에서 그의 의병부대를 정식으로 편성한 그는 8월 13일 제천으로 이동하였다. 그리고 민긍호, 조동교, 오경묵, 정대무도 이강년의 뒤를 이어 제천에 입성하였는데, 이때 모인 의병부대는 40개가 넘었다고 한다. 이들은 이곳에서 일종의 연합부대를 결성하였는데, 을미의병 참가자들이 다수 참여하였다. 이 연합의병진은 원주 진위대 출신 의병들을 추격해서 제천 천남에 온 일본군을 격퇴한 뒤, 다시 주천으로 이동하였고, 19일 이강년이 주천강가에서 호좌의진(湖左義陣)의 도창의대장(都倡義大將)에 올랐다. 그리고 호좌의진과는 별도의 의병부대를 이끌었던 민긍호와 더불어 충주를 치고자 하였는데, 민긍호 부대가 적병을 만나 공동 작전이 불가능해졌음에도 불구하고 충주성을 공격하였다. 그러나 성과를 얻지 못하였고, 단양을 거쳐 죽령을 넘어 영주와 상주 등 경상도 북부로 이동해 갔다.

원주에서 의병을 소모한 뒤, 문경 등 경북 북부와 충북에서 활동하던 이강년의 부대는 10월 20일 배향산 쪽으로 다시 북상해서 신림면 신목정의 도룡동(道龍洞)에서 전군장 윤기영과 만났다.[62] 또한 민긍호와 함께 활동하던 주광식도 90명의 의병을 데리고 왔다. 10월 21일 선유사 일행과 싸리재 전투를 치른 뒤, 부대는 다시 영월군 신평으로 이동하였고, 이인영 부대 일부와 함께 죽령 일대에서 11월 11일 일본군에 대전하였으나 큰 타격을 입어 부하가 3백 명에 지나지 않게 되었다.

이후 일본군과 격전을 치르면서도 이강년은 굴하지 않고 민긍

정한 통고문(通告文)은, 그의 보충 설명이(구완희, 앞의 책, 276면의 주 83) 말해주듯이, 원주나 주천에서 작성된 것으로 보는 것이 타당할 듯하다. 왜냐 하면 봉기일이 "정미 6월"이라고 적힌 문서가 후손의 집에 전하기 때문이며, 의병대오를 정하고 봉기를 선언하는 의식인 군례를 치르면서 봉기의 정당성을 주장하는 문서가 나오지 않을 수는 없었을 것이다.
62) 구완희, 앞의 책, 301면.

호 부대와 합하여 영월에서 겨울을 보낸 다음 봄에 다시 기병하기로 결심하였다. 그러나 계속된 일본군의 추적과 자신을 호서창의 대장에 명한 13도창의대진소의 전략에 의해서 홍천, 인제, 화천까지 북상하였다가 춘천을 거쳐 가평에 이르러 비로소 전열을 다시 갖출 수 있었다. 그리고 태백산맥을 따라 남하하여 이듬해 5월 중순에는 영월에 도달하였다. 이강년의 부대는 멀리 일월산까지 진출해서 투쟁하다가, 6월 하순 제천으로 돌아와 배향산에 숨겨둔 무기 일부를 찾았다. 그러나 7월 2일 주천에서 북쪽 10리 떨어진 금수산에서 제천수비대에게 왼쪽 발목에 총상을 입고 체포되어 10월 서울에서 교수형을 당하였다.

4) 의병 항쟁의 종식

민긍호가 죽은 다음에는 해산군인들이 주축이 된 의병부대가 일본군의 추격을 받고 있었지만, 원주를 중심으로 한 지역에서는 여전히 다른 의병들이 활동하고 있었다. 3월 17일 원주군 갈매산(葛梅山)에서 강천면 도전리를 기습하고 원주 쪽으로 이동한 부대가 있는데, 이들은 동민 2명을 총살하고 집에 방화하여 가옥 32채가 타고 말았다. 죽은 자들은 아마도 일본군의 밀정이었을 것이다. 강천면 자위단 부장(副長)은 3월 24일 원주군 흥원창에서 의병들이 배의 화물과 전곡을 집류하고 있다고 일본군에게 알렸다. 4월 2일 원주군 상대(相臺)에서 원주수비대과 격전하여 19명의 의병이 죽고 4명이 부상을 입었다고 한다. 4월 3일 문막 서쪽 10리 신대에 수십 명의 의병이 집결해 있었다가 일본군과 교전하였다. 문막 등 원주 서북방에서 활약하였던 이 부대는 방인관의 휘하로 대장은 정낙진(鄭樂鎭)이었고, 원주 수비구 남부에 잠복하였다는 소문이 돌았던 방인관은 지난달 하순 단신으로 상경한 것으로 일본군의 파악하고 있었다. 방인관은 13도창의대진의 관서창의대장이라는 직함을 가지고 있었으므로 양주에서 이곳으로 다시 내려와 활동하였던 것 같다.[63] 원주수비대의 가네모리 토벌대는 4월 5일 문막 동남 궁촌을 포위하고 주민이 감추려고 하였던 의병 소모장 이하 4명을 체포하였다고 하는데, 이들도 방인관의 부대원일 것이다.

그리고 해산군인으로 독자적인 부대를 이끌고 있었던 의병장들도 각지 여전히 활동하고 있었다. 4월 11일 일본군의 보고에 따르면, 의병 17명이 원주군 동북 30리 도수암(道守庵)을 근거로 활동하고 있었는데, 이 부대의 대장은 원주군 옥가치(玉可峙) 출신인 김치수(金致洙)로 원주 진위대 상등병이었다고 한다. 그는 40세 가량으로 얼굴과 키가 크고 수염이 많이 났고, 해산군인 12명을 거느렸고, 도수암을 근거로 인근 마을을 활동 지역으로 삼았다고 한다. 평창군 대화면 면장이 4월 14일 의병들이 전주 5개를 절단하고 그 부근 마을에 머물고 있다고 평창 수비대에 밀고하였다. 이들의 대장은 박기봉(朴其奉)으로 원주 진위대 하사 출신이었고, 진위대 병졸 40명과 의병 50명 등 90명을 이끌고 방림에 머물다가 평창에서 진부로 가는 신리 방향으로 이동하였다고 한다. 이들은 3월 26일 정선을 공격하여 2,4호만 남기고 집을 거의 소각해 버렸다고 일본군 기록은 쓰고 있지만, 일본군은 주민들이 의병을 지원하지 못하도록 집과 재산을 태워 버리는 초토화 작전을 구사하였기 때문에 방화의 진위는 가리기 어렵다. 그리고 박기봉은 일명 박하남으로 불렸던 민긍호의 부하가 아닌가 한다.[64]

이밖에도 충주나 여주에서 일어난 의병들도 원주 근방까지 와

---

63) 12월 13일 방인관, 정봉진, 이근(?)찬 3명이 부하 3백여 명을 데리고 와서 원주군 귀래면 부론곡과 사기점촌 능안의 3동에 머물고 있었으며, 당우리 이 오위장 농막에서 미곡 92석을 빼앗았다고 한다. 그런데 이때 이인영이 지휘하는 의병부대는 이미 양주로 향하거나 도착하였다고 생각된다.

64) 6월 7일 정선군 남상면 유천리와 동상면 설운리에 의병 1백7,80명이 출현해서 수비대와 교전하였는데, 그 대장은 박하남으로서 민긍호의 막하였다고 한다.

서 활동하였다. 예를 들어 서울에서 학교를 다니던 김정한(金禎漢)
은 1907년 음력 7월 6일 약 5,60명을 얻은 이래 여주, 원주, 충주,
음죽, 죽산, 용인, 이천, 진천, 안성, 음성 등 여러 군에서 활동하며
일본군과 교전하였고, 9월 29일 용인에서 일본군의 기습을 받아
타격을 입는 등 상황이 어려워 해산하였다. 그러나 음력 2월 중순
충주 소태면과 여주 점개면에서 의병을 얻어 충주, 원주, 음성, 음
죽에서 활동하다가, 충주군 노은면 부근을 근거로 정낙인(鄭洛仁)
에게 부하를 주었는데, 그는 현재 주로 원주군 천포(泉浦)를 중심
으로 여주군 노은과 영죽 방면에 있다고 하였다. 청주 진위대 하사
출신인 한광문(韓廣文)은 12월경부터 부하 24,5명을 데리고 원주군
부론면을 중심으로 원주, 충주, 음죽에서 활동하였는데, 여기에는
원주 진위대 해산병도 4,5명이 포함되어 있었다. 반면 손명선(孫明
先)이나 이규말(李圭末) 같은 원주군 출신 의병장은 충주군 일대까
지 활동 범위를 넓히기도 하였다. 따라서 충주와 여주의 일본군들
이 부론면 등 원주까지 와서 의병을 쳤다.

　그러나 일본군의 끊임없는 추격과 공격으로 전력과 사기가 약
화되자, 5월경부터는 귀순하는 의병들이 늘어나기 시작하였다. 6
월 1일부터 7월 10일까지 458명이 귀순하였는데, 원주경찰분서(分
署)에 귀순한 숫자는 46명으로 해주경찰서의 76명, 충주군수 84명
에 이어 세 번째로 많다. 이는 원주지역에서 그만큼 의병 항쟁이
치열하였고, 또 이 시기에 이르러 의병 활동이 크게 약화되었다는
것을 뜻한다. 그러나 귀순하였다고 해도 반드시 의병 투쟁을 포기
한 것은 아니었다. 일부 의병은 여전히 활동을 하면서 신변 안전용
으로 '귀순증'을 받았다. 그리고 온갖 어려움을 무릅쓰고 투쟁을
지속하는 의병도 많았다. 6월 16일 백여 명의 의병부대가 신림분
견대를 기습해서 반장 1명을 사살하였고, 8월 13일에도 학곡리 서
북 30리에서 전투가 벌어졌다.

해방 직후 원주 지역의 좌우익 대립

I. 머리말

1945년 8월 15일 해방 직후 국가건설운동의 흐름 가운데 가장 현저한 정치세력은 이른바 좌익과 우익이었다. 중앙에서 전개된 두 진영의 극단적인 분열과 대립은 남한 각 지방에서도 대체로 재현되고 있었다. 그렇다고 모든 지방이 동일한 경과를 밟은 것은 아니며, 또한 중앙 정국의 축소판 자체도 아니었고, 각 지역사회의 현실적 조건과 역사적 배경에 따라 큰 차이를 보이기도 한다. 반면 복잡한 중앙 정국의 추이가 지역사회에서는 단순화되어 나타나기도 한다. 따라서 해방 직후 민족분단의 단초가 어떻게 형성되고 확대되었는지 그 과정을 구체적이며 정확하게 살피기 위해서는 각 지방 사례 연구가 필요하다.

그리고 이와 같은 사례 연구는 단지 좌우익의 갈등에만 초점을

맞추는데서 벗어나 궁극적으로 남한 사회와 국가 형성의 기초가
된 지역사회의 우익 핵심세력이 어떠한 성격을 지니고 있었는지,
좌익에 대한 그들의 우위가 어떻게 확보되었는지, 또한 우익체제
가 어떻게 구축되어 나갔는지도 밝혀야 한다. 물론 방대하고 치밀
한 작업을 전제로 하는 이런 시도가 성공하지 못하였을 경우에는
피상적인 수준에 머물 위험도 다분하지만, 적어도 시각 자체는 유
효하다고 생각한다.

　본고에서 연구 대상 지역으로 삼은 강원도 원주에서는, 해방이
되자마자 좌익과 우익이 '자연스럽게' 나뉘어졌지만, 우익이 시종
압도적 우위를 지키었다. 강원도의 미군정 내무 담당 장교도 원주
가 포함된 영서지방의 각군을 한국에서 가장 보수적인 지역으로
규정하였다.[1] 이러한 특성을 지닌 지역이었으므로 연구자의 관심
을 끌 만한 극적인 사태나 비극적인 사건도 일어나지 않았지만, 우
익 우위의 지역사례로서는 나름대로 가치를 지녔다고 생각한다. 다
만 당시 원주는 군과 읍을 합하여 인구 10만 명을 간신히 넘었던
소도시에 불과하였고, 독자적인 지역언론도 없었을 뿐더러 신문사
지국도 보도 기능을 제대로 발휘하지 못하던 실정이었기 때문에
관련 자료들이 극히 적다는 근본적인 한계를 안고 연구를 진행할
수밖에 없었다. 아울러 생존해 있는 관계자들도 드물며, 그들이 기
억을 정확하게 되살린다는 것도 어려웠다. 그리고 말을 남기지 않
으려는 태도도 완강하였으므로 면담도 큰 성과를 거두지 못하였다.

---

1) Interview;Home Affairs, Kangwon Province, Major Ruby, Myron M., 14 May 1946,
　RG 332, Box 29, National Archives at College Park, MD.

Ⅱ. 해방과 좌우익의 분립

1945년 8월 15일 해방은 우리 민족에게 커다란 기쁨과 희망을 가져다주었고, 그 감격의 물결은 원주에도 넘쳐흘렀다. 주민들은 태극기를 들고 읍내에 나와 만세를 불렀고, 새 나라를 만들겠다는 의지를 다졌다. 또한 조선인으로 일제의 경찰이 되어 민족을 학대한 자에 대한 보복도 공회당에서[2] 공개적으로 가해졌다. 반면 일본인들은[3] 패망의 참담함과 절망감, 그리고 그들의 운명에 대한 불안감에 휩싸여 있었다. 그 때문에 자살을 기도하였다가 미수에 그친 자도 있었다. 일본인들은 미군정의 법령에 따라 모든 재산을 그대로 두고 단지 가방 한두 개만 가지고 원주에서 떠나야 하였다. 그들 가운데 가장 부자였던 자는 우에무라(植村要)로 적수공권으로 원주에 와서 주로 고리대로 돈을 모았는데, 논밭과 임야 등을 저당으로 잡았기 때문에 엄청나게 많은 부동산을 남겼다.[4]

8월 15일 조선총독부의 아베 정무총감은 민족 지도자 여운형을 불러 일본의 항복을 미리 통고하고 치안유지와 식량확보 등을 부탁하였다. 이 제안을 수락한 그와 안재홍은 건국준비위원회(건준)를 조직하고, 전 국민은 '건국공작'에 적극 협력하고 각 지방은 자

---

2) 강원감영 맞은 편에 일제의 경찰서가 있었고, 경찰서의 남동편, 곧 포정루 앞길 건너편에 공회당이 있었다.
3) 1937년말 현재 원주에는 일본인들이 117가구, 375명이 살고 있었고, 대부분 상동리에 거주하였다(원주읍, 『읍세일반』, 1938, 3면).
4) 농지개혁 당시 만종리에 있던 우에무라 명의의 토지는 15필지 9천381평으로 두 번째로 큰 규모였다(조석곤, 「원주의 농지개혁과 식민지지주제의 해체」, 『원주사회연구』 1, 한울, 1998, 249면). 우에무라가 일본으로 귀환할 때, 그 집에서 일하던 조선인이 돈을 가득 담은 배낭을 지고 달아났다는 일화가 있다.

치기관을 설치하도록 하라는 "지시"를 내렸다. 이에 따라, 또는 이와는 무관하게 각 시군과 도에서는 여러 형태의 자치조직이 생겨났고, 그 이름은 인민위원회, 자치위원회, 자치회, 치안유지회 등이었다.

정확한 날짜는 알 수 없지만, 원주에서도 8월 해방 직후에 많은 사람들이[5] 원주극장에 모여 인민위원회를 결성하였는데, 건준과 어떠한 관계를 맺고 있었는지는 잘 알 수 없다. 인민위원회가 구성되기 전까지는 조진구(趙軫九)가[6] 임시의장으로 활동하였고, 위원회가 정식으로 구성된 다음에 위원장에는 김용화(金龍華),[7] 부위원장에는 정호필(鄭鎬弼)이[8] 선출되었다. 사무실은 군청으로 사용되고 있던 강원감영의 선화당에 설치하였고, 포정루(布政樓)의 기둥에다가 간판을 달았다. 이때 위원회는 군청과 세무서 등 각급 관청을 접수하여 일본인으로부터 서류를 인수받고 현황을 파악하는 일 등을 하였다. 그런데 얼마 되지 않아 인민위원회의 이름이 자치위원회로 변경되었고,[9] 위원장도 권덕수(權德洙)로[10] 바뀌었다. 이 까닭은 좌익들이 인민위원회라는 명칭을 사용하기 때문이라는 것

---

5) 조진구, 이정호, 정영헌, 권덕수, 이재춘, 정호필, 김용화, 이지연(양조장 경영, 대한청년단 원주 지부 부단장, 자유당 원주시 부위원장, 초대 시의원, 민주공화당 강원도 제2지구당 부위원장), 이종태, 정태완, 안한현, 이종하, 김동준, 권오규 등 발기인이 되어 33명을 규합하였다고 한다(원주문화원, 『原州原城鄕土誌』, 1976, 236~242면). 이하 좌우익의 분립과 충돌에 관한 기술은 이 책에 크게 의존하였다.

6) 서울에서 조직된 관동학우회 회원으로 1920년대 초반 원주 등지에서 강연회를 열었고, 일제시대 상업과 주식으로 재산을 모았다.

7) 만주에서 독립운동에 투신한 전력을 가지고 있었지만, 해방 후 원주에서는 오래 머물지 않았다.

8) 기독교인이며 소규모 운수업체와 인쇄소를 경영하였다.

9) 원주읍민위원회(『조선일보』, 1946년 1월 4일자 광고)와 원주군민위원회는 (『원주원성향토지』, 246면) 자치위원회의 후신으로 동일한 단체였던 것 같다.

10) 기독교인이며, 미국인 의사의 병원에서 오랫동안 근무하다가 한약국을 차렸다. 후에 여운형의 조직한 근로인민당에 관계하였다.

이었다. 이와 같은 위원회의 개명이 큰 마찰 없이 가능하였다는 것
은, '좌익과 우익의 분별이 없었고, 그야말로 모든 사람이 한 마음
한 뜻으로 모였다'는 기록과는 달리 애초부터 좌익은 적극적으로
참여하지 않았던 것을 뜻한다. 이처럼 원주 지역사회, 특히 원주읍
내는 우익이 처음부터 우위를 차지하고 있었다고 하여도 크게 틀
린 말은 아닐 것 같다.[11]

---

11) 일제하 원주 출신으로 공산주의 운동에 참여한 인물들에 관한 기록은 드물
게나마 찾을 수 있지만, 원주에서 전개된 공산주의 운동에 관한 자료는 찾
기 힘들기 때문에 해방 직후 원주의 공산주의 계통을 알기는 쉽지 않다. 그
리고 2·30년대 원주에는 원주형평사, 우리구락부, 신간회, 원주부인소비조
합, 원주노동회, (원주노동청년회, 원주청년회, 원주노동조합 등의 명칭이
신문 자료에 섞여 나오기 때문에 어느 것이 정식 명칭인지 정확히 알 수는
없으나 원주노동회가 가장 많이 사용되었다. 이하 기술은 김봉우 엮음,
『일제하사회운동사자료집』제6권 황해도강원도편, 한울아카데미, 1989년,
291~294면에 실린 자료에 의거함.) 등 10여 개의 사회운동단체(1927년 12
월 28일 신간회 원주지회 주도로 원주의 16개 단체들이 재만동포옹호동맹
을 조직하였다고 한다.)가 있었다. 이 가운데 가장 두드러지게 활동한 단
체는 원주노동회로 보이는데, 1927년 7월 1일 창립되어 1935년 8월 21일
일제에 의해서 강제적으로 해산을 당할 때까지 "원주 유일의 사회단체"라
는 평을 받을 정도로 활발하게 움직였다. 출범할 당시에 회관을 가졌고,
1929년에는 조사선전부와 공제사업부 등 6개 부를 둘 정도로 규모가 컸으
며, 해산식에 참가한 회원이 백 명에 가까웠다는 사실로 미루어 조직 기반
도 단단하였던 것 같다. 원주묵(元周默), 이동수(李東洙), 정동호(鄭東滈),
이적우(李赤宇), 안준성(安俊成), 길만학(吉萬鶴), 정연수(鄭然?) 등이 주요
한 인물인 것으로 신문 자료에 나타난다. 인쇄소와 신문 지국(안준성, 정
연수)을 운영하거나 공산주의자로 활동한 인물(이동수, 조하만, 길만학 등)
들도 있었으며, '사회의식'을 지녔던 청년들이 다수 참여하였던 단체로서
특정한 정치 노선이 주도하였던 것은 아니었던 듯하다. 예를 들어 1930년
대『동아일보』와『조선일보』지국장을 하였던 정연수는 해방 후 석유사
업으로(석유수하조합) 부를 크게 축적하였다. 그리고 일제가 작성한 '혁신
사건이면계통도'에 따르면, 신간회 원주지회는 민족주의계로 분류되었다.
구체적인 내용은 알 수 없지만, 원주지회의 지시를 받는 대상은 원주공립
보통학교생들이었다(조선총독부 경무국,『치안상황』, 1930년, 106면에 삽
입된 도면. 이 자료는 일본 한국연구원의 최서면 원장이 대성학원 장윤 이
사장에게 전달한 것이다).

원주 지역 우익의 성격을 명확하게 파악하는 것은 그다지 쉽지 않다. 다만 핵심 세력 가운데 읍내에 거주하던 작은 상공업체 소유자와 공직을 포함한 서비스업에 종사하던 자, 그리고 기독교인이 다수였다는 점에서 그 계급적 출신 배경과 의식적 경향을 파악할 수 있다. 그러나 우익의 중요 지지세력은 "부유한 자"들이었다는 것은 분명하다. 원주를 포함하여 강원도 일대의 민심 동향과 치안 상태를 돌아본 미군정의 관계자는, 그들이 가장 대중적인 정치 단체인 청년대에 줄을 서고 있다고 표현하였다.12) 그리고 그 청년대는 자체의 프로그램을 많이 가지고 있지 않지만, 사유재산을 보호하며, 이승만을 지지한다고 일반적으로 인식되고 있다고 하였다. 여기에 기독교의 영향이 상당하다는 것도 우익 우세의 이유로 꼽았다.

이 시기에는 기존 공권력의 공백 상태이기 때문에 무질서가 심하였다. 따라서 우익 청년들도 사찰대(查察隊), 원주청년대, 의흥(義興)청년대, 경위대(警衛隊) 등 여러 기구를 조직하여 질서 유지에 힘을 쏟았지만, 너무 많은 단체가 난립하였으므로 상호 통합될 필요가 있었다. 또한 좌익과의 대립도 심해졌고, 특히 11월 8일에는 양자가 충돌하게13) 되었기 때문에 강력한 물리력을 갖춘 우익 단체의 결성이 절실하였던 상황이었다. 그리하여 충돌 이튿날인 9일 전기양(全基陽)을 대장으로 한 80명의 학성의열청년대(鶴城義烈[? - UNYOL]靑年隊)와 김봉수(金鳳洙)가 이끌던 원주청년대(原州靑年隊)가 전격적으로 통합하여 원주청년회(原州靑年會)가 되었다.14) 유도 등 운동을 잘 하는 청년들이 모였고, 약 3백여 명에 달

---

12) HQ USAMGIK, Bureau of Public Information, Subject:Report of conditions in Kangwon - Do and Kyongsang - pukto, To:Director, Bureau of Public Information, 29 March 1946, RG 332, Box 28, National Archives at College Park, MD.

13) 이에 대해서는 Ⅲ. 좌우익의 충돌 참조.

14) Memorandum, subject : Communist Activities in Wonju (『미군정정보보고서』2,

하였다는 회원의 숫자로 보아 우익의 물리력은 단단하였다고 할
수 있다. 회장에는 제일감리교회인으로 덕망이 있었던 정영헌(鄭
暎憲)을,[15] 그리고 부회장으로는 안종한(安宗漢)과[16] 정완철(鄭完
澈)을[17] 선출하였고, 총무에는 오형선(吳亨善),[18] 조직 겸 연락 오
상근(吳湘根),[19] 훈련 원봉훈(元鳳薰),[20] 체육 함재훈(咸在勳)[21] 등
각 부서와 장을 정하였다.[22] 그러나 여전히 여기에 통합되지 않은
우익단체도 있었지만, 이후 우익의 조직화가 빠르게 진행되면서
面과 같은 하위 행정단위에 만들어진 청년회 등과 함께 원주청년
회가 주도하는 원주군청년총연맹(原州郡靑年總聯盟) 산하로 포섭
되어 갔던 것 같다. 조선공산당 원주지구당이 "매우 반동적"이라
고 규정하였듯이, 원주청년회는 우익 성향을 가졌고, 1945년 12월

G - 2 Periodical Report HQ, USAFIK), 일월서각, 1986, pp. 28~33 ;
Memorandum, subject : Communist Activities in Wonju, p. 70. 그러나 『원주원
성향토지』는 유도 유단자 등 청년들이 모인 사찰대가 이 통합을 주도하였
다고 하는데, 사찰대가 원주청년대인 듯하다. 또한 학성의열청년대는 의
흥청년대와 동일한 단체이며, G - 2의 김기양은 전기양의 잘못된 이름이
라고 생각된다. 『원주원성향토지』는 전기양은 처음에는 우익이었으나 후
에 좌익이 되었다고 한다.
15) 정영헌은 경제적으로는 넉넉하지 않았고, 정치적 성향도 강하지 않았다고
한다.
16) 임업자.
17) 유도를 잘하였고, 부유하였으나 가세가 기울고 있었다.
18) 원주청년회장, 원주군자유당위원장, 초대읍의회의장, 초대시장을 역임하
였다.
19) 부친은 한말에 군수를 지냈고, 일본에서 대학전문부를 마치고 세무서에
근무하였다. 청년대 대장과 원주 반탁위원장을 역임하고, 상경해서 국민
회 위원을 거쳐 관계에 진출하였다(『원주원성향토지』, 712면).
20) 원주우편국장, 반공청년단 원주시 지부장을 지냈다.
21) 원주읍장, 제3대민의원, 자유당 지구당 위원장, 반공청년단 강원도 단장,
제9대국회의원(유정회)을 지냈다.
22) 이듬해 10월경에는 김봉수가 원주청년회 회장직을 맡고 있었는데, 그는
학교 신축에 거액을 회사하였던 자산가였고, 원주우편국의 국장이었다
(『자유신문』, 1946년 10월 19일, 1947년 2월 4일).

22일 서울에서 열린 대한독립촉성전국청년총연맹(大韓獨立促成全國靑年總聯盟)[23] 결성대회에 참석하였다.[24] 이렇게 우익도 좌익과 마찬가지로 중앙의 정치세력과 연계됨으로써 원주지역사회는 좌우 대립과 투쟁의 소용돌이 속으로 휘말려 들어가게 되었다.

한편 좌익 성향의 자발적 지역 단체나, 조선공산당과 같은 중앙의 좌익 정당이나 단체인 전국농민조합총연맹(全國農民組合總聯盟 – 全農)과[25] 민주주의민족전선(民主主義民族戰線 – 民戰) 같은 단체와 연계된 지역 좌익 조직이 일찌감치 있었고,[26] 전국 규모의 대회에도 참석하였다.[27] 그리고 조선공산당 원주군지부 외에도 민주주의민족전선의 가입 단체인 자유노동자사회조합(Free Worker's Social Union), 원주농민조합, 원주민주주의인민전선, 조선민주청년동맹 원주지부, 문막농민조합, 문막인민위원회, 문막민주주의인민전선, 조선민주청년동맹 문막지부, 문막청년동맹, 문막자유청년회, 문막전위대(Munmak Advance Guard Squad), 『해방일보』 지국, 문막청년동맹, 부론인민전선, 부론농민조합, 조선민주청년동맹 부론지부가 미국 CIC의 보고서에 보인다.

---

23) 대한임시정부의 노선에 따라 조국광복의 대업을 완수한다는 목적을 표방하였고, 김구와 이승만 등을 명예회장으로 추대한 전국적 우익 청년단체였다.
24) 『동아일보』, 1945년 12월 22일.
25) 1945년 12월 8일부터 열린 전국농민조합총연맹결성대회에 원주군 대표 이동수(李東洙), 유복종(劉福鍾), 최돈근(崔敦根) 3인이 참석하였다(전국농민조합총연맹결성대회회의록, 『한국현대사사자료총서』 제12책 소수, 돌베개 영인본, 1986, 561면).
26) 위의 미군정정보보고서는, 5월 중순부터 6월 중순 사이에 위조지폐가 감추어져 있다는 정보를 입수한 경찰이 원주 조선공산당 본부를 급습하여 압수한 문서에 기초해서 작성되었다.
27) 1945년 11월 20일에서 22일까지 천도교 대강당에서 열린 전국인민위원회대표자대회에 원주군 대표로 이동수(李東壽)와 유희배(兪熙培)가 참석하였고(전국인민위원회대표자대회의사록, 『한국현대사사자료총서』 제12책 소수, 550면).

이 보고서를 통해서 당시 좌익의 활동을 일부 엿볼 수 있다. 이들은 우익에 비하여 중앙의 좌익 단체들과 긴밀한 관계를 맺으면서 활동하였다고 보인다. 원주군에 있던 31명의 의사에 대해서 나이, 정치적 성향, 학력, '인민의 평' 등을 조사하였다. 72명이라는 많은 사람들의 전력과 성향에 관한 기록도 발견되었는데, 일제 식민기구에 근무하거나 공산주의자에 충실하였던 사람들 가운데 현재 군정 당국에 고용된 인물들을 알기 위한 목적으로 작성된 것으로 추정되었다. 그리고 친일분자, 반역자, 지주, 모리배들에 관한 긴 보고서도 발견되었는데, 암시장에 쌀을 판 자, 좌익에게 불리한 증언을 한 자, 반공 단체의 지도자 등이 포함되어 있었고, 단지 한국민주당 당원이거나 군정청의 고문이라는 이유로 많은 사람들이 친일파와 반역자로 분류되었다고 보고서는 기술하고 있다. 세포 조직화에 관한 특별 보고서에는 각 학교의 현황을 비롯해서 조직된 세포, 학생들의 활동과 스트라이크도 언급되어 있었다. 또한 조선공산당 기관지인『해방일보』의 배포, 진보적 성향의 의사들, 어린이날 행사를 비롯한 각종 어린이 모임, 메이데이 행사에 참여하는 좌익 단체의 활동, 특히 읍위원회(City Committee – 원주읍민자치위원회?), 군위원회, 면위원회, 공장, 작업장, 마을, 읍내에 침투한 세포 조직들, 그리고 세포원의 등급에 관한 특별 보고서도 들어 있었다. 이 외에도 반공 단체, 지주, 자본가, 친일분자, 종교 단체, 금융기관, 교육제도에 관한 일반적인 보고가 있었는데, "반동적"인 카도릭과 감리교회에 대해서는 여러 차례 거듭 언급하였으며, 유교 집단들은 비정치적인 것으로 간주하였다. 이와 같은 반공 단체들의 지도자, 구성원, 모임 등에 대해서도 자세히 파악해 놓았다. 경작지 면적, 생산품, 미곡 소비량, 미곡의 생산과 유통, 어업, 광물, 교통, 통신, 금융 사정, 교육 여성동맹의 영향력 아래 있던 학교의 현황 등에 대해서도 조사하였다.

그리고 좌익의 선전활동도 일부 알 수 있다. 4월 14일 전조선농 민조합에서 발행한 '메이데이 선전', '민주적 정치권력을 확립하 자', '반소, 반공, 반탁에 타격을 가하자'라는 선전물과 조선공산당 에서 제작한 이승만과 김구의 비행을 고발하는 선전물과 사진을 원주 읍내 각지에 부착하였다. 그리고 19일에는 역시 전조선농민 조합에서 만든 '새 아리랑', '최신 아리랑', '반파쇼 조선민요' 등의 노래 가사 복사물을 여러 마을에 배포하였다. 19일 이날에는 문막 면과 부론면에서는 마을농회(? – Village agriculture Guilds)간에 상호 토론회가 열렸고, 다음과 같은 내용의 선전이 행해졌다. 제3차세계 대전 발발 가능성, 공산당 21년 동안의 위대한 업적, 국내외의 상 황, 미소공동위원회 회의의 의미, 김구와 이승만과 민주의원에 대 한 적대감, 박헌영과 김일성 등 공산주의자 지도자에 대한 선전, 민전과 민주청년동맹에 관한 선전, 소작권 이동을 막기 위한 투쟁 의 선전 등이었다.

Ⅲ. 좌우익의 충돌

이렇게 지역사회에서 우익과 좌익의 단체가 결성되고, 많은 사 람들이 그에 참여하게 됨으로써 좌우 대립과 갈등의 구도가 형성 되어 갔다. 마침내 1945년 11월 8일 우익의 청년대가 노동조합과 농민조합을 습격함으로써 양측이 격렬하게 충돌하였다.

이 사건에 대해서 조선공산당의 기관지인 『해방일보』는, 해방 후 발족한 원주노농조합은 소작료 3·7제 실시 운동 일환으로 식량

영단 소속 공장의 스트라이크 사건을 지도하며 활발하게 투쟁하고 있었으며, 청년대에게 불순하다고 해산을 충고한 것을 기화로 충돌이 일어났다고 원인과 경과를 좀 더 구체적으로 쓰고 있다.[28] 청년단체인 정의단(正義團) 2백여 명이 사무실을 파괴하고 간부들에게 부상을 입혔고, 이들을 움직인 자들은 전 도회의원, 공의(公醫), 자치위원회 간부, 식량영단 공장 주인이며, 한국민주당원인 자, 배급미를 서울로 반출하여 부당이득을 취한 원주 제2공장장, 고등교육기관의 교장으로 임명되었다가 학생들의 배척 스트라이크로 축출당한 자, 원주 갑부의 아들로 강릉과 양평 사람들과 싸움한 청년대 간부라고 적시하였다. 또한 우익은 미군 통역인 천주교회 신부를 통해서 미군에게 무고하여 노농조합 사무실을 폐쇄하는 한편 잔류한 조합 간부를 협박하여 노농조합 재건의 미명하에 불순한 반동분자로 꾸린 조합을 만들려고 하였다고 비난하였다. 이와 같은 사태를 맞아 좌익에서는 원주노농조합구원회를 결성하여 적극적으로 투쟁하고 있고, 아울러 조선노동조합전국평의회에서는 전국 각 노동조합과 긴밀한 연락을 하여 강력한 공동투쟁을 개시할 예정이라고 하였다. 중도지인 『자유신문』이 이와 유사한 내용으로 보도하였다.[29]

그러나 우익의 입장에서 이 사건을 정리하고 있는 『원주원성향토지』는 노동조합 책임자인 좌익 운동가 권충일(權忠一)이[30] 정미

---

28) 『해방일보』, 1945년 11월 24일, 27일.
29) 『자유신문』, 1945년 11월 22일.
30) 권충일은 원주 제일감리교회 초대 담임목사였던 권신일의 아들로서 일본서 대학을 나오고 공산주의 운동으로 몇 차례 옥고를 치렀다고 한다(『원주원성향토지』, 238면). 권신일 목사는 1929년 인천 자택에서 별세하였다고(원주제일교회 역사편찬위원회, 『원주제일교회의 역사』, 1995, 51면) 하는데, 권충일이 인천 지역에서 활동하였고(인천청년동맹 등 공산주의 활동에 관계되었다. 역사문제연구소편, 『일제하 사회운동 인명색인집』 상·하, 여강출판사, 1992 참고), 그리고 1947년 11월 인천경찰서가 체포한 "인

소의 노동자들에게 '토지를 무상으로 주겠다, 정미소가 너희들 것
이 될 터이니 일하지 말라'고 파업을 사주하였기 때문이라고 일어
났다고 기술하고 있다.[31] 실제로 노동자들이 파업을 하고 있었던
것으로 보인다. 그렇지 않아도 양곡이 서울 등지로 반출되어 가격
이 상승한데다 노동자들의 파업으로 식량 사정이 더욱 악화되었기
때문에 청년대가 습격하였다는 것이었다. 그러나 이 시기 조선공
산당은 미군정 당국과 협조적 관계를 유지하려는 정책을 추구하였
고,[32] 전국적으로도 파업이 별로 일어나지 않았던 것으로 보이므
로 사건 원인의 실체는 다른 것에 있었던 듯하다. 그리고 이 시기
식량 부족 사태는 전국적인 현상이었으며, 이해 1월부터 8월 사이
에 일제가 쌀 6천 가마와 곡물 8천 가마를 원주에서 영월로 이출
하였으므로 식량이 크게 부족하였다고 할 수 있다.[33] 여기에 당시
흔히 있었던 것처럼, 『해방일보』가 보도한 대로 원주에서도 도정
업자 등이 미곡을 매점매석 했다면,[34] 그리고 그것이 외지로 이출
되었다면,[35] 노동자들의 반발을 사기에 충분하였을 것이다.[36]

천지구 좌익요인 30여 명" 가운데 한 명이었다는(『동아일보』, 1947년 11
월 22일) 사실을 보면, 양자가 실제 부자 관계였을 가능성이 높다.
31) 당시 원주에는 동일사정미소, 환금정미소, 평원정미소가 있었는데, 이들이
어느 곳의 노동자인지는 알 수 없다.
32) 원주에서 압수된 조선공산당 문서에서도, 미국은 민주주의 국가이며, 조선
을 해방시킨 우방이기 때문에 미국에 적대적이어서는 안 되며 미군을 만
나는 기회를 되도록 많이 가져야 한다고 하였다.
33) Coordinate:997 - 1638.5, NO.38 180930I Oct 45(『미군정정보보고서』 9, G - 2
periodic report, pp. 223~224면).
34) 개운동에 거주하면서 제천에 정미소까지 두고 있는 조모씨는 군내 유지
중에 한 명이었으나, 양곡매입을 기피하다가 양곡매입법 제9조에 의거하
여 최초로 체포되었던 사례도 있었다.(『강원일보』 1949년 2월 2일)
35) 『원주원성향토지』는 미곡이 강릉으로 이출되어 가격이 크게 오른 상태였
다고 한다. 또한 미곡의 자유판매가 시행되던 시기에 많은 곡식이 일본으
로 밀수출되었다(Interview;Agriculture Kangwon Province, Lt Col Jess E. Evans,
14 May 1946, RG 332, Box 29, National Archives at College Park, MD).

이 사건이 일어난 이튿날 원주청년회를 결성한 우익 청년단체는 10일 원주군 농민조합 귀래면 지부를 다시 기습하였다.[37] 약 50여 명이 몰려와 사무소를 파괴하고 주요 간부와 귀래면 청년대 책임자에게 중상을 입혔다고 한다.『해방일보』는, 서울에 살던 부재지주 김모의 토지 가운데 밭은 평당 1원, 논은 평당 2원에 매입한 뒤 농민들을 소작권 이동으로 위협하며 강매하여 평당 5,6원의 부당 이익을 취하였으나, 농민조합원의 반대로 되돌려줘야 하였던 이 모의 책동 때문에 일어났다고 보도하였다. 또한 원주청년회는 이날 오후 1시에는 원주인민위원회까지 폭력으로 파괴하고 약탈하였으며, 인민공화국에 절대 반대하는 원주읍민위원회를 만들어 '반동적 기세'를 올리고 있다고 하였다.

이렇게 문제가 확대되어 중앙 일간지에도 보도되자, 양측은 타협을 시도하였고, 노동조합과 농민조합은 간판을 내걸고 다시 활동하였다. 그러나 이러한 지역사회 좌우익의 물리적 충돌 외에 외적 상황도 분열과 갈등을 점점 부추겼다.

1945년 12월 말 모스크바 삼상회의에서 임시조선민주주의 정부를 구성하고, 연합국 4개국이 최고 5년 기한으로 신탁통치를 하겠다는 소식이 전해지자, 좌익과 우익은 화해하기 어려운 대립과 충돌 상태에 놓이게 되었다. 반탁을 주장하는 우익의 시위가 서울을 위시하여 전국 각지에서 즉각 벌어졌다. 이듬해 1월 3일 원주에서도 자치위원회가 중심이 되어 봉산국민학교(현 원주초등학교)에서 신탁통치반대 군민대회를 개최하였다.[38] "우리들의 피의 최후의

---

36) 미군은, 그렇지 않아도 해방 직후부터 노농조합과 인민위원회가 지나치게 활동한 까닭으로 일반인들이 오히려 반대하는 태도를 보이고 있었는데 가을에 정미소 노동자들의 파업과 그로 인한 쌀 부족 심화로 원주를 비롯한 우익 우세 지역 주민들이 더욱 좌익 세력에 반대하게 되었다고 분석하였다(주 12 참조).
37) 『해방일보』, 1945년 11월 27일.

한 방울까지 바치어 신탁통치를 반대하고 자주독립을 사수하겠
다.”는 비장한 결의문을 채택하고, 집집마다 태극기를 내걸고 조선
독립만세를 부르며 시위하였다. 시위대는 미군이[39] 머물고 있던
청월여관(淸月旅館)까지 진출하였고, 원주군수 민경식이 반탁의
의지를 미군에게 설명하였고, 본국에 보고하겠다는 확답을 듣고
해산하였다. 15일에는 원주군내 각 국민학교 교장, 직원 120여 명,
기타 지방유지 다수가 모여 원주군교육회를 결성하였는데, 이 자
리에서도 교육회장 이중신(李重信)의 사회로 신탁관리 절대반대를
군수와 교직원 일동이 만장일치로 가결하였고, 만일 신탁통치가
실현되면 전 직원이 즉시 사직하기로 결의하였다.[40]

　그런데 공교롭게도 우익의 반탁행사날인 1월 3일 좌익은 신탁통

---

38) 『원주원성향토지』에는 1월 3일로 되었지만, 『조선일보』1946년 1월 19일
　　자는 서울과 마찬가지로 군민대회가 11일에 열렸다고 기록하고 있다. 또
　　한 대한민국 임시정부를 국제적으로 승인해 줄 것도 요구하였다고 한다.
39) 9월 7일 인천항에 상륙한 미군은 각지로 점령군을 파견하였다. 원주에 미
　　군이 처음으로 진주한 때는 9월 21일이라고 한다(『원주원성향토지』, 435
　　면). 그런데 9월 20일 7사단 32연대 1대대의 한 개 소대가 트럭을 타고 서
　　울에서 탄광지대인 삼척으로 향하여 25일 그곳에 도착하였다는 것을 보
　　면, 최초로 원주에 들어온 미군은 이들일 것이다. 그러나 정식으로 원주를
　　“점령”하기로 되어 있던 부대는 제32연대에 부속된 제48야전포대로서, 원
　　주에 이 부대의 사령부가 설치된 때는 10월 10일이었다. 전에는 제2대대
　　의 일부 병력도 잠시 원주에 주둔하기도 하였다(『주한미군사(HUSAFIK)』
　　1, 돌베게 영인본, 1988, 394~395면). 그리고 미 군정청에서는 점령군과는
　　별도로 행정 등을 관장하는 ‘파견대(group, 또는 company)’를 도와 읍과 같
　　은 주요 행정 단위에 배치하였다. 원주에는 10월 28일 제52군정청 파견대
　　가 주둔하였다(『주한미군사(HUSAFIK)』3, 200면). 그런데 미군이 진주한
　　다는 소식을 듣고 원주읍내의 “웬만한 유지 인사들은 거의가” 문막까지
　　출영을 갔다. 하지만 막상 이들이 원주로 들어올 때, 주민들은 지켜보았지
　　만, 열렬히 환영하는 분위기는 아니었다고 한다. 자치위원회의 위원을 비
　　롯한 많은 인사들은 영흥관(永興館)이라는 중국요리집에서 미군에게 환영
　　연을 베풀었다.
40) 『강원일보』, 1946년 1월 25일.

치찬성대회를 열고 찬탁 프랑카드를 들고 시위를 하였다. 양측은 봉산교 부근에서 맞부딪칠 뻔하였으나, 참가자가 소수였던 좌익 시위대가 자리를 피해 위기를 넘겼다. 그러나 행사를 마친 우익 청년들은 노동조합을 재차 기습하였고, 원주읍의 외곽으로 멀리 피해 버린 간부들까지 잡아다가 구타하였다.

이렇게 원주 읍내에서는 우익에게 밀려 활동을 제대로 하지 못하였던 좌익은 활동 중심지를 문막으로 옮겼다.[41] 미군정의 도움으로 우익 중심의 남조선대한국민대표민주의원(민주의원)이 2월 14일 출범하였고, 이튿날에는 좌익 정당과 단체의 통일전선인 민주주의민족전선(민전)이 결성되었다. 이에 따라 좌익도 민주주의민족전선 결성대회를 문막국민학교 교실에서 개최하였다. 문막청년회의 간부로서 활발히 활동하던 김대봉(金大鳳)이[42] 사회를 보

---

41) 문막이 좌익의 활동 근거지가 되었던 이유는 지리 등 여러 가지로 생각해 볼 수 있다. 먼저 문막뜰은 원주 근방에서는 보기 드문 넓은 경지로서 이미 1920년에 수리조합이 생길 정도였다. 그런데 처음부터 부실하였던 수리조합은 과중한 조합비(물세)를 부과해서 농민들의 원성을 샀던 예가 많았고, 그 때문에 지주와 소작인의 관계도 악화되었다(김봉우 엮음, 앞의 책, 291~294면 참조). 즉 수리조합은 농민 생활과 지주소작제에 큰 변화를 가져 왔고, 계급적 모순을 심화시켰다고 할 수 있다. 또한 문막과 평창군의 대화는 근방에서 농민조합의 활동이 활발하였던 유일한 지역인데, 1945년 가을에 소작료 납부를 둘러싸고 많은 어려움이 있었다. 이 지역의 노동조합과 농민조합은 토지의 무상분배를 약속하였다고 한다(주 12 참조). 그리고 섬강을 끼고 있기 때문에 수운이 편리하여 상품화폐경제가 발달하였고, 이질적인 요소가 쉽게 침투할 수 있었다. 아울러 이 지역에서 좌익 핵심 인물이 많이 나오게 된 또 다른 이유로 지역 주민들의 교육열을 든다. 원주에는 원주농업학교가 설립된 1941년 이전까지만 하여도 고등교육기구가 없었으므로 읍내에서도 서울 등지로 유학하는 학생이 많았지만, 특히 문막 거주자들의 외지 유학은 상당히 활발하였고, 그들 중에서 좌익 활동가가 다수 나왔다고 한다. 부론에서도 좌익 조직이 형성되었던 주된 이유는 핵심 세력 상호간의 혈연관계 때문이라는 증언도 있었다.
42) 1946년 2월 14일 공산당원이 되었다. 그러므로 원주에는 공산주의자로서의 투쟁 경력이 많은 자들은 그다지 많지 않았다고 할 수 있다.

왔다. 이 대회인지, 다른 사건인지 불분명하지만, 원주의 우익 청년들이 트럭 2대에 나눠 타고 문막까지 가서 집회를 해산시킨 적도 있었다. 그밖에 우익은 물론 경찰과 미군에게 좌익이 기습, 수색, 압수, 체포를 당한 사건은 여러 번이었다. 1946년 1월 19일 저녁 무장한 미군 6명이 문막자유청년회 사무실을 기습해서 15명을 체포해 갔다가 그 중 4명은 1월 30일에야 석방하였다. 그리고 5월 17일에도 원주경찰서 무장경찰대가 문막의 농민조합 지부와 조선 민주청년동맹 지부 및 간부들의 가택을 수색하여 서류와 금품을 압수하는 동시에 원주 민전 조직부장 유희락(柳熙洛) 등 다수를 검거하여 본서로 호송한 사건일 일어났다.[43] 또 6월 25일과 7월 25일에도 여러 사람들이 체포되어 구금되었고, 몇 사람은 벌금형과 징역형을 선고받았다. 그런데 이들의 혐의로 가장 중하였던 것은 미군의 이동과 배치를 염탐해서 공산당 상부 조직으로 보냈다는 간첩죄인데, 미군 CIC 특별요원은 증거가 불충분하므로 유력한 지도자로서 그 혐의를 받고 있었던 유희각을[44] 간첩죄가 아니라 불법 집회죄로 기소하도록 검사에게 '지시'하였다. 이와 같은 미군과 경찰과 우익의 탄압에도 불구하고, 원주민청은 회관에서 임시총회를 개최하여 미소공동위원회 촉진 등 현안을 논의하였다.[45] 그러나 이미 대세는 우익으로 기울고 있었다. 3월 하순 미군 장교는 강원도 영서지방의 7개 군은 우익 집단이 지배하고 있다고 보고하였다.[46]

---

43) 『조선인민보』, 1946년 5월 22일.
44) 『원주원성향토지』에서는 후에 공산당 강원도위원장이 되었다고 한다.
45) 『조선인민보』, 1946년 8월 3일.
46) 주 1 참조

Ⅳ. 우익체제의 강화와 좌익의 투쟁

미군정의 좌익에 대한 정책은 1946년 5월 조선정판사 위조지폐 사건과 『해방일보』 정간 처분을 기점으로 크게 바뀌어 억압적 것으로 변하였고, 한반도 남부에 '우호적이며 친미적인 정권'을 수립하기 위한 단계적 조처를 밟아 나갔다. 이에 따라 원주읍내를 장악하고 있던 우익 진영도 좀더 조직적인 활동을 전개하였고, 미군정의 단독정부수립 구도에 적극적으로 편입하여 갔다.

1945년 10월 좌우익을 아우른 민족연합체를 표방하면서 발기대회를 열었던 독립촉성중앙협의회는 좌익을 배제해 나가면서 우익단체로 변모해 가다가, 마침내 이듬해 2월 8일 대한독립촉성국민회(독촉)가 되어 이승만의 확고한 지지세력이 되었다. 12월에 원주청년회가 대한독립촉성전국청년총연맹에 가입하였던[47] 것으로 보아, 원주에서도 이미 중앙의 우익과 연결된 조직이나 인물이 있었다고 추측된다. 6월에는 독촉 원주지부가 결성되어 자치위원회의 주요 인물들인 조진구가 지부장에, 정영헌과 이재하가 부지부장에 선출되었다.[48] 그리고 4월에는 원주군내의 각 청년단체들이 원주군청년총연맹을 결성하고, 군내 청년의 지덕체의 향상에 이바지하기로 하였다.[49] 1947년 9월 대한독립촉성국민회 지부 강당에서는 독촉 청년부장 김기봉(金起鳳)을 책임자로 한 '혁명청년동맹' 신립

---

47) 『동아일보』, 1945년 12월 22일.
48) 『자유신문』, 1946년 6월 4일. 자치위원회가 해체되면서 우익은 독촉과 그 산하 청년단체로 활동의 무대를 옮긴 것 같다(『원주원성향토지』, 244면 참조).
49) 『동아일보』, 1946년 4월 15일.

지부가 결성되어 경찰과 적극 협력하여 건국을 막는 분자들을 분쇄소탕하기로 결의하였다.[50] 그리고 1946년 10월 전국적 단체로 창단된 조선민족청년단(족청)의[51] 원주군 단부도 곧이어 창설되었을 것이다. 이범석을 단장으로 하는 족청의 이념은 민족지상과 국가지상을 표방하였고, 해방 직후 가장 강력하였던 우익단체의 하나로서 미 점령군의 지원을 받았다. 족청은 수원에 훈련원을 개소하여 단원들을 철저하게 훈련시키는 등 당원의 단결력을 고취하였고,[52] 국무총리까지 역임한 이범석이 이승만에 의해 정치적으로 몰락할 때까지 족청은 원주에서는 어느 정당과 단체보다 큰 힘을 지녔던 세력이었다. 단장 이범석이 원주에 내려와 봉산국민학교 교정에서 단복을 차려 입은 단원들을 사열하기도 하였다.

1946년 10월 31일에는 미군정이 주도한 남조선과도입법의원 각 도 대의원 선거가 남한 전역에서 치러졌다. 각도에서 3명을 뽑은 이 선거에서 강원도 의원으로 대한독립촉성국민회 원주지부장인 조진구가 당선되었지만, 미군정에 의해 곧 당선 무효가 되고 말았다.[53] 강원도에서는 지방관리가 선거를 관리하게 되어 있는데도 불구하고, 독촉 지부장이 선거대책위원회를 조직하여 간섭하고 관리까지 하여 선거의 불법을 감행하였다고 좌우합작위원회는 발표하였다.[54] 서울에서 김성수 등 3인의 당선이 무효화된 한국민주당과 독촉 강원도지부가 강력하게 반발하였지만, 재선거가 실시되었다. 조진구는 12월 30일 강원도청에서 재차 실시된 간접선거에서 22표 가운데 9표를 얻어 당선되었고,[55] 이듬해 1월 10일 강원도 의

---

50) 『동아일보』, 1947년 9월 7일.
51) 李珍京, 「朝鮮民族靑年團硏究」, 成均館大學校 大學院 碩士學位, 1994.
52) 족청 원주군지방훈련소도 있었다(『강원일보』, 1948년 9월 7일 광고).
53) 『동아일보』, 1946년 11월 26일.
54) 『동아일보』, 1946년 11월 8일.
55) 『대동신문』, 1947년 1월 4일.

원들은 제9차회의에 처음으로 참석하여 다른 의원들에게 인사를 하였다.56)

이승만이 주장하였듯이 남한만의 단독정부 수립은 미국 대한정책의 기본 방침과 같았기 때문에 결국 유엔한국임시위원단의 보고와 유엔소총회의 결의에 따라 1948년 5월 10일 남한만의 단독총선거가 실시되었다. 이때 원주에서 출마한 제헌국회의원 선거 입후보자는 원달호(元達浩 무소속, 56세), 이정호(독촉, 44세), 조진구(독촉, 53세), 홍범희(洪範熹 무소속, 32세)였다. 해방 직후 원주에서는 한동안 독촉이 강세였으나, 족청 원주군 단부가 결성된 다음부터는 족청의 세력이 막강하였다. 그렇기 때문에 무소속 출마도 가능하다는 족청의 방침에 따라 단원인 홍범희는 무소속으로 출마하였다. 그는 1946년 3월 흥업면 사제리에 사재를 털어 육민관(育民館) 중학교를 세우고 교육활동에 매진하였으므로 지역주민들에게 존경을 받고 있었고,57) 더구나 족청의 강력한 후원에 힘을 입었으므로 다른 후보를 쉽게 따돌리고 2만4천1표를 얻어 제헌의원에 당선되었다.58)

일본 중앙대 재학 중 고등문관필기시험에 합격한 바가 있었던 홍범희는 국회 법제사법위원회에 소속되어 법과 제도를 만드는 일을 하였고,59) 제40차 본회의에서 반민족행위처벌법 특별기초위원회 조직이 통과될 때, 각 도별로 세 명씩 위원을 호선하였는데(제주도만 1인), 홍범희 의원도 여기에 포함되었다.60) 또한 대한민국

---

56) 『동아일보』, 1947년 1월 11일.
57) 육민관40년사 편찬위원회, 『육민관사십년사』, 육민관중고등학교, 1986, 58
    ~77면. 그리고 그의 부친 홍의식은 각지의 군수와 원주읍장을 지냈다.
58) 『조선일보』, 1948년 5월 14일. 홍범희는 1950년 5월 30일에 치러진 제2대
    국회의원 선거에서는 윤길중에게 719표 뒤지는 만 2천 49표를 얻어 낙선
    하였으나(중앙선거관리위원회, 『역대 국회의원 선거상황』, 1963, 81~177
    쪽), 곧 내무차관에 기용되었다.
59) 『조선일보』, 1948년 6월 16일.

이 건국되기 직전인 8월 12일 원주극장에서 헌법해설이라는 강연
을 하였다. 족청 원주군단부가 주최하였고, 대한노총과[61] 원주청
년회가 후원한 이 강연회는 대성황을 이루었다.[62] 이때는 정부 수
립을 앞두고 치안이 크게 우려되었으므로 원주경찰서 관내 경찰들
은 특별 훈련에 돌입하였고, 8월 4일부터는 비상경계에 들어갔던
시기였지만, 큰일이 없이 정부가 수립되었다.[63]

또한 12월 9일에는 유엔에서 압도적인 표차(찬성 46표, 반대 6
표)로 대한민국 정부가 승인되었고, 그것을 기념하는 행사가 15일
전국적으로 열렸다. 원주에서는 '애국연맹'의 주최로 각 관공서,
사회단체, 초중등학교 학생, 일반 읍민 1만여 명이 봉산국민학교에
모여 정부승인경축기념행사를 가졌다. 읍장 함기섭(咸基燮)의 식
사를 비롯하여 중앙정부에 전달하는 결의문과 유엔에 보내는 감사
문 등을 채택하였다.[64]

건국 직후 국가체제와 질서의 확립을 정부가 감당하기는 어려
웠던 실정이었으며, 더구나 집권 보수 우익은 남한 정권을 수립하
는 데는 성공하였지만, 정권에 참여하지 않는 수많은 정치사회세
력은 물론이며 제도정치권마저도 제대로 장악하지 못하였다. 그렇
기 때문에 이승만 정권은 권력 기반을 강화하고 국가의 질서를 확
립하기 위해서 각종 민간단체를 적극적으로 이용하려고 하였다.
그리하여 우익 단체들은 대국민 선전 및 억압 기구로서, 그리고 대
좌익 투쟁과 탄압 기구로서 아주 유용하게 쓰였다.

1948년 12월 15일 원주군의 읍면애국연맹과 호국청년대가 결성
되었다. 또한 17일 군청 회의실에서는 각 읍면 위원장, 청년대 대

---

60) 『동아일보』, 1948년 8월 6일.
61) 원주에서는 1948년 8월에 결성되었다(『강원일보』, 1949년 8월 21일 참조)
62) 『강원일보』, 1948년 8월 15일.
63) 『강원일보』, 1948년 7월 17일, 8월 7일, 8월 15일.
64) 『강원일보』, 1948년 12월 16일.

장, 관공서와 사회단체의 장, 유지 다수가 참석하여 원주군애국연
맹과 원주군호국청년대의 결성식을 거행하였다. 이날 선정된 임원
은 애국연맹 위원장에 장동국(張東國),[65] 부위원장에 함기섭(咸基
燮)과 정영헌, 그리고 청년대 대장에는 이정호, 부대장에는 함재훈
(咸在勳)이 되었다.[66] 이 단체는 정부에서 주도적으로 조직한 것으
로 관변단체 내지는 반행정기구의 성격이 아주 강하였다. 이승만
대통령이 총재를 맡았고, 도를 비롯한 군과 읍 이하 하부 행정단위
에도 설치되어 행정기관의 장이 역시 장을 맡았다. 이 시기에 유격
대 등 공산주의자의 활동이 활발해지자, 강원도 신문기자단이 도
지사에게 애국연맹의 출범 시기를 질문하였던 사실이나[67] 애국연
맹의 위원장 장동국이 공석 중에 있던 군수의 대리로 2월 28일 임
명받았다는[68] 점에서 그 구성과 성격을 분명히 알 수 있다. 그리고
이와 같은 청년단체 소속원들은 국군 모집과 마찬가지로 증원되는
경찰 모집에 적극 응모하라는 주문을 받고 있었다.[69]

　이처럼 준군사적인 성격도 지니고 있었는데, 원주군애국연맹에
서는 군내 10개 읍면 호국청년대 사열식을 열기로 하였고,[70] 또한
간부 30명을 소집하여 합숙훈련을 실시하였다. 3월 27일에는 그동
안 맹훈련을 받았던 호국청년대의 사열식이 벌어졌다. 대장 이정
호를 비롯해서 관민 다수가 참석하였고, 우수 동호청(洞護青)을 표
창하였다.[71] 그리고 선전기구로서 기능도 부여되었다. 2월 강원도
애국연맹에서는 일반도민을 계몽하고자 각군의 면마다 상설 선전
대를 조직하기로 하였다.[72] 또한 국무총리령 제3호에 의해서 기존

---

65) 원주군 칠(漆)조합 조합장이었다(『강원일보』, 1949년 2월 2일 광고).
66) 『강원일보』, 1948년 12월 23일.
67) 『강원일보』, 1948년 11월 20일.
68) 『강원일보』, 1949년 3월 3일.
69) 『강원일보』, 1948년 11월 20일.
70) 『강원일보』, 1949년 3월 11일.
71) 『강원일보』, 1948년 4월 5일.

애국연맹을 선전대책위원회에 소속시키라는 중앙정부의 지시가 내렸다.[73]

또한 이승만 정권은 수많은 청년단체를 하나로 통합하려고 하였다. 그 까닭은 무엇보다 이승만 자신과 추종세력들이 제시하였던 일민주의(一民主義)의 본질에서 잘 나타나는 것처럼, 모든 권력관계는 이승만을 정점으로 형성되어야 하기 때문에 군대와 경찰 외에도 강력한 물리력을 갖는 청년단체들은 하나로 통합되어 이승만 개인에게 충성을 받쳐야 하였다. 그리하여 1948년 12월 19일 서울에서는 족청을 제외한 20여 개의 청년단체들이 대한청년단 결성대회를 열었다. 역시 총재직은 이승만 대통령이 맡았다. 강원도에서도 11월에 대한청년단결성준비위원회가 구성되었지만, 통합 작업이 원활하게 진행되지는 않은 것 같다. 이듬해 2월 1일 국민회청년단, 서북청년회, 원주청년회, 민족청년회 등의 대표가 원주군청 회의실에 모여 대한청년단 원주군단부주비위원회를 열었고,[74] 3월 15일에야 강원도 단부 결성대회가 열리게 되어 있었다.[75] 1950년 5월 제2대 총선거를 앞둔 시점에 대한청년단 부인단부 소속의 부녀자들까지 동원되어 6월 춘천에서 열리는 사열식 준비를 하고 있었던 것으로[76] 미루어, 지방사회는 공식적인 행정기관 이외에 관

---

72) 『강원일보』, 1949년 2월 22일.
73) 『강원일보』, 1949년 3월 15일.
74) 『강원일보』, 1949년 2월 2일.
75) 『강원일보』, 1949년 2월 9일.
76) 기자는 원주에 도착하여 깜짝 놀라지 않을 수 없었다. 원주 읍내 바로 앞에는 한강 상류가 흐르고 있는데 그 모래밭 이곳저곳에서 방금 여자들이 애처로운 모습으로 벅찬 교련을 받고 있다. 연령을 보니 대략 17~18세로부터 35세 미만이었는데 어느 단체에 소속되느냐고 물었더니 대한청년단 부인단부라고 하며 오는 6월에 춘천에서 사열식이 있기 때문에 각 골마다 서로 우수한 성적을 내려고 이렇게 다퉈가며 맹훈련을 받고 있다는 것이다. 땡볕에 연약한 부인네들이 훈련을 받는다는 그 자체도 괴로운 일이겠지만 젖먹이 어린것들이 시어머니, 시누이에게 업혀서 아우성을 치는 광

변사회단체의 강한 통제 아래 극우체제로 전환하고 있었다고 할 수 있다.

교육에서도 반공이 강조되면서 학원을 군사집단화하는 학도호국단이 결성되었다. 1949년 1월 15일 원주초급중학교에서는 호국군 입대식이 거행되었다.[77] 그리고 각 학교별로 조직된 학도호국단이 춘천에서 도 학도호국단 결성대회를 가졌고, 이어 대표 100여 명이 서울에 올라가 전국학도호국단 결성식에 참가하기로 결의하였다.[78] 4월 22일에는 이승만 대통령을 총재로 해서 학도호국단이 정식으로 결성되었다.[79]

이승만 정권의 반공체제 확립책 중에는 일제의 국민보국연맹을 연상시키는 국민보도연맹도 만들어졌다. 일제는 민족주의자와 공산주의자를 강제 전향시키고, 그들을 전쟁 수행과 사상통제의 수단으로 활용하기 위해서 국민보국연맹을 만들었다. 이승만 정권도 이와 거의 동일한 취지에서 남로당 등 좌익운동에 참여하였던 사람들을 국민보도연맹에 가입시켰다. 이 대상에는 공산주의 단체만이 아니라 건국준비위원회나 인민위원회 등에서 활동한 자들도 포함되어야 하였다. 1949년 11월 14일 강원도 도청 회의실에서는 검찰, 경찰, 도지사 및 전향자들이 참석하여 강원도 보도연맹 결성식을 "성황리에" 열었다.[80] 강원도경찰국이 설정한 11월 8일부터 30일까지의 자수 기간에 자수한 전향자의 숫자는 상상외로 많은 2만 265명이었다.[81] 이듬해 2월에는 원주극장에서 보도연맹의 "공산파

경이란 실로 目不忍見이었다(『서울신문』, 1950년 5월 11일).

77) 『동아일보』, 1949년 2월 6일.

78) 『강원일보』, 1949년 4월 9일.

79) 조직 및 지도요령에 나와 있는 지도요지는 "민족정신을 함양하고 단체적 훈련을 통하여 심신을 단련하고 반민족적인 공산주의를 철저히 배격하여 민족국가에 헌신 봉사하는 실천력을 배양한다."는 것이다(『주보』, 제4호, 1949년 4월 22일).

80) 『동아일보』, 1949년 11월 21일.

괴분자"를 성토하는 대회가 열려, 원주농고 김홍렬 학생 등이 나와 열렬히 성토한 뒤 농악대와 함께 시가행진을 하였다.[82] 제2대 국회의원 선거후보자 등록마감일이 5월 6일이었는데, 원주군에서는 후보등록자가 4명에 불과하였다. 그 중 보도연맹에 가입한 한 모씨가 후보 등록을 하였다. 보도연맹 가입자는 절대로 입후보하여서는 안 된다는 상부의 명령을 받았던 원주경찰서 서장은 깜짝 놀라 사찰계 형사들을 직무태만죄로 이동시키는 소동을 벌였지만, 그 사람이 같은 문중 사람에게 양보함으로써 사태가 일단락되기도 하였다.[83]

국가의 물리력 기구인 군대와 행정 및 민간 부문이 상호 결합되고 있었다. 1946년 4월 1일 춘천에서 제8연대 A중대가 창설되었다. 원주에서는 김병휘(金炳徽) 참위가 A중대 1개 소대를 데리고 C중대 창설에 착수하였다. 그러나 접수한 건물이 적산건물인데 이곳에 거주하던 주민들이 미군정청에 진정함으로써 창설 업무에 지장이 생겨 다시 춘천으로 돌아갔다. 이후 강영훈(姜英勳) 부위가 원주에서 제2대대의 편성을 완료하였다.[84] 1949년 2월 제8연대 정보대에서는 참모총장명에 의해서 '원주합동정보국'을 설치하여 춘천검찰청원주지청, 제8구경찰서, 대한감찰대 횡성지부, 원주철도경찰, 서북청년회, 원주청년회 등 각 기구의 책임자를 상무위원으로 참여시켰고, 위원장은 연대장이 맡도록 하였다.[85] 이어 3월에는 강원도군사후원위원회가 결성되어 도청 내에 사무소를 두고, 위원은 각 관공서와 사회단체 책임자, 언론기관과 민간유지로 선임하였다. 군 단위에도 지부를 조직하고 군수가 지부장을 맡도록 한다고

---

81) 『강원일보』, 1949년 12월 9일.
82) 『조선일보』, 1950년 2월 10일.
83) 『서울신문』, 1950년 5월 12일.
84) 국방부 전사편찬위원회, 『한국전쟁사』 제1권, 보진재, 1967년, 300면.
85) 『강원일보』, 1949년 2월 3일.

하였다.[86] 그러나 5월초 원주에 여단 본부가 있던 제6여단 소속으로 각각 춘천과 홍천에 주둔하였던 제8연대 제1대대와 제2대대가 집단적으로 월북한 사건이 일어났다.[87]

이미 1946년 전반기부터 집중적으로 탄압을 받은 좌익은 이후 활발한 활동을 하지 못한 듯하다. 그래도 1948년에는 단독정부와 단독선거에 반대하는 이른바 2·7투쟁을 전개하며 삐라를 살포하기도 하였으나, 큰 중요성은 없었다고 본다. 그러나 1948년 11월 북한에서 '인민유격대'가 태백산맥을 타고 내려와 지리산, 태백산, 오대산에서 남한 공산주의자 등과 함께 병단을 조직하여(오대산이 제1병단) 무장투쟁을 전개하자, 원주도 그 여파를 적지 않게 겪어야 하였다. 11월 양양 방면으로 잠입한 북한 정규 인민군이 영서와 영동의 산악지대로 침투하며 강릉과 인제 등지의 경찰지서 등을 습격하였다. 약 400명으로 추산되는 남파 인민군들은 수십 명씩 분산하여 활동하였다. 14일에는 평창군 봉평 소약산 방면과 대화에서 전투가 벌어졌다. 또 횡성군 태기산 방면으로 집결한다는 정보도 들어왔고, 16일경 둔내에서 격전이 벌어져 경찰 2명이 목숨을 잃었다. 강릉의 제4여단 10연대 소속 등 국군과 경찰의 추격을 받은 인민군들은 정선 방면으로 후퇴하였다. 또한 오대산을 거쳐 원주 제6여단 제8연대와 경찰서를 습격하고자 하다가 무기 수송 중에 발각되어 원주경찰대와 교전 끝에 대화 방면으로 후퇴하였다. 11월 30일에는 원주경찰서 경비주임의 지휘 아래 수십 명의 경찰척후대가 출동하였고, 12월 4일 치악산 구룡사 4킬로미터 지점에서 1시간 30분가량 교전하였다. 경찰측 피해는 전무하였고, 3명을 사살하고 38장총 등 무기를 노획하였다고 한다.[88]

---

86) 『강원일보』, 1949년 3월 11일.
87) 위의 책, 「한국전쟁사」, 412~423면.
88) 『강원일보』, 1948년 11월 17일, 19일, 21일, 24일, 12월 7일.

이런 무장투쟁과 연계해서 지역 공산주의자들도 활발하게 움직였고, 그에 따라 여러 가지 사건이 발생하였다. 전국 각지에서 벌어졌던 인공기(人共旗) 게양 사건이 원주에서도 일어나 11월 3일 봉산국민학교 국기게양대에 인공기가 게양되었다.[89] 이듬해 2월 원주경찰서 사찰계에서는 좌익계열 사건에 가담한 학성국민학교 교원 3명, 원주여자중학교 교원 2명, 주천중학교 교원 1명, 원주농업고등학교 교원 1명과 학생 5명, 그밖에 연루자 등 도합 20여 명을 검거하여 조사하였다.[90] 내막이 비밀에 붙여진 "모종의 중대사건"으로 구금된 남편을 구하기 위해서 경찰관에게 뇌물을 주었다가 체포된 부인도 있었다.[91] 3월 1일 원주경찰서는 지정면의 정시철(鄭時澈, 24세)과 명륜동 박정옥(朴貞玉, 18세) 등을 검거하였다. 동시에 지정면에 근거를 둔 남조선노동당 원주군 단부를 급습하여 등사판, 삐라, 북로당 지령서 등을 압수하였다. 이전에 원주군내에 살포된 삐라는[92] 이곳에서 인쇄된 것이며, 사건은 더 확대될 것으로 보인다고 하였다.[93] 그런데 이 삐라의 내용은, "인민공화국 만세 소동 사건"이 일어났던 강릉의 예에[94] 비춰 볼 때, 북한정권을 찬양하는 것이었다고 추측된다.

해방 이후에도 그렇지만 일제시대부터 원주 등 영서지방의 사회주의자 활동은 삼척과 강릉 등 영동지방보다 훨씬 약하였다. 영동지방은 1930년대에 적색노동조합과 적색농민조합이 결성되어 있었고,[95] 해방 후에도 공산주의자들이 주도하는 인민위원회가 활

---

89) 『강원일보』, 1948년 11월 6일.
90) 『강원일보』, 1949년 2월 16일.
91) 『강원일보』, 1949년 2월 9일.
92) 이른바 2·7구국투쟁 당시 원주군 변전소에서 파업이 일어나고, 약 50명이 동원되어 삐라 수천 장을 살포한(『노력인민』 1948년 3월 2일, 「한국현대사자료총서」 제5책 소수, 일월서각, 521면) 일이 있었다.
93) 『강원일보』, 1949년 3월 3일.
94) 『강원일보』, 1948년 11월 9일.

동하고 있었기 때문에 미군정의 통치도 제한을 받았던 곳이었
다.[96] 1946년 10월 대구에서 일어난 사건이 남한 각지로 전파될 즈
음에도 횡성만 하여도 경찰서가 습격을 받았지만,[97] 원주는 직전
에 파업이 일어난 것을[98] 제외하고는 비교적 조용하였던 것 같다.
이때에도 강릉에서는 좌익계열이라는 혐의로 체포된 자들이 200
명이 넘었고,[99] 삼척지역에서 인민군세포조직 관련자 100여 명이
체포된[100] 것과 비교한다면, 원주의 좌익 체포는 대량 검거 사건은
아니라고 할 수 있다.

　그렇다고 해서 원주의 공산주의 세력이 뿌리가 뽑힌 것은 아니
었다. 남로당 강원도당 군사부위원장 임병춘의 지령으로 문막에
거주하던 안택순을 중심으로 1949년 12월 중순경 원주군 유격중대
가 조직되었다.[101] 안택순이 대장이 되었고, 그밖에 심사부, 문건
부, 연락부와 같은 하부 기구의 책임자를 정하였다. 이들은 본부를
지정면 무장리 옥지기 후산(後山)[102]에 두고, 29명으로 이루어진
유격중대를 조직하여 교양과 기초훈련을 실시하였고, 이듬해 1월
중순에는 문막면 궁촌리에 독립 소대까지 설치하였다고 한다. 그
러나 원주경찰서 토벌대에게 안택순이 생포되고, 나머지 50여 명
도 모두 검거되었다.

95) 지수걸, 『일제하농민조합운동연구』, 역사비평사, 1993, 413~421면 참조.
96) 『주한미군사(HUSAFIK)』 3, 203~204면.
97) 『동아일보』, 1946년 10월 20일.
98) 원주와 춘천에서 파업이 일어났다는 경찰의 간단한 보고가 있다(Daily
　　police telephone reports, Sept. 26, 1946, RG 332, Box 26, National Archives at
　　College Park, MD).
99) 『강원일보』, 1948년 11월 9일.
100) 『강원일보』, 1949년 2월 15일.
101) 황기현, 「발굴/강원도경찰전사 4」 『태백』 65호, 1992년 4월호, 강원일보
　　사, 207면. 이 자료의 신뢰도를 검증할 필요가 있다고 보지만, 다른 자료
　　를 발굴하지 못하였다.
102) 무장리는 호저면에 있으며, 옥지기는 횡성군 서원면에 속해 있다. 아마
　　기록이 정확하지 않은 듯하다.

V. 맺음말

이상에서 살펴본 바와 같이, 해방 직후 원주 지역사회의 좌우익의 대립은 다른 지방과 비교하여 상대적으로 심하지 않았다고 할 수 있다. 물론 양측의 물리적 충돌까지 벌어지기는 하였으나, 인명 피해도 발생하지 않았던 '경미한' 사건이었다. 이것은 기본적으로 우익이 좌익에 대해서 압도적인 우세를 차지하고 있었기 때문이었으며, 양측의 대립 국면에서 미군정의 좌익 탄압 정책도 크게 작용한 결과였다. 더 나아가 일제하 지역사회의 사회주의세력이 강하지 못하였고, 강원도 영동지방과는 달리 정미소와 잠사공장을 제외하고는 이렇다 할 산업체가 없었으므로 해방 후 좌익은 지역사회에서 세력을 확산하는 데는 적지 않은 한계를 가지고 있었다.

이 시기 원주의 우익에는 읍내에 거주하던 기독교인과 상공인이 다수 포함되어 있었지만, 대단한 자산가라기보다는 중소상인에 가깝다고 할 수 있다. 좌익에 속하였던 인물에 대한 자료는 얻기도 힘들며, 아직도 금기의 대상에서 벗어나지 못하였으므로 각 개인의 출신 배경이나 성향을 정확히 파악하지 못하였지만, 지주 출신과 학식층에 속하던 인물이 적지 않았다고 한다.

해방이 되자 우익이 먼저 인민위원회, 자치위원회를 결성함으로써 주도권을 잡았지만, 좌익도 중앙의 좌익 정당 및 단체와 연대해서 조직적인 활동을 전개하였다. 분립 상태에 있던 이들은 우익 청년단체의 노동조합과 농민조합 사무실 습격을 기화로 날카롭게 대립하게 되었다. 11월 8일부터 빚어졌던 일련의 물리적 충돌은 당시 일반적 상황과 밀접한 관계를 맺고 있었다. 식량 부족 사태 와

중에서 전개되는 좌익의 소작료 3·7제 운동은 우익의 이익과 배치될 소지가 컸다고 할 수 있다. 즉 양측 충돌의 저변에는 계급투쟁적 성격이 깔려 있었다.

모스크바 삼상회담의 결정 사항을 둘러싸고 양측이 다시 격돌하였지만, 좌익은 우익의 물리력을 당할 수 없었고, 곧이어 미군정의 좌익 탄압은 우익에게 결정적인 우위를 보장하였다. 그렇기 때문에 좌익은 1946년 전반기에 체포와 압수 등 강력한 탄압에 직면하였고, 그 결과 이후에는 별로 활동을 하지 못하였던 듯하다. 반면 우익은 중앙의 우익단체와 연계하면서 지역사회를 확고히 장악해 나갔고, 미군정의 단독정부 수립 수순에 적극적으로 따랐다.

특히 분단정권 수립 뒤 각 방면에 걸쳐 우익체제가 빠르게 강화되어 갔다. 우익 단체들은 대국민 선전 및 억압 기구로서, 그리고 대좌익 투쟁과 탄압 기구로서 여전히 유용성을 인정받았고, 애국연맹과 호국청년대 같은 관변민간단체 내지는 반행정기구도 새롭게 조직되었고, 이승만을 정점으로 한 일원적 권력 형성의 일환으로 청년단체들이 대한청년단으로 통합되어 나갔고, 학교에서는 군국주의가 부활하는 듯하였다. 여기에 국가 물리력 기구인 군대도 가세하여 우익체제는 견고해졌다. 한편 좌익은 단정과 단선 반대투쟁을 전개하기도 하였으나 큰 위력을 보이지는 못하였고, 1948년 말 인민유격대 투쟁에 호응해서 지역 좌익이 활동을 재개하였으나, 오히려 경찰의 강력한 탄압을 받아 많은 운동가들이 체포되었다.

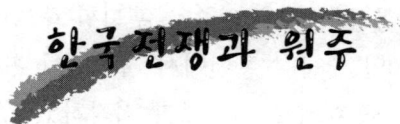

I. 전쟁의 발발과 피난

1950년 6월 25일 새벽 북한 인민군의 남침으로 시작된 한국전쟁은 남북에 엄청난 인적 물적 피해를 주었고, 남북분단과 냉전을 격화시킨 세계사적인 사건이었고, 한국인의 심성에 큰 상처를 준 비극이었다. 전쟁은 원주도 할퀴고 지나가 갔고, 이후 도시 자체도 커다란 변화를 겪게 되었다.

당시 원주에는 제6사단 제8연대 제19대대가 도말버덩(통일대 성당 부근)에 주둔하고 있었다.[1] 6월 25일 춘천 전방으로 남침을 개시한 인민군 제2사단을 춘천에 주둔하던 제6사단 제8연대 본대가 잘 막아내는 동안 원주 주둔군은 25일 춘천으로 신속하게 이동하

---

1) 원주교구 원동본당 100년사 편찬위원회, 『원동백년사』, 천주교 원주교구 주교좌 원동교회, 105면.

여 전투에 참가하였다. 이들은 개전 초기 아주 중요하였던 3일 동안 적을 저지하였지만, 인민군 제7사단까지 인제 쪽에서 치고 들어오자 홍천과 횡성을 거쳐 원주로 후퇴할 수밖에 없었다.

이렇게 6월 30일 국군이 홍천에서 철수하여 횡성으로 밀려오자 원주읍의 주민들도 시골로 피난하기 시작하였고, 원주는 7월 1일 당일 또는 그 즈음에[2] 인민군 제7사단에게 점령당하였다. 그러나 제7사단은 춘천에서 큰 희생을 치렀으므로 제12사단과 함께 새로운 제7사단으로 재편되었고, 진격이 지체되었다는 이유로 인민군 제2군 사령관 김광협 소장이 김무정 소장으로 교체되었다. 그리고 뒤이어 제15사단이 원주에 들어왔다가 여주를 거쳐 장호원 쪽으로 내려갔다.

전쟁이 너무 급작스럽게 일어났고 상황도 판단할 수 없던 주민들은 제대로 피난하지 못하였다. 멀리 남쪽으로 내려간 사람들도 있지만, 많은 원주읍내 주민들은 가까운 대안리나 지정면 등지로 피신하였다. 그러나 인민군이 원주읍을 점령하게 되자, 미국 공군기는 시가지를 폭격함으로써 전쟁 초기부터 읍내의 건물들은 크게 파괴되었다. 7월 4일 미공군기가 원주천 철교를 폭격할 때, 시내에 폭탄 파편이 떨어졌고 오폭도 있었던 것 같다.[3]

인민군이 원주를 점령한 후, 남자들은 '의용군'으로 인민군에 강제로 입대하기도 하였지만, 다른 곳으로 피난을 가거나 집 주변에 숨어 지내기도 하였다. 남한에서 고위직을 맡았던 사람들, 경찰, 군인, 우익단체 지도자들은 인민군에게 체포되어 죽거나 납북된 경우가 많았다. 북에서 내려온 인민군보다 현지의 '바닥 빨갱이'가 더욱 무서웠다고 한다. 한편 많은 여자들은 집에 그대로 머무르며

---

2) 7월 2일 궂은 비가 내리는 가운데 밤 9시경 잔류 경찰대원 50여 명이 읍내를 마지막으로 살펴본 후 철수하였다는 기록도 있다(위의 책, 106면).
3) 위의 책, 107면.

인민군과 숨어 있는 남자들의 밥시중을 들었다. 인민군은 여자들을 여성동맹(여맹)으로 조직하였고, 낮에는 제식훈련을 시키기도 하고, 밤에는 거의 날마다 회의를 하였는데, 이른바 '인민 훈련'의 일환이었다. 그러나 모든 사람들이 훈련을 받고 회의에 매번 참석하였던 것은 아니었다. 그런데 이때 훈련을 받거나 물자 수송을 하였던 사람들은 국군이 수복한 뒤에 불려가서 혼이 많이 났다. 특히 남자들은 유치장에 잡혀 들어가 제대로 먹지도 못하고 몹시 매를 맞는 등 고생을 하였다. 그리고 미군들이 여자들에게 못된 짓을 하였기 때문에 미군만 보이면 여자들이 숨고 도망하여야 하였고, 얼굴에 검은 칠을 하고 누더기 옷을 입어 화를 피하고자 하였다. 그렇기 때문에 인민군의 만행을 비난하는 회고보다 야만적인 미군을 두려워하였던 기억이 여자들에게는 더욱 생생한 듯하다.[4]

9월 26일 함창을 점령한 국군 제2군 휘하의 제6사단은 빠르게 북상해서 9월 30일 원주를 회복하였고, 이어 경상북도 울진 등지에서 작전하였던 원주경찰대도 곧이어 원주로 들어왔다. 그러나 국군의 진격이 너무 빨랐으므로 미처 북상하지 못한 인민군 부대도 많았고, 그 가운데 일부는 원주를 관통해서 지나간 것도 있었다. 10월 1일과 2일 사이의 밤에 약 1,2천 명의 인민군이 원주에 설치되었던 제2군사령부를 유린하여 미군 장교 5명을 포함한 많은 군인을 죽였고, 민간인들에게도 피해를 입혔다.[5]

---

4) 체험담은 필자가 1997학년도부터 진행한 한국현대사 강좌를 수강한 학생들의 구술사(Oral History) 과제 중에서 일반적이며 공통적인 내용을 간추린 것이다.

5) 민간인 희생자를 1~2천 명이라고 기술하였으나(Roy E. Appleman, SOUTH TO THE NAKTONG, NORTH TO THE YALU, Center Of Military History United States Army, http://www.army.mil/cmh-pg/BOOKS/KOREA/20-2-1/toc.htm), "2백 명이나 되는 애국동포들이 괴뢰에게 납치된 채 그 행방을 찾아볼 수 없다고 한다."고 보도한 10월 10일자 『동아일보』 기사가 좀 더 정확한 것 같다.

압록강까지 진격하였던 유엔군은 중공군의 개입으로 후퇴를 거듭하였다. 그리하여 1951년 1월 4일에는 다시 서울을 공산군에게 내줘야 하였다. 이 '겨울난리' 때에는 시간적인 여유가 있었기 때문에 후퇴와 피난도 한결 여유가 있었다. 행정 당국은 도민증(道民證)을 발급하고, 충주를 거쳐 괴산, 청주, 옥천, 영동 등지로 소개하도록 지시하였다. 이곳 외에도 경상북도 북부 지방이나 멀리는 대구와 부산까지 내려갔던 주민들도 있었다. 특히 남부 지방의 대도시나 멀리 제주도까지 피신하였던 사람들 가운데는 공무원이나 경찰, 또는 특별한 신분의 사람들과 그 가족들이 있었고, 대개의 피난민들이 도보로 갔던 것과는 달리, 이런 소수는 트럭이나 열차를 이용하였다.

11월 중하순부터 시작된 피난길을 더욱 힘겹게 하였던 것은 공포와 기아와 병마, 그리고 지독한 추위였다. 춘천과 홍천 등 북쪽에서 내려오는 피난민들까지 충주 방면으로 몰려갔기 때문에 길은 사람들로 가득 찼으며, 달래강을 건너야 산다는 말이 퍼져 나갔다. 그렇지만 얼어붙은 그 강을 건널 때, 얼음장이 깨져 사람과 우마가 물 속에 빠져 죽은 일도 많았다. 남자들은 국민방위군이나 군에 뽑혀 나갔으므로 여자들끼리만 피난갈 수밖에 없던 집들도 많았고, 동네 사람들과 함께 길을 나선다고 하여도 힘들기 짝이 없었다. 1월 초순에 피난한 사람들은 공산군이 원주의 동쪽으로 먼저 들어왔기 때문에 문막과 부론을 돌아 충주로 가기도 하였다. 충주를 거쳐 계속 남하하면서 잘 곳도 없고 먹을 것도 부족하였다. 집마다 피난민으로 가득 찼기 때문에 외양간이나 헛간에서 밤을 지내기도 하고, 그런 자리마저 없으면 담벼락에 기대어 그 추운 겨울밤을 지새워야 하였다. 더구나 식량도 부족하였으므로 소금이나 간장에 찍어 먹는 주먹밥도 먹지 못하는 사람들이 많았고, 그 때문에 굶어 죽고 얼어죽은 사람들이 길가 곳곳에 널려 있었다. 장티프스와 같은 전염병까지 돌아 환자들이 많았고, 특히 홍역과 천연두로 어린 아이들이 많이 죽었다. 혹은 부모가 아예 버리고 간 아이들도 적지 않았다. 갓난아이들은 먹는 것이 부실한 어머니의 젖이 나오지 않아 살아남기가 더욱 어려웠고, 출산 직후에 피난길을 나선 산모는 산후 조리를 못해서 몸이 퉁퉁 부었다. 여기에 미군 비행기가 인민군을 폭격하는 소리도 무섭기 짝이 없는데, 간혹 피난민을 오폭하기도 하였으므로 비행기 소리가 크게만 들리면 길에서 벗어나 피해야 하였다. 한마디로 참혹하기 짝이 없고 절망적인 극한상황이었다.

Ⅱ. 1951년 2월 원주 공방전

주민들 대신에 원주를 차지한 것은 군대였다. 유엔군과 공산군은 원주에서 밀고 밀리는 치열한 공방전을 펼쳤고, 적어도 수천 명의 젊은 군인들이 아까운 목숨을 잃었다. 유엔군은 중공군 참전 이후 계속 후퇴하면서 반격을 모색하였다. 마침내 D선으로 알려진 평택과 삼척을 잇는 방어선을 반격선으로 삼게 되었는데, 그 방어선 한 가운데에 원주가 위치해 있었다. 그렇기 때문에 원주가 점령당하면 전선이 양분이 되는 동시에 공산군이 부산까지 밀고 남하할 수 있었다. 유엔군은 그럴 경우 한반도를 포기하고 일본으로 물러나기로 한 작전을 세워 두고 있었다. 따라서 유엔군 사령관 리지웨이 대장은 전선과 교통의 중심인 원주를 반격 거점으로 설정하고 더 이상의 후퇴를 용납하지 않았고, 결국 원주에서 반격이 성공함으로써 유엔군은 다시 북으로 진격할 수 있게 되었다. 원주를 둘러싸고 공방전이 벌어진 시기는 1월 초순부터 2월 중순까지 약 한 달 정도였다. 이때에 원주 지역은 그야말로 혈전이 벌어졌고, 원주 시가지는 초토화가 되었다.[6)]

원주를 거점으로 작전하였던 부대의 주력은 미군 제10군단 휘하의 해병 제1사단, 육군 제2사단 휘하의 제9, 23, 38 3개 연대와 포대, 미군에 배속되었던 네덜란드 대대와 프랑스 대대, 그리고 국군 제3, 5, 8 사단 등이었다.[7)] 12월말부터 미군 제2사단 제23연대가 홍천과 횡성에서 적을 막고 있었지만, 국군 2개 사단이 전선을 지키지 못하고 계속 후퇴하였고, 공산군의 게릴라 부대는 원주의 남쪽과 동쪽을 위협하여 제9연대가 남쪽에서 원주로 들어오려고 하는 4백여 명의 적군을 물리치기도 하였다. 이렇게 공산군이 횡성을 향하여 남진하며 원주를 위협하자, 제2사단 본부는 충주로 이동하였다. 1월 5일 횡성과 홍천 도로를 막고 있던 제23연대에게 원주로 후퇴하라는 명령이 떨어졌고, 6일 제23연대 소속 각 대대는 학성동 등 원주시 서쪽에 배치되었다. 그리고 제38연대는 네덜란드 대대와 함께 원주로 후퇴하는 국군을 엄호하여 횡성을 지키다가 홍양리와 수암리 일대에 포진하여 42번 국도를 지켰다. 그리고 제9연대는 예비부대로 남아 있으면서 미군 제7사단의 일부와 함께 원주와 제천 사이에 주둔하였다. 또한 제37, 38야포대대는 원주의 남쪽에, 제15야포대대는 신림리에 포진하였다.

---

6) 이하 원주 공방전에 관한 기술은 주로 History of the 2nd Infantry Division:the Korean War during 1950~1951에 의존하였다(http://www.2id.org/koreanwar.htm). 또한 1972년에 발간된 전사편찬위원회의 『한국전쟁사』 5권도 참고하였다.

7) 국군 3개 사단의 전투 상황은 국방부 국방군사연구소의 『한국전쟁전투사』 27책 횡성전투 편을 참조. 1군단 소속 3개 사단은 2월초 원주로 후퇴하기 전에 이미 횡성 부근에서 공산군의 2월공세로 커다란 손실을 입었고, 남은 몇 개 대대는 미군 부대에 배속되어 전투를 벌였다.

1월 6일에는 1만 명이 넘는 공산군이 원주와 제천 사이로 몰려 들었다. 그리고 1월 7일에는 인민군 제6, 10, 27 3개 사단이 미 제5 공군의 공중공격 아래 원주의 동남쪽에서 공격하였고, 숫자 미상의 중공군이 서쪽에서 제23, 38연대를 공격해 하루 종일 전투를 벌였 다. 이때 원주를 포위하여 점령하려는 작전에 동원된 공산군은 10 만 명으로 추산되었다.[8] 마침내 공산군은 제23연대의 저지선을 뚫 고 7일 자정까지는 원주로 진입하였고, 제23, 38연대는 원주의 남 쪽과 동쪽의 높은 지대인 관설동과 서곡리 일대로 후퇴하였다.

미군은 원주 시내 퇴각 직전에 원주역에 정차해 있던 폭발물 80 톤을 실은 14량의 화차를 폭파시켰는데, 그 섬광이 너무 밝아 원주 남쪽 8킬로미터 떨어진 곳에서도 신문을 읽을 수 있었을 것 같았 다. 원주천 다리 역시 제38연대 병력이 모두 지나간 다음에 폭파하 였는데, 그 파편이 거리를 뒤덮었고, 집들이 불에 탔다. 철교는 공 병소대가 일찍 침입해 있던 공산군 공격을 받으면서 고장난 전기 스위치가 아니라 나무로 만든 교각에 예비로 설치한 휘발유통에 점화하여 완전히 파괴시켰다. 그리고 단구동 활주로에 야적되어 있던 2백 드럼의 휘발유와 탄약, 그리고 서너 채의 건물에도 불을 붙였다.[9]

그리고 충주 목계와 제천으로 후퇴하라는 명령에도 불구하고 원주 남서쪽에서 적을 막고 있던 2개 연대에게 10군단 사령부로부 터 다시 원주를 회복하라는 임무가 하달되었다. 4개 대대는 남쪽 고지에서 방어선을 구축하였고, 한 개 대대가 원주 탈환을 시도하 다가 적의 공격으로 물러났다. 8일에는 주포리에 본부를 두고 원

8) 『동아일보』, 1951년 1월 13일. 『동아일보』는 1월 10일자부터 원주를 둘러 싼 양측의 공방전을 미8군의 발표와 외국 특파원의 통신을 인용해 보도하 고 있지만, 전세와 시간 등이 부정확한 점이 많다.
9) John G. Westover, COMBAT SUPPORT IN KOREA, Center of Military History United States Army.(http://www.army.mil/cmh-pg/books/korea/22_1_int.htm)

주와 제천간 도로를 지키던 제9연대도 적의 공격을 받았다. 9일 제
23, 38연대, 프랑스와 네덜란드 부대, 제1공정중대는 원주 남쪽에
포진하였고, 제23연대가 다시 원주 탈환을 시도하였으나 실패하고
말았다. 이날 날씨는 11월 함경북도만큼이나 추웠다.

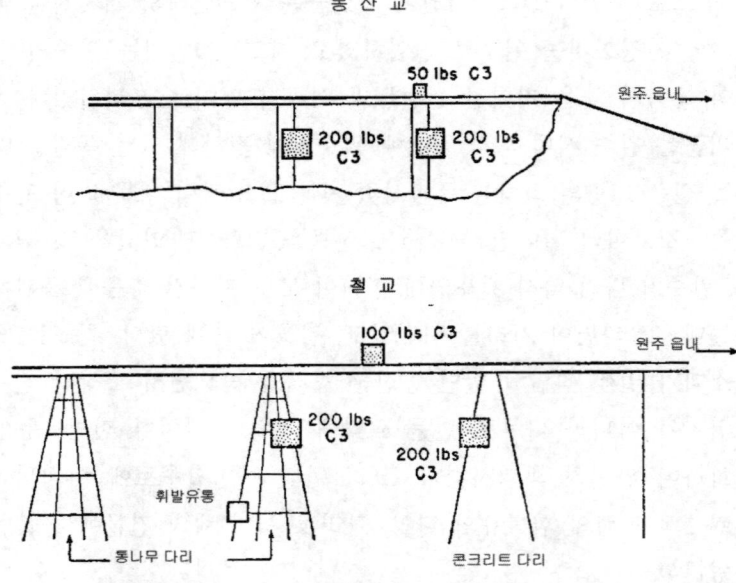

미군이 봉산교와 철교를 폭파한 방법. IBS는 파운드(450g)

10일에는 수천 명의 적군들이 나옹정 - 외남송 - 은행정 - 삼성동
(문막 동쪽 5Km)에 포진한 프랑스 대대, 제23, 38연대의 전면을 공
격하였고, 미군 비행기와 대포는 이들에게 포탄을 퍼부었다. 너무
추운 날씨로 양측이 큰 손실을 입었다. 프랑스 제1, 2중대를 네 차
례나 공격하였던 적군은 그들의 치열한 저항을 이기지 못하고 마
침내 물러났고, 덕분에 저지선은 무너지지 않았다. 이튿날에도 양
측은 하루 종일 엄청난 화력을 교환하였고, 그 와중에 유엔군은 무

룭까지 파묻힐 만큼 내린 눈을 무릅쓰고 중요 지점의 전력을 크게
보강하였다. 제23연대 제2대대와 프랑스 제3중대는 아군의 포진지
를 내려다보고 있는 247고지를[10] 빼앗기 위해 공격을 개시하였고,
프랑스군은 착검을 하고 그 고지의 정상으로 돌격해서 점령하였
다. 그들은 이곳에서 적의 치열한 반격과 군복을 뚫고 들어오는 영
하의 추위를 견뎌야 하였다.

12일에는 원주를 탈환하기 위해서 미 2사단 3개 연대가 공격을
하였으나, 이튿날 공산군의 대대적인 반격으로 원주에서 후퇴하여
충주 방면으로 한 걸음 뒤로 물러나 방어선을 둥글고 견고하게 구
축하였다. 12일 밤과 13일 공산군은 공격을 재개하였으나, 미군 화
포와 비행기의 폭탄 세례를 받아 큰 희생을 치르고 후퇴하였다. 14
일에도 전투는 계속 되었고, 클라크 루프너 소장이 새로 제2사단
장이 되었다. 공격선의 배후가 차단되고, 엄청난 희생자를 낸 적군
은 부대를 북쪽으로 이동하기 시작하였다. 14일 자정에 새로운 방
어선을 구축하라는 명령이 내렸고, 그에 따라 운남리에서 모산리
에 이르는 "3－3－3" 방어선을 이루고 전열을 재정비하였고, 15일
과 16일 전투의 승리로 다시 전선을 구축하게 됨으로써 원주의 남
서쪽에 있던 국군 제8사단은 뒤로 물러나게 되었다.

17일 각 연대는 정찰대를 북쪽으로 내보냈고, 보병 정찰대가 원
주로 들어갔으나 적을 발견하지 못하였다. 18일에도 원주로 수색
을 나가 민간인의 도움으로 마을에서 잠을 자고 있던 공산군들을
기습하고 포로까지 잡아 왔다. 19일에는 제9연대 제2대대를 주축
으로 탱크를 앞세우고 원주로 진격하였다. 그러나 적의 저항은 전
혀 없었으며, 단지 몇 명의 시민만이 미 정찰대의 재입성을 지켜보
았을 뿐이었다. 21일까지 몇 차례를 전투를 하면서 원주와 가까운
곳에 주둔한 적군을 몰아내었지만, 남쪽에서는 적의 부대가 비행

10) 정확한 지명은 나와 있지만, 247고지는 광교 주유소 앞산으로 추정된다.

기의 맹폭을 견디며 버티고 있었다. 22일 이후에도 적 소탕 작전은 지속되었고, 23일 단구동 비행장 근처에 참호를 파고 저항하던 적 들이 북쪽과 북서쪽으로 물러남으로써 원주 남쪽에서는 적 소탕이 웬만큼 이루어졌다. 그리고 미 공군기는 이러한 지상군의 진격을 공중에서 지원하였다. 24일에는 기동 정찰대가 적과 전투를 하면 서 횡성까지 들어갔다가 철수하였다. 25일에는 원주의 서편 남한 강 쪽으로 정찰대를 파견하였고, 26일에는 프랑스군이 문막리 계 곡으로 들어가 450명의 적을 기습하여 패주시켰다. 리지웨이 장군 도 비행기로 원주에 도착하여 전선을 시찰하였다.[11] 29일부터 지 평의 쌍굴 부근에서는 치열한 전투가 벌어졌다.

유엔군은 2월 5일 Round-Up 작전을 개시하였다. 국군 5사단과 8사단은 각각 홍천과 횡성의 적들을 공격하였고, 미 2사단은 국군 을 뒤에서 지원하였다. 그러나 원주와 지평에서 패배한 뒤 물러나 전열을 재정비하였던 중공군 3개 군과 인민군 1개 군단, 모두 6개 사단 병력은 2월 상순 이른바 2월대공세를 개시하였다. 서부전선 에서 유엔군의 저항을 만난 중공군은 중부전선으로 예봉을 돌려 원주 북방을 위협하였다.

11일과 12일부터 중공군과 북한군은 인해전술을 펴며 홍천에서 횡성과 지평 두 길로 나누어 남하하였고, 국군과 미군은 엄청난 공 격을 받으면서 원주로 후퇴하여야 하였다. 중공군 4개 사단이 8사 단 등 국군을 궤멸시킴으로써 8천 명에 달하는 희생자가 나왔다. 유엔군의 희생자가 1천4백 명이 넘었다. 미군과 함께 횡성을 지키 던 네덜란드 군은 지휘소가 유린되면서 대대장 등이 전사하였다. 횡성을 점령한 중공군 2개 군은 문막-원주와 지평리 방면으로 쇄 도하며 원주를 위협하였다.

이렇게 전황이 급속히 불리해지자, 12일 저녁 원주에 온 제2사

---

11) 『동아일보』, 1951년 1월 24일.

단 부사단장 스튜어트 준장은 지휘관들을 긴급히 소집해서 원주에서 절대로 후퇴하지 말고 끝까지 사수할 것을 명령하였다. 이것은 원주와 지평을 상실하면, 남쪽과 서쪽이 위험하다고 판단한 유엔군 사령관인 리지웨이 장군의 지시에 따른 것이었다. 그리하여 그날 밤과 이튿날 새벽 사이에 원주 방어선이 구축되었다. 국군 제18연대와 미 공수부대는 방어선의 서쪽과 동쪽 옆구리에 배치되었다. 이밖에 서쪽과 동쪽에 포진하였던 다른 국군과 유엔군 부대들이 여주와 제천 방면으로 신속히 이동하여 원주 수비에 나섰다.

방어 준비에 주력하던 13일 낮은 화평하였으나, 마침내 북쪽, 북서쪽, 동남쪽 전선에는 밤 10시와 11시 사이에 박격포탄과 포탄이 날아들기 시작하면서 중공군의 인해전술이 전개되었다. 지평에도 5개 사단의 중공군이 몰려들었다. 같은 때 원주의 동쪽을 지키던 제38연대도 역시 중공군의 공격 아래 놓여 있었다. 14일 날이 밝자 출동한 정찰기가 섬강을 따라 줄지어 남쪽으로 내려가는 중공군 2개 사단 병력을 발견하였다. 그것은 분명히 원주를 방어하는 유엔군을 포위하기 위한 작전이었다. 제2사단과 제10군단 포대가 화력을 총동원해 그들을 포격하였으며, 미군 공군기도 폭탄을 퍼부었다. 이 전투의 결과는, 조종사들이 강물이 죽은 자의 피로 붉게 물들어 흐른다고 보고한 대로, 또한 AP통신 특파원이 한국전쟁이 일어난 이후 "가장 맹렬한 전투"였다고 보도한 대로, 어떠한 군대도 본 일이 없는 대량살상, "적 도살의 무대"였다.[12] 그렇지만 그들은 끊임없이 죽음의 빗속으로 전진하였고, 도리어 포를 쏘아대던 미 포병들이 지칠 대로 지쳐 버렸다. 그러나 끝내 대열이 궤멸되어 버린 중공군은 뿔뿔이 흩어져 북쪽으로 도주하기 시작하였지만, 포탄도 그들을 따라 북쪽으로 날았고, 그것이 미치지 못하는 곳에는 비행기가 폭탄을 뿌렸다. 이곳에서만 중공군은 5천 명을 상실한

---

12)『동아일보』, 1951년 2월 17일.

것으로 추정되었다. 그러나 14일 밤과 15일 낮에 걸쳐 중공군의 마지막 대공세가 지평에 가해졌지만, 결국 수많은 희생자가 나왔고, 보급마저 원활하지 못하였으므로 대공세는 좌절되고 말았다. 중공군 2개 군은 3만 명의 사망자를 내고 마침내 북쪽으로 후퇴하고 말았다.

이후 원주에 대한 위협도 대수로울 것이 없게 되었고, 원주는 주요한 전방기지의 역할을 하게 되었다. 전투는 지평, 횡성, 안흥 방면에서 주로 벌어졌고, 남쪽으로는 제천과 영월 등지에서 지속되고 있었다. 2월 20일 맥아더 장군은 단구동 비행장에 도착하여 원주 북방의 OP를 방문하는 여유를 보였다. 그런데 원주에서 가진 기자회견에서 그는 리지웨이 장군이 계획하였던 킬러작전(Operation Killer)이 하루 이틀 뒤에 개시될 것이라고 말하여 리지웨이 장군을 크게 긴장시켰으나, 다행히 그 섣부른 발언 때문에 작전에 차질이 생기지는 않았다.

한국전쟁의 피해 복구와 발전

Ⅰ. 전쟁 직후의 지역사회

치열한 격전장이었던 원주가 입은 피해는 막심하였다. 시가지에
는 변변하게 남아 있는 건물이 별로 없었으며, 인명 피해도 적지
않았을 것으로 추측된다. 더욱이 미수복지구(강원도 북부지방)를
비롯한 전국 각지에서 6만 명이나 되는 피난민들이 몰려들었고, 나
환자들도 원주에서 살아갈 길을 찾기 시작하였다. 이들이 원주에서
계속 머물렀던 것은 아니지만, 수많은 사람들이 정착하였다. 따라
서 전쟁 이전 1949년에는 원주군의 인구가 11만6천525명에 지나지
않았는데,[1] 1959년말 현재 원주시는 6만3천358명, 원성군은 7만6천

---

 1) 1949년 5월 1일을 기하여 실시한 총인구조사의 결과. 성별로는 남자가 5만
    4천518명, 여자가 4만6천471명이었다. 강원도의 인구는 1백13만8천명으로
    총인구 2천18만4천명의 5.64%로. 오히려 전해보다 3만 명 정도가 줄었다
    (『강원일보』, 1949년 6월 16일).

716명으로[2] 증가하였고, 이 통계에는 군인들이 포함되지 않았다. 이런 외부 인구의 유입은 제1군사령부를 비롯한 많은 군부대의 주둔과 함께 원주에 새로운 활력을 가져온 요인이기도 하였다.

전쟁이 끝났다고 해서 총칼의 위협이 다 사라진 것은 아니었다. 1954년 6월 귀래면 일대에 숨어 있던 공산군 3명이 생포되었다. 10월에도 귀래리 양아치 고개에 공산군 2명이 나타나 원주에서 충주로 가던 버스를 세우고 현금과 군복 등을 강탈하였다.[3] 아마 이들은 전쟁 후에 남파된 것이 아니라 전쟁의 낙오병이었을 가능성이 크다. 1월에는 일산동에 있던 지화장이란 요정에 잠복해 있던 인민군 소위 출신이 경찰에 체포되었다. 그도 전쟁 중 낙오되었다가 북으로 올라가지 못하고 한 장교가 경영하던 요정에 머물고 있었다.[4] 이듬해 7월에는 북한 410부대 대남공작대원 김철우에게 포섭된 사람들에 대한 언도 공판이 원주지원에서 열렸는데, 7명이 1년에서 5년의 징역형을 받았다.[5]

1954년 4월부터 원주의 피난민수용소에서[6] 생활하던 38이북수복지구 원주민들이 군 당국과 KCAC(한국민사원조사령부)에 의하여 고향으로 돌아가기 시작하였다. 이들은 수용소에서 나오는 구호미로는 살기 어려웠으므로 지게지기나 장작패기 등 날품을 팔아 연명하다가, 1인당 700평의 농토, 100평의 대지, 농기구 등을 지원

---

2) 『강원일보』, 1960년 2월 25일. 그러나 1958년 4대 민의원 선거에서 원주는 "인구 8만여 명의 신흥도시"이며, 유권자가 3만3천여 명이었다고 한 것을 (『강원일보』, 1958년 4월 5일)을 보면, 원주시의 실제인구는 이보다 훨씬 많은 것 같았다

3) 『동아일보』, 1954년 6월 28일, 10월 2일.

4) 『동아일보』, 1954년 1월 11일.

5) 『동아일보』, 1955년 7월 5일.

6) 피난민수용소는 사제리, 봉산동, 반곡동, 귀래리 등지에 있었고, 공산군은 이곳 수용자를 포섭해서 군사정보 등을 얻으려고 하였다(AGENT REPORT, 16 January, 1952, 중앙일보 현대사연구소 편, 『미국 CIC 정보 보고서』 2, 선인문화사, 1996, 728~729면).

받아 귀향하였다. 1차로 20세대 66명이 군 트럭 2대를 타고 화천으로 향하였다.[7] 1951년 당시 춘천 이남에 거주하던 주민의 8~9할은 실제로는 수복된 지역의 주민이었다. 국회에서 건의안까지 가결하였으나, 관계 당국이 허가하지 않아 돌아가지 못하고 있었으며, 그 숫자는 정확한 것은 아니지만 70만 명에 달하였다.[8] 1955년 7월에는 판잣집 및 무허가건축물철거대책위원회가 구성되었다. 위원장 박충모, 부위원장 박제남과 남상표가 선출되었다.[9] 그런데 원주는 전쟁으로 거의 초토화되었기 때문에 판잣집이 대단히 많았으므로 철거를 개시한 지 8일만에 강제철거당한 숫자도 1천800호에 이르렀고, 거주민도 5천800명에 달하였다. 그러나 대책을 세우지 않고 철거를 강행하였기 때문에 철거민들이 갈 곳이 없어 방황하는 사태가 벌어졌다.[10]

봉산동 2구에 있던 도립모자원(道立母子院)인 봉생원(鳳生院)은 전몰군경유가족 60세대 241명을 수용하고 있었는데, 거의 전적으로 도당국의 구호에 의존해서 생활을 하였다. 그러나 9월분 식량이 11월에야 배급되었고, 이것마저도 '찐 양쌀'로서 악취나서 도저히 먹을 수가 없었고, 한번밖에 주지 않는 유가족 연금인 사금(賜金)도 제대로 주지 않아 월동대책이 막연하다고 도당국에 호소하였다. 전사한 남편의 계급이 대령이었던 가족에게 1954년에 내려온 사금 액수는 1만5천 환이었고, 그들은 이 돈으로 논 4마지기를 사서 직접 농사를 지어 나락 9가마니를 거두어 들였다.[11]

---

7) 『동아일보』, 1954년 4월 7일.
8) 『동아일보』, 1951년 10월 30일.
9) 『동아일보』, 1955년 7월 15일.
10) 『조선일보』, 1955년 8월 1일.
11) 『동아일보』, 1954년 1월 11일 ;『강원일보』, 1955년 11월 (?)일.

Ⅱ. 전쟁 피해의 복구

1954년 10월 원주읍사무소 신축 낙성식이 거행되었다. 여기에 KCAC 단장과 부산에서 올라온 미군 번 소장과 52수송대대 미군 200여 명이 참석하였다는 것을 보면, 미군의 원조로 지은 것이 다.[12] 미국은 이밖에도 도로 건설과 학교 교실 신축 등의 복구 작업을 하였다. 전쟁 이전에는 자동차 두 대가 겨우 비껴갈 수 있었고, 그마저 거리도 짧았던 지금의 중앙로도 미군 공병대가 불도저로 밀어 확장한 것이었다. 이때 공사로 강원감영 선화당 뒤에 있던 커다란 연못이 거의 메워졌고, 역전(유문, 또는 누문거리)에 있던 조선시대 관리들의 비석이 많이 파손되어 없어졌다. 전쟁으로 교육시설이 파괴된 위에 인구증가로 수용해야 할 학생이 늘어날 수밖에 없었다. 교사 복구와 신축은 원조기구로 원주에 있던 KCAC 와 군의 지원으로 이루어졌다. 봉대국민학교는 9월 19일 교사 낙성식과 추기아동체육대회를 겸하여 열었다.[13]

그러나 본격적인 전쟁 피해 복구사업은 1950년대 후반에 진행되었다. 1958년 강원도의 부흥건설사업이 2억여 환의 국고 지원을 받아 각 시군 별로 시행될 수 있게 되었다. 원주시는 토지구역정리 공사비로 5백4십만 환, 하수도공사비로 4천3백만 환, 도로개수공사비로 2천2백만 환, 상수도 배수관 공사비로 1천만 환을 배분받았다.[14] 1954년에 착공한 상수도 공사가 드디어 끝나게 되어 봉산

---

12) 『동아일보』, 1954년 10월 9일. 이해 2월 미국 국방부는 미8군을 통해서 150만 달러 어치에 해당하는 자재를 제공하여 공공건물을 복구할 수 있도록 하였다(『동아일보』, 1954년 2월 8일).
13) 『동아일보』, 1954년 10월 10일.

1구를 비롯해서 희망촌 2, 중원동 2곳, 영림동 1곳, 일산동 1곳, 원동 1곳, 중앙동 1곳에 공동수도가 설치되었다.15)

이와 같은 계획은 제대로 이행되지 못하였던 경우가 많았다. 원주시의 1958년도 총예산은 일반회계의 1억8천만 환과 특별회계의 1억9천만 환 도합 3억7천만 환이었다. 이 가운데 일반회계예산 중 9천만 환이 국고보조로 계상되었는데, 2/4분기 국고보조가 겨우 10%에 지나지 않는 9백만 환밖에 내려오지 않았다. 그리하여 2/4분기에 원주시가 집행한 예산은 평균 50%에 지나지 않았고, 각종 계획 사업은 커다란 차질을 빚고 있었다. 그 중에서도 6천500만 환의 공사비를 계상하고 1957년 11월 착공한 750평 규모의 "방대한" 시공관(市公館) 건설은 중지가 불가피하였고,16) 기공한 지 4년이 지났어도 자금 부족으로 골조공사만 끝나 시민들의 비난을 받았다.17) 역전 광장의 로타리 공사는 착공조차 할 수 없게 되었다. 반면 특별회계로 계정된 상하수도와 교량가설 공사비는 비교적 양호하게 확보되었으나, 공사비의 20%를 차지하는 1천6백만 환의 지방비부담공사비의 염출은 시 재정상 막심한 애로에 처하였다. 즉 시 재정은 지나치게 중앙정부의 국고보조에 의존하고 있었고, 그마저도 제때 지급되지 않아 행정이 원활하게 시행될 수 없었던 실정이었다.18) 이렇게 국고보조를 받지 못한다면, 결국 지방주민들에게 세금을 더 많이 거두어야 하였다. 도 당국은 지방세 징수를 확대하기 위해서 대대적으로 세원조사를 실시하였다. 이때 원성군은 제외되었으나, 원주시는 그 대상이 되었다. 원주시의 경우 지방세 부과목표액은 1천343만900환이었으나, 실제로 부과된 액수는 1

---

14) 『강원일보』, 1958년 3월 5일.
15) 『강원일보』, 1958년 4월 27일.
16) 『강원일보』, 1958년 12월 26일.
17) 『강원일보』, 1960년 2월 9일.
18) 『강원일보』, 1958년 7월 12일.

천163만9천696환에 불과하였으므로 새로운 세원 발굴을 통해서
이 차액을 채워야 하였다.[19]

　원주시 당국은 기존의 중앙시장만으로도 시민들의 수요에 충분
한데도 불구하고, 다시 남부시장과 공설시장을 개설하였다는 비난
을 받았다. 중앙시장 아래에 만든 공설시장은 수개월이 지난 당시
에도 입주한 상인이 없어 그대로 비어 있던 실정이었다. 더욱이 남
부시장을 건립하면서 입주할 상인들에게 점포 1칸 당 4만여 환의
건축비를 받았으면서도 다시 월 사용료를 징수하였으므로 원성이
일어났다.[20]

　1955년 2월 11일자로 바뀐 중앙선(청량리－대구)의 열차시간에
따르면, 하루에 원주역을 지나는 열차는 상하행선이 각 3대였는데,
그 중 한 대의 시발역과 종착역이 원주역이었다. 청량리와 원주간
의 소요시간은 3시간 25분이었다.[21] 그러나 이듬해 7월 5일 청량
리와 원주간에 최초로 운행된 급행기동차의 소요시간이 3시간 10
분 내지 30분이었다는[22] 것으로 미루어 시간을 제대로 맞춰 운행
되지는 못하였을 것이다. 1957년에 이르러서는 청량리에서 발착하
는 열차가 5대, 원주에서 발착하는 열차가 1대로 늘었다. 소요시간
도 2시긴 35분으로 단축되었다.[23] 철교가 원주천을 지나고 있었으
므로 인명 사고도 빈발하였다.[24]

---

19) 『강원일보』, 1958년 7월 13일.
20) 『동아일보』, 1955년 11월 17일.
21) 『동아일보』, 1955년 2월 6일. 해방 후 철도 운수는 석탄 기관차의 부족과
　　침목의 부패 등으로 제기능을 다하지 못하였다. 1946년 5월 1일자로 개정
　　된 열차시각표에 따르면, 원주역을 거쳐가는 기차는 부산행과 제천행, 그
　　리고 원주가 종착역인 열차 등 3회였다. 청량리발 원주행 기차는 18시 20
　　분에 출발하여 22시 33분 원주역에 도착하였으므로 4시간 13분이 걸린 셈
　　이다(『동아일보』, 1946년 5월 1일).
22) 『동아일보』, 1956년 7월 5일.
23) 『동아일보』, 1957년 10월 26일.
24) 『강원일보』, 1959년 4월 3일.

1957년 6월 원주역을 이용하는 30명에 가까운 임산물 상인들에게 역장서리가 정규 운임 외에도 사례금으로 화차 1량당 1만 환을 더 받았다. 그 사례금이 두 달 동안 백몇십만 환에 달하였다는 것으로[25] 미루어 원주역에서 반출되는 임산물(대부분 땔나무로 추정됨)이 상당하였음을 알 수 있다. 이처럼 한국전쟁 이후 연료 채취로 더욱 황폐화된 산림을 보호하기 위해서는 무엇보다 장작(火木)의 생산과 유통을 통제하여야 하였다. 1958년 봄에 이르러 도 당국은 춘천시와 원주시에 대하여 장작 반입을 억제하는 조치를 취하고, 대체 연로로 무연탄을 사용하도록 운동을 전개하였다.[26] 1958년 도 당국은 1만1천645세대에 0.9톤씩 배정하는 것으로 계산하여 1만4천9톤의 무연탄을 원주시에 공급하였다.[27]

1955년 12월 강원도당국이 원주종축장을 춘천종축장과 병합할 것을 결정하였는데, 이에 대해서 원주시의회에서는 도지사에게 건의문을 보냈고, 시민들도 역시 진정서를 제출할 예정이었다. 원주종축장은 한국전쟁으로 파괴되었으나, 수복 이후 복구해서 연 6만 마리의 병아리 부화와 가축 개량종 번식 사업을 하고 있으므로 이전하는 것은 부당하다는 여론이 일어났다.[28]

당시 나병은 전국적으로 크게 유행하였다. 원주에도 1954년 4월 경부터 나병환자들이 모여들기 시작해서 이듬해 봄에는 약 2백 명에 달하였다. 본래 이들 대부분은 정부가 운영하던 국립수용소에 수용되어 있던 환자들인데, 그곳에서는 불과 4홉의 양곡을 배급하였기 때문에 배가 고파 견딜 수가 없어 탈출하였다고 한다. 이들은 호저면 만종리에 성낙원(星樂園)이라는 수용시설을 스스로 만들었으나, 역시 당국으로부터 전혀 보조를 받지 못하고, 다만 KCAC에

25) 『동아일보』, 1957년 6월 4일.
26) 『강원일보』, 1958년 3월 2일.
27) 『강원일보』, 1959년 8월 28일.
28) 『동아일보』, 1955년 12월 4일.

서 약간의 양곡만 받고 있었으므로 구걸하지 않으면 살 수 없던 처지였다. 그래서 이들은 원주읍내와 교외를 집단적으로 돌아다니면서 돈이나 밥을 요구하였고, 심지어 대중목욕탕과 음식점까지 출입하였다. 그렇기 때문에 불안에 떨던 주민들은 낮에도 문을 열어 두지 못하고, 여자와 아이들은 밖에도 제대로 나가지 못하던 형편이었다.[29]

그러나 이후 성낙원의 구성원들의 생활은 어느 정도 기반을 잡았던 것 같다. 1958년 2월말에 외부에서 들어온 나병환자에 의해서 절도살인사건이 일어났는데, 양복 기술자였던 것으로 보이는 피해자가 빼앗긴 재봉기 1대와 양복 등의 시가는 12만 환에 달하였다. 그리고 이 사건이 처리된 경과를 보면, 성낙원은 일반사회와 절연된 폐쇄적인 집단이었다. 외부자에 의한 살인사건이 일어났음에도 불구하고 성낙원 측은 치안당국에 신고를 하지 않고 사실이 누설되는 것을 두려워해서 극비에 부쳤으므로, 며칠이 지난 다음에야 정보를 입수한 경찰이 피의자를 체포할 수 있었다.[30]

1958년에는 동일한 나병환자시설인 경천원(敬天園)도 신문 기사에 보인다. 이들은 자활을 위해 돼지 60마리, 소 1마리, 닭 80마리, 양 4마리를 기르는 것이 일과였다. 그런데 굶주림에 시달리던 이들에게 닥쳤던 곤경은 월동준비였다. 그렇다고 해서 민가를 돌면서 구걸할 수도 없는 몸이므로 산에서 풀을 베어다가 잡곡이나마 끓여 먹는 실정이었다.[31] 이나마 외국원조가 대폭 삭감되자, 경천원과 성낙원에 수용되어 있던 500명에 가까운 나병환자들은 더욱 곤경에 처하게 되었다. 일부 환자는 수용소를 탈출하여 문전걸식하여야 하였고, 설상가상으로 대명(大明)구호병원이 폐쇄되어 기

---

29) 『동아일보』, 1955년 6월 17일.
30) 『강원일보』, 1958년 3월 8일.
31) 『강원일보』, 1958, 12월 11일.

독병원에서 경천원 소속 환자만이 치료를 받을 수 있었다.[32] 그러
나 한센 박사가 발명한 나병치료제 DDS로 완치된 환자 30명이 성
낙원에서 일반사회로 나갔다고 원장 김광산(金光山)이 밝혔듯이,[33]
이들의 병도 치료될 수 있었고, 이후 이들의 자활 노력으로 양계
등 축산사업 등을 대대적으로 벌여 자립할 수 있었다. 그런데 만종
리에는 1955년에 창설된 대명원(大明園)도 있는데, 경천원이나 성
낙원과는 달리 전부 군인 나환자만을 수용하였다고 한다.[34]

한국전쟁 전까지만 하여도 도내에는 사회복지시설이 단지 3곳
밖에 없었지만, 전쟁 후에는 무려 26개의 시설이 생겨 2천378명에
달하는 어린이와 노인 등 생활 능력이 없는 사람을 수용하고 있었
다. 그런데 이런 시설은 대부분 종교단체와 미군당국의 원조를 바
라고 설립한 예가 많아 사이비 사회사업가가 발호하는 터전이 되
었다. 원주의 한 시설에서도 이런 종류의 사건이 일어나기도 하였
다.[35] 또한 당국이 지원하는 1인 1일당 3홉의 양곡과 25환의 부식
대로 겨우 자활하는 부실한 시설도 많았다. 따라서 도 당국은 이런
시설을 정리하기 위해서 재단법인 구성을 강력히 촉구하여 22개의
시설만 인가하였다. 이 가운데 도립모자원과 7개의 사립보육원만
이 제대로 자활하고 있었는데, 여기에는 원주의 성애육아원(聖愛
育兒院)과 심향육아원(心鄕育兒院)이 포함되었고, 나머지는 당국의
보조에만 의존하며 간신히 운영되고 있었다. 그러나 미국의 원조
가 크게 줄었던 50년대 후반에는 중앙정부에서 구호양곡을 제때
지급하지 않아 커다란 곤란을 겪어야 하였다.[36] 이 시기에 원주에

---

32) 『강원일보』, 1958년 8월 11일, 11월 19일.
33) 『강원일보』, 1960년 2월 7일.
34) 『원주원성향토지』, 310면.
35) 『강원일보』, 1958년 12월 11일, 1959년 2월 14일, 6월 13일. 6월 18일, 7월
    16일, 7월 17일.
36) 『강원일보』, 1958년 12월 10일.

는 5개 고아원에 400명의 원아가 수용되어 있었다.[37]

제1군사령부 미국군사고문단 소속의 민간구호위원회 책임자인 로버트 비 호빅 대위는 1957년 7월에 부임한 이래 미국의 각 교회에 연락해서 식량 약 1천800 킬로그람을 받아 전쟁고아 450여 명을 수용하고 있는 원주시내의 각 보육원에 제공하였다. 오형선 원주시장은 이승만 대통령제83회탄신경축식장에서 그에게 감사장을 주었다.[38]

외국의 원조물자가 필요하였던 것은 빈부를 가리지 않았다. 미국의사회에서 한국 의사들에게 1인당 양복지 두 벌과 우비 1개씩을 준다고 하여 원주의 의사들은 기대를 하였다. 마침내 강원도 의사회에서 춘천검찰청 신축비용으로 1인당 3천 환을 가지고 와서 양복지를 찾아가라는 통지가 왔다. 원주의사회 소속 14명의 의사를 대표한 부회장 남(?)수는 돈을 거두어 춘천에 갔으나 양복지가 모자라기 때문에 중앙의사회관 기성회비를 내지 않은 원주 의사들에게는 우비만을 주겠다고 하였으므로 그냥 돌아와 버리고 말았다. 그래서 의사들이 실망하고 극도로 분개하였다고 한다.[39]

한국전쟁이 한창이었지만, 후세 교육은 미룰 수가 없었다. 1951년 7월 수복 후 원주 향교에 개설된 성육고등공민학교에도 학생 4,50명이 공부하였지만, 교사도 마련되지 않아 대성전 기둥에 흑판을 걸어 놓고 할 정도였다.[40] 그런데 학생들은 1953년에 졸업할 예정이었지만, 진학할 고등학교가 마땅하지 않았다. 특히 원주에는

---

37) 『강원일보』, 1958년 12월 24일.
38) 『강원일보』, 1958년 4월 4일.
39) 『동아일보』, 1955년 7월 15일.
40) 이런 어려운 형편은 원주농업고등학교도 비슷하였다. 정지버덩에 있었던 교사는 파괴되었고, 그 자리에는 군부대가 주둔하였으므로 학생들은 원동과 무실동에서 노천수업을 받아야 하였다(박순조, 「동창인맥 – 원주농고편」 『태백』, 41호, 1990년 11월호, 202~209면).

인문계 고등학교가 없었기 때문에 인문계 고등학교의 설립이 절실하였다. 그래서 김재우(金在佑), 김종호(金鍾浩), 이종덕(李鍾德), 장윤(張潤), 장일순(張逸淳), 한영희(韓永熙) 등은 아예 고등학교를 설립하기 위한 설립기성회를 구성하고, 교명은 도산 안창호가 세운 대성학교에서 따기로 하였다.[41] 일부 교사들이 출연한 토지만으로는 허가를 받기 어려웠으므로 이들은 한기준(韓基駿)과 장노성의 토지를 수익재산에 추가해서 드디어 1954년 3월 문교부로부터 대성학원의 설치인가를 받았다. 그리하여 그해 5월 7일 향교에서 교사와 학교 부지를 제공받아 원주 최초 인문계 고등학교인 대성고등학교, 그리고 이듬해 4월 6일에는 성육고등공민학교를 인수하여 대성중학교의 문을 열었다.

이렇게 인가를 받고 개교를 하였으나, 향교 건물만으로는 교육이 될 수 없었으므로 새로운 교사를 세워야 하였다. 그렇다고 재단에서 건축비를 부담할 형편도 되지 못하였으므로, 교사와 학생 들이 8개 교실 2층 교사를 스스로 지었다. 건물 설계는 이종덕이 하였고, 자재는 군사원조로 받았다. 학생들은 등교할 때마다 기초 공사에 쓸 돌을 하나씩 들고 와야 하였고, 직접 땅을 파고 시멘트 벽돌을 찍었다. 교사들 역시 학생들과 함께 힘든 일을 손수 하였다. 이러한 어려움을 극복하고 1955년 7월 9일에는 교사 낙성식을 거행하게 되었다.[42]

이처럼 뜻있는 지역주민들이 교육사업에 헌신하였고, 학생들의 배움의 열기가 뜨거웠다. 1959년에 원주의 교육기관으로는 국민학교 6개교, 중학교 5개교, 고등학교 5개교, 대학(의숙 義塾) 2개교, 유치원 1개교였다.[43] 그러나 교육 현실은 매우 열악하였던 것 같

---

41) 이십년지간행위원회,『원주대성학원이십년지』, 원주대성중고등학교, 1974.
42)『동아일보』, 1955년 7월 14일.
43)『조선일보』, 1959년 1월 18일.

다. 무엇보다 교육대상 연령층이 빠르게 증대되었고, 또한 진학열
도 높았기 때문이었다. 비록 외국의 원조와 군부대의 도움으로 건
축 자재와 장비를 지원받아 교육 시설을 갖춘다고 하여도, 문제 해
결이 쉽지는 않았다.

원주시내 국민학교 신입생이 상상외로 격증하고 있어 교실 증
설이 시급하였다. 1959학년도 신입생 총수가 2천644명인데 반하여
학급수는 121개에 지나지 않으므로, 결국 24개 학급에 필요한 교
실이 마련되지 않으면, 노천수업을 하지 않을 수 없던 실정이었
다.44) 도내 대부분의 국민학교는 교실 부족으로 2부, 또는 3부 수
업을 하고 있던 실정이었고, 1개 학급의 수용학생수가 8,90명에 달
하는 것은 예사였다.45) 한편 그 해 원주시 국민학교 졸업 예정자가
1천184명이었는데, 상급 학교에 진학하기 위해서 보아야 하였던
연합학력고사에 응시한 학생 숫자가 1천22명이었다.46) 그리고
1958년 원주중학교를 졸업한 학생 332명의 진로를 보면, 진학 287
명, 진학포기 45명, 취직 23명, 가사 17명이며, 진학자 가운데 실업
계 51명, 인문계 192명, 사범계 34명, 기술계 10명이었다.47)

그리고 시내를 벗어나면, 학교 기본 시설도 형편이 없었다. 신림
면 황둔리 분교는 풀잎으로 지붕을 덮은 오막교사(校舍)였다. 지루
한 장맛비에 사방에서 빗물이 새었고, 냄새도 몹시 났다. 부부 교
사가 전교생 40명을 가르치고 있었지만, 출석하는 학생은 20명에
불과하였다. 혹독한 가난으로 배우고자 하는 열의가 꽃을 피울 수
없던 형편이었다.48) 교육기자재도 교사와 학생들이 일을 해서 마
련하기도 하였다. 부론국민학교에서는 전체 교직원과 학생들이 땅

---

44) 『강원일보』, 1959년 4월 9일.
45) 『강원일보』, 1959년 4월 26일.
46) 『강원일보』, 1959년 2월 5일, 17일.
47) 『강원일보』, 1958년 3월 8일.
48) 『강원일보』, 1958년 8월 3일.

콩 캐기와 도토리 줍기로 돈을 모아 확성기를 마련하였다. 이런 근로자립정신에 대해 일반의 칭송이 높았다고 한다.[49]

전쟁이 끝난 직후 궁핍하기 짝이 없던 그 시절에 대규모 교육투자를 한다는 것은 바라기가 어려웠다. 88%를 국고보조에 의존하고 있던 도내 각 교육구의 재정 부족은[50] 심각하였으므로 납부금은 계속 인상되었다. 도교육위원회가 1958년 3월 초에 결정한 납부금을 살펴보면, 시지구(市地區)의 중고등학교 사친회 입회비가 전년보다 각각 5천 환과 3천 환이 오른 1만8천 환, 월회비는 각각 250환과 300환이 인상된 1천450환과 1천800환이었다. 당시 쌀값은 소두 1말에 1천400환가량이었다.[51] 그리고 학교에서는 여러 가지 명목으로 잡부금을 걷고 있었다. 예를 들어 문교부에서 금지하고 있는 과외수업을 실시하고 용지대라는 명목으로 수천 환씩 받기도 하였다. 그렇기 때문에 등록금을 마련하는 일도 힘겹기 짝이 없었다. 모 사립중학교에 재학하는 아들이 납부금 3천 환을 내지 못하여 교사에게 힐책을 받고 집으로 쫓겨오자, 그 부친이 돈을 마련하기 위해서 다이나마이트를 사용해서 물고기를 잡다가 폭사한 비극도 일어났다.[52]

하지만 교사들도 박봉으로 시달렸고, 심지어는 14개월 동안 수당이 밀리기도 하였다.[53] 또한 교사수도 부족해서 수업을 담당하는 교장과 교감이 태반이었다. 강원도 문교당국은 "이제부터" 출신학교와 자격증 본위로 교원 인사를 하겠다고 밝혔다.[54] 전쟁 직후에는 교사 부족으로 교사들은 자격증에 명시된 과목이 아니라

---

49) 『강원일보』, 1958년 12월 7일.
50) 『강원일보』, 1958년 12월 24일.
51) 『강원일보』, 1958년 3월 8일.
52) 『동아일보』, 1955년 11월 8일.
53) 『조선일보』, 1958년 6월 15일.
54) 『강원일보』, 1958년 4월 25일.

다른 과목까지 가르쳤다. 학급수가 적은 중고등학교에서는 3, 4 개 과목을 담당하는 것을 시정하겠다는 계획이었다.

그리고 해방 전에는 경성제국대학밖에 없었지만, 해방을 맞은 우리 민족은 국가 동량을 양성하기 위해서 다수의 대학을 설립하였고, 각 도청 소재지에는 도립대학이 문을 열었다. 춘천에도 이미 1947년에 춘천농업대학이 세워졌고, 1953년에는 국립으로 이관되어 강원대학교의 모태가 되었다. 원주에서도 고등교육기관을 설립하여 지역주민의 교육열에 부응하고 인재를 키우려는 노력이 기울여졌다. 마침내 1955년 6월 10일 사회사업가인 원홍묵을 중심으로 대학설립기성회를 조직하고, 도지사의 인가를 얻어 관서대의숙(關西大義塾)을[55] 봉산동 1082번지에 설립하였고, 초대 숙장에 원홍묵이 취임하였다. 그리고 관서대의숙은 1960년 홍익대학 2부 명의로 문교부 장관의 인가를 받아 정규 4년제 야간대학으로 개교하였다. 10월 10일 표 학장과 문교부 고등교육국장이 참석한 가운데 2층 석조 학교건물에서 영관급 장교를 포함한 군 위탁생 155명과 일반인 76명의 입학식이 거행되었다.[56] 그리고 1962년 3월에는 원홍묵을 초대 이사장으로 한 청암학원이 인가를 받았고, 이듬해에는 3개 학과로 원주대학 인가를 받아 상지대학교로 발전하게 되었다.

---

55) 강릉에는 관동대의숙이 세워졌다. 이미 구한말부터 세워지기 시작한 의숙은 공익을 위하여 의연금으로 세워진 학교이다. 예를 들어 동덕여자대학교의 뿌리는 1908년 4월에 설립된 동원여자의숙이며, 일본에서는 게이오의숙이 게이오대학으로 발전하였다. 그리고 이 시기에도 인천대의숙과 경상대의숙 등 비록 문교부의 허가를 받은 정규대학은 아니지만 도지사의 인가를 받은 대의숙이 여러 곳에 있었다. 그렇기 때문에 문교부와 지자체 사이에 갈등이 벌어지기도 하였다.

56) 『조선일보』, 1960년 10월 11일.

Ⅲ. 1950년대 후반의 발전

1950년대 후반에는 각종 협동조합 설립 운동이 전개되었다. 이미 1949년 1월 원주금융조합 전무이사 우종대(禹鍾大)가 중심이 되어 협동조합조직추진위원회가 결성된 바가 있었지만,[57] 전쟁으로 결실을 맺지 못하였을 것이다. 1958년 3월 6일 원주원예협동조합 창립총회가 대의원 11명이 참석한 가운데 원주시청 회의실에서 열렸다. 조합장에는 이창호(李昌鎬)가 6표를 얻어 당선되었고, 그 밖에 이사 9명과 감사 2명이 선출되었다. 그리고 원성군원예협동조합도 12일에 창립되었다. 조합원 178명에 대의원이 22명이었고, 권영춘이 압도적인 표를 얻어 초대 조합장으로 선출되었다.[58]

또한 3월 7일에는 원성군축산협동조합 창립총회가 대의원 93명 중 47명이 참석하여 개최되었다. 조합장에는 이대선(李大善)이 32표로 당선되었고, 이사 9명과 감사 2명이 선출되었다. 당시 원주시에는 소가 760두, 원성군은 7천503두가 있었다.[59]

농업협동조합의 결성에 관해서는 잘 알 수 없지만, 1950년대 후반에 상당히 활발하게 운영되었던 것 같다. 강원도청은 원성군농업협동조합을 1959년도 강원도시범조합으로 선정하여 농림부와 농협중앙회에 추천하였다.[60] 시범조합은 설립 촉진책으로 시행된 것으로 정부자금의 융자 등 특혜를 받을 수 있었다. 1957년 11월부터 업무를 개시한 원성군농협은 총 동리 80개소 가운데 70여 개를

---

57) 『강원일보』, 1949년 1월 7일.
58) 『강원일보』, 1958년 3월 19일.
59) 『강원일보』, 1959년 8월 2일.
60) 『강원일보』, 1958년 10월 30일.

가입시키고, 공동 구매 및 판매 사업을 하는 등 극히 양호한 실적
을 올리고 있었다.

1958년 3월 10일 원성군농협 산하의 판부면 관설1리 농업협동조
합에서는 농업경진대회를 개최하였다. 판부면 협동조합은 정상적
으로 운영되고 있어 다른 조합의 모범으로 인정받았다. 이날 행사
에는 이곳 출신이며 강원도 의회 산업분과위원장인 김흥배(金興
培)와 독농가로 농림부장관의 표창을 받은 바 있는 이병규(李秉圭)
등 내빈 다수, 그리고 마을 주민 800여 명이 참석하였다. 종자개량
부, 볍씨선택부, 생산용구부, 청소도구부, 목세공구부, 짚공구부 등
여러 가지 분야에서 참가자들이 서로 자웅을 다투었고, 농악과 윷
놀이 등 오락도 곁들여지는 등 일종의 축제로 진행되었다. 마을별
로는 나옹정 마을이 종합 1등을 하였다.[61]

이렇게 농업 관련 협동조합이 많아지자, 통합 여론이 일어났다.
그리하여 1959년 5월 원주시와 원성군의 3개 협동조합이 합병 원
칙에는 찬성하였으나, 재정 문제 때문에 실질적인 진전을 보지 못
하고 있었다. 원주시의 축산협동조합은 가축시장 수입이 있었으므
로 농협과 원예조합을 합하여 한꺼번에 통합할 것을 주장하였으
나, 원성군측은 우선 축협만의 통합을 요구하였다.[62]

1950년대에는 4H운동도 널리 전파되었다. 1959년 11월 7일 원주
시농사교도소 강당에서 원주시 4H연합회가 주최하는 경진대회가
열렸다. 130명의 회원들이 108종목에 출전하였다. 1등 백간, 2등
화림, 3등 신촌이 차지하였다.[63]

1955년 7월 15일 원주농민훈련소 낙성식 및 제1기 훈련생 입소
식이 거행되는[64] 등 정부에서도 농업 발전을 위해서 정책적인 노

---

61) 『강원일보』, 1958년 3월 16일.
62) 『강원일보』, 1959년 5월 10일.
63) 『강원일보』, 1959년 11월 (?)일.
64) 『동아일보』, 1955년 7월 20일.

력을 기울이기 시작하였다. 도 당국은 강습과 강연 등으로 각 시군
에서 농촌중견인물선도 및 농촌계몽운동을 전개하였다.[65] 그리고
강원일보사는 농촌중견인물양성소 제3기 수강생 50명을 대상으로
설문조사를 하고 좌담회를 개최하였다. 원주시와 원성군에서 참가
한 인물들이 지적한 농촌 문제를 종합하면, 영농자금이 적기에 방
출되지 않아 월 1할이나 되는 고리채를 써야 되고, 도시이주를 하
는 농민이 많아지고, 개량농기구를 구입할 방도가 없고, 일반물가
에 비해 보리값이 너무 싸다는 것이었다. 그밖에 가장 곤란한 것으
로는 자녀교육 문제를 꼽았다.[66]

환지정리나[67] 신농사기술도 장려하였다. 식량생산을 증대하기
위해 보온절충묘판과 새로운 볍씨 등을 보급하였다. 1959년도 쌀
생산량을 65만4천 석으로 계획한 도 당국은 전해의 5만6천 평보다
훨씬 넓은 20만 평의 보온절충묘판을 보급하겠다는 목표 아래 자
금도 보조하기로 하였다. 이 기술은 벼의 냉해를 줄이는 효과가 상
당히 컸기 때문에 면적을 4배나 크게 잡았던 것이다. 또한 장려 볍
씨품종으로는 종래 것보다 품질과 생산량에서 뛰어난 팔기(八起)
를 새로 선정하였다. 실제로 이해 도내의 보온절충묘판 설치는 목
표를 4배나 초과 달성하였고, 원주는 421단보에 달하였다.[68]

강원도청 산업국에서는 중소기업육성책으로 한지와 생칠 등과
같은 원주의 특산물 생산을 육성하려고 하였다. 연간 약 720관의
정칠(精漆)을 생산하고 공예품도 만든다는 계획으로 생칠정제공장
건물을 건축하여, 1958년 여름에 이르러서는 거의 준공 단계에 들
어갔다.[69] 그러나 1960년 도 당국이 상공부에 제출한 1960년도 예

---

65) 『강원일보』, 1959년 11월 30일.
66) 『강원일보』, 1959년 11월 22일.
67) 신림면은 읍면 단위별 환지정리사업에서 1등을 하였다(『강원일보』, 1958
    년 3월 21일).
68) 『강원일보』, 1959년 4월 2일, 5월 10일.

산요구서에는 기존의 원주생칠정제공장의 내부시설 완료와 칠공
예품의 증산 항목이 들어 있는 것으로[70] 보아 사업이 차질없이 진
행된 것은 아니었던 듯하다. 또한 원성군과 횡성군에서 생산되는
닥나무를 원료로 이용하는 한지생산시설은 단구동에 설치되어 다
대한 성과를 거두고 있었고;[71] 시설 총액이 513만 환에 이르는 이
공동작업장 건설은 국고보조예산을 받아 연말까지는 완성한다는
계획 아래 강력히 추진되었다.[72]

원주시에는 순농가가 1천500여 호이며 다른 직업도 겸하며 농사
를 짓고 있는 반농이 400여 호로서 시 전체 가호의 약 20%를 차지
하였으며, 나머지 주민들은 대개 중소상공업을 주업으로 삼고 있
었다.[73] 중소기업체를 자세하게 살펴보면, 도정업체가 27개소, 제
분제면업체가 20개소, 비교적 큰 재재업체가 14개소, 목공업체가
10개소였다. 인조견, 광목, 벨벳과 같은 섬유를 생산하는 소규모의
업체가 12개소와 최근 설립된 규모가 큰 현대식 제사공장이 있었
다. 그러나 철공업을 비롯한 금속산업은 별로 발전하지 않았다. 시
장으로는 중앙시장과 남부시장이 있었고, 모두 620여 개의 점포가
영업하였으며, 1년 거래약이 30억 원을 오르내렸다. 제과업이 11개
소, 양조장 4개소, 다방 20여 개소, 요식업 50여 개소, 70여 개소의
대소 숙박 여관이 있는 것으로 보아 원주는 완전히 소비도시였다.

1959년 11월 7일 원주연합기독병원(원장 문창모)이 현대식 설비

---

69) 『강원일보』, 1958년 7월 25일, 8월 12일.
70) 해방 직후만 하여도, 원주는 평북의 태천과 함께 漆液 생산을 가장 많이
　　하고 있었다. 1946년 판부면 금대리 박승렬(朴承烈)의 소유 농장에서 각처
　　강습생 25명을 대상으로 칠액 채취 강습회를 열었다. 옻나무는 650정보에
　　130만 본을 재배하고 있고, 명년에는 1천 관의 칠액을 생산할 예정이라고
　　하였다(『자유신문』, 1946년 10월 14일).
71) 『강원일보』, 1959년 5월 19일.
72) 『강원일보』, 1958년 8월 12일.
73) 『조선일보』, 1959년 1월 18일.

와 80여 명의 인력을 갖추고 개원하였다. 이 병원은 기독교대한감
리회, 대한기독교장로회, 미국감리교부, 카나다연합교회선교부 등
4개 단체가 총 3억여 환을 투입하여 1956년 11월 착공하여 완공하
였다.[74] 이로써 원주는 강원도는 물론 인접한 충청북도와 경상북
도 지역의 의료 중심지가 될 수 있었고, 기독병원은 지역사회활동
의 기반이 되었다. 예컨대 시화(市花)로 선정된 장미를 애호하며,
원주장미제를 주관하는 원주장미회, 미국 로아노크시와 자매결연
활동의 핵심적 역할을 하는 피플 투 피플(Peaple to Peaple Club), 원
주청년회의소는 사무실을 기독병원에 두고 있었다.[75] 그런데 이런
교류사업은 자국의 정책을 선전하고 문화를 전파하려는 미국정부
의 해외선전정책의 일환이었다.

  1950년대 후반, 즉 원주읍이 1955년 9월 1일자로 시로 승격된 이
후 원주시는 "신흥도시"로 발전해 갔다. 이해 12월 3일 원주시 신
문기자단에서는 신흥도시로 발전되어 가고 있는 원주시의 비약적
인 육성을 위한 지방발전좌담회를 열었다. 시의회당에서 개회된
이 좌담회에는 민의원 의원, 시장, 경찰서장을 비롯해서 각 기관장
들이 참석하였다.[76] 1959년 5월 영서지방을 초도순시하였던 홍창
섭 도지사는 "원주를 제외한 벽지 일선 군은 과거나 현재나 다름
없이 구태를 벗어나지 못하고 있"다고 순시 소감을 밝혔다.[77]

  이러한 원주시의 발전에는 군부대의 주둔과 지원이 크게 기여
하였다. 단적인 예를 든다면, 『강원일보』 1959년 6월 10일자 2면에
실린 원주 관련 기사를 살펴보면, 군과 관련된 것뿐이다. 물론 보
도가 지나치게 군에 치우쳤다는 감은 있지만, 실제 군과 지역사회
는 여러 부문에 걸쳐 긴밀한 유대 관계를 맺고 있었다. 특히 당시

---

74) 『강원일보』, 1959년 11월 10일.
75) 『원주원성향토지』, 316~320면.
76) 『동아일보』, 1955년 12월 7일.
77) 『강원일보』, 1959년 5월 24일.

군대는 미국으로부터 거액의 군사원조를 받고 있었으므로 한국사
회에서 상대적으로 여유가 있었던 집단이었다고 할 수 있었고, 군
의 대민원조사업(AFKA)는 미국의 중요한 대한정책이었다. 그렇기
때문에 제1군사령부 안에는 민사 담당 부서가 설치되어 대민지원
을 맡았다.

1950년대 후반 7만6천411명의 "신흥군사도시"로서 원주의 면모
를 묘사하고 있는 신문 기사는[78] '각 관공서, 교회, 학교 등 모든
기관의 큼직하고 산뜻한 건물들은 거의 전부, 그리고 도로, 일부상
가와 민가에 이르기까지 제1군이나 미군 등 군 당국이 지어주었
고, 시내에는 어디를 가든지 군복 일색'이라고 하였다. 또한 "군
아니면 살 수가 없을 지경이라고 말하는 것을 보면, 시민 전체가
군과 한 덩어리가 되고 있다는 것을 느끼게 된다."라고 쓰고 있다.
그리고 피난민 등 이재민과 중소상인들이 제1군 설치 이후 군경기
가 풍성하다는 말을 듣고 원주로 몰려들어 원주민들을 억누를 정
도로 각 방면에 진출해서 활동하고 있었다.

교실 건축도 군에서 많이 도왔는데, 예를 들어 대성중고등학교
도 군에서 시멘트와 중장비 등을 지원받아 학생들을 동원하여 교
실이나 운동장 같은 교육시설을 만들었다. 원주중학교와 원주고등
학교의 교사 건축 역시 군의 지원으로 이루어졌다. 또한 원주시내
국민학교의 교실 증설이 시급하였다. 제1군사령부에서는 사령관,
도지사, 도 문정과장, 중고등학교장, 교육감이 참석한 가운데 1959
년도분 대민원조사업(AFKA)에 의한 군원학교교실 배정 회의가 열
려 도내 150개의 교실 신축분 가운데[79] 104개는 국민학교에, 46개
는 중고등학교에 할당하였다. 그리고 교실 1개를 짓는데 1천 불이
지원되고, 여기에 학교 자체 예산에서 1백만 환을 투입하기로 결

---

78) 『조선일보』, 1959년 1월 18일.
79) 1960년 1월 9일자에는 126개 교실로 되어 있다.

정하였다.[80]

　그밖에 군의 대민지원 활동은 여러 가지가 있었다. 가장 흔히 보이는 것이 장병들의 노력 봉사였다. '유재흥 제1군사령관이 봄철 두 달과 가을철 41일간에 병력을 동원하여 농민을 적극적으로 도울 것을 지시하였다'는 등[81] 원주 주둔 부대의 대민활동에 관한 기사는 많이 보인다. 제121후송병원와 제1군사령부 주최의 멸공웅변대회, 제1군사령부 구강대책반의 국민학교 학생 구강검사와 치료, 5개 보육원 원아 452명을 위한 선물, 민둥산에 식목하기, 전국적으로 기승을 부리고 있는 뇌염 방지 방충 작업, 미술전과 서예전 등 각종 전시회, 군악대의 연주회 등 다방면에 걸친 대민활동이 전개되었고, 심지어 무실동에 거의 버려져 있다시피 하였던 민긍호 의병장의 묘도 북부지구경비사령관 권준 준장의 도움으로 봉산 산록에 이장하고 기념비를 세울 수 있었다.[82] 그렇지만 군부대의 주둔이 원주에 이바지한바 중에서 가장 중요한 것은 부대 장병의 거주와 군납 등 경제적 기여였을 것이다. 그리고 부정하게 유출되는 군수물자도 결코 적지 않아 군 당국은 여러 차례에 걸쳐 군수품 부정유출 단속을 벌였지만, 큰 성과를 거두지 못한 것으로 보인다. 한편 원주시민들도 제121후송병원을[83] 비롯해서 각 군부대를 방문하여 장병을 위로하는 행사를 많이 가졌다.

　한국전쟁으로 한반도에서는 냉전이 더욱 심화되어 가고 있었다. 군사적 요충지인 원주 근방에서 실시되고 있던 군의 승리기동훈련의 시나리오에도 적군이 3발의 원자탄을 투하한다는 것이 들어 있을 정도였다.[84] 실제로 한국전쟁 와중에서도 미국은 원자탄을 사

---

80) 『강원일보』, 1959년 11월 7일.
81) 『강원일보』, 1959년 5월 28일.
82) 『동아일보』, 1954년 3월 25일.
83) 한국전쟁 당시 미군이 세운 야전이동병원(MASH)이 태장동에 있었는데, 그 후 이 병원이 제121육군병원이 되었다.

용하겠다는 정책적 검토를 하기도 하였고, 그 투하 대상지로 원주
도 고려되었을 가능성이 있었던 것 같다.[85] 또한 이런 원자기동훈
련은 정례적으로 실시되었던 것 같고,[86] 지방 기관장은 물론이며
유지와 학교장, 그리고 중고등학생도 참관하고 원자무기의 방호
방법 등 "원자교육"을 받았다.[87] 이런 측면에서 보면, 군부대의 주
둔은 지역주민으로 하여금 반공이데올로기와 냉전의식을 강화하
고, 군사도시의 시민이라는 정체성을 강하게 갖도록 하였다고 생
각된다.

---

84) 『강원일보』, 1958년 3월 2일.

85) In any case, U.S. Intelligence did not identify hostile concentrations at Taechon
and in the Iron Triangle in November 1950 until they were breaking up. And
atomic attacks against Imjin and Wonju would have been close enough to U.N.
troop elements to cause casualties.(Lt. Col. George A. Larson, U.S. Air Force, "In
spite of the daunting threat of enemy jet fighters, Boeing B‒29s served
throughout the Korean War", Military History, March, 1998, http://www.
thehistorynet.com)

86) 1959년 10월 실시된 제1군 추계대기동훈련을 『강원일보』는 원자기동훈련
이라고 보고하고 있으며, 이승만 대통령도 참관하였다(『강원일보』, 1959
년 10월 23일)

87) 『강원일보』, 1958년 4월 4일, 1960년 2월 23일.

1950년대의 선거와 정치

Ⅰ. 1954년 제3대 국회의원 선거

1954년 5월 20일 제 3 대 국회의원[1] 선거가 실시되었다. 이승만 대통령과 자유당은 대통령 중임 제한을 규정하고 있는 헌법을 고쳐서 장기집권을 계획하고 있었다. 따라서 개헌선 2/3 이상의 국회 의석을 자유당이 기필코 차지하여야 하였다. 그렇기 때문에 대대적인 선거부정을 저지를 수밖에 없었고, 그 결과는 1954년 12월의 사사오입 개헌이었다. 특히 원주에서는 1950년 5월 30일 제2대 국회의원으로 당선되어 반이승만 정치세력의 중심에서 활동하였던 윤길중(尹吉重)이[2] 다시 선거에 입후보하였으므로 조직적이며 강

---

1) 본래 단원제이던 국회는 1952년 발췌개헌 당시 참의원과 민의원 양원제로 바뀌었으나, 자유당 정권은 참의원 선거를 회피하고 민의원 선거만 하였다. 1960년 7월 총선에 이르러 비로소 참의원 선거가 치러졌다. 따라서 1950년대 국회의원 선거는 민의원 선거뿐이었다.

압적인 선거부정이 감행되었다. 자유당 정권은 가부장적이며 독재적인 이승만의 카리스마에 의하여 유지되었기 때문에 이승만에게 도전한다는 것은 곧 반역이라고 몰고 갔다. 제헌의원 선거에서 이승만과 함께 성동구에서 출마한 군정청 전 경무부 수사국장 최능진(崔能鎭)이 의문스럽게 죽었다는 사실은 많은 것을 시사한다.

미국 대사관에서는 선거가 실시되기 직전인 5월 17일부터 선거 당일인 20일까지 직원들을 이천, 여주, 원주, 횡성, 평창, 영월, 제천으로 파견해서 제3대 국회의원 선거운동 분위기를 파악하였다. 그들은 각지를 순회하면서 선거 관계자들과 일반 주민을 광범위하

2) 윤길중은 전쟁 중이라도 치안이 확보된 부산과 대구 등지에 계엄령이 해제되지 않은 것에 반대하는 기자회견을 하기도 하였는데(『동아일보』, 1951년 3월 25일), 이는 이승만 대통령의 대통령직선제 개헌 의도를 꿰뚫어 본 것이었다고 할 수 있다. 그리고 제1차 개헌 정국에서 원내자유당의 일원으로 대통령직선제개헌반대 활동을 하였던 그를 소환하라는 운동이 지역에서 벌어졌다. 즉 1952년 4월 5일 내각책임제개헌반대 강원도정당사회단체공동투쟁위원회가 구성되었고, 강원도민궐기대회가 두 차례나 열렸다. 이어서 열린 원성군민궐기대회에서는 윤길중의 소환을 결의하고 그가 대회장 참석을 불응하자 불신임결의를 하기에 이르렀다(유재인, 『강원도비사』, 강원일보사, 1974, 226면). 1916년 문막에서 출생한 그는 일제의 고등고시 사법과와 행정과에 합격하였고, 해방이 되자 일제하에 관리 노릇을 하였다는 자책감이 들어 경기도 용문산에서 수도 생활을 하다가 신익희를 만나서 정계에 입문하였고, 1946년 국학대학 초대학장을 거쳐 군정하 과도입법의원의 법률기초과장을 지냈다고 한다(『국회보』, 1995년 10월호, 67~69면). 제헌의회에 구성된 대한민국헌법기초위원회의 전문위원 10명 가운데 한 명으로 내각책임제를 주장하였고, 이것이 그의 평생 "정치적 좌표"라고 술회하였다. 무소속으로 제2대 국회에 진출해서는 법제사법분과위원장을 역임하였다. 또한 1952년 대통령 선거에 출마한 조봉암의 선거 사무장을 지냈고, 56년 진보당 간사장이 되었다가 '조봉암사건'에서 간첩방조 국가보안법 위반으로 기소되었다. 1960년 사회대중당 간사장을 맡았고, 이때 원성군에서 민의원으로 다시 선출되었다. 1962년 군사재판에서 징역 12년 언도를 받고 옥고도 치렀다. 그러나 1980년 정치적 신념을 완전히 바꾸어서 신군부가 만든 국가보위입법회의 의원이 되었고, 이듬해 서울 서대문구에서 민주정의당 후보로 나와 당선되어 국회부의장을 지냈다. 2, 5, 8, 11, 12, 13대 국회의원을 역임한 그는 원주 출신으로는 최다선 의원이다.

게 접촉하면서 얻은 정보를 본국에 보고하였는데,3) 이 자료의 객
관성과 구체성은 상당히 높게 평가할 만하며, 당시 원주군 선거의
진행 상황을 이만큼 잘 보여주는 것도 없다고 본다. 또한 이 국회
의원 선거를 통해서 당시 사람들의 정치의식 수준, 사회 분위기,
자유당과 공권력의 선거부정, 이승만 권력의 요체, 반공이데올로
기의 실상 등을 잘 살필 수가 있다. 그리고 이 선거는 공권력이 깊
숙하게 개입되었다는 점에서도 1950년의 제2대 국회의원 선거 분
위기와4) 크게 달랐다는 점은 주목할 만하다.

미국 대사관 직원 일행들이 자유당원, 경찰, 행정관리를 만났을
때 듣는 말은 특별히 중요한 사건이 일어나지 않고 선거가 잘 진
행되고 있으며, 공천과 관련해서는 어떤 심각한 내부 문제도 없다
는 것이었고, 친여당 후보나 온건 무소속 후보들은 자유당의 비판
을 극도로 자제하였다고 보고하였다. 그러나 야당 측 후보들은 공
무원의 압력과 개입을 절망적으로 분노 상태에서 비판하였다. 따
라서 주로 시골 주민인 일반 유권자들을 만나 솔직한 의견을 듣고
자 하였으나, 그들은 정치나 선거에 대해서는 모르는 무식한 촌사
람이라고 하며 깊숙한 대답을 회피하는 것이 일반적이었다. 자유

---

3) MEMORANDUM, SUBJECT:FIELD TRIP TO KANGWON DO, May 17~20,
   June 8, 1954,(국사편찬위원회 편, 『남북한관계사료집』 18, 1995, 60~63면).
4) (원주시) 한쪽에서는 스피커를 대놓고 유행가나 타령을 뒤섞어가며 선전
   전을 개시하고 있는가 하면, 다른 한쪽에서는 이에 응수하는 듯이 장꾼들
   을 모아놓고 웅변연습을 하고 있고, 또 다른 한쪽에서는 선거위원들이 선
   거에 대한 요령을 알기 쉽게 일러주느라고 진땀을 빼고 있다. 장꾼들은 재
   미나는 구경이나 하는 듯이 이리 밀려 저리 밀려서 마치 파도치는 모습 같
   다. 저녁이 되었다. 색주가란 색주가는 초만원을 이루고 있고, 장구·타령
   소리가 마치 시끄러운 개구리 소리를 듣는 것 같다. 그런데 선거경기로 술
   집마다 이렇게 흥청대는 판이지만 실상 술 한 잔이라도 얻어먹는 사람은
   거의 전부가 선거운동을 해주는 사람이나 동네 지도자로 보고 있는 구
   장·반장들이고, 실상 뿔떡 농군들에게는 막걸리 한 잔이나 오징어 다리
   한 조각도 돌아오지 않는다는 것이다(『서울신문』, 1950년 5월 12일).

당원이나 관리들은 선거 분위기가 자유롭다는 인상을 주려고 과장되게 애썼지만, 일반 주민들은 선거의 의의에 대해서는 잘 안다고 하였지만, 힘이 있는 사람들과 말썽이 일어날 수 있는 "민감한" 사안은 언급하려고 하지 않았다고 적고 있는 것을 보면, 당시 억압적인 선거 분위기와 두려워하는 민심을 충분히 읽을 수 있다.

다음은 미국 대사관 직원들이 원주에서 자유당 후보가 아닌 다른 후보를 만나보고 대사관에 보고한 기록이다.

원종호는 전 자유당원이며 친정부적인 무소속 후보로 분류하였다. 그는 자유당 공천을 받으려고 하였지만, 나이가 많은 선배에게 양보하였다고 하였다. 그러나 중앙당에서는 지구당의 지지나 개인적 영향력의 면에서 공천될 자격이 없는 엉뚱한 사람이 공천을 받았으므로,[5] 농민들의 이익을 지키기 위해서 자신이 출마하는 것이 의무라고 생각하였기 때문에 선거에 나섰다고 하였다. 그는 선거 운동을 하면서 방해를 받지 않지만, 다른 후보들은 압력을 받고 있다는 말을 들었다고 하였다.

무소속으로 출마한 윤길중의 선거 운동원을 다방에서 만났는데, 1952년 조봉암이 대통령 선거에 나섰을 때 윤 후보와 함께 운동을 한 적이 있었던 그는 윤 후보에게 부탁을 받아 서울에서 원주로 내려와 선거 운동을 하게 되었다고 설명하였다. 윤 후보의 운동원들은 원주에서는 선거에 대해서 자유롭게 말할 수 없다고 하며 대사관 직원 일행을 문막면 후용리로 데리고 갔다. 윤 후보는 더 이상 선거 운동을 할 수 없기 때문에 그곳 자택에 피해 있다고 하였다. 또한 만약 선거 운동을 하면서 이렇게 많은 어려움에 처할 줄 알았으면 당초부터 원주에 결코 내려오지 않았을 것이라고 말하였다. 자신들에 대한 압력이 너무 심하기 때문에 윤 후보측은 더 이

---

5) 실제 자유당은 공천 문제 때문에 상당한 시일을 소요하고 어려움에 부딪쳤다고 한다(『원주원성향토지』, 246면).

상 활동이 가능하지 않다고 판단하고 5월 15일에 완전히 운동을 중지하였다고 덧붙였다. 2주일 전만 하여도 윤 후보의 승리가 확실한 것처럼 보였는데, 그만이 전국적으로 알려진 인물이며, 민중 편이라는 세평이 돌았기 때문이라고 하였다. 그러므로 자유당측과 경찰들이 압력을 가하기 시작할 때만 하여도, 선거구민들이 자신에게 투표할 것이라고 확신하였으므로 큰 해가 되지 않을 것이라고 믿었지만, 지난 주 윤 후보가 포기해야 될 정도로 압력이 강해졌다고 하였다.

대사관 직원 일행이 보기에 윤 후보는 피해 있는 것이라기보다는 포위된 상태에 있었다. 그와 주요한 친구들, 그리고 운동원들은 선거가 끝난 뒤에도 윤 후보의 집에 머물렀는데, 그들 자신이 다른 사람들 앞에 나서는 것을 두려워하였기 때문이었다. 그런데 전날 밤 2시경 원주읍내에 있던 윤 후보의 선거 본부에 돌이 날아들어 유리창 대부분이 깨지는 사건이 발행하였다. 협박장에는 백혈단(白血團)과 반공결사대가[6] 적혀 있었다. 윤 후보는 그들은 야간통행증을 가지고 있었던 것이 틀림없었고, 그의 선거 사무실은 항상 경찰관들이 지키고 있었다고 하였다.

선거 운동 기간 2백 명이 넘는 운동원과 지지자들이 구류되거나 체포되었다. 만약 자유당 후보에게 투표하지 않는다면 보복이 따를 것이라는 협박이 윤 후보에게 표를 던질 것이라고 믿어지지는 유권자에게 조직적으로 가해졌다. 평복을 입거나, 때로는 윤 후보의 운동원으로 가장한 밀정들이 모든 동네를 다녔다. 그들은 윤 후보를 좋아한다고 알려진 한두 명의 주민에게 질문하였고, 그에게 가장 영향력을 발휘할 수 있는 사람들을 찾아냈다. 이런 사람들은 곧이어 여러 가지 구실로 경찰에게 잡혀가 하루나 이틀 동안 구류되었다가 경고를 받은 다음에 풀려났다. 지역에서는 상당한 위신

---

6) 『동아일보』, 1954년 5월 1일, 17(?)일.

과 영향력이 있는 사람들의 집에 친공산주의 팜프렛이 부착되었다
가 나중에 경찰에 의해서 발견된 사례도 몇 가지 있었다. 윤 후보
는 이런 팜프렛 가운데 두 건은 백혈단이 쓴 협박장의 필체와 같
다고 주장하였고, 통역관도 문서들을 확인하고 그에 동의하였다.
경찰이나 상이군인들에게 구타당한 운동원도 다섯 명이나 있었다.
매일 밤 열리는 마을 회의에서는 윤 후보를 비난하였고, 주민들은
자유당 후보에게 투표하라는 압력이 가해졌다. 그런 회의는 공무
원들의 지원 아래 열렸고, 이런 것은 이승만 대통령의 지시에 따른
것이라고 강조되었다. "1952년 선거에서 조봉암은 이승만 대통령
을 패배시키려고 하였기 때문에 조봉암의 선거 진영의 주요 직책
을 맡았던 윤길중은 반역죄를 지었으며 감옥에 가야 한다. 즉 당선
되면 안 된다."는 것이었다. 마을 유지들은 윤 후보를 지지하는 자
들은 징용에 끌려가거나 북한으로 보낼 것이라고 위협하는 말을
들었는데, "왜냐하면 윤 후보를 좋아하는 사람은 공산주의자이기
때문"이었다. 또한 "친 이승만"의 표가 대단히 많이 나오지 않는
경우에는, 마을 전체가 고통을 받을 것이라는 말도 들었다.

　윤 후보는 원주경찰서장이 친구이기 때문에 자신에게 가해지는
짓들에 대해서 항의하였더니, 그는 5월 14일 치안국장 김장흥이
원주에 와서 그와 도 경찰국은 필요하다면 무슨 수단을 써서라도
윤 후보의 당선을 막으라는 엄한 명령을 받았다고 대답하더라고
하였다. 치안국장은 이 명령은 최상부(Top)에서 내려온 것이라고
암시하였고, 또한 그들의 자리는 결과에 달려 있다고 덧붙였다. 아
울러 치안국장은, 만약 자유당이 새 국회에서 2/3 이상 의석을 차
지하지 못한다면 '목'이 날아갈 것이라는 말을 전국 각지에서 하
고 다녔다고 한다.

　대사관 직원 일행이 떠나기 직전, 마지막으로 윤 후보는 경찰들
이 그가 선거를 포기하였고, 그에게 던지는 표는 소용없다는 것을

유권자들에게 확신시켰기 때문에 결국 패배를 감수하게 되었다고 말하였다. 그의 지지자들은 감옥에 있거나 테러를 당하였고, 그의 운동원들은 그를 위해서 더 이상 일을 할 수 없었다. 그는 대사관 직원에게 원주에 있는 경찰 고문관을 통해서 그곳에 잡혀 있는 50명의 지지자들을 풀어줄 수 있는지 물었다. 그렇지 않다면, 5월 20일 27개 투표소에서 자기측 참관인은 한 사람도 없게 될 것이라고 하였다. 선관리위원회에 제출된 그의 투표 참관인 전원은 경찰에게 연행되거나 놀라서 사퇴하였다.

일행은 원주로 돌아와 미국인 경찰 고문관에게 말하였더니, 경찰 통역관을 통해서만 한국인들과 접하는 그는 "자유로운 선거 분위기"가 무엇을 뜻하는지 이해하지 못하였다. 대사관 직원들이 사회질서 교란자들을 걱정하고 있다고 간주한 그는, 경찰들은 법과 질서를 유지하는 훌륭한 일을 하고 있고, 그럼으로써 공산주의자들이 선거를 방해할 수 없다고 자랑스럽게 말하였다. 그렇기 때문에 경찰들이 자유당 후보를 위해서 조직적인 방법으로 선거에 개입하고 있다는 말은 커다란 충격이었다. 윤 후보가 50명이 구금되어 있는 곳이라고 한, 경찰서 사무실 뒤의 텐트 지붕의 건물을 그에게 알려 주었다. 이틀 뒤 고문관은 그 건물에 가서 웅크리고 앉아있던 윤 후보의 운동원 48명을 발견하고 국장에게 물었더니, 그들은 모두 공산주의자들이며 처형되어야 한다고 하는 말을 들었다고 하였다.

Ⅱ. 1960년 정부통령 선거와 4·19혁명

1956년 선거에서 비록 이승만이 당선되었다고 하여도 자유당은 커다란 고충을 안고 있었다. 그의 나이가 80살이 넘었고, 대통령 선거가 다시 치러지는 1960년에는 이승만이 85살이 되었다. 만약 이승만이 재임 중에 사망한다면, 민주당 소속인 장면이 대통령직을 승계하게 되었고, 차기 부통령 선거에서 자유당의 이기붕이 선출될 수 있다는 보장도 없었다. 따라서 자유당은 다시 개헌을 하기 위해서 1958년 총선에서도 극도의 선거부정을 자행하였다. 그러나 원주시와 원주군에서도 그대로 나타난 여촌야도의 선거 양상은 자유당에게 개헌 가능선 이상의 의석을 주지 않았다. 그렇기 때문에 1960년 3월 15일 정부통령 선거는 수단과 방법을 가리지 않고 자유당의 승리로 이끌어야 하였다. 그리고 그를 위한 준비 작업을 착착 수행하였다. 진보당 사건, 국가보안법 강화, 언론 탄압 등 커다란 정치적 사건은 말할 것도 없이 그 일환이었고, 그밖에 행정기관, 경찰력, 민간단체, 학교, 군대 등 온갖 제도와 기구를 선거대책용으로 전환해 나갔고, 이에 대한 국민의 저항도 치열해졌다.

1959년 1월에는 국가보안법 강행에 반대하는 데모가 원주에서도 일어났다. 30일 중앙시장 앞 북문로 앞길에서 2명이 국가보안법 반대 삐라 약 150매를 뿌리며 약 5분간 시위를 하다가 경찰이 출동하자 사라졌다.[7] 이튿날 나온 석간신문 기사에는 원주시 민주당 총무부 차장인 김석호(金碩浩 27세)가 일산동 앞길에서 프랑카드를 휘두르며 "대한민국만세"와 "국가보안법반대"를 외치다가 경

---

7) 『조선일보』, 1959년 1월 31일.

찰에게 연행되어 경범죄처벌법과 도로규칙법 위반으로 치안재판
에 회부되었다가 무죄로 석방되었다고 한다.[8]

이승만 정권은 일제의 애국반을 이어받은 국민반 제도를 유지
하였는데, 선거가 닥치면 주민들을 회유하고 압박하는 정권 유지
수단으로 이용해 왔다. 이제는 그 말단행정기구를 좀 더 효율적인
선거조직으로 만들기 위해서 방(坊)으로 개편하였다. 그리하여 강
원도당국은 1959년 5월 초순에 이르러 국민반을 방으로 개편하는
작업을 완료하였다. 1개 방은 최대 86세대에서 최소 5세대로 구성
하였다. 원주시에는 328개, 원성군에는 371개의 방이 만들어졌다.[9]
방이 선거운동조직으로 보이면 곤란하였기 때문에 주민이 생활 향
상 등을 위해서 스스로 활동하는 자치기구나 주민의 숙원을 수렴
하는 민주적 행정기구로 선전하기도 하였다. 11월에는 8백여 명이
모인 가운데 제2차 방장(坊長)대회가 열리고, 모범방장 등 1백여
명에게 표창장을 수여하였다.[10] 1960년 정부통령 선거를 앞둔 3월
8일 원주공설운동장에는 자유당 강연회에 3만 명의 시민(경찰 추
산 3만5천 명. 원주의 총유권자는 3만8천830명)이 모였는데, 이들
은 방장들의 인솔로 참석하였다고 한다.[11] 이에 비하여 야당인 민
주당 강연회에는 5천여 명이 나왔다. 이 자리에서 민의원 부의장
이재학을 비롯하여 윤치영과 손도심이 나와서 "올바른 정치"를 하
자고 외쳤다.

그리고 선거를 대비해서 특정 공무원을 선발해 취약 지역으로
전보시키기도 하였고, 공무원과 그 부인들의 친목회를 구성하도록
해서 선거운동조직으로 전용하고자 하였다. 학교에서도 교사들은
이승만의 치적과 자유당의 공로를 칭송해야 하였다. 그리고 언론

---

8) 『조선일보』, 1959년 1월 31일.
9) 『강원일보』, 1959년 5월 9일.
10) 『강원일보』, 1959년 11월 11일.
11) 『조선일보』, 1960년 3월 8일.

조차도 권력에 예속시켜 유일한 지방지인『강원일보』는 정부와 자유당에게는 호의적인 보도를 넘어 노골적인 지지를 보냈던 반면에 야당인 민주당과 관련해서는 신구파의 분열과 상호 분쟁과 탈당처럼 독자에게 부정적인 인식을 심어줄 수 있는 기사를 일관되고 과장되게 보도하였다.

또한 이런 경우에 가장 쓸모가 있는 것은 반공이데올로기였다. 대검찰청 검사 오제도는 진보당식 평화통일론을 주장하면 수사대상이 된다고 으름장을 놓았다. 제11회 세계인권선언 기념일을 맞이하여 춘천지방법원장과 지검장이 발표한 담화가 주로 말하는 인권 보호도 멸공이었다.[12] 이승만 대통령이 총재였던 대한반공청년단 등 단체에서도 반공 분위기를 고조하는 데 크게 기여하였다. 이미 9월에도 춘천에서 강원도단 결단대회를 성대히 거행하였는데, 중앙본부 단장 신도환은 단 성격에 대해 언급하며 이듬해 선거와 관련시킬 생각이 없으며, 총재 이박사의 뜻을 받들어 멸공통일의 선봉이 되도록 노력하겠다고 강조하였다.[13] 그리고 5만 명의 단원이 가입해 있었고, 10월말까지는 15만 명으로 늘릴 계획을 가졌던 강원도 반공청년단의 단장은 원주시 자유당 지구당 위원장인 함재훈이었다.[14] 12월 11일 대한반공청년단 원주시 단부가 주최한 재일교포북송반대궐기대회는 3만 명이 참석하였는데, 이는 인구의

---

12)『강원일보』, 1960년 12월 10일.

13)『강원일보』, 1959년 9월 30일.

14) 함재훈은 10월 중순 강원도 수복지구를 순회하던 미국 대사관 1등 서기관을 만나 정당원과 단장으로서의 직무는 완전히 분리된 것이라고 하였지만, 대사관 직원은 그런 주장을 받아들이지 않았다. 또한 자유당의 모든 정치적 반대자나 그에 동조하는 사람들, 대부분의 천주교 선교사들은 반공청년단은 가장된 정치도구라는 의견을 가졌다고 하였다(Despatch 296, SUBJECT:Field Trip Through Kangwon Province, October 1959, December 14, 1959, From American Embassy Seoul to THE DEPARTMENT OF STATE, 국사편찬위원회 편,『남북한관계사료집』19, 1995, 396~397면).

절반에 해당되는 인원으로[15] 원주시 유사 이래로 처음 있던 일이
었으며, 반공청년단 결사대 20명이 새벽부터 철시(撤市)를 외치면
서 궐기를 촉구한 결과였다.[16]

1960년에 들어 선거 준비는 본격화되었다. 1월 30일 농림부 장
관이 군인극장에서 1천여 명을 대상으로 국가시책 전반에 걸친 시
국강연을 하였다.[17] 2월 4일 군인극장에서 자유당 정부통령선거원
주대책위원회 결성식이 거행되었다. 이 자리에서는 원성군 출신
홍범희 의원이 격려사를 낭독하였고, 원주시 지구당 위원장인 함
재훈이 위원들에게 위촉장을 수여하였고, 홍순철 고문이 만세삼창
을 선도하였다.[18] 이어서 강원도농민회에서는 중앙위원 및 각도정
부회장 연석회의에서 채택 결의된 대로 동회 총재 이승만과 부총
재 이기붕 당선을 위한 선거추진위원회를 결성하고, 각 시군에서
도 동위원회를 조속히 만들어 선거전에 적극 참여하도록 지시하였
다.[19] 2월 29일에는 복주여관에서 재원 함경도민 29명이 모여 함
경동우회 원주지부를 결성하고, 도민단합과 멸공통일의 의지를 새
롭게 하는 한편 이승만과 이기붕의 당선을 굳게 결의하였다.[20] 이
어 3월 5일에는 문화극장에서 재원 함경도민 약 1천여 명이 모여
함경동우회 조직확장대회를 개최하였는데, 함경북도 도지사 심상
열은 속히 고향으로 돌아가기 위해서는 "장래를 미리 아는 분으로
이 분의 생각이 맞지 않은 일이 없"는 이승만 후보를 대통령으로
선출해야 된다고 강조하였다.[21] 이승만 대통령은 3·1절을 기하여

---

15) 1959년 말 현재 강원도의 인구는 140만2천569명, 원주시는 6만3천358명,
   원성군은 7만6천716명이었다(『강원일보』, 1960, 2월 25일).
16) 『강원일보』, 1959년 12월 15일.
17) 『강원일보』, 1960년 1월 31일.
18) 『강원일보』, 1960년 2월 7일.
19) 『강원일보』, 1960년 2월 23일.
20) 『강원일보』, 1960년 3월 6일.
21) 『강원일보』, 1960년 3월 6일, 9일.

800여 명의 경관에게 소성(素星)훈장을 비롯한 표창장을 무더기로 내렸다.[22] 이미 2월에도 10년 이상 근속한 교육공무원들 1천2명에게 표창장을 주었는데, 원주시에는 47명이, 원성군에서는 52명이 이 상을 받았다. 문화재 수리비도 지급되어 원주 향교는 25만 환, 구룡사는 10만 환을 받았다.[23]

그런데 2월 15일 민주당 대통령 후보 조병옥이 미국에서 위장 수술 중 심장마비로 죽자 선거 기분은 표면상 사라지고 말았다. 전번 대통령 선거 후보 신익희의 급서가 많은 국민들을 실망시킨 것과 똑같은 일이 벌어진 것이다. 원주시내 거리에는 선거를 알리는 프랑카드나 벽보 한 장 붙은 것이 없고, 단지 선거위원회에서 공고한 등록자의 명단이 곳곳에 붙어 있을 따름이었다.[24] 그러나 중요하였던 부통령 선거가 남아 있었기 때문에 자유당과 민주당은 3·1절 기념행사와 더불어 일제히 가두선전 방송으로 선거 분위기를 고조시켰다. 자유당 지부는 조직강화에 힘을 쓰며, 공명선거만이 필승을 기약한다고 할 정도로 여유가 만만하였다.[25] 그러나 최인규 내무부 장관이 기자회견을 열어 공무원의 선거운동이 가능하다고 발언하였고, 위법이 되어도 처벌하지 않겠다는 망언을 한 것이 얼마 되지도 않았던 때였다. 그들은 이미 부정선거를 할 수 있는 준비가 완벽하게 되어 있었다. 시청 직원 부인들로 구성된 원주부인친목회는 11일 3만여 환 회비로 가장 빈한한 11개 가정에 백미 한 말씩 전달하였다. 심지어 3개 사단 군인 217명이 '이승만 박사와 이기붕 선생을 기필코 당선시키자'는 장문의 혈서를 쓰기조차 하였다.[26] 자유당은 8일 공설운동장에서 대규모 유세를 하였고,

22) 『강원일보』, 1960년 3월 4일.
23) 『강원일보』, 1960년 3월 12일.
24) 『강원일보』, 1960년 2월 25일.
25) 『강원일보』, 1960년 3월 2일.
26) 『강원일보』, 1960년 3월 6일.

1956년과 1958년 이후에 중단된 부흥사업과 장래의 사업을 이번 승리로 완성하자고 주장하였다.[27] 반면 민주당은 3월 2일 현재 선거대책위원회 사무실조차 마련하지 못하고 있고, 겨우 이날부터 부통령의 선전 벽보와 집차에 설치한 마이크로 시민들에게 동정표를 얻는데 힘쓰고 있는 등 극히 미온적인 선거 태도를 보이므로 민주당을 지지하는 유권자를 실망시키고 있고, 민주당의 선전전은 실패하였다고 신문은 보도하였다.[28] 그러나 선거 보도를 하는 지방지는 자유당의 기관지와 전혀 다름이 없었기 때문에 어느 정도 진실을 전하고 있는지 의문이다.

이승만과 이기붕이 원주시 유권자 87.2%와 76.7%에게, 그리고 원성군 유권자 92.8%와 99.5%에게 표를 얻었다는 3월 15일의 선거 결과를 보면, 원주는 자유당 지지 일색이었다고 할 수 있다. 1950년대 후반 잠시 등장하였던 여촌야도(與村野都)의 현상도 별로 의미가 없는 것이었고, 더구나 4·19와 같은 거대한 사건도 발생하지 않았을 터이지만, 이런 득표율은 자유당의 부정선거에 의한 것이 아니라면 나타날 수 없었던 것이 당시 현실이었다.

자유당의 부정선거운동에 대한 고발과 비난을 이미 일찍부터 일어났지만, 집단적인 시위가 발생한 것은 2월 말로 대구의 고등학교 학생들이 가장 먼저 항거의 횃불을 지폈다. 3월 15일 선거 당일에도 마산에서는 대규모 시위가 벌어졌고, 이후 전국 각지에서 부정선거를 규탄하는 시위가 전개되었지만, 지역신문조차도 이런 투쟁에 대해서 별로 보도하지 않았고, 4월 19일 13시를 기하여 주요 도시 5곳에 비상계엄령이 내렸고 옥외집회를 일체 불허한다는 정부 발표만을 크게 다루었다.[29]

---

27) 『강원일보』, 1960년 3월 10일, 13일.
28) 『강원일보』, 1960년 3월 4일, 10일.
29) 『강원일보』, 1960년 4월 21일.

그러나 젊은 학생들은 그 엄청난 불의와 항의를 그대로 좌시할 수는 없었다. 3월 14일 강원도에서는 처음으로 원주농업고등학교 학생들이 중앙로에서 부정선거운동을 규탄하는 시위를 하였다.[30] 이 시위의 주동자들은 3학년 학생회장 장충길과 부회장 김영길이었다. 13일 학교 시간에 자유당 선거운동차가 교정에 들어와 밑에 있는 마을을 향하여 고성능 스피커로 선거 방송을 하였는데, 이것이 학생들을 자극하였다. 이튿날 아침 등교한 3학년 학생들 사이에 규탄의 소리가 높아지자, 학생회장과 부회장이 시위를 하자고 결정하고, 학생회 간부의 협조도 얻어 부서를 정하고 자금 6백 환도 거두었다. 학생회 간부 몇 명이 "민주주의는 살아 있다"라고 쓴 프랑카드와 비라를 준비하여 학생들에게 배포하였다. 수업이 끝나자 구 시청 앞까지 달려가서 시위를 시작하니 전교생이 호응하였고 많은 시민들이 박수를 보내 격려하였다. 군인극장 앞에 이르러 출동한 경찰과 몸싸움을 한 끝에 1백여 명의 학생이 경찰서로 연행되었다. 주동자들은 무기정학에 처해졌고, 3학년 담임교사 3명은 태백과 강릉 등지로 좌천이 되어 버렸다. 그러나 4·19가 일어나자 학생들은 압수된 프랑카드와 사진 등을 찾아와 당당히 게시하였다.

그리고 4월 26일 오후 원주공설운동장(일산동 시청의 아래에 있었음)에서는 중고등학교 학생 2백여 명이 모여 희생된 청년학도를 위한 추모식을 거행하였다.[31] 식이 끝난 뒤, 이들은 시가행진을 하였는데, 이때 나온 구호는 '이기붕을 국외로 축출하라', '최인규와 한희석을 처단하라', '고문경찰을 처단하라', '학원에 자유를 달라', '국회의원은 전원 사퇴하라' 등이었다. 이 시위대가 원주시청에 이르렀을 무렵에는 일반 시민 등 참가자들이 8백여 명으로 늘어났

30) 원주농업고등학교 동창회, 『麥香半世紀』, 1991, 101~102면.
31) 『강원일보』, 1960년 4월 28일.

고, 시위는 저녁 늦게까지 평온하게 진행되었다. 이 날 오전 이승만 대통령은 하야를 발표하였다.

4·19에서 강원도 사람으로서는 유일하게 원주 출신도 한 명이 희생당하였다. 서울에서 택시기사로 일하던 장영옥이 26일 동대문 앞에서 시위 도중 총탄에 맞아 숨졌다.[32] 재경원주학생들이 이튿날 원주 자택으로 시신을 운구하였고, 시민장으로 장례를 엄숙히 치렀다.

---

32) 『강원일보』, 1960년 4월 30일.

해방 직후와 1950년대의 원주

Ⅰ. 해방과 정부수립 직후의 원주

1. 경　제

1926년 『동아일보』의 기사에 따르면,[1] 원주군의 주민수는 6만 8천591명이었고, 농민이 90%가 넘었다. 또한 농민의 80%가 소작농이었다는 사실로 미루어 주민의 경제적 처지가 대단히 열악하였음을 알 수 있다. 논이 6천634정보, 밭이 9천432정보, 화전 361정보였고, 여기에서 쌀이 5만6천2백 석, 보리 2만3천3백 석, 수수 4천7백 석, 잡곡 5천7백 석, 대두 2만1천 석, 소두 2천9백 석이 생산되었다. 따라서 생산되는 식량이 군민에게는 부족하지 않지만, 대부분 쌀과 콩은 문막검사소를 거쳐 서울로 이출되기 때문에 주민들은 만주산 수수를 먹어야 하였다. 이와 같은 경제적 사정은 식민지배

---

1) 『동아일보』, 1926년 9월 25일.

가 가혹해지고, 침략전쟁이 감행된 이후에는 더욱 어려워졌을 것이며, 그에 따라서 주민들도 더욱 빈곤한 생활을 할 수밖에 없었다.

일제가 패망하고, 민족이 해방되었지만, 미군 점령하 남한의 경제는 매우 심각한 위기 상황에 놓여 있었다. 자유시장주의에 입각한 자본주의를 신봉하는 미군정당국은 미곡의 자유매매를 일반고시 제1호를 통해 10월 5일자로 단행하였다. 그러나 이와 같은 미곡의 자유시장 허용은 일제의 철저한 통제 아래 놓여 있던 식량배급체제와 조선경제질서를 전면적으로 교란하는 것이었으므로 자연히 커다란 혼란이 야기될 수밖에 없었다. 그리고 해외 동포의 귀국과 북한 주민의 남하 등 해방 직후 급증한 인구와 부족한 식량 사정을 제대로 고려하지 않은 졸속한 정책이었다. 그렇기 때문에 그 부작용이 당장 크게 나타나 식료품을 중심으로 물가가 폭등하였다. 이 불에 기름을 끼얹은 것은 패망한 일제 식민당국이 고의적으로 화폐를 남발하여 초래한 엄청난 인플레이션이었다. 이런 심각한 위기 사태가 빚어지자 미군정 당국은 11월 19일 미곡의 통제를 발표하고, 잉여미의 수집 등 식량 확보책 마련에 급히 나섰다. 그리고 미곡최고가격제도, 미곡수집령, 식량수집규칙 등 각종 제도와 법령을 연이어 시행하였지만, 커다란 효과를 얻지 못하였다. 더 큰 문제는 미곡 가격만 앙등하였던 것은 아니고 일상생활 필수품 전반에 걸쳐 가격 상승이 일어났다는 것이다. 특히 직물의 경우는 해방된 8월을 기준으로 해서 이듬해 1월까지의 상승지수를 살피면, 거의 8배 이상이 폭등하였다.

식량 위기는 서울을 비롯한 대도시에서 더욱 극심하였으며, 원주도 정도의 차이는 있지만, 물가와 곡가의 앙등으로 주민들의 생활은 어려울 수밖에 없었다. 1945년 11월에 일어난 좌우익 단체의 충돌도 근본적인 원인은 미가폭등이었다. 『해방일보』는 우익 청년을 움직인 자들 가운데 한 명은 배급미를 서울로 반출하여 부당이익을 취한 제2공장장(식량영단?- 필자)이었다고 쓰고 있으며,[2]『원주원성향토지』도 미곡의 반출이 하나의 원인이 되었다고 한다. 이런 미곡 부족과 가격 상승은 미군정당국의 뒤늦은 정책으로도 잡을 수 없었기 때문에 이듬해에도 식량 사정은 악화일로였고, 특히 암시장과 공정가격의 차를 이용해서 돈을 벌려고 하는 도정업자를 포함한 중간상인들의 매점매석 폐해는 아주 컸다. 심지어 일본으로 미곡을 밀수출하는 자들까지 나왔다. 1947년 중반에도 원주에서는 매일 쌀값이 폭등하였다. 모리배들이 강릉 방면으로 매일 다량의 쌀을 수출한 결과로 당국에서는 철저히 방곡하기로 하였다.[3]

그런데 이렇게 미곡 가격이 올라간다는 것 자체가 곧 생산자인 농민의 이익이 되는 것은 아니었다. 미곡을 생산하여도 소작료는 현물로 내야 하였던 것이 일반적인 관행이었으며, 여기에 미곡최고가격제와 하곡까지 포함하는 강제수매제가 실시되고 있었기 때문에 농민의 불만은 클 수밖에 없었다. 반면 강원도의 도정업자들은 원주에 모여 강원도곡물협회를 창립하였는데, 조?구(趙翰?九)가 회장, 조무경(趙武京)이 부회장이 되었다.[4]

이런 경제적 위기와 식량 부족 사태는 정부수립 후에도 크게 나아지지 않았다. 1948년 10월 13일 원주군 관하 면장회의를 열어 각 읍면에 매곡량을 할당하였는데, 문막면 6천34석, 판부면 5천857석, 소초면 5천816석, 흥업면 4천156석, 원주읍 3천242석, 부론면 2천772석, 귀래면 1천571석, 신림면 1천484석으로 각 면의 농업 사정이 잘 반영된 것 같다. 이어서 군청 회의실에서는 판사, 검사, 경찰서장, 기타 관공서와 사회단체의 대표가 참석하여 미곡매입법에

2)『해방일보』, 1945년 11월 24일, 27일.
3)『동아일보』, 1947년 6월 29일.
4)『강원일보』, 1947년 8월 23일.

관한 대책 강구 좌담회가 열렸다.5) 수매 보상가격은 1천200원이었고, 현물로는 쌀 한 가마에 광목 1마 반, 벼 한 가마에는 1마였고, 그밖에 비료 1포도 주었다. 이해 원주군에 배정된 광목은 1만3천마였다.6)

그런데 12월 하순 원주군은 양곡매상과 식량 확보를 위해서 경찰 및 관계당국과 협력하여 양곡자유판매를 금지하는 한편 외지 반출하는 잡곡은 유상으로 매수하지만 미곡은 무상몰수하겠다는 강경책을 발표하였다.7) 왜냐하면 총 25만 석을 할당받은 강원도는 11월 15일 현재 겨우 2%의 수매율에 지나지 않았고, 도내에서 가장 많은 3만9천 석의 미곡매수량을 할당받은 원주군도 11월 4일부터 각 면별로 수매를 시작하였으나, 겨우 375석만 매수하였을 뿐이었다.8) 그러나 이것은, 행정당국이 적극적으로 계몽함과 아울러 농민은 물론이며 일반 주민들까지 아낌없이 협력해서 수매가 매우 순조롭게 진행되어 12월말까지는 목표를 달성할 수 있을 것이라는 기사와는9) 달리 수매에 대해 농민들이 저항하고 관권이 발동되었음을 보여준다.

수매를 거부한 것은 농민만이 아니었고, 지주나 정미업자도 양곡수매에 응하지 않았다. 개운동에 거주하면서 제천에 정미소까지 두고 있는 조 모씨는 군내 유지 중에 한 명이었으나, 매입을 기피하다가 양곡매입법 제9조에 의거하여 최초로 체포되었다.10) 강원도 애국연맹 위원장은 호국청년대로 하여금 매곡에 협력하도록 하였던 것으로11) 보아, 이듬해까지 연장된 수매 사업도 제대로 이루

5)『강원일보』, 1948년 10월 22일.
6)『강원일보』, 1948년 11월 20일.
7)『강원일보』, 1948년 12월 23일.
8)『강원일보』, 1948년 10월 12, 11월 22일.
9)『강원일보』, 1948년 12월 12일.
10)『강원일보』, 1949년 2월 2일.
11)『강원일보』, 1949년 2월 6일.

어지지 않은 듯하다. 그리고 농림부에서는 양곡수매에 종사하고 있는 공무원과 농민, 문화에 굶주리고 있는 사람들을 위한다는 명목으로 양곡수매를 선전하고 장려하는 영화반까지 각 도에 파견하였는데, 원주에서는 4일 동안 상영할 예정이었다.[12]

이처럼 물자가 절대적으로 품귀하였던 이 시기에는 정부나 일반 회사는 수매, 보상, 배급이라는 일종의 통제경제책을 사용하였다. 한일면업회사 원주공사가 농회의 협조를 받아 면화 20만 근을 수매하기로 하였으나, 10%에 지나지 않는 실적을(원주군 2천 근, 횡성군 200근) 올린 까닭은 보상물자인 광목과 비료 등을 현물로 주지 않는데 있었다.[13] 식량 역시 중요한 배급품이었고, 소금도 여전히 전매품이었으므로 장 담그는 시기는 물론이며 파종기에도 종자를 선별하는 데 쓰는 소금도 배급하였다. 49년 봄에 원주는 선별용으로 39가마, 장 담기용으로 1인당 두 근 반씩을 받았다.[14]

해방 후 물가가 지속적으로 오르고 있었다는 것도 주민들에게는 커다란 고통이었지만, 그들을 더욱 어렵게 만들었던 것은 시기에 따라 등락 폭이 아주 심하였던 농산물 가격이었다. 당시 일선 행정기관의 일반 공무원의 봉급은 2천500원, 계장급이 4천 원 내외를 헤아리고 있었는데, 1949년 5월 춘천 물가통계를 보면, 백미 소두 한 말이 1월의 750원에서 1천70원, 대맥이 400원에서 750원, 소맥이 480원에서 750원으로 올랐다. 즉 일반 공무원의 월급으로는 쌀 3말도 살 수가 없었던 실정이었으니, 배급쌀을 사더라도 5명의 가족도 부양하기 어려웠다. 가정주부들은 생활고 자체보다 어찌 살까 하는 생존의 불안을 떨치지 못하였고, 그렇기 때문에 많은 주부들이 집집으로 돌아다니면서 행상을 해서 살림을 꾸려 나갔

---

12) 『강원일보』, 1949년 2월 16일.
13) 『강원일보』, 1949년 2월 2일.
14) 『강원일보』 1949년 3월 11일, 4월 12일.

다.[15] 시아버지가 며느리가 가난을 못 이겨 무단가출했으니 찾아 달라는 수색원을 경찰에 냈던 일도 있었다.[16]

이렇게 주민들의 경제적 사정이 급박하자, 고리대업자가 활개를 쳤다. 법적으로는 연2할5부로 이자가 한정되었으나, 실제로는 매월 1할이라는 막대한 이자까지 물리고 담보물까지 잡는 악덕 고리대업자가 중앙동에도 있어 당국의 철저한 단속을 요망한다는 여론이 높았다.[17] 물가를 잡는데 경찰력까지 동원되었다. 원주경찰서는 업종을 막론하고 모두 정찰제를 실시하도록 하고, 그렇지 않은 경우 폭리취체령 제2조와 제7조로 엄히 단속할 예정이므로 상인들은 반드시 가격표시를 하도록 당부하였다.[18]

주민들의 생활 형편이 어려웠음에도 불구하고, 세금이 생활수준에 맞지 않게 높게 부과되었으므로 세금 체납의 문제는 심각하였다. 1949년 체납액은 최고 100만 원을 필두로 해서 2천900만 원에 달하였고, 제2기분도 1천469만 원이었다. 체납자 2천200명은 납세자의 50%를 넘는 숫자이지만, 금액으로는 32%에 지나지 않았던 것으로 보면, 생활 형편이 어려웠던 가난한 사람들이 매우 많았던 것을 알 수 있다. 원주세무서장 엄창환(嚴昌煥)은 9월 15일까지 납부하지 않으면 체납 처분을 할 것이라고 경고하였다.[19]

1948년도 계획상으로는 도내에서는 손꼽히는 답작지대(면적이 전체 토지의 80%)인 건등에 1천9백만6천 원, 문막에 220만 원의 예산으로 개간사업을 한다고 하였다.[20] 또한 299정보에 달하는 넓은 면적에 수리조합을 증설한다는 계획을 세우기도 하였다.[21] 그

---

15) 『강원일보』, 1949년 5월 22일.
16) 『강원일보』, 1949년 4월 5일.
17) 『강원일보』, 1949년 4월 8일.
18) 『강원일보』 1949년 4월 2일.
19) 『강원일보』, 1949년 9월 15일.
20) 『강원일보』, 1948년 7월 24일.
21) 『강원일보』, 1949년 2월 20일.

러나 1949년에는 가뭄이 들어 중앙정부에서 원주 등 강원도 각지
에 한해 대책미 5천 석을 배급하였다.[22] 강원도는 식량 소비량의
80%를 타도에 의존하는데다가, 한재로 춘궁기 식량이 사정이 우
려되었으므로 도 당국에서는 감자 재배를 장려하여 7천660정보에
심기로 계획하였다.[23]

담배전매수입금에 상당히 의존하던 중앙정부에서는 연초경작지
를 확대하려는 정책을 추진하였지만, 양잠이 성하였던 강원도에서
는 연초 특유의 독소가 뽕잎에 붙은 것을 누에가 먹으면 죽다고
우려하는 분위기였다. 1950년도 원주의 연초경작지 확대 예정 면
적은 170정보로 상당히 규모가 큰 것이었다.[24]

우수하였던 원주군의 임야는 해방 전후의 남벌로 거의 황폐화
되었다. 장마에 수해가 염려되고, 특히 남산에서는 비가 올 때마다
사태가 나서 일대가 침수되므로 원주사방관리소에서 140여만 원
을 들여 원주읍과 귀래면에 사방공사를 하게 되었다.[25] 그러나 해
방 후 심각하였던 연료난 때문에 산림남벌을 막을 수 없었다. 1948
년도 석탄과 숯 생산 계획에 따르면, 원주는 장작 9천 평을 생산하
기로 되어 있었다. 이 수량은 춘성군과 강릉군보다는 대략 5배와
3배가 적은 것이다. 춘성군에서 생산된 연료는 춘천에 공급하여야
하였으므로 도외 반출이 금지되었으나, 기타 원주와 같은 영서 지
방의 연료는 반출이 허가되었다.[26] 원주에서 서울로 반출된 땔감
은 주로 철도를 통해서 청량리역으로 수송되었고, 땔감상인들의
수입은 좋았다.

원주는 평북의 태천과 함께 칠액(漆液) 생산을 가장 많이 하고

---

22) 『동아일보』, 1950년 2월 2일.
23) 『동아일보』, 1950년 3월 20일.
24) 『강원일보』, 1949년 4월 2일.
25) 『조선일보』, 1947년 9월 9일.
26) 『강원일보』, 1947년 8월 6일.

있었지만, 대부분은 중국산을 수입하여 사용하고 있었다. 그러나 최소한 자급자족을 목표로 칠액을 증산하려고 노력하였다. 그 일환으로 판부면 금대리 박승렬(朴承烈)의 소유 농장에서 각처 강습생 25명을 대상으로 칠액 채취 강습회를 열었다. 현재 옻나무는 650정보에 130만 본을 재배하고 있고, 명년에는 1천 관의 칠액을 생산할 예정이라고 하였다.[27] 원주군농회에서는 읍면별 의원을 선거로 선출하였다. 선출자는 원주읍 진영하, 소초면 이정복, 호저면 이현갑, 지정면 이중구, 문막면 김동훈, 귀래면 전승길, 흥업면 성낙영, 판부면(?) 이대선, 신림면 김원경이었다.[28]

해방 후 철도 운수는 석탄 기관차의 부족과 침목의 부패 등으로 제기능을 다하지 못하였다. 1946년 5월 1일자로 개정된 열차시각표에 따르면, 원주역을 거쳐서 가는 기차는 부산행과 제천행, 그리고 원주가 종착역인 열차 등 3회에 불과하였다. 청량리발 원주행 기차는 18시 20분에 출발하여 22시 33분 원주역에 도착하였으므로 4시간 13분이 걸린 셈이다. 그리고 원주에서 청량리로 가는 기차는 한밤중인 3시 20분에 출발하여 아침 7시 3분에 도착하였다.[29] 이러한 교통 사정은 육상 도로라고 해서 크게 다르지 않았다. 도로 사정이 열악해서 강원도는 각 군면별로 도로정비대회를 개최하고 현상금까지 걸었다.[30] 1949년 9월에는 서울에 본사를 둔 조선운수 주식회사가 강원도 일원의 영업 허가를 받아 원주에 출장소를 설치하였다.[31] 통신도 역시 불비하기는 마찬가지였다. 원주와 춘천 간의 경비전화가 단선에다가 4곳 경찰서가 함께 전화망을 사용하였으므로 불편이 대단히 컸다. 그래서 원주경찰서장 진학만을 중

---

27) 『자유신문』, 1946년 10월 14일.
28) 『강원일보』, 1948년 10월 8일.
29) 『동아일보』, 1946년 5월 1일.
30) 『강원일보』, 1950년 2월 20일.
31) 『관보』, 179호.

심으로 지역 인사들이 30만 원을 협찬하여 경비전화를 복선화하기
로 하였다.[32] 또한 원주우편국에서는 쓰리쿼타 1대를 불하받아 문
막 – 여주 – 대화 – 원주 – 충주 – 원주 코스를 운행하여 우편 업무를
감당하였다.[33] 전기 사정은 좋지 않았고, 더구나 전력회사인 남선
전기 원주지점이 폐쇄될 지경에 처하자 원주군민대회까지 개최되
었고, 군민 대표 5일을 뽑아 상경하여 당국에 진정 활동을 하도록
하였다.[34]

강력한 우익 노동조합 총단체였던 대한노총은 각 직장의 노동
보험과 일반사회보험 사업을 시도하여, 강원도연맹에서는 협동생
명보험주식회사의 강원도총대리점을 설치하였다. 또한 본사를 서
울 충무로에 둔 한일흥업주식회사의 원주지점이 1948년 10월 중앙
동에서 문을 열었다. 이 회사는 춘천과 강릉을 비롯한 전국 각지에
지점을 두고 중소상공업자를 대상으로 영업하던 금융회사였다. 그
런데 사업 내용을 보면, 사행성이 농후한 낙찰계였던 듯하다. 즉 6
인이나 12인이 한 조가 되어 담배 한 갑의 값에 불과한 100원을 매
일 적립하면, 추첨해서 '운수'에 따라 1개월 후에는 그 10배가 되
는 3만6천 원의 저리 융자를 받을 수 있고, 2천 원씩 불입하면 단
기 6개월에 36만 원을 탈 수 있다고 광고하였다. 그러면서 항간에
는 법적 등기도 없는 유사단체와 유령회사가 출몰하고 있으니 속
지 말라고 경고도 나왔다.[35]

---

32)『강원일보』, 1948년 8월 7일.
33)『강원일보』, 1948년 9월 14일.
34)『조선일보』, 1947년 10월 19일.
35)『강원일보』, 1949년 9월 7일, 10월 23일, 11월 16일.

2. 사회와 복지

원주읍을 포함한 원주군의 인구는 1947년 3월 현재 9만3천497명으로 남자가 4만 9천12명, 여자가 4만4천485명이었다.[36] 38도선 이남의 강원도 전체 인구 1백만9천명의 9.3%를 차지하였지만, 강릉군(15만5천700명), 삼척군, 홍천군, 춘천시와 춘성군(11만2천명)에 이은 다섯 번째에 불과하였다. 그러나 이 시기의 인구통계는 정확한 것은 아니었다. 이듬해인 1948년도 상반기 호구조사 결과 강원도의 총호수는 20만9천716호이며, 인구는 1백16만7천652명이었다. 이는 1947년 하반기의 20만5천775호에 비하여 3천941호가 증가한 것인데, 남자는 1만4천420명이 증가한 반면에 여자는 오히려 3천941명이 감소하였다. 인구통계의 현격한 차이는 행정이 제자리를 찾지 못하였기 때문이라고 생각하지만, 구호곡 등을 더 타기 위해 가족수를 허위로 늘려 보고하기도 하였고, 월남민 등 유동인구가 적지 않았던 사정에서 기인하는 것이다.[37] 1949년에는 오히려 전해보다 3만 명 정도가 줄었다.[38] 이때 원주의 인구는 10만6천525명으로 남자가 5만4천518명, 여자가 4만6천471명이었다. 원주에 거주하던 외국인은, 100명이 넘었던 강릉이나 춘천과는 달리 26명에 지나지 않았다. 인구 순위도 여전하였고, 원주의 인구수는 영월, 평창, 울진, 횡성과의 차이도 채 1만 명을 넘지 않았다.[39]

1946년 10월경에는 귀환동포와 월남민 등 125세대 700명의 전재

36) Korea: Kangwon Do - March 1947(RG 332, USAFIK, XXIV Corps, G-2, Historical Section, Records Regarding the Okinawa Campaign, USAMGIK, Box No. 20, Carbon Copy, Chapter I: Unreceived, Footnotes thru Office of Administration: Population Statistics on Korea)
37) 『강원일보』, 1948년 8월 13일.
38) 『강원일보』, 1949년 6월 16일.
39) 『강원일보』, 1949년 6월 10일.

민이 원주에 있었는데, 강원도에서 1만5천 원의 예산을 배정하여 군청 토지에 10호의 주택을 지었고, 남는 세대는 같은 방법으로 주택을 주고 직업도 알선하기로 하였다. 이들을 불쌍히 여긴 이재춘과 김봉수도 각각 집 30동과 40칸짜리 집을 이들에게 제공하였다.[40] 원주기독청년회에서는 크리스마스 날에 전재동포위안예배회를 열고 60여 호 전재민에게 1호당 백미 1되, 돈 50원, 의복 1점씩 나누어 주었고, 불교부인회에서도 1만1천원을 모금하여 전재민 구제에 써 달라며 군당국에 전달하였다.[41] 1948년 12월 강원도에서는 주로 월남인들인 이재민을 수용할 이재민구호소를 원주와 춘천에 세웠다.[42]

이처럼 경제적 곤란과 사회적 불안정이 심해서 많은 노약자와 부랑인이 발생하고, 전재민이 크게 늘어났으므로 이들을 수용할 복지시설이 절대적으로 필요하였다. 그래서 뜻있는 인사들이 사재를 털거나 행정 당국과 미군의 도움을 받아 고아원 등을 설립하였다. 원주에도 원홍묵(元興默)이 60만 원을 내놓아 성애원(聖愛院)을 세우고 고아들을 보호하였다.[43] 이 시설에는 독지가의 성금과 국고의 보조로 1인당 하루 20원의 유지비가 배정되었고, 의복은 구호물자로 충당하였다. 원주읍장 심의섭(沈宜燮)의 노력으로 학교에 가지 못하는 무산아동 120명에게 면포 1마씩이 분배되었다. 1948년 7월에도 53명이 수용된 성애원에 광목 440마가 무상으로 지급되었다.[44] 이와 같은 옷감은 모두 미국의 구호물자였다. 이듬해에는 배급권이 도에서 각 군으로 이양되었고, 원주에는 35톤의 설탕이 할당되었다.[45] 그런데 분배 과정에서 모리배들이 농간을

---

40) 『강원일보』, 1946년 10월 19일;『동아일보』, 1946년 10월 29일.
41) 『동아일보』, 1947년 2월 4일.
42) 『강원일보』, 1948년 12월 31일.
43) 『동아일보』, 1947년 2월 4일.
44) 『강원일보』, 1948년 7월 20일.

부리기도 하였다.[46]

1948년 2월부터 1년 동안 철도경찰지서에서 취급한 범죄건수는 절도법 11건을 위시해서 폭력범 2건, 업무상과실 1건, 풍기문란 1건, 공무집행방해 2건, 전매령, 주세령, 철도영업법 등 위반 216건 도합 233건이었다. 이밖에 무임승차와 승월(乘越)한 자는 183명이었다.[47] 물론 철도경찰의 실적이므로 실제 범죄수와는 차이가 있는 것이다.

일제는 대륙침략전쟁과 태평양전쟁의 전비를 조달하기 위해서 강원도와 함경도 등 산간지역에 양귀비를 재배하도록 하고 아편을 제조해서 팔았다. 해방 후에도 한동안 아편도 담배와 마찬가지로 전매품이었던 듯하다.[48] 그렇기 때문에 양귀비를 재배하는 농민들도 아편의 폐해에 대해서 둔감한 편이었던 것 같고, 아편중독자들이 대거 발생하여 심각한 사회문제로 대두하였다. 서울과 춘천 등지에서는 아편굴이 경찰의 단속을 받았고, 원주 중앙동에 소재한 평안의원(平安醫院)에서도 아편중독을 치료한다는 광고를 낼 정도였다. 그러나 여전히 북한에서 이입되거나 산간벽지에서 밀조된 아편이 밀매되고 있었다. 아편 단속을 하여야 하는 경찰도 신변 위험 때문에 몸을 사릴 수밖에 없던 형편이었다. 아편 범죄자를 횡성에서 체포해 오던 원주경찰서 소속 형사가 기습을 받아 목숨을 잃기도 하였다.[49]

여성에 대한 심한 차별과 가혹한 행위도 흔히 발생하였다. 친정 어머니와 함께 19살짜리 전처 소생 딸의 음핵을 자른 사건도 일어

---

45) 『강원일보』, 1949년 5월 7일.
46) 『강원일보』, 1949년 6월 8일.
47) 『강원일보』, 1949년 3월 23일.
48) 『자유신문』, 1945년 11월 28일자 "연초아편원료 즉시수납하야 건국에 협력하라"는 기사 참조.
49) 『강원일보』, 1949년 3월 24일.

났다. 가난한 친정을 돕기 위해 의붓딸을 죽이려고 하였다고 신문 기사는 전하지만,[50] 그다지 자세한 내용이 아니기 때문에 그 경위가 잘 이해가 되지 않는다. 그리고 며칠 뒤에는 15세 소녀가 저지른 살인 미수 사건이 발생하였다. "열다섯에 무슨 癡情劇"이란 제목으로 보도한 『강원일보』의 기사에 따르면, 이 사건은 그녀를 고용한 가정의 남편이 부인이 친정에 간 틈을 타서 그녀를 강간하고, 자식을 낳으면 살림을 차려 주겠다고 감언이설로 꾀여 이후 여러 차례 강간한 만행에서 비롯되었다. 이러한 양자의 관계를 안 "본처"가 남편에게 항의하였다가 경을 치고, 소녀 역시 본처를 질투하여 잠든 틈을 타서 식도로 목을 찔러 살해하려고 한다고 한다.[51] 여자 피해자는 절대로 미수라고 부인하였지만, 오히려 남자 가해자가 목적을 달성하였다고 주장한 또 다른 강간 사건도 있었다.[52] 그리고 70살 노인이 20살의 유부녀를 강간하였는데, 이를 안 남편이 위자료로 10만 원, 가정 안락을 깨뜨렸으므로 10만 원, 기타 5만 원 모두 25만 원의 배상을 청구하였다고 한다.[53]

원주군 보건후생과에서는 부패한 음식을 제공하는 것을 막아 전염병을 예방하기 위해, 1948년 4월부터 접객업소 위생조사를 실시하여 7월에 음식점 19개소와 여인숙 10개소의 허가를 취소하였다.[54] 연말에는 부론면에서 천연두 환자가 발견되었다. 또한 같은 시기에 발생한 장질부사가 이듬해 봄까지 만연하였는데, 판부리와 만종리 등지에서도 30호나 병이 돌았다. 사태가 이에 이르렀으나, 당국의 조처는 제대로 취해지지 않은 듯하다.[55]

---

50) 『강원일보』, 1948년 8월 6일.
51) 『강원일보』, 1948년 9월 10일, 12일.
52) 『강원일보』, 1948년 7월 8일.
53) 『강원일보』, 1948년 10월 5일.
54) 『강원일보』, 1948년 7월 16일.
55) 『강원일보』, 1949년 4월 1일.

1948년까지만 하여도 의사는 자유로 개업을 하지 못하였기 때문에 강원도의 경우 의사수가 치과의사를 합쳐 200명에 지나지 않아 인구 약 6천5백명에 1명꼴이었다.56) 이렇게 아주 적었던 의사나마, 이른바 한지(限地)의사들이 강원도 의사의 30%에 달하였던 실정이었고, 그 중 22명만이 사회부에서 실시하는 의사재교육강습회에 지원하여 교육받은 후 의사시험에 응시한다고 하였다.57) 당시에는 비록 개인병원 외에도 원주 등 5개 곳에 도립병원이 있기는 하였지만, 의료 서비스가 대단히 열악하여 주민들의 원성이 대단하였다. 의사와 간호사가 불친절하고, 병이 낫지 않는다는 것이 불만의 원인이었는데, 의사의 대우도 형편없었던 것 같다.58) 서울의 여자대학 교수와 학생들의 무료 진료 봉사단이 내려오기도 하였다.59)

3. 교육과 문화

1945년 9월 21일 해방 전에는 몇 개의 국민학교와 국민학교 부설 간이학교, 그리고 4년제 중학교 원주공립농업학교가 있었을 뿐이었던 원주에는 해방을 맞이하여 중학교 등 고등교육기관을 세우기 위한 주민들의 운동이 힘차게 전개되었다. 그 효시가 된 학교는 사립 신명여학교로 해방 직후인 8월 20일 사립 신명여학교(新明女學校) 설립준비사무소가 원주읍 중앙동 원주양조장 2층에 차려졌다.60) 시민들의 격려에 힘입어 97명의 학생을 뽑고, 9월 21일에는 구 일본인국민학교(심상소학교)에서 개교식을 치렀다. "眞 참된 조

---

56) 『강원일보』, 1948년 7월 20일.
57) 『강원일보』, 1949년 1월 9일.
58) 『강원일보』, 1949년 9월 1일.
59) 『강원일보』, 1948년 7월 25일.
60) 『원주원성향토지』, 433-8면.

선의 일꾼이 되자, 善 착한 조선의 딸이 되자, 美 어진 조선의 어머
니가 되자"가 교훈이었다.

그러나 신명여학교는 법적인 허가를 받지 못한 학교였다. 그렇
기 때문에 군수와 지역 인사들을 거의 망라하였을 뿐만 아니라 각
계각층의 인사를 평의원으로 해서 약 2백 명에 가까운 원주여자중
등학교 설립기성회를 조직하였다. 이들은 처음에는 사립으로 인가
를 받으려고 하였으나, 기본재산 문제로 여의치 않았고,[61] 마침내
1947년 2월 원주공립여자초급중학교(3년제. 2학급 정원 100명)로
출발하게 되었다. 다음해에는 1년제 전수과(專修科, 가정과) 1학급
을 두었고, 다시 1950년 초에는 4년제 원주여자상업중학교로 개칭
하였다. 강당 건립 공사도 기성회와 관민의 절대적 후원으로 순조
롭게 진행되어 1948년 7월에는 85% 진척을 보였으나, 건축비 200
만 원을 건축업자에게 지불하지 못하여 중단될 위기에 처하였다.
이에 따라 기성회에서는 군민대회를 개최해서 기성회장 함기섭의
사회로 건축비 증수 방안을 논의하여 군민 10만8천429명 모두에게
건축비를 걷기로 하고 읍면별로 금액을 정하였다.[62]

이처럼 이 시기에는 교육사업을 위하여 지역주민들이 자발적으
로 기금을 마련하는 일은 흔히 볼 수 있었다. 1946년 10월 원주우
편국장이며 원주청년회장인 김봉수(金鳳洙)는 학성국민학교 신축
공사에 기부금을, 서곡국민학교에는 건축 자재를 제공하였고,[63]
다시 김인수(金麟洙)와 함께 60(6?)만원을 학성국민학교에 기부하

---

61) "기본금 150만 원을 모으지 않으면 안 된다는 당국의 지시에 따라 1946년
  4월 20일 원주남녀중등학교 기성회를 열었는데, 그 자리에서 김주일이 현
  금 5만 원을 자진 기부하였다."는 『자유신문』 1946년 4월 27일자 기사와
  『원주원성향토지』의 내용으로 미루어 기본수익재산이 부족하였기 때문에
  사립 허가가 나지 않았던 듯하다.
62) 『강원일보』, 1948년 7월 9일.
63) 『자유신문』, 1946년 10월 19일. 학성국민학교 신축 기부금은 30만 환이었
  다(『자유신문』, 1947년 2월 4일).

였다.64) 학성국민학교 관계자 일동은 그를 기념하는 비를 정문 앞에 세웠다.65) 그리고 학성국민학교의 신축에는 김주일(金周逸)도 10만 원을 기부하였다.66) 그리고 원주국민학교로 이름을 바꾼 봉산국민학교가 지금의 장소로 이전하는 데는 장경호(張慶浩)가 교지로 희사한 1만 평의 땅이 큰 도움이 되었다. 그리고 21개 면민들이 동원되어 학교터를 닦았다.67) 신림국민학교 25평짜리 교사 한 채도 면장과 면민의 정성으로 지어졌다.68)

원주여자중등학교 설립기성회는 이왕 남자 중학교도 설립하기로 뜻을 모으고 설립기성회 명칭도 원주남녀중등학교 기성회로 바꾸었다. 그러나 사립학교 설립이 현실적으로 어렵게 되자, 원주중학교는 자연히 공립학교로 추진되었던 것 같다. 그러나 개인의 재산 희사는 이어졌다. 1947년 3월 원주여자중학교 설립에 산파역을 맡았던 조순형(趙舜衡)이 무산아동을 수용하는 원주야간중학교(원주중학교의 전신)에 사재 100만 원을 거듭 희사하였다.69) 이러한 주민들의 협조와 노력으로 1948년 9월 30일 3학급 150명 정원으로 원주초급중학교가 정식 인가를 받았다. 교감 박문서(朴文緖)가 12월 15일부로 교장으로 승진 임명되었다.70) 봉산동에서 전업사를 경영하는 이흥록(李興祿)은 시가 6만여 원에 상당하는 토지를 원주초급중학교에 기부하였다.71)

---

64) 『동아일보』, 1947년 2월 4일.
65) 『동아일보』, 1948년 12월 9일.
66) 『동아일보』, 1947년 4월 26일. 김주일은 원동에 있던 환금 정미소의 주인이었다(『조선일보』, 1947년 8월 21일 광고).
67) 원주국민학교 개교 80년사편찬위원회, 『원주국민학교팔십년사』, 1987년, 165면.
68) 『강원일보』, 1948년 9월 8일.
69) 『동아일보』, 1947년 3월 14일.
70) 『강원일보』, 1948년 12월 17일.
71) 『강원일보』, 1949년 4월 2일.

1949년 6월 22일부로 육민관(育民館)이 사립초급중학교로 정식 승격되었다.[72] 1946년 3월 15일 홍범희가 민주주의 국가를 세우기 위해서는 민중 계몽, 특히 청년을 육성해야 한다는 신념으로 불과 10여 명의 학생을 모아 놓고 느티나무 아래에서 시작한 육민 사업이 본격적인 궤도에 오를 수 있게 된 것이었다. 주민들도 육민관을 흥업중학교로 승격시키지 위해서 흥업면장 한보동(韓普東)을 중심으로 설립기성회를 조직하여 백만 원 기금 모집을 시작하였다.[73] 전쟁의 참화 속에서도 육민관의 교육 열의는 뜨거웠다. 사제리에 있던 교사를 현재 위치인 흥업리 '터둔벌'로 이전하면서 모든 구성원들이 겪어야 하였던 고충도 이겨냈다. 또한 1956년 2월 제38예비사단에서는 입대로 학업을 일시 중단하게 된 장병을 위해서 중고등학교의 분관을 육민관고등학교 내에 설치하고, 중등과정 360명과 고등과정 150명에게 3년간의 정규 교육을 실시하기로 하였다. 즉 육민관고등학교에 야간반이 생긴 것인데, 이는 군 창설 이래 처음 있는 일이었다.[74] 그리하여 1958년에는 주야간 500여 명에 이르렀고, 졸업생도 800여 명에 달하는[75] 발전을 이룩하게 되었다.

1948년 8월 23일부로 강원도는 문막에 3학급 고등공민학교를 정식 인가하였다. 9월 1일부터 학생을 수용하기로 하였는데, 입학자격은 공민학교 소년과나 초등국민학교를 졸업한 만 13세 이상의 청소년이며, 과목은 국어, 사회생활, 과학, 외국어, 체육, 음악 미술 등으로 초급중학 수준의 실력을 배양한다고 하였다.[76] 그런데 이

---

72) 설립과 발전 과정은 『육민관40년사』 참조. 그런데 "고가(아?-필자)수용육아원 육민관이 사립초급중학교로 정식 승격되었다."고 6월 25일자 『강원일보』 기사는 이 소식을 전하고 있다.

73) 『동아일보』, 1947년 3월 13일.

74) 『동아일보』, 1956년 2월 22일.

75) 『강원일보』, 1958년 3월 21일.

학교 설립 운동 과정에서는 불미한 잡음이 일어나기도 하였는데, 기성회비를 유용하였다는 혐의로 기소되어 1심에서는 유죄, 2심에서는 무죄를 선고받은 인사가 나왔다.[77]

1949년 6월 이해 도내에는 여학교가 4곳(총 정원 450명)밖에 되지 않았으나, 국민학교를 졸업한 여학생은 3천493명이었고, 남학생 졸업생 6천300명 가운데 상급학교에 진학할 수 있던 숫자는 2천300명이었다. 원주 관내에는 모두 1천318명의 졸업생들이 배출되었는데, 그 중 남학생은 953명이며 여학생은 365명이었다.[78] 그리고 이해 입학시험이 7월에 실시되었다. 원주농업중학교는[79] 제1기에 속하였고, 원주초급중학교와 원주초급여자중학교는 제1기 시험이 끝난 뒤 제2기로 신입생을 선발하였다.[80] 시험방법은 전년까지만 하여도 출신 학교 교장의 내신서에 치중하였는데, 이에 문제가 있어 이해부터는 필기시험을 시행할 예정이었다.[81]

해방 이후 남한을 점령한 미군은 조선인의 재교육과 재정향 정책을 실시하였고, 그 주요한 사업으로 교육제도의 틀을 근본적으로 바꿔나갔다. 교육이념, 학제, 교과서, 교육행정, 교원의 양성과 재교육, 교수법 등 광범위한 분야에 걸쳐 미국식 교육제도를 수입하였다. 이와 같은 개편의 목적으로 민주주의 교육의 실현을 표방하였으며, 이어 정부 수립 이후에는 민족주의 교육관이 여기에 부가되었다. 이렇게 급변하는 교육환경의 변화에 부응하여 교육계에서는 각종 재교육 연수가 실시되었다. 1948년 8월 하순 강원도 학

---

76) 『강원일보』, 1948년 8월 29일.
77) 『강원일보』, 1948년 9월 16일, 1949년 2월 6일, 3월 11일, 5월 22일.
78) 『강원일보』, 1949년 6월 19일.
79) 원주농업중학교는 이듬해 4월 농업고등학교가 되었다. 그런데 전국 56개 고등학교 전체 모집 인원은 6천600명에 불과하였다(『강원일보』 1950년 4월 14일).
80) 『강원일보』, 1949년 6월 16일.
81) 『강원일보』, 1949년 5월 22일.

무국에서는 춘천 외에 원주와 강릉에도 하기대학을 설치하여 교직
원들을 교육시켰다. 원주에는 횡성, 평창, 영월 등 4개군의 교직원
들이 8일 동안 '교육'과 '과학' 과목을 강의 받고 수업증을 탔다.
또한 교직원 외에도 일반인도 신입서를 제출하면 수강할 수 있었
다. 교육제도도 아직 제자리를 잡지 못하였고, 교사가 부족해서 자
격이 미비한 사람들도 교단에 서기도 하였으므로 교원 재교육이
시급하였던 실정이었다.[82] 이듬해에는 문교부에서는 학원에서의
일제 잔재 일소와 민주주의적 교수방법 및 학교경영에 박차를 가
하기 위해 전국교직원연구발표대회를 열었는데, 원주국민학교에
서 열린 원주지구 4개군 발표대회에서 횡성군 청일국민학교 교사
가 대표로 선발되었다.[83] 그리고 강원도에서도 '민주적 민족교육'
을 실시한다는 방침을 세우고, 각지에 연구지정학교를 선정하였는
데, 원주에서는 원주국민학교가 지정교가 되었다.[84]

　해방 후에는 연극과 같은 문화 활동이 활발하였던 듯하다. 이봉
호, 장상순, 원환묵 등 몇몇 청년들이 시민들의 정서를 순화하기
위해서 산야극회(山野劇會)를 만들어 1946년부터 원주극장에서
'산울림'과 같은 연극을 공연하였다.[85] 또한 원주악단 문예부가 만
들고 강성춘이 연출한 전1막의 '해방후(解放后)'와 김유인(金流人)
이 만들고 강성춘이 역시 연출 겸 음악을 담당한 희악극(喜樂劇)
'알 수 없은 세상'이 원주극장에서 이틀간 주야로 공연되었다. 수
해동포의연금을 모집하기 위해서 원주악단이 주최하고, 강원일보
사 원주지국이 후원한 행사였다.[86] 원주에 주둔한 제6여단 군악대
는 각지를 순회하며 공연을 열었다.[87] 이 군악대는 일반인을 대상

---

82) 『강원일보』, 1948년 8월 11일.
83) 『강원일보』, 1949년 2월 15일, 3월 27일.
84) 『강원일보』, 1949년 4월 2일.
85) 『원주원성향토지』, 449면.
86) 『강원일보』, 1948년 9월 25일.

으로 해서 정기 연주회도 열었는데, 1949년 3월 1일에는 제9회 정기군악연주회 겸 삼일절 기념연주회를 가졌다.[88] 조선교육연구회와 도 학무국이 주관하고 후원하여 제2차대전의 기록영화를 순회 상영하였다. 히틀러의 패망 과정을 보여주는 '잊지마자', 그리고 '뉴기니야', '히로시마와 원자탄'가 원주농업중학교 강당에서 상영하였다.[89] 미국은 자국과 해외정책을 선전하려는 목적으로 미국공보원을 통해서 이와 같은 무료 영화를 상영하였다. 원주군교육협회 주최로 봉산국민학교 강당에서는 군내 국민학생들의 교육자 웅변대회가 개최되었는데, 군수를 비롯한 공무원과 유지 300여 명이 참석할 만큼 중요한 행사였고, 1등은 문막국민학교 여학생이 차지하였다.[90] 1949년 2월 현재 원주에는 4개의 국보가 있었다.[91] 국보 314호 거돈사 원공국사승묘탑이 해방 전 일본인 와다(和田)의 정원에 있다가 없어졌는데, 탐색 끝에 성북동 모씨 집에서 찾아냈다고 한다.[92]

1947년 경북 풍기군에서 열린 남조선농구대회에서 원주팀이 풍기팀을 이기고 우승을 차지하였다.[93] 강원도 남부 10개군의 대표가 원주에 모여 해양구락부 강원지부를 결성하였다.[94] 1948년 9월 조선올림픽대회(전국체전)을 앞두고 원주읍체육협회가 3일 읍회의실에서 읍민 다수가 참석한 가운데 결성되었고, 함기섭이 회장, 진영하(陳榮夏)와 정태완(鄭泰完)이 부회장을 맡았다.[95] 이어서 원주

---

87) 『강원일보』, 1949년 3월 15일.
88) 『강원일보』, 1949년 3월 3일.
89) 『강원일보』, 1949년 5월 8일.
90) 『강원일보』, 1948년 12월 29일.
91) 『강원일보』, 1949년 4월 26일.
92) 『동아일보』, 1948년 6월 18일, 7월 4일.
93) 『동아일보』, 1947년 6월 4일.
94) 『동아일보』, 1947년 8월 23일.
95) 『강원일보』, 1948년 9월 8일.

군체육회도 원주군 내무과장 발기로 결성되었다. 주민과 공무원 다수가 참석한 가운데 원주극장에서 열린 결성식에서 장동국이 위원장, 손영조(孫永祚)와 오형선(吳亨善)이 부위원장이 되었다.[96] 원주여중 농구팀이 이 전국체전에 참가하였다.[97] 그리고 원주농업중학교 교정에서 원주군체육회 주최로 제1회 동면대항 체육대회가 개최되었는데, 향후 매년 1회씩 시행하기로 하였다. 가장 인기 높던 종목은 씨름이었다.[98] 이듬해 4월에는 조선유도연맹강원도지부가 주최하고, 원주신문협회, 강원도체육회, 원주체육회, 원주읍체육회가 후원한 유도대회가 열려 개인시합, 각군대항시합, 단체대항시합을 가질 예정이었다.[99] 또한 사격장이 신시장에 개설되었는데, 오락이 아니라 도박이 벌어지고 있어 단속해야 한다는 여론이 비등하였다.[100] 8월 말에는 대한노총 원주군연맹 주최 원주군신문협회 후원으로 대한노총 창립1주년기념 대회 씨름대회와 농악대회가 열렸다. 농악대회는 원주군 예선과 군외 예선을 거쳐 결승전을, 씨름은 중(中)과 대(大)로 나누었다. 상품은 각 대회 1등이 황소 1마리, 2등은 돼지 1마리, 3등은 솥 1개였다.[101] 그런데 이 대회에서는 농악과 씨름 외에도 농구와 배구 대회도 함께 열렸다. 농악 1등은 원주읍 봉산동 3구, 농구는 원주여중, 배구는 원주군청, 씨름은 박상근(춘천)이 1등하였다.[102] 공사비 200만 원을 들여 새로 공설시장을 건설하였다. 9월 10일 구 시장을 옮기는 동시에 4일간 씨름대회와 농악대회를 개최하고, 16일부터 3일간은 축구와 농구(?)대회를 개최할 예정이었다고 한다.[103]

---

96) 『강원일보』, 1948년 9월 11일.
97) 『강원일보』, 1948년 10월 8일.
98) 『강원일보』, 1948년 10월 24일.
99) 『강원일보』, 1949년 4월 2일.
100) 『강원일보』, 1949년 4월 7일.
101) 『강원일보』, 1949년 8월 21일.
102) 『강원일보』, 1949년 9월 2일.

* 광고에 나타난 원주의 관공서, 회사, 개인, 병원 등

1946년 1일 1일『자유신문』

원주공립국민학교 (구명 원주봉산공립국민학교) 교장 유성, 교도 이병대; 원흥양조장; 문막공립초등학교; 원주읍 환금정미소; 원주우편국 국장 김봉수, 대리 김승모; 유한회사 원주장유회사 원주읍봉산정 조수구(趙輸九); 평양관 원주읍 본정2정목 박세정; 원주읍 동일사정미소; 원주읍사무소; 원주농업학교; 원주세무서; 평원정미소

1946년 1월 4일『조선일보』

원주읍민위원회; 원주청년회; 원주기독교청년회; 원주우편국; 원흥양조장; 삼산병원; 평화의원

1946년 1월 14일『동아일보』

원주우편국 국장 김봉수; 원주읍본정 2정목 원흥양조조합 이흥연(李興淵); 원주읍 봉산정 남선전기주식회사 원주지점 사장 장직상, 지점장 김명수;원주읍 본정 2정목 선일양화점 정명화; 원주세무서 서장 임헌국; 본정 2정목 승원당 도장점; 본정 태창시계점 정태승; 원주읍 영정 학성공립국민학교 교장 이학(?)구

1947년 8월 21일『조선일보』

한일면업공사 공장장 신을선; 원주읍 읍장 심의춘; 원주금융조합; 인동 170 연주병 전문 만수당 약국 신상열; 평원동 평안의원 공의 조칠?; 강원무역공사 대표자 장동호; 개운동 륵막염 전문 후생약국 송영대; 강원도잡업취체소 원주지사; 원주석유수하조합;학성직물공장; 사창직물공장; 신탄목재생산 대신임업사 사장 김용래;

---

103)『조선일보』, 1949년 9월 9일.

중앙동 77 사법서사 이은수; 원동 14번지 환금정미소 김주일; 일산
동 외과 부인과 입원실 완비 삼산의원 원장 이진섭; 원주사방관리
소 소장 임덕진

1948년 8년 21일 『강원일보』

원주군청 군수 장동국; 원주경찰서 서장 장병원, 총무주임 송영
복, 공안주임 조정현, 수사주임 최태규, 사찰주임 전형태, 경비주임
고광수; 원주읍사무소 읍장 함기섭; 원주세무서; 원주우편국 국장
안병호; 원주군 농회 농회장 박봉호; 조선식산은행 원주지점; 원주
금융조합 전무이사 우종대; 삼산의원 원장 이진섭; 원주토목관구;
원주곡물검사서 서장 이석주; 원주읍 중앙로 동일사 정미소;원주
군 농사교도소장 소장 김시동; 강원화물자동차회사 원주 영업소
소장 송병한; 원주칠조합 이사 이형삼; 강서소주주식회사 사장 이
정연, 지배인 김만구; 사회사업 원주 성애육아원 원장 원홍묵; 원
주읍 원동 환금정미소; 원주읍 봉산동 108 합동제재소 장기철; 원
주군축산협회; 원주전매서 서장 배기환; 조선생활품영단 원주출장
소 소장 박윤태; 원주읍 봉산동 103 김도원 법률사무소 변호사 김
도원; 원주석유수하조합 정연수; 강원도의사회 원주군 지부 지부
장 홍순철; 강원도립원주의원; 원성의원 원장 홍순철; 평안의원 공
의 조칠균; 한영치과의원 원장 박영승; 산부인과 소아과 대동의원
원장 김종찬; 중앙의원 전태화

1948년 9월 7일 『강원일보』

원주읍 중앙동 284 선우당시계점; 한흥양화점 박해성; 원주읍
중앙동 원일재봉기상회; 원주읍 식육조합; 문막면 사무소 면장 김
동호; 제8구 경찰서 문막지서 주임 최형옥; 문막우편국 국장 곽노
성; 문막의원 김진영; 문막면 문막리 약종상 문막약방; 철도경찰

원주지서 주임 유병만; 춘천영림서 원주출장소 소장 이원경; 조선
운주주식회사 원주출장소 소장 백두현; 강원도 원주종축장; 대한
민족청년단 원주군지방훈련소; 신림면 사무소 김영일; 조선목재주
식회사 원주출장소; 평안약국 이회근; 원주읍 김종호; 원주읍 중앙
로 사법서사 강길수 사무소; 원주읍 인동 22 태창시계점

1948년 9년 11일 『강원일보』
시계 안경 원주당 시계점 전(김?)재희; 원주읍 중앙동 신시장 서
울비누공장 최경업; 문막양조장

1949년 2월 2일 『강원일보』
대한식량공사 원주군분사 분사장 박윤태;삼미운송점 대표자 원
학규; 중앙동 선광사진관; 춘천영림서 원주출장소 이원경; 문막면
사무소, 문막면 애국연맹, 문막호국청년대; 원주군 문막면 농회 농
회장 이성의; 신림면사무소 면장 김영일; 신림우체국 국장 김승모;
대영치과의원 원장 박영승; 원주토목관구 주임 김영삼; 조선운수
주식회사 소장 백두현; 한일면업회사 원주공장 공장장 신정선; 원
주군 칠조합 조합장 장동국, 부조합장 이승종; 원주군 이정연; 환
금정미소 김상준 원동 14번지

1949년 2월 3일 『강원일보』
춘천지방법원 원주치안관심판소 치안관 김철극; 토지행정처 원
주지서 유정극; 철도경찰서 원주지서 소장 양태환; 강원도립 원주
종묘장 장장 김홍기; 제8구경찰서 신림지서 주임 이종술; 귀래지
서 주임 곽노선; 귀래면사무소 김종일; 귀래공립국민학교 교장 홍
남식; 판부면사무소 면장 이건영; 제8구경찰서판부지서 주임 지윤
섭; 원주군축산협회; 원주군농회 농회장 박봉호

Ⅱ. 1950년대의 원주

1. 행 정

1946년 1월 1일부터는 일본식 동명인 정(町)을 동(洞)으로 개칭
하였지만, 행정체제는 이전 것을 거의 그대로 답습하였다. 그러나
정부 수립 이후에는 개편이 단행되어 1949년 2월에는 지방행정기
구가 대대적으로 축소 개편되었다. 원주군의 공무원 정원이 10%
감원되어 모두 85명이었다. 이 숫자는 행정단위가 한 계단 높았던
춘천부의 90명에 한 명 모자라는 것이다.[104] 서울지방법원과 서울
지방검찰청에 소속되었던 원주 지원과 지청이 주민들의 반대에도
불구하고[105] 춘천지방법원과 지방검찰청의 관하로 변경되었다.[106]

전쟁 중에는 도청을 비롯해서 지방법원, 검찰지청, 경찰국 등 강
원도의 각 관청이 원주에 있었고, 강원도의 유일한 일간지였던
『강원일보』도 원주에서 발행되었다. 1·4후퇴 때 부산으로 이전하
였던 도청이 원주로 와서 1951년 7월 초부터 1953년 7월 30일까지
만2년 동안 옛날 강원감영의 선화당 등 건물을 사용하였다. 도청
이 원주에 머물자 강원감영이 원주에 있다가 떠난 지 50여 년만에
다시 돌아왔다고 경축의 술잔까지 나누는 축제 분위기였다. 일부
에서는 도청을 아예 원주에 묶어두려고 애를 많이 썼다. 그런데

---

104) 『강원일보』, 1949년 2월 5일.
105) 원주군수 이택준(李澤俊) 등이 원주 법원과 지청이 춘천 법원에 편입된다
면 불편하므로 그대로 서울 법원 관할로 해 달라는 원주를 비롯해서 횡
성, 평창, 영월, 정선 등 다섯 개 군의 주민들의 뜻을 서울 법원에 진정하
였다(『강원일보』, 1946년 4월 9일).
106) 『강원일보』, 1948년 10월 16일.

1954년 10월 감영 문루의 기둥에 걸렸던 강원도청의 간판이 없어
져 버렸다. 이는 법률 제350호로 수복지구 임시행정조치법에 따라
도청이 춘천으로 되돌아갔기 때문인데, 당시 도지사 최규옥(崔圭
鈺)은 도청 이전 때문에 시끄러운 일이 일어나는 것을 피하기 위
하여 이른 아침 슬그머니 떠났으므로 "야반도주"하였다는 말까지
돌았다.107)

   이듬해에는 사법기관과 경찰국도 춘천으로 옮겨갔고,108) 이와
같은 기관의 이전과 함께 적십자사 강원지사와 강원일보사 등도
따라서 돌아갔다. 강원일보사는 1951년 9월부터 원주에 시작된 속
간 준비 끝에 마침내 이듬해 5월에 속간호를 발행하였다. 『강원일
보』의 속간은 원주 사람들의 지원으로 가능하였는데, 이들의 생각
에는 유일한 강원도 지방신문을 발행하여야 한다는 것 외에도 도
청을 원주에 그대로 두기 위한 목적도 강하였다. 따라서 1954년 3
월 강원일보사가 춘천으로 이전할 때에도 트럭을 저지하는 등 지
역인사들의 반대가 심하였다.109)

   그리고 전쟁 중 원주에서는 UNCACK(UN Civil Assistant Command
in Korea‐유엔 한국민사원조사령부, 또는 민간원조처나 민사처로
불림)의110) 강원도 민사지원팀(Kangwondo Civil Assistant Team)이 피
난민 구호를 비롯해서 구호품 수령과 분배 등 각종 지원 활동을
벌이고 있었다. 당시 원주는 동부전선의 후방 병참기지 및 민간 지

---

107) 황주익, 발언대, 『태백』 1988년 5월호 통권 123호, 112-5면.
108) 『동아일보』, 1954년 10월 29일.
109) 『강원일보』사, 『강원일보』30년사』, 1975, 77-80면.
110) 한국전쟁 중에 "민간인의 질병, 기아, 불안정을 방지"한다는 목적으로
    1951년 1월 정식으로 출범한, 유엔군과 민간인으로 구성되는 민간구호기
    관으로 모두 21개국이 참여하였다. 특히 유엔한국부흥위원단(UNKRA)과
    긴밀히 협조하여 민간구호와 전쟁복구에 크게 이바지하였다. 그리고
    1953년 7월 1일부로 미군 극동사령부 휘하의 한국민사원조사령부(Korea
    Civil Assistance Command -KCAC)로 변경되었다.

원기지 역할을 하고 있었고, 민간구호를 위한 식품, 의류, 재목 등 각종 물품과 자재가 원주역에서 하차되어 다시 육로로 강원도 각 지역으로 배송되었다. 이러한 구호활동의 주체가 바로 민사지원팀 였다.

민사지원팀 활동 가운데 중요한 것은 피난민 구호와 의료 구호 였다. 1951년 10월경 원주군에는 피난민 시설로 한 곳의 집결소와 8개소의 캠프가 설치되었다.[111] 이곳에는 3만3천에서 3만5천명에 달하는 피난민들이 수용되었는데, 수용 인원은 증감이 거의 없었 다. 피난민수용소는 월동을 위해서 한 채당 5만 원과 재목이 지원 되는 집들을 짓고 있었다. 수용소는 식량공급이 원활하였고, 위생 상태도 좋았고, 범죄율도 낮았고, 분위기도 괜찮았다. 원주병원(세 브란스 병원 팀)은 전쟁 피해를 복구한 구 은행 건물에 위치하였 고, 세 개의 병동 텐트와 한 개의 시체 안치 텐트가 있었고, 식사는 노천에서 마련하여야 하였다. 경찰서의 발전기에서 전기를 끌어다 썼는데, 그것도 겨우 수술실에 불 밝히는 것에 불과하였다. 70명의 환자가 입원하고 있었고, 미국인 의사 외에도 문창모와 세브란스 병원장이었던 이씨 성(Y. S, Lee-이용설?)을 가진 한국인 의사가 근무하였고, 도립병원장인 김씨 성의 의사도 간여한 듯하다. 병원 이 처하였던 환경이 너무 열악하기 때문에 개선이 되지 않는다면, 의료진이 철수할 수도 있었기 때문에 환자 100명을 수용할 텐트 병원을 새로운 자리에 세워야 한다는 등의 개선책을 제시되기도 하였다.

1954년 1월 12일 의용소방대가 발대시동식(發隊始動式)을 봉산 국민학교 교정에서 거행하였다. 또한 이날은 한미대항 소방경기대 회도 열었다.[112] 이후 의용소방대는 대장 이재달 이하 70여 명의

---

111) Railway Equip. File No. 453, Wonju Trip. RG 338, UN Civil Assistance Command, Korea (UNCACK), 1951, Box 17,(국사편찬위원회 해외수집자료)

대원들이 사재를 털어 업무를 수행하여 왔다. 그러나 장비라고는 KCAC에서 지원 받은 소형소방차(찝차식)과 호스가 있었을 뿐이며, 소방차를 움직일 휘발유조차도 없는 형편이므로, 읍장이 회장이 되어 소방대후원회를 조직하고 각호마다 4, 5천 환의 비용을 걷기 위해서 고지서를 발부하였으나 이 역시 여의치 않은 실정이었다.113) 그런 사정이었으므로 소방대원들이 억지로 기부금을 걷기도 하였는데, 1957년 1월에는 소방대 연례행사인 시동식을 마친 소방대원들이 기부금을 내지 않은 상점에 호스로 물을 뿌려 피해 입은 상인들이 크게 반발한 사건도 일어났다.114) 전국방화강조월간(全國放火强調月間)을 맞이하여 경찰서 및 의용소방대이 중심이 되어 중고등학생이 참여하는 시가행진을 하였다. 소방차와 악대를 선두로 프랑카드를 높이 들고 행진을 하였고, 방화가두선전반의 활약도 좋은 계몽선전이 되었다고 한다.115)

원주의 도립병원은 창고를 이용하는 등 시설이 대단히 열악하였는데,116) 보증금 5만 환이 없다고 교통사고로 두개골이 파열된 응급환자의 치료를 거부하였고, 약값도 민간병원에 비하여 지나치게 높게 받는다고 원망이 자자하였다.117) 이와 같은 중앙 일간지의 보도에 대해서 병원장은 허위보도라고 하며 『연합신문』, 『동아일보』, 『중앙일보』 등 4개 일간지의 원주 책임자를 명예훼손죄로 고소하였다.118) 의사들이 도시에만 집중해 있기 때문에 벽촌주민들은 현대 의약의 혜택을 입지 못하였던 실정이었으므로, 도당국은 공의(公醫)제도를 부활하여 무의촌에 배치하려고 하였다. 그러나

---

112) 『동아일보』, 1954년 1월 16일.
113) 『동아일보』, 1955년 7월 11일.
114) 『동아일보』, 1957년 1월 17일.
115) 『강원일보』, 1959년 2월 17일.
116) 『강원일보』, 1959년 6월 28일.
117) 『동아일보』, 1955년 8월 6일.
118) 『동아일보』, 1955년 9월 11일.

희망하는 의사가 없어 계획을 포기하기에 이르렀다.[119] 시내 모 약
방은 마약취급 인가를 받았음에도 약제사도 없이 영업 중이며, 약
품암거래처인 서울 모 약방으로 군용약품을 부정 유출시키고 있어
당국에서 조사를 받고 있으며, 시내 다른 약국 몇 곳도 수사대상이
될 것이라고 하였다.[120]

2. 반공의 절대화와 이승만 대통령의 우상화

해방 직후부터 벌어진 좌우 대립은 한국전쟁을 겪으면서 그 골
이 더욱 깊어졌다. 남한에서는 반공이 국가의 지배이데올로기화하
면서 절대화되었고, 이승만 독재정권의 유일한 존립 기반으로 자
리를 잡아나갔으므로, 반공 앞에는 어떠한 이념이나 가치도 무력
해질 수밖에 없었다. 이러한 반공의 절대화 내지는 국시화는 국민
의 생활과 의식 전반에 걸쳐 대단히 빠른 속도로 확산되었고, 강력
한 힘을 발휘하였다. 그 방법은 교육은 물론이며 각종 의식과 '관
제데모'였으며, 지역주민들이 대규모로 참석하는 반공 행사도 빈
번하게 열렸다.

1956년 10월 항가리 사태가 발생하자, 각급 학교 학생과 기관장
및 시민들이 원주초등학교 교정에 모여 반공반쏘민족투쟁원주시
민총궐기대회를 개최하여 이승만 대통령에게 보내는 메시지, 항가
리와 폴란드 국민에게 보내는 메시지를 채택하였다.[121] 1958년 2
월 27일에는 원주시내의 직장인들이 시청 광장에 모여 북한의 여
객기(KNA) 납북을 규탄하는 대회를 열었다. 이 자리에서는 공산도

---

119) 『강원일보』, 1959년 2월 3일.
120) 『강원일보』, 1958년 3월 21일.
121) 『동아일보』, 1956년 11월 5일.

배의 강도적 만행을 규탄하는 결의문을 통과시키고, 아울러 유엔 총회, 미국 아이젠하워 대통령, 서독 대통령, 국제적십자사, 이 대통령에게 보내는 메시지를 채택하였다.[122] 재일교포의 북송 반대는 국민들의 반일반공의식을 동시에 강화할 수 있었기 때문에 이승만 정권의 입장에서는 아주 호재였다. 1959년 8월 북한과 일본 정부는 '재일교포북송에 관한 협정'을 체결하고, 그 해 12월 재일교포의 북송을 개시하였다. 이에 12월 11일 반공청년단 원주시단이 주최한 데모를 위해서 원봉훈(반공청년단 원주지부 단장)이 이끄는 결사대 20명이 새벽부터 철시를 외치면서 참여를 독려하였다.[123] 이미 재일교포 북송이 시작되기 전에 남한 각지는 일본의 "흉악한 모략", "마수", "자유세계의 배신", "용공이적"을 규탄하고 북송반대운동으로 들끓었고, 원주에서도 2월 14일 중앙국민학교 교정에서 1만 시민들이 참석해서 규탄대회를 열었고, 대회가 끝난 다음에는 시가지로 나가 시위도 하였다. 그리고 6월 20일에도 공설운동장에 약 3만여 명이 참석하여 궐기대회를 거행하였다.[124] 이 해 3월에는 중국당국에 저항하는 티벳인들의 봉기가 일어났고, 상이용사회 주최로 원주시 광장에서 '티벳의거'를 지지하는 궐기대회를 열고 시가행진을 하였다.[125] 이처럼 50년대 말에 '반공대회'가 빈번하게 개최된 주요한 이유는, 1956년과 1958년 선거에서 드러났듯이, 정치적 위기에 빠진 이승만 정권이 그를 타개하고 집권을 연장하기 위해서 탄압적이며 강경한 정국 운영을 하였기 때문이며, 그것은 1959년 2월 국가보안법 개정 파동과도 일맥상통한다. 1958년 12월 17일 원주극장에서는 원주시반공투쟁위원회 주최로 이정석과 전성철 두 연사가 새로운 국가보안법 해설 강연회를

---

122) 『강원일보』, 1958년 3월 2일.
123) 『강원일보』, 1959년 12월 15일.
124) 『강원일보』, 1959년 6월 24일.
125) 『강원일보』, 1959년 4월 30일.

열어[126] 반대 여론을 무마하려고 하였다.

이승만 우상화는 이승만 1인에 의존하는 자유당에게는 반드시 필요한 집권수단이었으므로 이미 오래 전부터 진행되었지만, 이승만 정권의 위기가 고조되자 더욱 일상화하고 노골화되었다. 특히 이승만의 생일은 '탄신일'로 되어 마치 왕조시대처럼 전 국민의 축제가 벌어졌다. 1958년 3월 27일 이 대통령 제83회 탄신 축하 당수도연무대회가 원주극장에서 열렸다. 약 5년간의 당수도 보급과 연마에 공훈이 있다는 박영진(朴永鎭) 사범의 지휘 아래 80여 명의 선수들이 출연하였다. 대통령탄신일기념으로 기관장들이 83세 이상의 노인들 26명에게 선물을 하였다.[127] 이듬해에도 원성군농협에서는 이대통령탄신기념농산물 및 농산가공품경진회를 원성군청에서 개최하였다. 판부면 관설리가 단체 1등을 해서 소 한 마리를 상으로 받았고, 수예품 부문에서는 흥업면 무실리 4H구락부가 1등을 해서 새끼돼지 한 마리를 탔다. 또한 이대통령탄신일에는 양노원의 노인들도 기념품(풍년초 백봉, 수건 백장)을 시장에게 받았다. 그리고 원주유학생회(原州留學生會)에서는 4월 2일과 3일 이틀 동안 군인극장에서 기관장 및 지방유지가 참석한 가운데 탄신축하웅변대회를 개최하였다.[128]

3. 경 제

전쟁에서 살아남은 사람들에게 극심한 경제적 곤란은 또 다른 생존의 위기였다. 생계를 유지하기 위해서 온갖 일을 하여야 하였

---

126) 『강원일보』, 1958년 12월 23일.
127) 『강원일보』, 1958년 4월 4, 18일.
128) 『강원일보』, 1959년 4월 2, 3, 9일.

지만, 그마저도 항상 성공하였던 것은 아니다. 1955년 6월 사업 실패 때문에 생활고와 40여만 환의 빚에 시달리던 40대 가장이 다량의 키니네를 먹고 자살을 기도하였다가 목숨을 구하였다.[129] 이 당시 쌀 한 가마의 가격이 1만3천 환 정도였다. 몇 달 뒤에도 신림면에 거주하던 30대 가장이 4만 환의 빚을 못 이겨 자살하자, 장례를 끝낸 뒤 아내도 남편 없는 세상은 살 수 없다고 뒤따라 자살하였던 일도 있었다.[130] 가난에 지치고 도시 생활을 동경하는 농촌의 여성들이 가출을 많이 하였다. 도경찰국에 따르면, 매일 2,3명의 무단가출자가 발생하였다. 이들은 대개 가정부로 일하거나 윤락의 길로 떨어지는 것이 상례로 보았다.[131] 물론 이런 사건은 극단적인 사례라고 할 수 있지만, 농민과 도시민의 경제적 형편은 민생고마저 해결하기가 힘겨웠던 것이 당시 일반적 사정이었다.

농가경제는 낮은 농업생산력, 높은 조세부담, 전후 인플레이션, 정부경제정책의 미비로 지극히 어려웠다. 문막면 반계수리조합의 실정을 보면, 논 한 마지기 150평의 평균 수확량은 소두 3되이며, 그밖에 비료대와 인건비 등 필요 경비를 제하면, 농민의 수입은 생산비에도 미달하였다. 농민들은 수확 직후에는 미곡가격이 급격히 하락한다는 것을 잘 알고 있었지만, 현금이 절실히 필요하였기 때문에 그 시기를 견뎌내지 못하고 미곡을 시장에 판매할 수 없었다. 150평의 수세가 2천615환인데, 문막시장에서는 백미 소두 한 되가 1천50환에 불과하였다.[132] 이 시기 농가부업으로는 가축 사육과 고공품(藁工品, 가마니와 새끼) 생산이 거의 유일한 것이었으므로 농가경제는 더욱 어려웠다. 비록 도당국이 증산을 적극 장려하고 수매제도를 운영하였으나, 그 뒷받침이 없어 실적이 저조하였다.

---

129) 『동아일보』, 1955년 6월 28일.
130) 『동아일보』, 1956년 1월 17일.
131) 『강원일보』, 1958년 12월 10일.
132) 『강원일보』, 1958년 12월 24일.

원주시와 원성군의 1959년도 매상고는 그 목표액에 63%와 51%에 지나지 않았다.[133] 농가경제를 회생시키기 위한 정책도 커다란 성과를 거두지는 못하였다. 종자갱신 대상 토지를 잘못 선정하여 실패하였고, 원주종축장은 양계를 주로 하고 있는데, 함석으로 지붕을 만든 창고이므로 성공을 기대하기 어렵고, 미산협회에서는 종곡 990가마를 대여하였으나 겨우 177가마만 회수하여 밑천까지 잘라먹게 될 것이고, 농지개량사업은 지구선정과 보조금선정을 공정하고 정확하게 해야 한다는 도의회 감사결과가 나왔다.[134]

이와 같은 농민의 빈궁은 1950년부터 시행된 농지개혁의 성과를 무색하게 하는 것이었다.[135] 일부 농민들은 농지개혁 덕분에 경제적 형편이 나아졌다고는 하지만, 다수의 영세농은 농지불하를 받는다고 하여도, 상환액 부담을 힘겨워 하고 있었고, 심지어는 분배받은 토지를 다시 방매하는 사태도 일어났다. 토지를 몰수당한 지주 역시 정부에게 받은 지가증권이 전쟁과 인플레이션 등으로 가치가 저락하였기 때문에 경제적으로 몰락의 길을 걷기도 하였다. 또한 농지개혁으로 지주와 작인 사이에 갈등도 많이 일어났다. 1958년 7월 현재 농지개혁법에 따라 강원도에서 분배될 토지필수 1만9천173건 가운데 1만4천440건만이 소유권 이전이 완료되었다. 그 이유는 분배되는 농지가 대체로 토질이 좋지 않아 분배받는 농가가 소유권 이전을 꺼리고 있기 때문이었다. 원주시의 현황을 살펴보면, 692건이 완료, 191건이 미완이며, 원성군은 3천399건 완료,

---

133) 『강원일보』, 1959년 5월 26일.
134) 『강원일보』, 1959년 6월 28일.
135) 농민들은 해방으로 토지개혁에 대한 높은 기대를 가지게 되었고, 실제 토지개혁은 불가피한. 것으로 널리 인식되었다. 1949년 부론면에서는 한 농민이 자기 처 등 3인과 함께 장인을 목침으로 타살한 사건이 발생하였다. 토지개혁이 되니 땅을 분배해 달라고 한 요구를 장인이 거절하였기 때문이라고 한다(『강원일보』, 1949.2월 22일).

676건이 미완이었다.[136]

옥수수와 감자를 주식으로 하는 강원도 농촌에서는 대부분이 절량 상태에 빠져 초근목피로 근근이 연명하는 농민들이 많았다. 옥수수의 산지인 신림면을 예로 들자면, 1958년에는 보기 힘든 대흉년이 들었는데 봄에는 한발이 심해 면내 전체 농가 2천500여 호 가운데 식량이 떨어진 농가가 그 1/3을 넘는 1천여 호에 달하고 있었다. 또한 황둔리의 영세농가 사정을 살피면, 지난 겨울 동안은 풀과 나무뿌리마저 캘 수가 없어 강냉이 대궁을 삶은 물을 마셨고, 돈을 힘껏 융통해서 쌀겨와 밀기울 등 동물사료도 사다가 먹었다. 춘궁기가 되자 칡뿌리와 두릅나무잎을 주식으로 삼았는데, 혹 부작용도 일어났다. 산전(山田)에 조금 심은 보리도 모두 말라 죽었다. 이곳에 사는 농민과 아이들은 마치 황달병 환자처럼 보였다고 한다.[137]

1955년 6월 현재 강원도가 집계한 절량농가만 하여도 무려 1만3천467호에 달하였으나, 정부에서 공매하는 쌀도 배정되지 않아서 쌀값이 천정부지로 오르기도 하였다.[138] 또한 1959년 봄에는 자연재해로 말미암은 흉작으로 강원도 내에 1만8천901호라는 놀라운 숫자의 절량농가가 발생하였다. 그 중 태반에 이르고 있는 극빈농가는 가을에 수확하더라도 그 양이 많지 않았으므로, 행정당국이 회수를 염려해서 그들에게는 양곡을 방출하는 것을 주저하였으므로 절량농가는 부득이 장리쌀로써 연명하는 사례가 빈발하였다. 도당국은 절량농가가 발생하면 책임 추궁을 하고 양곡 대여를 반드시 하라고 하였으나, 그 실적은 좋지 않았다.[139] 절량농가를 돕기 위한 강원도구호협의회가 발족하여 춘천에 소재한 구호단체와

136) 『강원일보』, 1958년 7월 10일.
137) 『강원일보』, 1958년 8월 3일.
138) 『조선일보』, 1955년 7월 1일.
139) 『강원일보』, 1959년 5월 2일.

협의한 결과, 원성 등 6개 군의 절량농가에게 구호양곡을 제공하게 되었다. 그리고 종교단체에서도 구호활동을 전개하였다. 결식아동이 속출하고 있었는데, 그들은 공부도 제대로 하지 못하고 졸도하기도 하였지만, 실질적인 구호대책을 세우기는 어려웠다. [140] 5월 보리고개를 앞두고 도당국은 절량농가들에게 밀가루와 보리쌀을 꾸어주었다. 그런데 "양곡교환"은 추곡으로, "양곡대여"는 하곡으로 갚아야 되기 때문에 사정이 넉넉하지 않은 주민들은 대여보다는 교환을 선호하였다. 원주시는 교환곡 499석, 대여곡 176석이었고, 교환곡은 도내에서 가장 많은 4천515석이었으나, 대여곡은 없었다.[141] 농업은행은 미담보 융자를 하고, 그 쌀을 춘궁기에 다시 농촌에 방출하였는데, 원주는 1만4천480가마가 배정되었다. 농업은행에서 마을 단위로 배급하는 제도를 개인 단위로 바꾸어줄 것을 요망하였다. 공동책임이므로 무성의한 사람이 한 명만 있어서도 법원에서 지불명령서를 받았기 때문으로 원주지원 관내에서만도 5백여 건이 되었다.[142]

흉년만 농민들을 괴롭혔던 것은 아니다. 이자율이 50 내지 100%에 이르는 장리쌀, 또는 고리채가 농민의 경제생활을 파탄으로 몰고 갔다. 도내 농가 부채의 실태를 파악하기 위해서 도당국이 도내 전체 농가의 4.54%에 달하는 6천226호를 대상으로 조사한 결과, 호당 평가 3만4천862환의 부채를 지고 있었다. 이에 근거해서 13만여 호의 농가가 지고 있던 부채총액은 47억7천여만 환으로 추산하였는데, 사채가 45억 환이나 되었던 반면 농업은행의 융자금은 2억7천만 환에 지나지 않는 것으로 보았다.[143] 다시 말해서 자금압박에 시달리던 주민들은 공공금융기관의 도움을 거의 받지 못하

---

140) 『강원일보』, 1959년 4월 23일, 5월 7일.
141) 『강원일보』, 1959년 5월 17일.
142) 『강원일보』, 1959년 4월 15일, 5월 2일.
143) 『강원일보』, 1958년 10월 26일.

고, 비싼 사채를 빌릴 수밖에 없었다.

한국전쟁이 시작되면서 호황을 누렸던 미국이 1950년대 중반부터 경기 침체에 빠져 무역적자와 재정적자에 시달리게 되었다. 이에 따라 대한원조의 액수도 줄어들 수밖에 없었고, 무상원조도 점차 유상원조로 바뀌어 나갔다. 이에 따라 1958년부터 미국의 원조가 급격히 줄기 시작하였고, 정부도 긴축예산을 편성하지 않을 수 없었다. 더욱이 1956년부터 도입된 미국의 잉여농산물은 추산식량 부족량보다 훨씬 더 많았기 때문에 자연히 농민경제에 타격을 가하였다. 농업생산 배후도시이자 소비도시인 원주의 경기도 계속되는 구매력 감퇴로 보기 드문 불경기에 빠졌다. 이미 1957년 초부터 해방 이후 가장 큰 경기침체라고 시장상인들은 비명을 질렀다. 구정에도 시장이 한산하였지만, 세칭 보름대목에도 역시 그러하였고, 이익을 위한 상업이기는커녕 현상유지조차 어려운 형편에 빠졌다고 하였다. 세금 역시 1분기 납세일인 2월 28일까지 70% 내외만 납부가 되었을 뿐이었다.[144) 이런 불경기는 시간이 흐를수록 심각해졌다. 이듬해 중반 원주 상인조합은, 종전 700만 환을 넘었던 하루 매상고가 현재는 300 내지 400만 환에 지나지 않으며, 특히 기반이 약한 중소상인들을 크게 위협을 받고 있다고 하였다.[145) 심지어는 경기침체로 수십만 환의 부채를 지게 되어 키니네를 먹고 자살한 상인도 나왔다.[146) 그런데 이와 같은 경기침체는 전국적 현상이었지만, 군대가 많이 주둔하였던 강원도는 상대적으로 다른 지역보다 사정이 나았던[147) 것 같기도 하다. 미납세금 일소 기간중 "신흥도시" 원주시의 징수 실적이 전국 26개 도시 가운데 3위였으므로 표창을 받았다.[148)

144) 『강원일보』, 1957년 3월 7일.
145) 『강원일보』, 1958년 7월 13일.
146) 『강원일보』, 1958년 3월 20일.
147) 『강원일보』, 1957년 7월 20일.

4. 재난과 범죄

전쟁 중인 1952년 1월 30일 원주시장에 큰불이 일어났다. 처음
에는 화재 원인을 단순히 실화로 판정하였으나, 부산의 국제시장
등 여러 곳의 시장에서 화재가 다발한 것과 연관성이 있다고 다시
수사하였다. 그런데 혐의자로 체포된 4명 가운데 두 명이 수사 도
중 자살하였으므로 간첩의 방화로 수사 방향을 잡았다.[149] 이 피해
는 원주에서 활동하던 KCAC 강원도단의 지원으로 복구할 수 있었
다.

1956년 10월 14일 새벽에도 실화로 중앙시장이 전소되는 참변이
거듭 발생하였다. 원주 지역구 국회의원인 함재훈의 발의로 국회
87차 본회의에서는 진상조사단을 원주에 파견한다고 결의하였
다.[150] 국회 사회보건위원회, 내무위원회, 상공위원회가 합동으로
조사하여 제출한 피해 조사 보고서는 중앙시장 화재에 대해서 소
상하게 밝히고 있다.[151] 10월 14일 오전 2시경 피복제품점 주인이
음주 후에 촛불을 켜놓고 자다가 판자에 불이 옮겨 붙어 삽시간에
불이 퍼져 나가 두 시간도 넘게 화마가 시장을 휩쓸었다. 긴급 출
동한 경찰과 의용소방대의 활동은 도로공사로 상수도관이 파괴되
어 전날부터 단수가 되고 있었기 때문에 커다란 지장을 받았다. 다
행히 인명 피해는 없었지만, 피해액이 2억8천만여 만원에 달하였
고, 이재민이 2천79명이 발생하였다. 구체적으로 살펴보면, 건물
23개동 378칸, 점포세대수 228세대, 건물피해액 약 8천8백만 원,
물품피해액이 1억9천4백여만 원이었다. 국회조사단은 복구자재와

---

148) 『강원일보』, 1958년 3월 18일.
149) 『동아일보』, 1952년 2월 11일.
150) 제 22 회 정기국회회의속기록 제87호(1956년 10월 15일)
151) 제 22 회 정기국회회의속기록 제98호(1956년 11월 13일)

자금의 지원, 영업자금의 장기융자, 감세조치, 소방서의 설치 등 네 가지를 건의하였고, 아무런 이의 없이 본회의에서 통과되었다. 그런데 1959년 강원도 인사위원회가 1957년 시장 복구비 일부의 시공관 신축비 전용과 남부시장 부지 매입을 위한 기채 등의 이유로 원주시장에게 6개월 감봉 처분을 내렸다는 것을 보면,[152] 시장 복구 사업을 둘러싸고 논란과 문제가 많았던 듯하다.

1950년대 후반에 원주는 몇 차례에 걸쳐 원주천이 범람하는 등 큰 물난리를 겪었다. 1958년 9월 초순 홍수로 원주시 교통이 완전히 두절되고, 가옥 260호가 침수되고 53호가 유실되어 700여 명의 이재민이 발생하였다.[153] 1959년에는 7월 초순에도 원주시내가 물바다가 되었지만,[154] 8월 22일부터 고대하던 비가 내려 김장 채소 걱정을 덜게 되었다. 그런데 원주에는 27일 아침 6시 현재 206.8mm나 내려, 전날 봉산동 1구 9방 부근 봉산천 제방이 붕괴되었다. 판잣집 5채가 유실되었고, 봉산천 섬부락이 위험하여 군에서 대소형 헬리콥터 5대가 동원되어 43세대 191명을 긴급 소개시켰다.[155]

원주에는 군부대가 많았으므로 군 관련 사건이 많았다. 대개 교통사고였지만, 간혹 총기에 의한 사건도 일어났다. 1959년 2월 1월부터 372명의 '깡패'를 도내에서 단속하였는데, 그 가운데 부랑자가 353명, 싸움꾼인 깡패 17명, 학생이 2명이었다. 아마 부랑자는 노숙자로 짐작되는데, 이들이 '깡패'로 분류되었다는 것이 특이하며, 춘천시가 가장 많고 다음에는 원주시였다.[156] 이런 통계에는 잡히지 않았지만, 전쟁의 후유증과 빈곤으로 '깡패'가 많았다고 할

---

152) 『강원일보』, 1959년 4월 15일.
153) 『조선일보』, 1958년 9월 6, 8일.
154) 『조선일보』, 1959년 7월 5, 6, 7일.
155) 『강원일보』, 1959년 8월 28일.
156) 『강원일보』, 1959년 2월 14일.

수 있다. 원주와 횡성의 깡패 사이에 난투극이 벌어지기도 하였고,
다. 생후 2,3일밖에 되지 않은 유아가 평원동의 한 집 문턱에 버려
져 있었다. 그런데 사람들은 남아인 것으로 봐 연소자의 불의의 씨
가 아닌지 추측하였다.[157] 즉 남아선호가 대단하였던 당시에는 생
활고 등으로 버려지던 애들은 여아가 많았고, 남아는 이처럼 특별
한 경우가 아니라면 부모들이 포기하지 않았다는 뜻이다.

그러나 전통적인 가치도 쉽게 무너지지 않았다. 원성군 소초면
수암리에 거주하던 77세의 방영환(方榮煥)옹은 1958월 3월 오형선
원주시장 등 하객 1천여 명이 모인 자신의 집 마당에서 성균관 관
장의 표창장을 받았다. 방옹은 13년 전에 어머니가 갑자기 시력을
잃어 앞을 보지 못하자, 밤마다 삼경에 정화수를 떠놓고 어머니의
눈을 뜨게 해달라고 빌었다. 또한 날마다 신문, 잡지, 이야기책을
읽어 드려 어머니의 답답한 심정을 위로하였다. 마침내 이러한 효
성에 천지신명도 감동해서인지 5년 전에 어머니가 눈을 뜨게 되었
고, 95세인데도 기력이 왕성하였다고 한다. 개안 후 뒷산에 백학
수십 마리가 날아와 둥지를 틀고 서식하였다고 한다.[158]

5. 문 화

전쟁으로 문화계는 거의 황폐화되었지만, 점차적으로 소생하는
기미도 보였다. 그 가운데 극장이 대중문화에 큰 구실을 하였던 것
같다. 1957년 말 군인극장이 개관하기 전에는 원주극장이 유일하
였지만, 그나마도 판잣집 가건물에 지나지 않았다.[159] 그러나 원주

---

157) 『강원일보』, 1958년 3월 8일.
158) 『강원일보』, 1958년 3월 16일.
159) 1952년 4월 10일 원주극장이 인근 가옥에서 발생한 화재로 다른 민가 9
    동과 함께 소실되었다(『동아일보』, 1954년 4월 24일).

극장도 1958년 12월 21일에는 정운학(鄭雲鶴)과 조남훈(趙南?)에 의해 현대식 건물로 준공되었다.[160] 1958년 1월과 2월 두 극장에서 상영된 영화는 방화가 11편, 외화가 29편이었고, 연극이 1편[161] 공연되었다. 서울에서 개봉된 영화는 대개 1, 2개월이면 원주에서도 상영되었고, 극장 간의 경쟁으로 비교적 수준 높은 영화가 많이 상연되었다. 관람객은 1일 평균 8, 900명에 불과하였으나, 그 즈음에는 1천여 명이 넘었다고 한다.[162] 그러나 무료입장객이 너무 많아 큰 영업 손실을 당하고 있었다. 1월부터 3월초까지 무료입장객수가 막대하였는데, 대다수는 특권층과 지식층이었다고 한다.[163]

또한 극장에서는 미스코리아 예선대회가 열리기도 하였다. 1959년 4월 강원일보사가 주최하는 미스강원 선발대회 추진위원회가 구성되었는데, 원주시추진위원에 강원일보 지사장 외에 시장, 경찰서장, 교육감, 원주여상 교장, 도립병원 원장이 포함된 것이 특이하다.[164] 그러나 당시 지방에서는 파격적인 미인선발대회는 별로 호응을 얻지 못하였다. 순박한 강원의 미를 과시할 미스 강원을 적극 천거해 달라는 『강원일보』의 사설에도 불구하고, 또한 대한여자청년단 강원도지부가 후원하였음에도 참가 기한 내에 6명만이 신청하였다.[165] 서울에서 온 거성쇼는 원주교육구로부터 서류가 미비하다고 공연허가를 받지 못하였으나, 군인극장에서 공연을 강행하였고, "특별출연에 현인(玄仁) 백난아(白蘭兒) 등 돌연내원"이라는 선전과는 달리 이들은 오지 않았다. 그리하여 흥행취체규

---

160) 『강원일보』, 1958년 12월 23일.
161) 2월 25일부터 이틀간 원주극장에서는 무용가 김윤학(金潤鶴)이 일행 8명과 함께 무용 공연을 하였다(『강원일보』, 1958년 3월 4일).
162) 『강원일보』, 1958년 3월 4일.
163) 『강원일보』, 1958년 3월 19일.
164) 『강원일보』, 1959년 4월 9일.
165) 『강원일보』, 1959년 4월 26일.

칙제24에 위배되는 행위로 교육구의 고발로 법적 제재를 받게 되었다고 한다.[166]

미술 작품의 전시회도 개최되었다. 1958년 3월 제38예비사단에서는 장병들이 제작한 미술작품의 전시회를 열었다. 또한 4월 1일부터 8일까지 효천(曉天) 황태운(黃泰雲) 개인 시화전이 열렸는데, 끝나는 날 축하다과회에는 제1군 사령부 고급참모, 기관장, 언론인, 동호인 모여 작가에게 제1군 사령관의 공로표창장, 그리고 원주시장, 원주일간신문협회장, 원주시교육회장, 군경민보사 이사장의 감사장이 수여되었다.[167]

이 시기에는 기독교, 천주교, 불교 단체의 활동이 활발하였다. 전쟁의 상처를 입은 사람들에게 종교는 매우 절실하였을 것이다. 그러나 종교가 메워줄 수 없는 부분도 적지 않았고, 때로는 불미스러운 일도 발생하였다. 교주의 여신도들 간통 사건으로 세상을 떠들썩하게 만들었던 통일교 때문에 여호와의 증인 교회가 난처해졌다. 여호와의 증인 교회에는 김창호(金昌鎬) 등 2, 3인이 있었는데, 사람들은 이들을 통일교 신자로 오인하였으므로, 서울에서 여호아의 증인 교회의 미국 선교사 등이 와서 5일간에 걸쳐 호별 방문을 하고 공개 영화 상영으로 오히려 신자들이 날로 늘었다. 새로운 신자들은 대개 다른 교회에서 열심히 예수를 믿어온 자들이라고 한다.[168] 그런데 여호아의 증인 원주교회의 전도사였던 김창호는 소집영장을 받자, "종교적 양심에 의해서 군에 입대할 수 없다"며 원주지청으로 가서 군대를 하지 않게 해달라고 호소하였다.[169]

1959년 4월 16일 연강춘 별실에서 재원중앙일간지와 지방지를 포함한 15개사 운영자가 모여 신문협회를 조직하고 임원을 선출하

---

166) 『강원일보』, 1959년 5월 7일.
167) 『강원일보』, 1958년 4월 13일.
168) 『동아일보』, 1955년 7월 11일.
169) 『조선일보』, 1959년 1월 31일.

였다. 이들은 기존의 신문인협회에서 탈퇴한다는 공동성명서를 낸 바가 있었다. 이는 원주에 중앙지, 지방지, 주간지 등 38개지에 무려 80여 명의 기자가 난무하였는데, 그 중에는 언론인으로서의 위신을 실추하기도 하는 사람이 있었기 때문이라고 하지만,[170) 자세한 내용은 알 수 없으며, 몇몇 신문의 기사와 논조는 매우 친정권적이었다.

1960년 2월 도당국은 전기가 가설되고 주민이 밀집해 있는 모범농촌 27곳을 "라디오, 앰프촌" 시설지로 선정하고 공사를 마쳤다. 원성군의 문막리, 평장리, 신림리 3곳도 포함되었다.[171) 그리고 2월 1일에는 중앙동에 중앙유선방송국이 개국식을 열고 이튿날부터 지방뉴스를 방송하였는데, 원주시내에는 모두 80대의 스피커가 설치되었다. 이와 같은 앰프는 외부 사회의 소식을 제대로 접할 수 없던 주민들에게는 매우 중요한 미디어로 떠오르게 되었다.

1960년 구정을 앞두고 경찰은 헌병대의 협력을 얻어 시내 3곳의 비밀 댄스홀을 급습하여 여자 댄서 25명을 연행하였다. 그 중 '저자바구니'를 끼고 온 유부녀도 있지만, 15명은 매음부였다고 한다. 남성 파트너는 대부분 군인이며 그 중 몇 명은 불량청년들이었다고 한다.[172)

구룡사보승회(保勝會)가 조직되어 초대회장에 원성교육감 이철교가 추대되어 문화재 애호와 관광개발사업을 전개하기로 하였다. 보승회의 활동으로 지방주민과 제1군 공병병대의 협조로 학곡리까지 도로가 개통되어 정기버스가 매일 2회 다니게 되었다.[173)

보트 놀이가 유행하였던 당시 간현에도 보트장이 있었는데, 술을 마신 군인들이 배 위에서 놀다가 강물에 빠져 1명이 익사하였

---

170) 『강원일보』, 1959년 4월 23일.
171) 『강원일보』, 1960년 2월 27일.
172) 『강원일보』, 1960년 1월 20일.
173) 『강원일보』, 1958년 8월 24일.

다.174) 이 사건으로 보트장은 폐쇄되었다.

전쟁은 커다란 인구이동을 야기하였다. 일찍이 수복지구가 된 원주에도 피난민 등 각지에서 몰려든 인구가 많이 거주하였다. 그렇기 때문에 민심 내지는 애향심이 전과 다르다는 분위기가 적지 않았다. 민심계도를 위한 구체적 방안을 보고하라는 도당국의 지시에 따라 원주시가 보낸 답신서는 가장 먼저 강원향토관 확립을 강조하고 있다. 월남피난민들로 향토의 전통은 허물어지고, 일시 머물다 떠나는 나그네 민심으로 향토발전이 큰 지장을 받고 있다고 보았다. 특히 영서지방은 서울이 가까워 서울과 인천 대도시의 영향을 받아 이기주의와 공덕심(公德心) 없는 민심 동향은 낙관을 불허한다고 우려하였다. 다음으로는 생활 보장이 되지 않는 박봉이지만 공무원들은 도의(道義) 행정을 구현해야 하고, 범죄예방을 철저히 해야 한다고 하였다.175)

6. 군과 원주

한국전쟁이 끝난 뒤, 국군의 체제와 병력은 재정비가 필요하였다. 육군은 전방작전, 후방지원, 교육훈련으로 조직을 재정비하였고, 그에 따라서 1953년 12월 15일 백선엽 대장을 사령관으로 제1야전군사령부가 인제군 관대리에서 창설되었다. 이듬해 3월 15일 인제에서 미 10군단에게서 1, 2, 3군단의 작전지휘권을 인계받았고, 이어서 5, 6군단을 창설함으로써 제1군 사령부는 5개 군단 20사단을 지휘하여 전방방어를 전담하였다. 대구에 설치된 제2군 사령부는 후방지원 등을 담당하였다. 제1군사령부가 원주에 자리를

---

174) 『동아일보』, 1957년 5월 15일.
175) 『강원일보』, 1958년 3월 21일.

잡게 된 때는 1954년으로 추정된다. 1958년에 이르러 감군 정책을
이행하고 군수지원체제과 교육훈련제도 개선을 위해서 육군 체제
를 재정립하였다. 제1군은 여전히 5개 군단과 18개 사단을 총지휘
하는 야전군 사령부로 남았다.

〈이승만 대통령과 백선엽 대장〉

1955년 5월 20일 원주에 주둔하는 38예비사단이 창설되었다. 사단장은 김용주(金龍周) 준장이 임명되었다.176) 15만 평에 달하는 부지의 원소유자는 대부분 개인으로서 사단장은 확실한 서류를 구비해 오면 대금을 지불하도록 되어 있다고 밝혔다. 11월에 이르러 겨우 본관만이 낙성되었을 뿐이며, 약 300여 동의 병사는 이듬해 2월 완성을 목표로 작업이 진행되었으나,177) 실제로는 70%에 이르는데 그쳤다.178) 이 부대는 강원도내 제대장병을 소집 훈련하는 목적으로 설치되었는데, 1958년 2월에 실시된 소집 훈련에는 구정이 끼고 해서 소집률이 현저하게 낮았던 것 같다. 그밖에도 가족의 생계를 유지할 방도와 여비가 없어서 응하지 못한 사람들도 많았다고 한다. 이렇게 소집에 응하지 않은 사람들은 병역법위반자에 해당되었다.179) 대통령선거를 앞둔 1959년 12월말에 1군 사령부가 1955년도 군징발민유재산보상금 1천400여만 환을 지불하였다는180) 것으로 미루어 보아, 군이 징발한 개인 재산에 대한 보상이 제대로 이루어지지 않았던 것 같다.

물질이 궁핍하였던 당시에 그나마 상대적으로 여유가 있던 곳은 군대였다. 미국의 군사원조는 군대의 민간원조프로그램(AFKA)도 포함하고 있었으므로 군은 합법적으로 지역사회의 각종 사업을 지원할 수 있었다. 뿐만 아니라 군대에서 불법적으로 유출되는 물자도 결코 적다고 하기는 어려웠던 실정이었다. 유출되는 군수물자는 군용미, 약품, 의복, 휘발유, 심지어 마대에 이르기까지 다양하였다. 특히 중앙시장에는 군수물자를 판매하는 암시장이 형성되어 있었다. 제1군 사령관이었던 송요찬(宋堯讚) 중장은 국내 산업

---

176) 『동아일보』, 1955년 5월 21일.
177) 『동아일보』, 1955년 11월 25일.
178) 『동아일보』, 1955년 3월 1일.
179) 『강원일보』, 1958년 3월 2일.
180) 『강원일보』, 1960년 1월 6일.

발전을 위해서라도 군수물자의 부정 유출을 방지해야 된다고 강조하였다. 또한 "우방에 대한 신용"을 걱정한 것을 보면, 군수물자는 대부분 미국제였다는 것을 알 수 있다.[181] 각 시도에 분배된 1959년 4월분 휘발유는, 원주가 일반용 150드럼, 영업용 482드럼, 원성군이 일반용 15드럼에 불과하였지만, 이렇게 소량만 배정되는 휘발유마저도 제대로 판매되지 않았다. 그 이유는 부정 유출된 휘발유의 가격이 드럼 당 6천 환에서 1만 환인데 반하여 배급 휘발유는 1만8천 환이었다는 데에서 쉽게 알 수 있다.[182] 그리고 송요찬 사령관은 이른바 '후생사업'이라는 것도 중지하였다. 후생사업은 부대운영비 충당과 장기 복무자 생활보조라는 명목으로 군의 트럭 등을 민간에 유상으로 대여하는 것이었지만, 부정축재의 방법이기도 하였으며 군 내부의 이권다툼을 일으키기도 하였다.

---

181) 『강원일보』, 1958년 4월 17일, 1959년 4월 12일.
182) 『강원일보』, 1959년 6월 10일.

부록
지정면 간현의 사회구조

抄譯者의 말

본 초역은 일본의 사회학자인 스즈끼(鈴木榮太郎)의 『조선농촌
사회답사기(朝鮮農村社會踏査記)』가운데 간현에 관한 부분이다.
저자는 1943년 3월 경성제국대학 조교수로 부임하여 정력적으로
우리 나라의 농촌사회를 연구하였다. 그는 서울에 오기 전에 이미
일본 농촌사회에 관한 깊은 연구를 토대로 『일본농촌사회학원리
(日本農村社會學原理)』라는 역저를 내놓은 바가 있었다. 따라서 저
자는 『일본농촌사회학원리(日本農村社會學原理)』의 성과를 우리의
농촌에 적용하는 동시에 그 특수성을 밝히고자 하였다. 그리하여
철저한 준비를 갖춘 뒤 군산 근방을 시작으로 우리 나라의 전역을
답사하고 조사하기 시작하였다.

저자의 그와 같은 연구 활동의 첫 결실이 바로 1944년에 나온

『조선농촌사회답사기(朝鮮農村社會踏査記)』이다. 이 저서의 내용
은 1943년 3월에 약 15일 동안 원주와 제천 등지를 답사하고 조사
한 기록이다. 원주읍에서는 향교를 중심으로 조사를 하였지만, 그
다지 주목할 만한 것은 없다고 생각되며, 반면 간현에 집중된 조사
는 의미가 있다고 본다.

그는 이 답사를 통하여 우리 나라 사람들의 생활에 있어서 기본
적인 사회구조의 하부조직을 구명하기 위한 사례를 모으려고 하였
다. 즉 농촌주민의 통혼권, 양반의 동족조직, 촌락공동체로서 동리
의 사회구조, 군의 사회적 통일성의 문제 등을 중점적으로 조사하
였다. 특히 이러한 주제를 정확하게 이해하기 위해서 무엇보다 풍
부하고 정확한 자료수집과 치밀한 분석에 노력하였다. 그렇기 때
문에 조사 내용도 산만하다고 할 정도로 세세하고 다양하다. 역자
가 초역한 까닭도 여기에 있다. 또한 본격적인 이론화 작업을 하지
않았으므로 지루한 감도 없지 않으며, 특히 농촌사회의 전통에 익
숙한 독자들에게는 큰 재미도 주지 못할 것 같다.

그럼에도 불구하고 이 연구를 소개하는 이유는 저명한 농촌사
회학자가 원주지역을 조사 대상으로 삼았던 예는 없었던 것 같기
때문이다. 그리고 저자가 일본인이지만 식민지 조선에 대한 편견
이 그리 심하지 않은 듯하며, 조사 시기도 거의 50년 전이므로 근
대문물의 공세를 덜 받았던 전통적 사회의 면모를 엿볼 수 있을
것이며, 그 이후 변화에 대한 연구도 시도해 볼 수 있는 좋은 문헌
적 자료가 된다고 생각한다. 번역은 1973년 일본 미래사에서 발행
한 鈴木榮太郎著作集 Ⅴ『朝鮮農村社會の硏究』에 재수록된 위의
저서를 저본으로 삼았다. 조사 대상이었던 성씨 및 성명은 역자가
임의로 바꾸었다.

Ⅰ. 간현동의 통혼권 및 기타

면장의 안내로 X성씨의 종가를 방문하였다. 간현의 X성씨는 양반 중에서도 격이 높은 사족으로 그 명망이 군내에서도 높았다. 원주군내의 양반 중 세력 있는 향족은 나, 다 성씨로서 군내 각지에 산재해 있었으나, 간현에는 향족보다 상위인 X성씨가 세 개의 마을 가운데 두 개를 차지하고 있었다. 이런 의미에서 간현은 동족부락으로서 군내에서는 유명하다고 하였다.

X성씨는 종가의 규모는 예상 외로 위용을 자랑하는 것은 아니었다. 주변의 농가가 모두 초가지붕인 것과는 달리 기와지붕이 몇 동 있고, 늙은 은행나무가 집마당 구석에 서 있었으나, 원주에서 들은 X성씨의 종가로서는 대단하지 못하다는 느낌이 들었다. 은행나무 아래에는 작은 집이 있었는데, 장례와 혼례에 사용되는 가마가 보관되어 있었고, 그 가마는 현재 남아 있는 마을공공재산으로 유일한 것이었다. 사랑채 옆에는 커다란 정미소 건물이 있었다. 거기서 나는 발동기의 굉음이 이 집의 생활력을 상징하는 것 같았다. 또한 마을 내의 배급품은 전부 이 집에서 통제하고 있었다.

주인 말에 따르면, 양반들은 이전에는 전혀 농업과 관계가 없었고, 문학과 풍류에 종사하며, 조상의 제사를 지내는 것이 일상생활이었다고 한다. 또한 부인은 거의 외출하지 않았다. 농업은 물론 전적으로 農者(노비? - 역자)가 담당하였다. 주인집에서도 농자가 많이 있었고, 자신의 대에 이르러 구속하는 것은 인도상 좋지 않다고 생각하여 전업전지(轉業轉地)의 자유를 주었지만, 남아 있는 자도 있다고 한다. 농자의 가족은 부인도 이전부터 경작노동을 하였

다. 양반 동족 중에서도 가난한 자는 소작을 하고 있지만, 소작인
과 농자는 신분이 완전히 달라서 농자는 농노였고, 소작인은 지주
와 계약적 관계에 있는 것에 지나지 않았다.

주인은 농자의 이야기를 그다지 좋아하지 않는 것 같았다. 면장
의 말로는 그 마을의 토지는 거의 이 집의 소유이며, 모든 마을 사
람이 그의 소작인이라고 하였다. 그 중에서는 물론 X성의 동족 가
호들도 다수였다. 그래서 주인과 면장은 부근에 있는 한 작은 마을
의 각 가호의 통혼권을 조사하겠다는 말에 그다지 좋아하지 않는
듯하였다. 혹시 어떤 집에서 주인에 대해서 나쁜 말을 할 수도 있
다고 염려했던 것이다. 결국 할 수 없이 그 마을의 평균적 상민 농
가 3호만 조사하기로 하였다.

안내받아 간 집의 주인 이름은 A라고 한다. 본관은 B 혹은 C로
서 정확하게 알지 못했다. 조상부터의 대수(代數)는 가보(家譜) 등
이 없었으므로 몰랐다. 간현에 거주하게 된 것은 아버지대부터였
다. 그 전에는 경기도 양평군 지평현에 살았다. 거기에 있는 조상
의 묘에는 2, 3살 많은 장손이 시향(時饗)을 지낸다. 또한 기제(忌
祭)는 장손이 아버지와 할아버지 2대만을 지내지만, 때로는 4대조
까지 지낸다. 이전에는 음력 8월에 묘의 벌초를 하였으나, 지금은
종중의 재산도 없고, 시향 때문에 지평에 가지도 않는다. 전에는
종계가 있었으나, 지금은 그 토지를 모두 팔아버렸다. 종계의 호수
는 몇이었는지 알지 못한다. 동족 가운데서도 파가 나누어져 있다.
형제가 있으면 자연히 파가 나누어진다. 파는 나누어졌어도 동족
으로 만나면 기쁘다. 이 마을에는 동족인 사람이 한 가호도 없다.
자신에게는 형제가 적으나, 선대에는 형제가 많아 각지에 흩어져
살지만 질투 같은 것을 하지 않고 친척의 우의를 나누고 있다. 이
부근의 마을에 동족의 집이 2호 있으며, 왕래하고 있다. 면내의 월
송리와 문막면의 입등리에 있는 친척이 이들이다.

가족구성 및 통혼관계는 다음과 같다.

> 현재 가족은 4인
> 주인 66세.
> 처 61세 같은 동리의 D성.
> 아들(양자) 25세. 6세 때에 원주읍에서 6촌형의 아들을 양자로 입
>   양하여 18세에 성혼시킴.
> 며느리 23세. 같은 동리의 E성. 아홉 살 때에 맞아들여서 16세 때
>   성혼시킴.(민며느리—역자)

주인의 형제자매 및 거슬러 올라가서 알 수 있는 조상의 통혼관계는 다음과 같다.

> 누나 73세. 같은 면의 F성에게 출가. 부부 모두 사망.
> 누나 71세 경기도 죽산의 G성에게 출가.
> 누나 69세 같은 동리의 H성에게 출가.
> 어머니 같은 면 판대리의 I성. 57세에 사망.
> 할머니 출생지와 본관은 불명. 묘는 지평에 있음.
> 증조모 이상의 모계는 모두 불명.

이 농가는 현재 논 13마지기와 밭 9 내지 10마지기를 소작하고 있다. 1마지기는 약 200평이다.

다음에 만난 평균 상민의 이름은 J이다. 주인은 62년전 고향 전라북도 익산을 떠나 각지를 전전하며 유랑도 하고 걸식도 하다가 간현에 이르러 정착하였다. 본관은 경상남도 모처이고, 부모는 얼굴도 알지 못하므로 생일과 제삿날을 모른다. 조부 이상의 조상에 대해서도 전혀 아는 바가 없다. 고향 익산에 가는 일도 없고, 또한 익산에는 친척이 있어도 멀어서 왕래할 수 없다.

가족구성 및 통혼관계는 다음과 같다.

　　처 70세. 간현리의 K성. 결혼한 것은 20세 이후.
　　아들 42세. 주재소와 면사무소의 급사로 있다가 지금은 모 작업반
　　　　에서 근무 20세 전에 결혼.
　　며느리 39세. 간현리 L성.
　　손녀 19세. 14세 때에 흥업면의 행상 M에게출가.
　　손자 17세, 14세, 11세. 이 세 형제는 뗄나무를 채취하여 가계를
　　　　돕고 있다.
　　손녀 6세, 2세.

　주인은 이 마을에 처음 왔을 때는 노동을 하였으나, 뒤에 소작
하게 되었다. 현재는 소작지 3마지기, 작업반에 있는 장남의 봉급
으로 지낸다. 장남을 결혼시킬 때는 50원을 썼으나, 여자애를 시집
보낼 때에는 일전도 들이지 않았다. 이렇게 결혼시킨 것이 마음 아
픈 것으로 들렸다.

　세 번째 평균 상민은 N이었다. 나이는 66세이고, 본관은 강원도
모처이다. 3代前 그곳에서 이 마을로 왔다. 어떻게 오게 되었는가
는 자신도 알 수 없지만, 가진 것이 없었으므로 이런저런 직업을
찾아 왔을 것이라고 말하였다. 고향에서 제사는 있으나 가는 일조
차 없다. 친척은 5호이다. 횡성군의 서원면에 2호, 나머지는 모두
간현리에 있다. 불행 등이 있을 때 모인다. 형이 조상의 제사를 모
시나, 현재 몇 대인가는 모른다.

　주인의 형제는 3인으로 모두 이 마을에 거주한다. 아버지는 양
자로 할아버지 동생의 아들이다. 어머니는 ○성이지만, 어디에서
왔는지는 모른다. 할아버지는 노후에 다른 곳으로 가 어디에서 죽
었는지 모른다. 할머니의 본관 및 출생지는 알지 못하지만, 묘는
마을에 있다. 조상으로 제사를 드리는 대상은 부모와 할머니뿐이
다. 그 제사는 마을에 살고 있는 형이 지낸다. 서원면에는 숙부가
있고, 친척 두 집이 있다. 친척 5호는 불행이나 혼례 때에 만난다.
조상의 제사, 즉 부모와 조모의 제사는 2월, 5월, 12월에 있으며,

큰형집에서 3형제가 모여 지낸다. 현재 소작지는 논 10마지기와 밭 5마지기다.

> 주인 66세. 20세 넘어서 결혼.
> 처 55세. 원주읍에서 오다. P성.
> 아들 33세. 농업 17세에 결혼.
> 며느리 32세. 판부면 행구에서 오다. Q성이나 본관은 모름. 8세에
>   들어와 16세 성혼.
> 손자 12세, 6세.
> 손녀 10세.

며느리가 판부면에서 시집온 경우와 같이, 조금 떨어진 다른 마을에서 시집오는 때에는 직업적인 것은 아니지만 중매쟁이가 있는데, 이 집은 해산물 등을 파는 여자 행상이 중매했다고 한다. 혼인할 때 양반가에서는 남자의 생년월일을 쓴 사주를 상대 혼주에게 보내지만, 상민은 3일 이내에 결혼식날 입을 옷의 감을 보낸다. 여자쪽에서는 아무것도 필요 없다. 양반은 여자쪽이 비용이 많이 드나, 상민은 남자쪽의 부담이 많았다. 납채를 하면 혼인한 것과 똑같다. 결혼식 이전에 혼약한 남자가 죽으면, 여자는 일생을 독신으로 보내야 한다는 예전 풍속이 있으나, 지금은 이미 그런 일은 없다. 납채에는 양반은 쌍방이 교환하는 물건이 있으나, 상민은 남자쪽이 옷감을 보내는 것뿐이다.

이상 3호의 평균적 상민 농가의 통혼권은 같은 마을이 가장 많고, 다음으로 2,30리 떨어진 마을과의 통혼이 많다. 그 이상의 원거리일 경우는 110리 떨어진 경기도 죽산으로 간 예가 하나 있을 뿐이다. 이에 따르면, 상민의 통혼권은 분명히 넓은 것은 아니다.

또한 같은 마을의 통혼도 상당히 많다. 일반적으로 조선의 통혼권은 매우 넓으며, 특히 마을 내의 통혼은 드문 것으로 생각되고 있으나, 양반계급에 해당하는 것으로 상민은 그렇지 않다고 말할

수 있다. 양반은 비록 소작농일지라도 그 통혼권은 매우 넓다는 사
실을 같은 면의 안창리, 월운리의 R씨 일가의 예에 의해서도 알 수
있다. 간현의 가성 종가의 통혼지역은 대단히 넓은 것은 물론이다.

　R씨의 집은 월운동 33호 중 10호를 차지하고 있는 一門의 분가
이다. 그 지역에 정주한 것은 9대 약 300년이 넘었고, 군내 명문의
하나이다. 그 집은 현재 논 7反(1反은 300평 – 역자)과 밭 5反을 자
작하고 있다. 30여 년 전까지는 일문에 속한 노비가 모처에 거주하
고 있었다고 한다.

　　　주인 82세. 형제는 3인으로 주인은 큰형이고, 동생 2인도 이미 분
　　　　가한 지가 오래 되었으나, 신고는 하지 않았다.
　　　처 9년전 71세로 사망. S성으로 18세 때 충북 제천군 백운면에서
　　　　시집오다.
　　　아들 48세. 12세에 결혼.
　　　며느리 51세. T성으로 양평군 동등면에서 오다.
　　　손녀 25세. 17세 때 간현리에 사는 U성에게 출가.
　　　손녀 20세. 17세 때 부론면 갈현리에 사는 V성에게 출가.
　　　손녀 7세, 2세.

　　　주인 동생 사망
　　　주인 동생 사망
　　　조카 며느리 41세. W성으로 양평군 양덕면에서 오다.
　　　어머니 사망 a성. 지정면 가곡리에서 오다.
　　　할머니 사망 d성.

　이처럼 같은 洞, 또는 같은 里에서 혼인한 예는 없다. 이 월운동
33호 중에는 R성 10호 외에 같은 양반인 C성이 4호 있고, 나머지
는 출입이 일정하지 않은 상민이라고 한다.

　종래 조선인은 동성동본 사이에는 결혼하지 않는 것이 분명하
지만, 같은 마을 내의 이성인 경우 상민들은 통혼한다는 사실을 여
러 예를 통해서 알 수 있다. 양반이 같은 마을에서 통혼하지 않는

것은 마을 내에 양반이 적다는 이유도 있지만, 다른 이유도 있을
것 같다. 일본에서는 若者宿(청소년 남자집단 - 역자)과 娘宿(청소
년 여자집단)의 관습은 마을 내 혼인을 촉진시킨 직접적인 이유의
한 가지로 생각되지만, 조선에서는 이와 같은 종류의 제도는 없는
것 같다. 이 사실은 조선의 농촌과 일본의 농촌이 성격적으로 현저
히 다른 것 중에 한 가지로 생각된다. 조선에 이런 제도가 없는 것
은 조혼의 관습에도 기초하고 있다고 생각되지만, 성에 관한 유교
윤리와 도덕이 엄격하다는 것에도 이유가 있을 것이다.

Ⅱ. X성씨의 동족조직

X성씨 시조의 종손은 현재 없다. 시조의 직계 종손이 있는 예는
다른 성씨에서도 거의 없다. 전 조선의 X성씨 동족들이 조직한 종
중이 있다. 이 종중은 시조의 직계로부터 5대째인 모 선생을 시향
하기 위한 것이다. 1년에 1회 서울에서 종회가 열리며, 그때에는
지방에 있는 동족들은 대표자를 참석시킨다. 이 지방은 원주와 횡
성이 세 개의 지역으로 나누어져 대표자를 보낸다. 이 세 지역의
중심은 원주읍과 횡성읍, 그리고 간현이다. 주인인 간현의 종손이
이 지역의 대표자이다. 이 지역의 동족 호수는 지정면에 60호와 군
내의 타면에 2,3호가 있다. 그 안에 간현의 26호가 있다. 횡성군과
양평군에도 상당한 호수가 있다. 원주군내에도 원주읍의 대표자를
중심으로 하여 수십 호가 있다. 본관지에서도 전 종중의 기제가 열
리나 종손은 참가한 일이 없고, 다만 간현에서 가는 사람도 있지

만, 대표라는 의미는 없다.

동족에는 혈연에 따른 분파가 있고, 또한 학파의 대립이 동족 안에서도 있다. 종손의 파에서도 노론이 우세하다고 하지만, 간현의 X성씨들은 북인이었다. 북인도 대북과 소북으로 나누어지나 북인이 결혼하는 사람이 북인이라면 된다. 남인과도 비교적 친한 관계에 있으므로 결혼하여도 된다. 그러나 북인과 서인은 절대로 통혼하지 않는다.

간현의 X성씨가 이곳에 들어와 살게 된 것은 종손으로부터 13대조의 때였다. 그 전에는 서울에 살고 있었다. 여기에서 정착하기 전에 안창리에도 잠깐 살았다. 당시 간현에는 강에서 멀리 떨어진 산기슭에 10호 정도의 민가가 있었다고 한다. 간현이란 지명도 그 13대조의 호에서 나왔다. 13대조에서 갈라진 자손들은 지금 이 마을에 26호, 횡성군에도 몇 십호, 양평군에도 몇 십호가 있다. 지정면의 다른 마을에도 많이 있다. 원주읍에 사는 일족은 13대조 이전에 갈려나간 계통이다.

현재 간현에는 13대조의 직계 종손은 없다. 50년 전 경에 그의 처가 사망하고 아들과 근친도 없어 마을을 나가버렸으므로 지금까지 생사를 알 수 없다. 12대조의 직계 종손도 없다. 다만 11대조의 직계 종손이 주인인 것이다. 입향조(入鄕祖)를 제사하기 위한 宗土로 논 15반과 밭 10반이 있어 묘직이가 소작하고 있다. 종토의 경작을 자손이 하는 것은 부끄러운 것이기 때문에 일반적으로 상민에게 시킨다. 입향조를 제사하기 위한 종회가 있어 매년 1회씩 모여 종중의 일을 협의한다. 그것은 가을 시향 때로서 제사 뒤에 열린다. 제관에는 종손이 제일 높은 자리를 차지하고, 항렬이 높은 사람이 그 다음이다. 오늘날에는 주인이 13대 자손의 종중 대표로서 토지도 관리한다. 주인이 종중의 최고 책임자이며, 또한 권력자이다. 종회 때에는 연회도 열어 일문의 친목도 다진다.

12대조부터 분가한 자손이 횡성군에 20호가량 산다. 그 대표자가 13대조의 제사에는 매년 참가한다. 횡성으로 간 계통은 천첩 자손이므로 지금도 제사지낼 때에는 말석에 앉는다. 즉 제사 등을 지낼 때에는 대청에 오르지 못하고 마당에 자리를 깔고 그 위에 앉는다. 13대조의 제사에는 그밖에 강릉, 평창, 양평, 홍천에서도 대표자가 온다. 멀리는 함경도에도 동족이 있다. 13대조 자손은 지금 모두 300호가량 된다고 한다.

간현에는 5대 전에 갈라진 집이 8호가 있다. 7대조의 시향 때에는 이 8호와 본가의 9호가 제사를 드린다. 10대조의 제사 때에는 이외에도 10호 정도 되는 충주의 동족에서도 대표자가 온다. 13대조의 제사에는 전부 온다. 시향은 10월 2일로 5대 이전의 선조를 같은 날 묘 앞에서 제사지내지만, 분가를 많이 한 세대의 선조 제사에는 그것만 참가하는 자가 많다.

기제는 4대조까지 지내며, 그 이상은 제천(祭遷)이다. 면장의 아버지가 세대가 높으므로 5대조와 6대조는 면장 집에서 제사지낸다. 이 5대조와 6대조의 제사를 위해서 종계(宗契)가 만들어져 있고, 논 1반과 밭 4반이 있다. 계원은 모두 13호이다. 이 13호는 보통 모이는 기회가 많아 특별히 모이지는 않는다. 이 경우에는 5대조와 6대조를 위한 기제가 있지만, 원칙적으로 4대조까지만 기제를 올린다. 4대조는 고조로서 기제를 올리는 가장 높은 조상이다. 친족 내에서도 이 고조로부터 갈라진 자손은 수도 많지 않고 호수도 10호 내외일 것이다. 때문에 이 고조에서 나온 자손들이 특별한 근친의 관계에 있다는 것은 당연하다. 가장 협의 문중(門中)이라는 말은 이 사람들의 단체를 가리킨다고 말하는 사람도 있지만, 일반적으로 반드시 그런 것은 아닌 듯하다. 조선의 복제에 따르면, 친족의 범위도 결국 고조에서 나온 자손의 범위이다. 고조를 중심으로 한 그 자손 일단의 결속이 동족의 조직 가운데 특수한 집단성을 가지고 있다는 것은 당연하다. 이들은 기제를 행하는 가장 높은 세대의 조상 때문에 기제공동집단이라고 할 수 있다.

특히 기제를 행하는 최고 세대의 조상 자손 일단이 동족조직 가운데 가장 중요한 권역을 이루고 있다는 사실도 놓칠 수 없다. 그 것을 만일 문중이라고 부르면 그 문중이야말로 가(家)를 단위로 한 동족조직 가운데 가장 강고한 하나의 덩어리로 볼 수 있다. 그보다 높은 세대의 조상을 중심으로 한 동족조직은 분가의 관계와 사회적 지위의 관계, 혹은 지리적 분포의 사정 등으로 조직의 범위는 일정하지 않다. 10대조를 중심으로 한 강력한 종중이 조직된 경우도 있다면, 12대조를 중심으로 조직될 경우도 있을 것이다. 그 범위는 완전히 고정된 것은 아니다. 이것에 대하여 고조를 중심으로 한 범위는 제도상 또는 감정상으로 무너지지 않는 혈연공동체가 될 가능성이 높다. 그리하여 이 혈연공동체가 대개 10호 내외라는 것은 충분히 주의할 만하다.

종손 말에 따르면, 종중도 문중도 같은 말로서 친척을 의미한다. 종계는 자기로부터 3대조 내지 5대조를 중심으로 하는 것으로 계원 상호의 친등(親等)은 대개 10촌 내외라고 한다.

요컨대 조선의 동족조직으로서는 고조를 중심으로 하는 것, 입향조를 중심으로 하는 것, 일족의 고관이었던 자를 중심으로 하는 것, 일족의 시조를 중심으로 하는 것, 이 4개의 조직이 가장 중요하다고 생각한다. 그러나 고조를 중심으로 하는 동족조직은 그 규모도 거의 일정하지만, 그밖에 것은 규모가 다양하다.

Ⅲ. 간현동의 사회집단

1. 마을내의 各姓

30년전 간현동의 전체 호수는 약 60호였고, 성씨는 다음과 같았다.

> A성, 20호 전후
> B성, 2호
> C성, 7,8호
> D성, 7,8호

이상의 성은 양반이었으나, 그밖에 상민과 노비가 있었다. 노비 가호는 12,3호로서 다음과 같다.

> E성, 5호
> F성, 2호
> G성, 5,6호

그러나 오늘날에는 B성은 없고, H성 2호, G성 7,8호, D성 7,8호, I성 5,6호, F성 4호, J성 3호가 있으며, 그밖에는 A성이다. A성은 지금 26호지만, 그 안에서도 양반이라고 일컬어지는 것은 20호라고 한다. 하지만 그 6호도 상민보다 나은 대우를 받는다. 그 외 오늘날 일반적으로 양반이라고 하는 성씨는 D, I, C성이다. 양반은 학식이 있는 사람으로서 이전에는 노동을 전혀 하지 않았으나, 지금은 양반도 시대에 따라 점차 노동하는 경향이 많다.

2. 구시대의 洞 행정기관

동에는 직간(直簡)이 있고, 그 아래에는 소임(少任)이 있었다. 두 직임은 모두 명예직으로 동민들의 추천으로 뽑혔다. 동네의 통치감독을 맡고 있는 직간은 양반이 되었다. 동민의 집회소로서는 직간의 집이 이용되었다. 따로 집무소가 없었으므로 직간의 집에서 일을 처리하였다. 소임은 상민 가운데 매년 교대로 담당자가 나왔다.

3. 동 회

매년 정기적으로 몇 차례의 동회가 열렸다. 봄에는 우물을 치기 위해서, 양력 9월은 교량과 도로의 보수를 위해서, 음력 10월에는 성황제를 치르기 위해서 정기적으로 동회가 개최되었다. 동회에서 효자와 열부를 표창하는 일은 없고, 만약 그럴 필요가 있다면 동네의 유림이 군수에게 요청하면, 군수가 읍에 소재한 향교의 명륜당에서 표창식으로 거행하였으나, 간현에서는 아직 상은 받은 자는 없다. 동회의 우두머리는 직간이었다. 직간은 선거로 뽑았으나, 선거라기보다는 일부인들의 추천이었다. 동회가 열릴 때 금전이 필요한 경우에는 동계(洞契)에서 내놓았다.

4. 동약(洞約)의 제재

동약은 성문화되어 있지 않으나, 간통 등 부도덕한 짓을 저지르는 자가 있으면 동네의 노인들이 아래의 제재를 가한다.

ㄱ. 가죽채로 다리를 치는 것과 엉덩이를 치는 것 두 가지 종류가
있으며, 후자는 죄가 무거울 때 쓴다.
ㄴ. 장시간 정좌시키는 것이다. ㄱ보다 중죄일 경우에 쓴다.
ㄷ. 동민이 범인과 절교하고 교제하는 것을 금하는 것이다. 추방은
아니나 자연히 범인 자신이 나가지 않을 수 없게 되어 있다.

부도덕한 죄를 동회 또는 동약회와 같은 형태로 논의하는 일은
없었다. 동네 노인들의 집약된 의견에 따라서 행하였다.

5. 동계(洞契)

동계는 동네의 전체 가호를 계원으로 하고, 다음과 같은 직임을
둔다.

ㄱ. 계장—유력자가 한다.
ㄴ. 부계장—계장의 대리자로 옛날에는 반드시 있었으나, 지금은
없는 경우도 있다.
ㄷ. 유사—재정유사와 물품유사 두 종류가 있으며, 각 1인이다.
ㄹ. 행사(소임)—2인 내지 3인으로 심부름을 맡는다.

동네에 있는 다른 특수한 사업을 계도 직임은 대체로 같았고,
유사만 1인이다. 동계는 정기적으로 매년 12월에 총회가 개최되었
다. 동계에는 기본 재산이 있으므로, 매년 각 가호에서 부담금을
징수하지 않고 있다. 해마다 1회나 부족한 때에 모은다. 동계에서
는 동회의 일을 의논하는 일이 있으나, 동회를 열 때에는 동계의
일을 다루지 않는다. 그러나 성황제의 비용을 동계에서 받아쓰기
도 한다. 동계, 동회, 동제는 서로 다른 것이나 하나로서 생각할 때
도 있다. 동계의 자금은 예전에는 양반만이 출자하고, 노비는 출자
하지 않고 참가하였다. 취리계(取利契)나 혼장계(婚葬契)에서는 양

반, 상민, 노비 모두 대등하게 출자하는 일이 있었으나, 상민과 노비의 사적인 계에는 양반은 참가하지 않는 것이 보통이었다. 간현동에는 유림만의 계는 전부터도 없었다. 간현동의 공회당은 1924년에 건축되었으나, 그것에는 동계가 관여하지 않았고, 동이 지은 것이다. 그러나 동계에서는 소임과 구장에게 보수를 지불하고 있다. 동계는 이전에는 꽤 넓은 토지를 재산으로 가지고 있었으나, 지금은 매우 조금밖에 가지고 있지 못하다. 그의 수입을 동민에게 빌려주고 그 이자로써 동민 공용의 상여와 가마를 구입하거나 수리하고 있다. 지금도 상여와 가마는 동네사람들이 공동으로 사용하고 있다. 현재 관청에서 동계에 보조하는 일이 있다. 다른 지방 사람이 동네에 왔다가 객사하면 동계에서 장례식 비용을 내놓는다. 계를 열 때 가끔 술이 나오기도 한다. 지금 동계에는 재산이 거의 없고, 약 300원의 현금과 토지가 약간 있다. 간현동이 가지고 있는 동 재산은 동계 것뿐이다.

6. 동 제

동제는 성황제로서 매년 정월에 행해진다. 때로는 산신제라고도 한다. 그러나 신위는 성황위(城隍位)이다. 성황에도 두 종류가 있다. 하나는 동신이고, 하나는 길가의 신이다. 길가의 성황은 대개는 나무로서 통행인이 빌기도 하고, 혼례 등의 때에 귀신을 물리친다는 속신이다. 간현에는 길가의 성황으로서는 고개에 하나 있을 뿐이다. 죽은 사람을 매장하는 경우, 개영(開營)에 앞서 토지신위(土地神位)라고 쓴 것을 흙 가운데 파묻고, 마른 명태와 식혜를 올려놓는다. 또 흙 위에 술을 뿌리고 향을 피우며 예배하고, 비로소 땅을 판다. 이러한 제사는 일반적으로 산신제라고 한다. 이 산신제는 친족이 행하는 것이 보통이다.

성황제는 음력 정월 4일에 행해지고 있었으나, 그 제삿날의 전에 동네에 불길한 일이 있으면 여름 등으로 연기하였던 일도 예전에 있었고, 4월로 연기되었던 적도 있었다. 최근에는 정월 4일로 일정하다. 제삿날은 먼저 음력 12월 30일에 마을의 장로 20명 가량이 모여 생기를 보고 제관을 결정하였다. 그 장로들은 제사가 가까이 오면 자연히 누가 말을 꺼내지 않아도 의논한다. 제관으로서는 제관 1인, 축관 1일, 제수 1인 모두 3인이다. 제수는 신에게 올리는 음식을 준비하는 사람이다. 현재는 돼지머리와 떡으로 제사를 드리나, 전에는 돼지를 한 마리 잡았다. 제수의 집에는 제삿날 4일 전부터 타인은 일체 출입금지가 되어 부정한 사람이 가까이 오지 못하게 하였다.

제관으로 선정되는 조건은 다음 각항의 사람을 제외하는 것이다. 가. 6, 7촌 이내 친족의 상복을 입지 않은 자. 나. 집에 임신한 사람이 있는 자. 다. 닭과 돼지 등을 제사에 가까운 때에 도살한 자. 이상의 각항에 포함되지 않는 자 가운데 생기를 보아 선정한다. 생기는 일가가 무사하고 번영하는 모양으로 판별된다. 제관은 선정되거나 위임되거나 거절할 수 없다. 제관과 축관 두 사람은 이전에는 오로지 양반이 하고, 제수만은 노비까지도 할 수 있었다. 드디어 제관이 되면 목욕재계하고, 한결같이 근신하지 않으면 안된다. 근신은 구체적으로 다음과 같은 것을 행하는 것이다. 가. 전신을 물로 닦는다. 나. 새로운 옷을 입는다. 다. 집 둘레에 금줄을 친다. 라. 다른 집에 가지 않는다.

제사 전날에는 제수가 성황당에 가서 안팎을 청소한다. 또 제삿날에는 제관이 제사장에 가서 먼저 서서 마을의 장로에게 제사의 방법에 관하여 조언을 받는다. 제사는 밤 12시 이후에 행해지고 있지만, 그 순서는 가. 진설. 나. 향 피우기. 다. 술 따르기. 라. 축문

읽기. 마. 기원하기. 바. 소지 올리기 이상이다.

제물은 조금 남기고 나머지는 모두 가지고 온다. 그때 그릇도 대개 가지고 돌아오지만, 향과 탕기는 당(堂) 안에 둔다. 축문은 매년 똑같은 내용은 아니다. 예전에는 유생이 만들었으나, 지금은 짓는 사람이 없기 때문에 암송하고 있는 축문을 매년 써서 사용하고 있다. 축원은 제관 3인과 함께 행하여 소지를 올리면서, "금년에도 간현동이 무고히 하야 주시옵소서"라고 말한다. 다음은 동네의 각 가호의 1년간 평안을 기원하기 위해서 각 가호의 호주 이름을 부르면서 한 장씩 소지한다. 소지는 둥근 나무 모양으로 만든 종이로서 그것을 손바닥 위에 세워 놓고 윗부분부터 불로 태운다. 소지가 잘 타서 위로 올라가지 않는 불길한 징조가 있을 때는 세 차례까지 되풀이 할 수 있다. 타는 양은 재가 전부 타서 위로 올라가는 것이 좋고, 재가 손바닥 위에 남아 있는 것은 좋지 않다. 각 가호에 대해서 종이가 타는 모양을 글로 적어 놓는 것과 같은 일은 없다. 그러나 그 결과는 절대로 다른 사람에게 말하지 않는다. 또한 환자가 있는 집과 상가만은 소지하지 않는다. 소지의 수는 대개 160~170개를 준비한다. 제사에 소요되는 시간은 약 한 시간 반이다.

성황제 당일 동네사람들의 일상사는 변하지 않고, 일을 쉬지도 않는다. 또 특별히 준비물을 만들지도 않고, 제사와는 완전히 무관하다. 그러나 자신들의 집을 위한 소지가 잘 탔는가는 관심을 둔다. 제수의 집에서 동네 노인을 모셔 남은 제물로 대접하고, 또한 노인이 있는 집으로 보낸다. 소지의 결과는 다른 사람에게 말하지 않지만, 친한 사이에는 당자에게만 알려주는 일도 있다. 신 앞에 준비하는 제물은 밤, 곶감, 대추, 흰무리(흰떡의 일종), 고기(고기, 돼지머리), 감주, 탕(다시마, 건명태, 무를 넣어 끓인 것)이다.

제사할 지낼 때 신 앞에 켜는 불은 촛불 두 개뿐이다. 물은 절대로 사용하지 않는다. 요즘은 제물도 형식적이 되어 소량이나, 이전에는 많은 양을 바쳤다. 성황제에 드는 비용은 음력 10월에 그를 위한 동회가 열리므로 거기에서 결정하였고, 지금은 가호당 평균 25전을 내놓고 있다. 동회는 동의 공회당에서 열리며, 구장이 거기에서 모은 돈을 모두 제수에게 넘겨준다. 예전에는 직간이 구장의 일을 맡았다. 성황당의 제사는 30년 전이나 지금이나 조금도 변하지 않았다. 옛날에는 제물이 좀더 풍성하였을 뿐이었다.

7. 공동기원

기우제는 군 단위에서 행해져 예전에는 원주군수가 주관하였다. 작년도 원주 봉산의 산정에서 군내의 유지가 행하였다. 이 기우제는 쇠고기와 돼지고기, 그리고 술을 바치는 제사였으나, 간현동에서는 대표자도 나간 일이 없고, 읍의 유력자가 했다. 전에는 한강 물을 방죽에 가둬두고 기우했다고 한다. 천신이 이것을 보고 비를 내려주기 때문이라고 하는 사람도 있고, 그것은 물고기를 잡기 위한 것으로 기우제와는 관계가 없다는 사람도 있다.

예전부터 전염병이 돌 때는 인가와 떨어진 곳에 초막을 지어서 환자를 그곳에 격리하는 관습이 있다. 그것은 전염을 막기 위한 합리적인 조처로 속신은 아니다. 전염병이 마을 내로 들어오는 것을 막기 위한 주술도 아니다.

8. 부 역

도로와 다리의 보수, 우물치기 등의 일이 있으면 각 가호에서 반드시 한 사람씩 나와 작업하였다. 전에는 직간이 작업을 통솔하

였다. 방법은 마을 세 부분으로 나눠 행하는 것이나, 항상 정해진
것은 아니다. 옛날에는 오가작통의 8개 패가 있었으나, 지금은 없
다. 그러나 부역과 오가작통은 종전부터 관계가 없었고, 그 8개 패
가 하나가 되었다.

9. 오가작통

간현동은 현재 다음의 8개 자연촌으로 이루어졌다. 고대동(古垈
洞), 내곡(內谷), 능곡(陵谷), 문전곡(門前谷), 유곡(遊谷), 내촌(內村),
상촌(上村), 하촌(下村)이 그것이다. 이 8개 마을은 농사 때만 각각
의 패로 나누어진다. 이 8개 패를 오가작통이라고 하고 있다. 그러
나 이런 것들은 아주 오래 전의 오가작통이 거의 이름만 남은 것
으로 오가작통 본래의 여러 가지 사업은 현재 없다.

장례식에 일을 도우러 오는 사람은 친척에 한정되지 않고 친한
사이뿐이며, 오각작통과는 관련이 없다. 조문은 동네 밖에서도 오
지만, 동네사람들은 모두 가며, 한 집에서 한 사람은 반드시 간다.
선물은 오가작통이나 근친의 범위 정도로 하며 좋은 떡을 보낸다.
어떤 진기한 물건이 있을 때도 보낸다. 상가에 보내는 것은 술, 명
태, 고기, 마포 지필묵, 돈, 떡, 쌀, 기타 유용한 물건이다. 결혼식
때에도 이와 같다. 혼례와 조상 제사의 경우에도 사람들을 초대하
는데, 부유한 사람들은 동네 모든 가호에 미치나, 가난한 사람은
동네의 노인과 친척에 그친다.

부채는 계를 이용하는 일이 가장 많다. 동계의 재산은 현금이
300원 정도이며, 동네에서 현금을 가지고 있는 사람이 적고, 또한
융통도 할 수 없으므로 동계의 돈이 많이 대여된다. 예전에는 취리
계가 많이 있었으나, 지금은 없다. 원주읍과 문막의 부자에게 돈을

꾸어오는 자도 전에는 많았다. 곡물은 동네의 부자에게 빌린다.

10. 쓰 레

간현동에는 쓰레가 1927년까지 행해졌다. 쓰레는 공동노동조직이나 일종의 오락이기도 하였다. 간현의 쓰레꾼은 15명을 한 패로하고 있다. 그것은 혈기가 왕성한 장년으로 조직되고 있다. 직임은좌상(座上)1인, 소임 1인이 있으나, 소임은 동의 소임이 겸한다. 그장년자의 쓰레 외에 노인과 젊은이로 조직된 쓰레가 따로 있는데,동네에 5,6패가 있었다. 그것에는 좌상도 없고 협의하여 일을 하지도 않지만, 노인들이 중심이 되고 있다. 각패의 구성원은 한 번도변하지 않고 대체로 고정되어 있다. 장년들의 쓰레에는 농악이 있고, 그것은 꽹과리 2인, 나팔 1인, 북 1인, 장고 1인, 노는 사람 몇명으로 편성되어 있다.

쓰레는 다른 동의 쓰레와 협동하는 일은 없다. 지형과 거리의관계로 불가능하다. 쓰레가 끝나면 호미씻이 혹은 쓰레먹기 행사를 한다. 흥겨운 연회를 하는 위로회를 들에서 행하였다. 쓰레는시국 관계상 자연히 없어지고, 농악의 나팔과 북은 지금 동에서 국기를 게양할 때에 사용된다. 쓰레는 한자로는 社, 農社로 쓴다. 마을 전체 농민이 자타의 소유를 불문하고 전 경지에서 일제히 작업하는 매우 조직적인 집단작업 조직으로, 각 집의 경지면적과 노동력에 상응하는 품삯을 받는다.

11. 품앗이

품앗이는 지금도 예전처럼 성행하고 있다. 품앗이는 노동력 교환의 관행으로, 먼저 갑이 다른 사람의 부조가 필요한 경우에 을에게 품앗이할 것을 제의하여 동의를 얻으면, 을이 갑에게 품앗이를 행하고, 다음으로 갑이 을에게 품을 돌려준다. 품앗이의 품은 작업의 뜻이고, 앗이는 돌려준다는 말이다. 한자로는 결우(結耦)라고도 쓴다. 하지만 일설에는 품삯을 주지 않는다는 뜻으로 해석하여 품탈(品脫)이라고도 쓴다.

한 집안에서 품앗이를 할 수 있는 사람이 한 사람인 경우에는 호라시라고 하고, 여러 명도 할 수 있으면 손뿌(손이 무겁다는 뜻)하고 한다. 자기 집의 노동을 할 때에는 호라시라고 하지 않는다. 호라시는 품앗이에서만 쓰이는 말이다.

양반에서는 여자의 노동력은 품앗이로 여기지 않았으나, 요즘은 점차 그렇게 생각하게 되었다. 농자(奴者)는 예전부터 여자도 논에 나갔으나, 상민에서도 논에는 여자를 보내지 않았다. 노비는 옛날부터 품앗이에 여자도 내보냈다. 여자들만의 품앗이도 있다. 품앗이에서는 남자나 여자도 똑같이 치지만, 품삯 계산에서는 남자는 하루 80전, 여자는 50전이다. 방적은 예전부터 여자들의 품앗이로 하였다. 지금에는 여자의 품앗이는 모심기, 밭일, 풀베기에도 있다. 품앗이로 하는 노동은 전부 농사일이다. 달에 따라서 하는 일은 다음과 같다.

1, 2월 연료 채취(소수인)
2, 3, 4월 논밭갈이
4, 5월 퇴비 생산, 못자리 만들기
5, 6월 모내기, 김매기, 보리걷이

> 7월 퇴비 생산, 연료 채취
> 8, 9월 가을걷이
> 10월 지붕 올리기, 담 고치기
> 11, 12월 연료 채취

농사는 대개 품앗이로 한다. 논갈이, 모내기, 김매기, 수확 등 모두 품앗이로 행한다. 소도 나오는 경우에는 두 사람 몫으로 계산한다. 호라시하는 집은 적은 수의 사람과 한 패가 되고, 손뿌하는 집은 여러 사람과 한 패가 되는 것이 보통이다. 이해를 타산적으로 가리는 일은 거의 없다. 힘든 일을 쉬운 일로 갚는 경우도 있다. 비로 오전 중에 중지하면, 이튿날 그 시각에 다시 시작한다. 가까운 사이에도 품앗이가 있지만, 그렇지 않은 경우에도 있다. 품앗이는 오가작통과는 관계가 없다. 모내기철에는 한번에 많은 사람들이 패를 짠다. 2, 3인 정도의 품앗이가 많지만, 5, 6인 정도까지도 많은 셈이다. 10인 이상의 품앗이는 한 해에 몇 차례밖에 없다. 가장 큰 품앗이는 모내기할 때 이루어진다.

품앗이를 짤 때는 가장 노동력이 필요한 쪽에서 제안한다. 그런 제안을 거절하는 일도 있으나, 다음 기회에는 반드시 한다. 품앗이를 짜는 일은 마을 내에서는 누구와도 함께 하는 것이다. 특히 사이가 좋지 않은 사람들끼리의 품앗이는 물론 없다.

식사는 일을 시킨 집에서 제공하는 것이 보통이고, 식사를 제공하지 않는 일은 없다. 술은 주는 사람도 있고, 그렇지 않은 사람도 있다. 한 쪽이 내오면 다른 쪽도 내오지 않을 수가 없다. 이런 것은 부의 정도에 따라서 다르다. 가난한 집은 맛없는 음식을 내놓아도 된다. 영속적인 품앗이는 예전이나 지금이나 없다. 품앗이는 그 시한이 있다.

한 사람의 노동력을 가지고 있는 자는 20세에서 35세까지가 완전한 농부로 장정이라고 한다. 그러나 15세의 노동으로 30세의 노동을 갚기도 한다.

12. 계

계에 관한 것에는 간현에서는 예전이나 지금이나 사정은 변하
지 않았다. 다만 취리계가 옛날에는 많이 있었으나 지금은 그렇지
않다.

계로서는 혼장계(婚葬契), 부조계(扶助契), 우계(牛契) 등이 있다.
혼장계는 계원의 가족에 결혼이나 상이 있는 때에 금품을 지급하
기 위한 것이다. 마포와 금전을 주는 것이 보통이다. 3호쯤으로 계
를 만들기도 하고, 10호 때로는 20호 가량 만들기도 한다. 부조계,
혼계, 장계는 모두 혼장의 일종이다. 우계는 대개 2,30인 정도로 조
직하여 매달 혹은 매년 행한다. 소 한 마리분의 돈을 모으고, 추첨
에 따라 소를 준다. 매월 1원 정도 내는 계로서 소를 차례차례 사
서 계원에게 추첨해서 준다. 점차 계원 전부에게 돌아가서 전원이
한 마리씩 가지게 될 때까지 계속 하는 것이 보통이다. 우계도 최
근에는 적어졌다.

취리계는 지금은 없지만, 고리대를 공동으로 운영하는 조직이
다. 이것에는 월수계(月數契)와 일수계(日數契)의 두 종류가 있다.
전자는 월리(月利)에 따라서, 후자는 일보(日步)에 따라서 한다는
점에서 다르다. 이외에 장리계(長利契)가 있다. 일리계(日利契)에는
원금과 이자의 일부를 매일 갚은 것이고, 월리계는 매월 갚는다.
다시 말하면, 월리계는 1원을 빌리면 매월 30전씩 4개월에 갚는 것
이 일반적이다.

앞에서 말한 바와 같이, 동계는 출자하는 사람은 양반만이고, 노
비는 무료로 가입하지만, 그 외의 계는 양반, 상민, 노비 모두 대등

하다. 간현에는 학계(學契)도 없고, 시계(詩契)와 같은 유림의 계도 없었다.

13. 생 업

간현에는 자작농 15호, 소작농 30호, 농업노동자 30호, 철도 역무원 14호와 기타 가호가 있다. 논과 밭의 비율은 1대3쯤 되며, 평균작으로 전 마을의 수확은 나락 400석, 보리 200석, 기타 잡곡 100석 정도가 된다. 밖에 나가 노동하는 사람은 거의 없고, 지금 탄광에 가 있는 자가 3인으로 매월 32,3원을 송금하고 있다. 그 동에서 제일 부자는 쌀과 보리를 합하여 약 300석, X성씨가 100석 가량을 생산하고 있다. 반당 수확량은 원미(原米) 약 1석5두, 잡곡은 수수와 대두이다. 보통 농가에서는 논 7반, 밭 4반 5묘 가량을 경영하고 있다.

30여 년 전 농업 외의 직업은 음식점 6, 7호, 대장간 1호, 상업 4호, 한약업자 1호였다. 상점은 소금을 마을에 팔고, 땔나무와 곡물을 서울로 내갔다. 대장간과 음식점은 전업이었으나, 다른 상업호는 농업을 겸하였다.

양반은 이전에는 농사를 짓지 않고 시문을 즐겼으나, 빈곤한 양반은 이전에도 농업에 종사하였다. 다른 곳에서 들어온 사람은 곤궁하기 때문에 마을에서 먼저 음식점을 차리는 것이 보통이다.

14. 신 앙

동네에는 성황당 외에는 신앙의 대상이 되는 것은 아무것도 없

다. 경기도 여주에 있는 절에 다니는 사람도 있지만, 대개는 부인
으로 몇 년에 한번 개인으로 갈 뿐이다. 그 절의 승려가 마을에 오
는 일도 전혀 없다. 간현동에는 물론 승려는 없다. 원주읍 치악산
의 구룡사, 고문사, 석경사, 상원사에서 매년 승려가 탁발하러 온
다. 그 절들에는 이곳에서 2, 3인 함께 가지만, 주로 구경을 하러
가는 것이고, 드물게 기도하러 가기도 한다. 장례는 불교와 전혀
관계가 없다. 무녀는 근처 마을에 있으나, 이곳에 오는 일은 거의
없다. 무녀에게 굿을 부탁하는 일은 없으나, 병이 들었을 때에는
길가의 성황에 음식을 바치고 기도하는 사람은 많다. 30년 전에도
무녀가 이 마을에는 오지 않았다. 우물에 제사를 드리는 일은 없
다. 고개에 있는 성황 외에는 신목이나 신석은 없다. 집안에서 조
왕신 등에게 제사하는 일도 없고, 집을 지을 때에도 제사를 지내지
않는다. 안택도 지신도 없다. 그러나 상량을 할 때에는 종이에 싸
서 기둥에 붙이기도 한다. 또한 독경하는 일은 있다. 또 풀이(귀신
쫓기)가 있다. 이것은 병환자가 있을 때에 귀신을 쫓는 것이다.

15. 오 락

주요한 오락으로 장기, 바둑, 윷, 음주 등이 있으나, 간현에는 음
력 7월 15일에 백중세우기가 있다. 이때 씨름대회가 간현의 남쪽
으로 흐르고 있는 한강의 모래사장에서 벌어진다. 이것은 음식점
과 숙박점이 개최하며, 부근의 여러 마을에서 장사가 모여 경기한
다. 우승자에게는 상으로 소, 돼지, 광목 등을 주는데 수천의 사람
들이 모인다. 그때 물가의 수수밭에서는 난장(도박의 일종)이 성행
한다. 그 난장은 씨름대회를 의미하기도 한다. 지금은 1, 2호만 남
아 있다. 씨름대회 때는 100리 내외에서 사람들이 모이며, 옛날부

터의 관례로 성대하였지만, 수 년 전부터는 그렇지 않다. 이것은
농번기의 농민에게 위안을 주기 위한 것이기 때문에 그렇다. 간현
과 같은 씨름대회는 주변의 문막면과 양동면에서도 행해지고 있
다. 장소가 물가에 있는 이유는 알 수 없지만, 장소도 넓고 경관도
좋기 때문일 것으로 생각된다. 또 옛날에는 도박은 마을에서도 허
용되지 않았으나, 씨름대회에서만은 허가되었다.

16. 통 혼

동네결혼은 예전부터 극히 드물게 이루어졌고, 그것은 상민 이
하의 사람들이 하였고, 양반은 지금도 동네에서는 결혼하지 않는
다. 동네결혼은 그 예가 근소하여 10년에 두 차례 있을까 없을까
한다. 결혼은 동성을 피한다면 동네결혼도 할 수 있으나, 동네결혼
은 수치스러운 것으로 여겨지고 있다. 가난한 자는 할 수 없이 동
네결혼을 행하나, 남녀 상호간에 알 수도 있기 때문에 전혀 못 본
사이는 아니다. 상민 이하에서도 바람직한 것은 동외 사람하고 혼
인하는 것이다. 그러나 통혼권은 대개 3,40리 내외이다.

덧붙여 말하면, 조선의 속담에 "변소와 처가는 멀수록 좋다"는
것이 있다. 처가가 가까운 곳에 있을 때에는 처가와의 관계가 좋지
않게 되는 일이 많다고 한다. 부인의 지위가 매우 낮기 때문이다.

17. 이 주

동네에 들어오는 자는 이 마을이 좋아서 오는 사람도 있고, 또
우연히 오는 사람도 있지만, 무엇보다 가난하기 때문에 들어와 산

다. 동네에서는 들어오는 사람이 양반이면 양반 대우를 하고, 상민
이면 상민으로 취급한다. 동회의 권리는 곧바로 부여하지 않으나,
당사자가 동회에 가입하고 싶다는 의사가 있으면 강력하게 거부하
지 않는다. 들어와 사는 사람은 대개 먼저 음식점을 운영하며, 음
식점은 6,7호가 있다.

　동네에서 나가는 것도 가난하기 때문인 경우가 가장 많다. 어떤
해에는 한 호나 두 호가 나가며, 양반 중에도 나가는 사람이 있다.
근래에는 탄광에 간 사람들이 2,3인이 된다. 전에는 한약방도 있었
으나, 지금은 없다. 30년 전에 비하여 상업도 이전보다 성하지 못하
다. 서울로 물건을 팔러가는 땔감상인이나 곡물상인은 이제 없다.

18. 시　장

　간현 사람들이 가는 시장은 약 20리 떨어진 문막시장과 약 30리
떨어진 원주읍의 시장 두 곳으로, 원주시장의 규모가 문막시장보
다 훨씬 크다. 작년부터 원주시장의 개시일은 7일로 매달 3회, 문
막시장은 8일로서 역시 3회가 되었으나, 그 이전은 양자가 똑같이
6회였다. 즉 원주시장은 2일과 7일, 문막시장은 3일과 8일이었다.
경경선(京慶線 – 현재의 중앙선으로 원주는 1940년에 개통)이 통과
하기 전까지는 거의 문막에만 갔고, 원주시장에는 소를 팔러 가던
가, 상인이 상품을 사러가는 정도였다. 그래도 각 가호는 1년에 한
두 번은 원주읍에 갔다. 전쟁 후에는 면화를 팔러 많이 간다.

　이 근처에서는 남자만 시장에 가고, 여자는 가는 일이 없다. 이
전에는 시장에는 팔고 사기 위해서 갔지만, 지금의 거의 사기 위해
서만 간다. 시장에 가는 사람은 동 전체에서는 한 번에 10인 내외
로 자신의 필요만이 아니라 가까운 이웃의 일이라도 부탁을 받으

면 가는 일이 많다. 시장에 나가는 것은 놀러가는 것은 아니나, 점심에 고기와 술 등을 먹는 재미가 있다. 문막시장에 가는 것은 하루가 소요된다. 시장은 오전 10시경부터 저녁까지다. 문막시장에서 사는 것은 식품, 의복지류, 명석의 재료 등이다. 당시 1호에서 1개월에 많은 경우 5회 정도, 적으면 1,2회 시장에 나갔다. 지금에는 간다면 원주시장이지만, 요즘은 배급품이 많기 때문에 달리 시장에 사러가는 일도 그다지 없다. 원주시장에는 원주군내 사람들이 가장 많이 오지만, 횡성과 제천과 같이 가까운 곳의 사람도 걸어서 온다. 이곳에서 걸으면 약 3시간 거리로서 겨울에는 밤 10시경에, 봄에는 해가 진 뒤 돌아오는 것이 보통이지만, 최근에는 기차가 운행하기 때문에 걸어 다니지 않는다.

원주민이 된 지도 벌써 15년이 훌쩍 흘렀다. 그 지나간 날과 겪은 일을 새삼스러이 되돌아본다. 새로운 삶의 터전이 된 원주를 위해서 무엇을 해보고자 의욕을 크게 가졌던 적도 있었지만, 가벼운 말과 막연한 생각뿐이었다.

어린 딸이 초등학교 4학년이 되면, 그 애에게는 고향인 원주의 역사이야기를 펴내겠다고 마음을 먹었고, 유종호 의원께 섣불리 발설도 하였지만, 결국 5년도 넘게 지나가고 말았다.

그리고 『원주시사』에 쓴 글 역시 부끄럽기 그지없는 것이었는데, 설상가상으로 발간된 시사에 '사고'가 일어났다. 그 때문에 치악역사연구회와 같은 지역단체의 활동을 계속할 의욕을 상실해 버렸고, 그 연구회를 창설하신 한경호 목사님을 비롯해서 정문수 MBC PD님, 곽병은 부부의원 원장님 등 여러 회원분을 실망시키고 말았다. 애당초 힘이 모자라고 게으른 사람이 과욕을 부렸던 것이 잘못이다.

그래도 이 책을 내는 까닭은 『원주시사』는 말할 것도 없고, 필자가 여기저기에서 범한 오류를 수정할 책임이 있기 때문이다. 하지만 이마저도 마음뿐으로 수정 작업은 지지부진하였고, 여전히 많은 오류가 그대로 남아있는 책이 되고 말았다. 또한 일반시민과 학생이 읽기에는 부담이 되는 책이라는 점도 마음에 걸린다. 하지만 훌륭한 '원주의 역사'가 머지않아 세상에 나오리라고 믿는다.

아울러 작고하신 황주익 전 문화원장님을 비롯해서 원주의 역사에 관심과 애정을 기울이신 분들께 깊은 감사를 드린다.

비록 이렇게 부실하고 늦기는 하였을지라도, 딸 예준이가 원주를 떠나기 전에 책이 나오게 된 것을 스스로 위안으로 삼는다.

장영민

▷ 충남대 사학과
▷ 한국학 대학원 석사 · 박사
▷ 상지대 방송영상문화학과 교수

원주 역사를 찾아서

초판 인쇄   2004년 12월 20일
초판 발행   2004년 12월 30일

지은이 : 장영민
발행인 : 한정희
편 집 : 박선주
발행처 : 경인문화사
주소 : 서울시 마포구 마포동 324-3
전화 : 718-4831~2
팩스 : 703-9711

E-mail : kyunginp@chollian.net
등록번호제10-18호
등록연월일 1973.11.8.

※ 파본 및 훼손된 책은 교환해 드립니다.
ISBN : 89-499-0293-1 03910   값 : 12,000원